(사례.절차)

민사집행실무

법무사 차 경 진

집행

Law BUB 법률&출판

머 리 말

민사집행은 사법상 권리의 강제적 실현을 위한 절차입니다. "강제적 실현을 위한 절차"라 함은 채권자의 신청에 의하여 국가의 집행기관이 채권자를 위하여 집행권원에 표시된 사법상의 이행청구권을 민사집행법의 절차에 의하여 강제적으로 실현하는 법적 절차를 말합니다.

여기서 "집행권원"이 되는 것은 주로 재판(확정된 종국판결과 가집행선고 있는 종국판결, 외국법원의 판결에 대한 집행판결, 항고로만 불복을 신청할 수 있는 재판, 즉 결정 또는 명령, 확정된 지급명령 등) 및 재판에 준하는 효력을 가진 조서(재판상의 화해조서, 청구의 인낙조서, 가사조정조서, 민사조정조서 등)이나, 법원의 관여 없이 공증인이 당사자의 진술에 의거하여 작성한 공정증서도 집행권원이 됩니다. "공정증서"는 금전대차 등의 계약을 할 때에 "불이행시에는 즉시 강제집행을 하여도 이의가 없다"는 뜻의 문언을 기재하여 공증사무소에서 공증을 받은 증서를 말합니다.

그리고 여기서 제일 먼저 고려되어야 할 것은 민사소송을 제기함에 있어 채무자 앞으로 재산이 있는지, 있다면 집행할 수 있는 재산이며 금전적 가치가 있는지를 먼저 살펴야 합니다. 채무자 앞으로 재산이 없다면 많은 소송비용을 들여 집행권원을 받는다 해도 아무 쓸데없는 휴지에 불과 합니다.

강제집행의 대상물은 채무자 명의로 된 책임재산입니다. 책임재산이라 함은 집행개시 당시에 있어서 채무자가 소유하는 총재산(물건 또는 권리)을 말하며 집행의 대상이 되기 위하여는 압류금지재산이 아니라야 하고 그 재산이 금전적 가치가 있어야 합니다.

채무자의 재산으로 인정할 수 있는 것으로 현금, 채권, 물권, 동산, 부동산(미등록인 부동산 포함), 선박, 자동차, 중기 및 항공기 등이 있고, 청구권이 물건의 인도를 목적으로 하는 내용인 때에는 채무자의 점유물이나 채무자의 제3자에 대한 물건의 인도청구권이 집행의 대상으로 됩니다.

압류금지물에 대하여는 각 법률에서 규정하고 있는데, 민사집행법은 특정의 유체동산에 관하여는 민사집행법 제195조와 제196조가, 특정의 채권에 관하여는 민사집행법 제246조가 압류를 금지하고 있습니다. 이밖에 압류의 범위에 대한 제한규정을 두어 유체동산에 대한 압류는 집행력 있는 정본에 기재한 청구금액의 변제와 집행 비용의 변상에 필요한 한도에서 하여야 하고 그 한도를 넘는 압류는 할 수 없으며, 압류물을 현금화하여도 집행비용 외에 남는 돈이 없을 경우에도 집행할 수 없도록 민사집행법 제188조가 규정하고 있습니다.

이 책은 민사집행 신청서 말미에 신청절차와 해설을 붙여 초보자라도 쉽게 이해할 수 있도록 "신청방법, 인지첩부, 송달료, 관할법원"을 일목요연하게 처리하여 한 것이 특징이라 할 것입니다.

부족한 내용, 보완해야 할 사안들은 계속 수정, 보완하여 더욱 완벽하고 알찬 내용의 책이 될 수 있도록 꾸준히 노력할 것을 약속드립니다.

2021. 1. 25.

법무사 차 경 진

주요목차

목 차

제3장 부동산에 대한 집행

1. 부동산강제경매

2. 선박에 대한 강제집행

제4장 담보권실행 등을 위한 경매(임의경매)

I. 부동산임의경매

제5장 부동산경매에서의 이해관계인의 권리행사

7. 배당요구

제6장 동산 및 채권에 대한 강제집행

3. 압류금지물 범위 변경 · 취소

4. 압류물의 보존 점검 및 인도명령

5. 유체동산의 인도와 그 권리이전청구권에 대한 집행

제7장 채권압류 및 추심·전부명령

1. 채권압류 및 추심명령신청

2. 채권압류 및 전부명령신청

3. 제3채무자에 대한 진술최고

제8장 그 밖의 재산권에 대한 강제집행

1. 총 설

2. 골프회원권에 대한 집행

제9장 이의의 소 등

1. 배당이의의 소

2. 청구이의의 소

3. 제3자이의의 소

4. 집행문부여에 대한 이의의 소

5. 집행문부여의 소

6. 집행에 관한 이의신청

제10장 강제집행의 정지

제11장 집행에 관한 담보

제12장 재산명시 · 재산조회절차

1. 재산명시절차

2. 재산조회

부 록

민사집행실무

제1장 민사집행의 의의

민사집행은 사법상 권리의 강제적 실현을 위한 절차이다. 민사집행에 관하여 민사집행법 제1조는 「이 법은 강제집행, 담보권 실행을 위한 경매, 민법·상법, 그 밖의 법률의 규정에 의한 경매(이하 "민사집행"이라 한다) 및 보전처분의 절차를 규정함을 목적으로 한다.」고 규정하고 있다.

민사집행은 협의의 민사집행과 광의의 민사집행으로 구분할 수 있다. 민사집행법은 보전처분절차를 제외한 강제집행, 담보권 실행을 위한 경매, 민법·상법, 그 밖의 법률의 규정에 의한 경매만을 협의의 민사집행으로 정의하고 있다(동법 제1조). 보전처분 절차는 소송절차와 집행절차의 양면을 포괄하고 있으나 일반적인 소송 및 집행절차와는 달리 보전처분의 발령은 집행을 전제로 해서만 이루어지고, 보전처분의 발령절차와 집행절차는 서로 연관되어 일련의 절차로 행해지므로 민사집행법에서 함께 규정하고 있는데, 보전처분과 협의의 민사집행을 포함하여 광의의 민사집행이라고 할 수 있다.

광의의 민사집행에 해당하는 집행절차는 모두 사법상 권리의 강제적 실현이라는 점에서는 공통되나, 협의의 민사집행에 해당하는 집행절차는 종국적 집행절차라는 점, 보전처분은 잠정적 집행절차라는 점에서 차이가 있다.

제2장 강제집행

1. 강제집행총설

가. 서 설

강제집행은 채권자의 신청에 의하여 국가의 집행기관이 채권자를 위하여 집행권원에 표시된 사법상의 이행청구권을 국가권력에 의하여 강제적으로 실현하는 법적 절차이다.

강제집행은 채권자의 신청에 의하여 집행권원에 표시된 당사자의 일방에 대하여 할 수 있으며 강제집행에 의하여 실현되는 것은 사법상의 이행청구권에 한한다. 이행청구권은 확정판결에 의하여 집행력이 생긴다. 집행력이라 함은 판결내용에 대하여 국가의 강제력을 사용하여 강제집행할 수 있는 힘을 말한다. 따라서 강제집행은 집행력 있는 정본에 의하여 그 정본에 기재된 당사자에 한해서 할 수 있다.

이행청구권에는 채권적청구권, 물권적청구권, 신분권·인격권 또는 권리침해의 예방, 회복을 구하는 청구권 등이 있으며 그 내용은 작위나 부작위를 가리지 아니한다. 그러나 이행판결이라 하더라도 청구권의 성질상 강제집행에 적합하지 아니한 것(예컨대 소설을 쓰는 채무를 인정하는 판결 등)은 집행력이 없다. 집행력은 확정판결에 한하지 아니하고 가집행선고 있는 종국판결(민집법 제24조), 가압류·가처분명령(민집법 제291조, 제301조), 재판상의 화해·인낙(민소법 제220조, 제385조, 민집법 제56조 제5호), 집행증서(민집법 제56조 제4호) 등에도 존재한다.

나. 강제집행의 종류

① 직접강제 : 직접강제라 함은 집행기관이 그 집행력에 의하여 채무자의 의사에 구속되지 않고 강제로 권리의 내용을 실현하는 강제집행의 한 방법이다. 채무자로 하여금 강제로 적극적 협력을 시킬 필요가 없고 그 신체 내지 자유의사에도 직접 압박을 가하지 않고도 되므로 물권적 청구권의 강제실현, 예컨대 금전채권의 집행, 특정한 동산이나 대체물의 일정한 수량의 인도청구권의 집행, 부동산이나 선박의 인도 또는 명도청구권의 집행에는 모두 이 방법에 의한 강제집행을 취한다. 이와 같은 방법은 강제수단으로서는 가장 타당한 방법이며 원칙적 집행방법이기도 하다. 이 방법에 의할 수 있는 경우에는 다른 집행방법은 허용되지 아니한다.

② 대체집행 : 대체집행이라 함은 채무자가 채무를 이행하지 아니할 때에 채권자가 법원의 판결을 얻어 채권자 또는 제3자로 하여금 의무내용을 실현하게 하고 그 비용을 채무자로부터 추심하는 절차를 말한다(민법 제389조, 민집법 제260조).

③ 간접강제 : 간접강제라 함은 법원이 채무자에 대하여 일정한 기간내에 그 채무를 이행할 것을 명하고 그 채무를 이행하지 아니할 경우에는 그에 대한 손해배상 또는 벌금을 과하는 등의 심리적 압박을 가하여 그 채무를 이행케 하는 것을 말한다(민집법 제261조).

다. 강제집행에서의 당사자

판결절차에 있어서 대립하는 두 당사자를 원고, 피고라고 하나 강제집행절차에 있어서는 두 당사자를 채권자, 채무자라 한다(민집법 제80조). 통상소송에서의 원고, 피고는 강제집행에서의 채권자, 채무자로 되나 반드시 그런 것은 아니고 승계에 의하여 변동될 수도 있다. 강제집행절차에서는 채권자, 채무자 이외의 자를 제3자(민집법 제48조, 제191조, 제259조)라 하고, 채무자에 대하여 그 채무를 부담하는 제3자를 제3채무자(민집법 제223조, 제224조 제2항, 제296조 제3항, 제297조)라 하며 또한 두 당사자와 제3자를 포함하여 이해관계인이라 하기도 한다(민집법 제9조, 제89조, 제90조). 당사자의 명칭은 판결절차에서와 마찬가지로 실체법상의 의미는 없고 단순히 절차법상의 명칭에 불과하다.

② 집행당사자의 적격 : 집행당사자의 적격이라 함은 집행을 구하는 자의 정당성을 말한다. 적격자는 누가 채권자이며 누가 채무자인가 하는 것인데 집행권원 또는 집행문의 기재에 의하여 집행권원의 정본이 누구를 위하여 또는 누구에 대하여 부여되었느냐에 따라서 확정된다(민집법 제39조). 통상 집행권원에 의하여 당사자는 확정되며, 집행문의 기재에 의하여 확정되는 것은 집행권원상의 당사자의 변동으로 집행문이 승계자에게 부여된 경우이다(민집법 제31조). 이와 같은 자 이외의 사람은 모두 제3자이며 이들이 채권자 또는 채무자가 되는 수는 없다. 집행문은 집행적격자를 위하여 그리고 집행적격자에 대하여 부여되지 않으면 안되나 부여가 없는 한 집행적격자라도 집행당사자는 되지 아니한다. 확정판결의 당사자(원고·피고)는 물론 변론을 종결한 뒤의 승계인, 변론 없이 한 판결의 경우에는 판결을 선고한 뒤의 승계인(민소법 제218조 제1항), 변론을 종결한 뒤의 승계인(민소법 제218조 제1항), 당사자 또는 승계인을 위하여 청구의 목적물을 소지하고 있는 자(민소법 제218조 제1항), 제3자를 위하여 원고나 피고가 된 자가 받은 판결에 있어서의 제3자(민소법 제218조 제3항), 독립당사자 참가(민소법 제79조) 또는 소송인수(민소법 제82조)에 의하여 소송을 탈퇴한 당사자(민소법 제80조) 등은 집행당사자적격이 있으나, 보조참가의 경우에는 집행력이 인정되지 아니하므로(민집법 제25조 제1항 단서) 당사자적격이 없다.

집행당사자의 적격에 변동이 생긴 때에는 새로 적격을 취득한 자를 위하여 또는 그 자에 대하여 승계집행문을 부여받아야 한다(민집법 제31조).

③ 집행당사자의 능력과 대리 : 집행절차의 당사자능력은 판결절차에 있어서의 당사자능력과 같으므로 자연인, 법인 및 법인 아닌 사단 또는 재단으로서 대표자 또는 관리인은 그 이름으로 집행당시지기 될 수 있다(민소법 제52조).

미성년자, 한정치산자, 금치산자는 법정대리인에 의하여서만 소송행위를 할 수 있다. 다만, 미성년자와 한정치산자가 독립하여 법률행위를 할 수 있는 경우에는 예외이다(민소법 제55조, 민법 제8조 제1항, 근로기준법 제65조, 제66조).

집행절차에서의 대리인은 집행관에 의한 집행절차의 경우에는 대리인의 자격에 제한이 없으나 집행법원 또는 수소법원의 집행절차에 있어서는 변호사라야만 된다. 다만, 집행법원, 수소법원이 단독판사일 경우에는 법원의 허가가 있으면 변호사가 아닌 사람도 대리인이 될 수 있다(민소법 제88조, 민소규칙 제15조).

라. 강제집행의 대상물

(1) 개 설

강제집행의 대상물은 채무자의 책임재산이 된다. 책임재산이란 집행개시 당시에 있어서 채무자가 소유하는 총재산(물건 또는 권리)을 말하며 집행의 대상이 되기 위하여는 압류금지재산이 아니라야 하고 그 재산이 금전적 가치가 있어야 한다. 따라서 민사소송을 제기함에 있어 먼저 고려되어야 할 것은 집행채무자 앞으로 책임재산이 있는지 있다면 집행할 수 있는 재산이며 금전적 가치가 있는지를 먼저 살펴야 한다.

위 사정을 고려함이 없이 소를 제기하여 확정판결을 받더라도 채권자는 만족을 얻을 수 없으므로 그 판결은 무의미하게 된다. 또한 집행개시 전에는 채무자가 책임재산을 소유하고 있었으나 소송진행 중에 이를 적법하게 제3자에게 처분하였다면 이 경우에는 채무자의 책임재산이 아니므로 집행할 수 없다.

(2) 대상물

채무자의 책임재산으로 인정할 수 있는 대표적인 것으로 채권, 물권, 동산, 부동산(미등록인 부동산 포함), 선박, 자동차, 중기 및 항공기 등이 있다. 따라서 금전청구를 내용으로 하는 때에는 위 책임재산 외에 금전으로 현금화할 수 있는 것이면 모두 대상이 된다. 청구권이 물건의 인도를 목적으로 하는 내용인 때에는 채무자의 점유물이나 채무자의 제3자에 대한 물건의 인도청구권이 집행의 대상으로 된다. 이밖에 기대권으로 인정될 수 있는 재산, 즉 장래의 채권 또는 조건부채권(예컨대 골프클럽회원의 예치금) 및 반대급부채권(예컨대 공사도급금) 등이 있다. 따라서 이에 대한 집행에 있어서는 채무자의 소유로 등기 또는 등록된 등기부등본이나 등록원부등본 또는 즉시 채무자의 명의로 등기할 수 있음을 증명할 서류의 제출이 있으면 책임재산으로 인정하도록 되어 있으며(민집법 제81조 제1항, 제172조, 제187조, 민사집행규칙 제108조,

第130조, 第106조), 채권 기타 재산권에 대한 집행에 있어서는 집행채권자의 주장만으로 채무자의 책임재산에 속하는 것으로 인정하고 있다.

(3) 민사집행법 제195조에서의 압류금지물건

다음 각 호의 물건은 압류하지 못한다(민집법 제195조).

1. 채무자 및 그와 같이 사는 친족(사실상 관계에 따른 친족을 포함한다. 이하 이 조에서 "채무자등"이라 한다) 생활에 필요한 의복・침구・가구・부엌기구, 그 밖의 생활필수품
2. 채무자등의 생활에 필요한 2월간의 식료품・연료 및 조명재료
3. 채무자의 생활에 필요한 1월간의 생계비로서 대통령령이 정하는 액수의 금전 여기서 "대통령령이 정하는 액수의 금전"이란 185만원을 말한다. 다만, 법 제246조제1항제8호에 따라 압류하지 못한 예금(적금・부금・예탁금과 우편대체를 포함하며, 이하 "예금등"이라 한다)이 있으면 185만원에서 그 예금등의 금액을 뺀 금액으로 한다(민집법시행령 제2조).
4. 주로 자기 노동력으로 농업을 하는 사람에게 없어서는 아니 될 농기구・비료・가축・사료・종자, 그밖에 이에 준하는 물건
5. 주로 자기의 노동력으로 어업을 하는 사람에게 없어서는 아니 될 고기잡이 도구・어망・미끼・새끼고기, 그밖에 이에 준하는 물건
6. 전문직 종사자・기술자・노무자, 그밖에 주로 자기의 정신적 또는 육체적 노동으로 직업 또는 영업에 종사하는 사람에게 없어서는 아니 될 제복・도구, 그밖에 이에 준하는 물건
7. 채무자 또는 그 친족이 받은 훈장・포장・기장, 그밖에 이에 준하는 명예증표
8. 위패・영정・묘비, 그밖에 상례・제사 또는 예배에 필요한 물건
9. 족보・집안의 역사적인 기록・사진첩, 그밖에 선조숭배에 필요한 물건
10. 채무자의 생활 또는 직무에 없어서는 아니 될 도장・문패・간판, 그밖에 이에 준하는 물건
11. 채무자의 생활 또는 직업에 없어서는 아니 될 일기장・상업장부, 그밖에 이에 준하는 물건
12. 공표되지 아니한 저작 또는 발명에 관한 물건
13. 채무자등이 학교・교회・사찰, 그 밖의 교육기관 또는 종교단체에서 사용하는

교과서 · 교리서 · 학습용구, 그밖에 이에 준하는 물건

14. 채무자등의 일상생활에 필요한 안경 · 보청기 · 의치 · 의수족 · 지팡이 · 장애보조용 바퀴의자, 그밖에 이에 준하는 신체보조기구
15. 채무자 등의 일상생활에 필요한 자동차로서 자동차관리법이 정하는 바에 따른 장애인용 경형자동차
16. 재해의 방지 또는 보안을 위하여 법령의 규정에 따라 설비하여야 하는 소방설비 · 경보기구 · 피난시설, 그밖에 이에 준하는 물건

(4) 민사집행법 제246조에서의 압류금지채권

다음 각 호의 채권은 압류하지 못한다(민집법 제246조).

(가) 법령에 규정된 부양료 및 유족부조료(제1호)

"법령상 부양료"라 함은 민법 제974조 내지 제979조에 의하여 발생하는 부양료청구권을 말하고,"유족부조료"라 함은 근로자의 사망 후에 지급되는 급여를 말한다. 따라서 위 부양료 및 부조료는 압류할 수 없다.

(나) 채무자가 구호사업이나 제3자의 도움으로 계속 받는 수입(제2호)

"계속수입"이란 사회로부터 채무자에게 지급되는 생활보장비를 말한다.

(다) 병사의 급료(제3호)

병사의 급료라 함은 병장이하의 군인에게 지급되는 급료를 말한다.

(라) 급료 · 연금 · 봉급 · 상여금 · 퇴직연금, 그 밖에 이와 비슷한 성질을 가진 급여채권의 2분의 1에 해당하는 금액. 다만, 그 금액이 국민기초생활보장법에 의한 최저생계비를 감안하여 대통령령이 정하는 금액에 미치지 못하는 경우 또는 표준적인 가구의 생계비를 감안하여 대통령령이 정하는 금액을 초과하는 경우에는 각각 당해 대통령령이 정하는 금액으로 한다(제4호).

㉠ 개 설

판례는 민사집행법 제246조제1항제4호에서 퇴직연금 그 밖에 이와 비슷한 성질을 가진 급여채권은 그 1/2에 해당하는 금액만 압류하지 못하는 것으로 규정하고 있으나, 이는 '근로자퇴직급여 보장법'상 양도금지 규정과의 사이에서 일반법과 특별법의 관계

에 있으므로, 퇴직급여법상 퇴직연금채권은 그 전액에 관하여 압류가 금지된다고 보아야 한다(대법원 2014. 01. 23. 선고 2013다71180 판결)."고 판시하였다.

여기서"급여채권"이란 노무계약에 의하여 근로자에게 지급되는 급여에서 각종 수당을 포함하는 말이고, 급여채권의 2분의 1 해당하는 금액이라 함은 위 각종 수당을 포함한 금액에서 제세공과금을 공제하고 남은 액의 반액을 압류할 수 있는 것으로 본 것이다.

여기서"최저생계비"란 국민이 건강하고 문화적인 생활을 유지하기 위하여 소요되는 최소한의 비용으로서 국민기초생활보장법 제6조의 규정에 의하여 보건복지부장관이 공표하는 금액을 말하고, 국민의 소득・지출수준과 수급권자의 가구유형 등 생활실태, 물가상승률 등을 고려하여 최저생계비를 결정한다.

㉡ 급료·연금·봉급·상여금·퇴직연금 등을 압류금지채권으로 규정한 취지

민사집행법 제246조 제1항은 제4호 본문에서 '급료·연금·봉급·상여금·퇴직연금, 그 밖에 이와 비슷한 성질을 가진 급여채권의 2분의 1에 해당하는 금액'을, 제5호에서'퇴직금 그 밖에 이와 비슷한 성질을 가진 급여채권의 2분의 1에 해당하는 금액'을 압류금지채권으로 규정하고 있다. 그 취지는 계속적으로 일정한 일을 하면서 그 대가로 정기적으로 얻는 경제적 수입에 의존하여 생활하는 채무자의 경우에 그러한 경제적 수입(그러한 일에 더 이상 종사하지 않게 된 후에 이미 한 일에 대한 대가로서 일시에 또는 정기적으로 얻게 되는 경제적 수입을 포함한다)은 채무자 본인은 물론 그 가족의 생계를 유지하는 기초가 된다. 따라서 이와 관련된 채권자의 권리 행사를 일정 부분 제한함으로써 채무자와 그 가족의 기본적인 생활(생계)을 보장함과 아울러 근로 또는 직무수행의 의욕을 유지시켜 인간다운 삶을 가능하게 하려는 사회적·정책적 고려에 따른 것이다(대법원 2018. 5. 30. 선고 2015다51968 판결).

(마) 퇴직금 그밖에 이와 비슷한 성질을 가진 급여채권의 2분의 1에 해당하는 금액(제5호)

㉠ 개 설

본호는 퇴직금 그밖에 이와 비슷한 성질을 가진 급여채권의 2분의 1에 해당하는 금액에 내하여는 압류할 수 없도록 한 규정이다.

민사집행법 제246조 제1항 제5호는 "퇴직금 그 밖에 이와 비슷한 성질을 가진 급여채

권의 1/2에 해당하는 금액은 압류하지 못한다."고 규정하고 있고, 민법 제497조는 "채권이 압류하지 못할 것인 때에는 그 채무자는 상계로 채권자에게 대항하지 못한다."고 규정하고 있으므로, 민사집행법 제246조 제1항 제5호에서 규정한 퇴직금 등 채권을 수동채권으로 한 상계는 그 퇴직금 등 채권의 1/2을 초과하는 부분에 대하여만 허용된다(서울중앙지방법원 2015. 2. 6. 선고 2014가합21538 판결).

퇴직위로금이나 명예퇴직수당은 그 직에서 퇴임하는 자에 대하여 그 재직 중 직무집행의 대가로서 지급되는 후불적 임금으로서의 보수의 성질을 아울러 갖고 있다고 할 것이므로(1999. 2. 24. 선고 97다38930 판결) 퇴직금과 유사하다고 볼 것이고, 따라서 이들은 민사소송법 제579조 제4호 소정의 압류금지채권인 퇴직금 기타 유사한 급여채권에 해당한다(대법원 2000. 6. 8. 자 2000마1439 결정).

한편 근로자 퇴직급여보장법 제8조 제1항은"퇴직금 제도를 설정하려는 사용자는 계속근로기간 1년에 대하여 30일분 이상의 평균임금을 퇴직금으로 퇴직 근로자에게 지급할 수 있는 제도를 설정하여야 한다."고 규정하고 있고, 동법 제5조는 "법률 제10967호(2011. 7. 25. 개정) 근로자퇴직급여 보장법 전부개정법률 시행일 이후 새로 성립(합병·분할된 경우는 제외한다)된 사업의 사용자는 근로자대표의 의견을 들어 사업의 성립 후 1년 이내에 확정급여형 퇴직연금제도나 확정기여형 퇴직연금제도를 설정하여야 한다."고 규정하고 있다.

그러므로 2011. 7. 25 이후 설립된 신설법인의 경우 의무적으로 퇴직금제도가 아닌 퇴직연금제도를 설정하여 운용하여야 하는바, 퇴직연금의 경우에는 전술한 판례(대법원 2014. 01. 23. 선고 2013다71180 판결)가 "퇴직급여법상 퇴직연금채권은 그 전액에 관하여 압류가 금지된다고 보아야 한다."고 판시하였으므로 본호 규정의 "퇴직금 그밖에 이와 비슷한 성질을 가진 급여채권의 2분의 1에 해당하는 금액"은 압류할 수 있는 것이다.

민사집행법 제246조 제1항 제5호의 압류금지채권에는 이사의 퇴직금도 포함된다(대법원 2018. 5. 30. 선고 2015다51968 판결).

㉡ 공무원의 퇴직금(연금) 및 명예퇴직금 등

ⓐ 퇴직금

> 공무원연금법
>
> 제39조(권리의 보호) ① 급여를 받을 권리는 양도, 압류하거나 담보로 제공할 수 없다. 다만, 연금인 급여를 받을 권리는 대통령령으로 정하는 금융회사에 담보로 제공할 수 있고, 국세징수법, 지방세징수법, 그 밖의 법률에 따른 체납처분의 대상으로 할 수 있다.
>
> ② 수급권자에게 지급된 급여 중 민사집행법 제195조제3호에서 정하는 금액 이하는 압류할 수 없다.

위 규정에 의하면 퇴직금(연금)은 압류할 수 없으나 본인이 원하는 경우 금융기관에 담보로 제공할 수 있다. 그러나 이 경우에도 매월 지급되는 연금에서 2분의1을 초과할 수는 없다.

ⓑ 명예퇴직금

> 지방공무원법
>
> 제66조의2(명예퇴직 등) ① 공무원으로 20년 이상 근속(勤續)한 사람이 정년 전에 스스로 퇴직하는 경우(임기제공무원이 아닌 경력직공무원이 임기제공무원으로 임용되어 퇴직하는 경우로서 대통령령으로 정하는 경우를 포함한다)에는 예산의 범위에서 명예퇴직수당을 지급할 수 있다.

장래 발생할 채권이나 조건부 채권도 현재 그 권리의 특정이 가능하고 가까운 장래에 발생할 것이 상당 정도 기대되는 경우에는 이를 압류할 수 있다.

판례는 "지방공무원 갑이 약 14~15년 정도 근무한 때에 을이 갑의 명예퇴직수당 채권에 대하여 채권가압류결정과 채권압류 및 추심명령을 받았고 그 후 갑이 약 20년 5개월을 근속한 뒤 명예퇴직한 사안에서, 명예퇴직수당의 기초가 되는 법률관계가 존재하고 그 발생근거와 제3채무자를 특정할 수 있어 그 권리의 특정이 가능하고, 권리가 가까운 장래에 발생할 것이 상당 정도 기대되는 경우라고 볼 수 있으므로, 채권가압류결정 등이 유효하다(대법원 2010. 2. 25. 선고 2009다76799 판결)."고 판시하였다.

ⓒ 급여채권 등의 압류범위 계산방법 및 채권목록 작성요령(2019년 4월 1일 시행)

ⓐ 민사집행법 시행령 제3조의 규정

민사집행법 시행령 제3조는 압류금지 최저금액에 관하여"법 제246조 제1항 제4호 단서에서 국민기초생활 보장법에 의한 최저생계비를 감안하여 대통령령이 정하는 금액이란 월 185만원으로 한다."고 하였다. 따라서 월소득 185만원 이하인 급여생활자의 모든 급여는 압류금지채권이 된다. 구체적으로 채권자가 압류할 수 있는 금액은, 185만원까지는 0원, 185만원 초과 370만원 까지는 채무자의 최저생계비 185만원을 제외한 나머지 금원, 370만원 이상 600만원 까지는 급여채권의 1/2에 해당하는 금원이 된다.

ⓑ 민사집행법 시행령 제4조의 규정

민사집행법 시행령 제4조는 압류금지 최고금액에 관하여"법 제246조 제1항 제4호 단서에서 표준적인 가구의 생계비를 감안하여 대통령령이 정하는 금액이란 다음 제1호에 규정된 금액 이상으로서 제1호와 제2호의 금액을 합산한 금액으로 한다."고 하였다.

1. 월 300만원

2. 법 제246조제1항제4호 본문에 따른 압류금지금액(월액으로 계산한 금액을 말한다)에서 제1호의 금액을 뺀 금액의 2분의 1

따라서 고소득 급여생활자에 대하여는 압류금지금액이 300만 원을 초과하는 경우에는 그 중 1/2을 추가적으로 더 압류할 수 있다. 이는 획일적으로 300만 원 이상을 모두 압류할 수 있다고 규정할 경우 고소득 급여생활자의 근로의욕이 저하되어 사회적 생산력의 감소가 초래될 것을 고려한 규정으로 보인다.

위 규정에 따르면 600만 원 이상의 고임금 근로자의 경우에는 압류금지되는 금액이 1/2이 아니라"300만 원+[{(급여채권/2)−300만 원}/2]"이 된다.

[위 ⓐ, ⓑ에 따른 도표]

급여액	100	185	250	300	370	400	500	600	700	800	900	1000
압류가능금액	0	0	65	115	185	200	250	300	375	450	525	600
채무자교부액	100	185	185	185	185	200	250	300	325	350	375	400

ⓒ 급여채권이 중복되거나 여러 종류인 경우의 계산방법

민사집행시행령 제5조는 급여채권이 중복되거나 여러 종류인 경우의 계산방법에 관하여 "시행령 제3조와 제4조의 금액의 계산에 있어서 채무자가 다수의 직장으로부터 급여를 받거나 여러 종류의 급여를 받는 경우에는 이를 합산한 금액을 급여채권으로 한다."고 하였다. 이 경우에는 채무자가 여러 종류의 급여채권이 있는 경우에는 이를 합산하여 앞에서 본 바와 같은 방식으로 압류금지채권을 계산하여야 한다. 이는 파트타임 등 여러 종류의 급여채권을 합산할 경우 압류대상이 됨에도 개개의 급여채권이 최저생계비 이하가 되어 압류할 수 없게 되는 불합리를 해소하기 위한 것이다.

예컨대, 채무자가 A 직장에서 150만 원, B 직장에서 150만 원의 월급여를 받는 경우 합산한 300만 원이 기준이 되고, 압류가능금액은 300만 원에서 185만 원 제외한 115만 원이 된다. 즉, 개개의 급여채권에 대하여는 압류대상이 되지 않지만, 이를 합산할 경우 압류대상이 되게 된다. 다만, 제3채무자의 입장에서는 채무자가 다른 재산이 있는지를 알 수 없고, 압류금지대상에 해당한다는 이유로 채무자에게 급여를 지급할 경우 채권의 준점유자에 대한 변제(민법 제470조)에 해당하여 채권자의 권리를 해할 수 있다. 이때 채권자는 자신의 권리를 확보하기 위해서는"압류금지채권(물건)을 정하는 재판"을 신청하여야 한다(민집법 제196조, 제246조 제3항). 즉, 채권자는 채무자가 다른 수입이 있음을 소명하여 "압류금지채권(물건)축소결정"을 받아 법원에 의하여 제3채무자에게 송달함으로써 추가로 압류할 수 있다. 이에 반하여 채무자는 일부의 직장을 퇴직하여 일부 급여를 상실한 경우 합산한 급여채권이 최저생계비에 해당하게 되므로, 이를 소명하여 "압류금지채권(물건)확대결정"을 받아 법원에 의하여 제3채무자에게 송달함으로써 압류에서 벗어날 수 있다. 이러한 압류금지 채권(물건)을 정하는 재판은 당사자의 신청에 의하여 진행되고, 그 절차는 일반적인 "압류금지 채권(물건)을 정하는 재판"과 동일하다.

ⓓ 채권압류의 목록 표시

개정법에 따른 급여 및 퇴직금에 대한 채권압류목록은 신청서 말미(채권압류 및 추심명령 312면, 350면, 전부명령 388면 참조)에서 다루었다.

(바) 주택임대차보호법 제8조, 같은 법 시행령의 규정에 따라 우선변제를 받을 수 있는 금액(제6호)

본호의 신설취지는 주택임대차보호법 제8조에 따라 우선변제를 받을 수 있는 금액의 범위 안에서 대통령령으로 정하는 금액을 초과하지 아니하는 금액을 압류금지채권에 추가하도록 한 것이다. 당시 세계적인 금융위기와 이로 인한 경제 불황이 지속되면서 임차인들의 유일한 재산이다시피 한 임대차보증금에 대한 강제집행도 빈번히 이루어지고 있는 점 등을 참작하여 주택임대차보호법 제8조 및 같은 법 시행령 제3조가 정하고 있는 일정금액의 임대차보증금을 압류금지채권으로 추가하여, 임차인들의 주거안정을 도모하고자 함이다.

(사) 생명, 상해, 질병, 사고 등을 원인으로 채무자가 지급받는 보장성보험의 보험금(해약환급 및 만기환급금을 포함한다). 다만, 압류금지의 범위는 생계유지, 치료 및 장애 회복에 소요될 것으로 예상되는 비용 등을 고려하여 대통령령으로 정한다(제7호)

㉠ 개 설

본호의 신설 취지는 사회보장적 기능을 수행하는 보장성보험의 경우에 보험금을 취득할 수 있는 권리에 대하여는 채권추심의 단계에 이르기 전에 압류금지 할 수 있도록 함으로써 보험이용자를 보호하기 위한 것이다.

민사집행법 제246조 제1항 제7호는'생명, 상해, 질병, 사고 등을 원인으로 채무자가 지급받는 보장성보험의 보험금(해약환급 및 만기환급금을 포함한다) 채권은 압류하지 못한다.'고 정하고, 압류금지의 범위는 생계유지, 치료 및 장애 회복에 소요될 것으로 예상되는 비용 등을 고려하여 대통령령으로 정하도록 하고 있다. 민사집행법 시행령 제6조 제1항 제3호 (가)목은'민법 제404조에 따라 채권자가 채무자의 보험계약 해지권을 대위행사하거나 추심명령 또는 전부명령을 받은 채권자가 보장성보험에 관한 해지권을 행사하여 발생하는 해약환급금은 압류하지 못한다.'고 정하고 있다. 이처럼 민사집행법이 보장성보험의 보험금 채권을 압류금지채권으로 정한 것은 생계유지, 치료, 장애 회복 등 보험계약자의 기본적인 생활을 보장하기 위한 최소한의 수단을 확보해 주기 위한 것이다(대법원 2018. 12. 27. 선고 2015다61606 판결).

보장성보험이란 생명, 상해, 질병, 사고 등 피보험자의 생명·신체와 관련하여 발생할 수 있는 경제적 위험에 대비하여 보험사고가 발생하였을 경우 피보험자에게 약정된 보험금을 지급하는 것을 주된 목적으로 한 보험으로서, 일반적으로는 만기가 되었을 때 보험회사가 지급하는 돈이 납입보험료 총액을 초과하지 않는 보험을 말한다. 반면 저축성보험은 목돈이나 노후생활자금을 마련하는 것을 주된 목적으로 한 보험으로서, 만기가 되었을 때 지급되는 보험금이 납입보험료에 일정한 이율에 따른 돈이 가산되어 납입보험료의 총액보다 많은 보험이다.

보험계약 중에는 보장성보험과 저축성보험의 성격을 함께 가지는 것도 있다. 만일 보장성보험계약과 저축성보험계약이라는 독립된 두 개의 보험계약이 결합된 경우라면 저축성보험계약 부분만을 분리하여 이를 해지하고 압류할 수 있다. 이와 달리 하나의 보험계약이 보장성보험과 더불어 저축성보험의 성격을 함께 가지고 있다면 저축성보험 부분만을 분리·해지할 수는 없다고 보아야 한다. 그 이유는 다음과 같다.

하나의 보험계약에 저축성보험과 보장성보험의 성격이 모두 있는 경우 이를 각각 독립된 보험계약의 결합으로 볼 수 없다. 이러한 보험계약에서는 저축성보험이 있음을 전제로 보장성보험의 보험료나 보험금이 정해진 경우가 많다. 하나의 보험계약에서 저축성보험 부분만을 분리·해지한다고 할 때 보험회사와 보험계약자가 나머지 보장성보험 부분만을 유지할 것으로 기대하기도 어렵다. 민사집행법 제246조 제1항 제7호와 민사집행법 시행령 제6조 제1항 제3호 (가)목은 하나의 보험계약을 보장내용에 따라 구분해서 압류금지의 대상으로 정하고 있지도 않다.

이처럼 하나의 보험계약에 보장성보험과 저축성보험의 성격이 모두 있는 경우에 저축성보험의 성격을 갖는 계약 부분만을 분리하여 해지할 수 없다면, 해당 보험 전체를 두고 민사집행법 제246조 제1항 제7호에서 정하는'보장성보험'에 해당하는지를 결정해야 한다. 원칙적으로 당초 보험상품을 개발·판매할 당시 해당 보험의 만기 시 지급되는 보험금이나 만기환급금이 보험계약자의 납입보험료 총액을 초과하는지를 기준으로, 만기환급금 등이 납입보험료 총액을 초과하면 저축성보험으로 보고, 이를 초과하지 않으면 민사집행법 제246조 제1항 제7호에서 정한 '보장성보험'에 해당한다고 보아야 한다. 그러나 만기환급금 등이 납입보험료 총액을 초과하더라도, 보험이 예정하는 보험사고의 성질, 보험가입 목적, 납입보험료의 규모와 보험료의 구성, 지급받는 보험료의 내용 등을 종합적으로 고려하였을 때 보험의 주된 성격과 목적이 보장성보험이라고 볼 수 있는 특별한 사정이 있다면 민사집행법이 압류금지채권으로 정하고 있는 보장성보험으로 보아야 한다(대법원 2018. 12. 27. 선고 2015다61606 판결).

㉡ 압류금지 보장성 보험금 등의 범위(민집법 시행령 제6조)

㉮ 법 제246조제1항제7호에 따라 다음 각 호에 해당하는 보장성보험의 보험금, 해약환급금 및 만기환급금에 관한 채권은 압류하지 못한다(민집 시행령 제6조제1항).

1. 사망보험금 중 1천만원 이하의 보험금
2. 상해·질병·사고 등을 원인으로 채무자가 지급받는 보장성보험의 보험금 중 다음 각 목에 해당하는 보험금
   가. 진료비, 치료비, 수술비, 입원비, 약제비 등 치료 및 장애 회복을 위하여 실제 지출되는 비용을 보장하기 위한 보험금
   나. 치료 및 장애 회복을 위한 보험금 중 가목에 해당하는 보험금을 제외한 보험금의 2분의 1에 해당하는 금액
3. 보장성보험의 해약환급금 중 다음 각 목에 해당하는 환급금
   가. 민법 제404조에 따라 채권자가 채무자의 보험계약 해지권을 대위행사하거나 추심명령 또는 전부명령을 받은 채권자가 해지권을 행사하여 발생하는 해약환급금
   나. 가목에서 규정한 해약사유 외의 사유로 발생하는 해약환급금 중 150만원 이하의 금액
4. 보장성보험의 만기환급금 중 150만원 이하의 금액

㉯ 채무자가 보장성보험의 보험금, 해약환급금 또는 만기환급금 채권을 취득하는 보험계약이 둘 이상인 경우에는 다음 각 호의 구분에 따라 제1항 각 호의 금액을 계산한다(민집법 시행령 제6조제2항).

1. 제1항제1호, 제3호나목 및 제4호: 해당하는 보험계약별 사망보험금, 해약환급금, 만기환급금을 각각 합산한 금액에 대하여 해당 압류금지채권의 상한을 계산한다.
2. 제1항제2호나목 및 제3호가목 : 보험계약별로 계산한다.

(아) 채무자의 1월간 생계유지에 필요한 예금(적금·부금·예탁금과 우편대체를 포함한다). 다만, 그 금액은 국민기초생활 보장법에 따른 최저생계비, 민사집행법 제195조제3호에서 정한 금액 등을 고려하여 대통령령으로 정한다(제8호).

본호의 신설 취지는 채무자의 최소한의 생계유지에 필요한 예금금액에 대하여도

압류금지채권에 포함하여 채무자의 기본적인 생계가 가능하도록 하여 채무자의 최소한의 인간답게 살 권리를 보장하려는 것이다.

압류금지 예금 등의 범위(법 시행령 제7조) : 법 제246조제1항제8호에 따라 압류하지 못하는 예금 등의 금액은 개인별 잔액이 185만원 이하인 예금 등으로 한다. 다만, 법 제195조제3호에 따라 압류하지 못한 금전이 있으면 185만원에서 그 금액을 뺀 금액으로 한다(2019년 4월 1일 시행).

(자) 특별법상의 압류금지채권

① 고용보험법상의 실업급여를 받을 권리(동법 제38조)
② 공무원연금법상의 급여를 받을 권리(동법 제32조)
③ 국가배상법에 의하여 생명·신체의 침해로 인한 국가배상을 받을 권리(동법 제4조)
④ 국가유공자등 예우 및 지원에 관한 법률에 의하여 지급받는 보훈급여금(동법 제19조)
⑤ 국민건강보험법상의 보험급여를 받을 권리(동법 제59조)
⑥ 국민기초생활 보장법상의 수급품을 받을 권리(동법 제35조)
⑦ 국민연금법상의 각종 급여를 받을 권리(동법 제58조)
⑧ 군인연금법상의 급여를 받을 권리(동법 제7조)
⑨ 근로기준법상의 보상청구권(동법 제86조)
⑩ 한부모가족지원법상의 지급된 복지급여와 이를 받을 권리(동법 제27조)
⑪ 사립학교교직원연금법에 의하여 급여를 받을 권리(동법 제40조)
⑫ 산업재해보상보험법상의 보험금여를 받을 권리(동법 제88조)
⑬ 선원법상의 실업수당, 퇴직금, 송환비용, 송환수당, 상병보상 또는 재해보상 등을 받을 권리(동법 제152조)
⑭ 어선원 및 어선 재해보상보험법상의 보험급여를 받을 권리(동법 제34조)
⑮ 자동차손해배상보장법 제10조제1항(피해자의 보험금지급청구권), 제11조제1항(피해자의 가불금지급청구권) 또는 제30조제1항(피해자의 보상금청구권)에 따른 청구권(동법 제40조)
⑯ 형사보상법상의 보상청구권(동법 제22조)
⑰ 초·중등교육법 제10조 및 고등교육법 제11조의 규정에 의한 수업료 기타 납부금

(입학금・학교운영지원비 또는 기성회비를 말한다)을 받을 권리와 사립학교법 제29조제2항의 규정에 의하여 별도 계좌로 관리되는 수입에 대한 예금채권(사립학교법 제28조 제3항)

⑱ 부양료청구권(민법 제979조), 유류분반환청구권(민법 제1115조) 등과 같은 일신전속적인 권리

⑲ 상호계산(相互計算)에 편입된 채권(상법 제72조)

⑳ 국가나 지방자치단체로부터 특정의 사업·연구 등을 위하여 교부되고 그 목적 외의 사용이 금지되는 교부금의 교부청구권(사회복지사업법 제42조, 보조금 관리에 관한 법률 제22조 등)

(차) 기 타

장래 발생할 채권이나 조건부 채권도 현재 그 권리의 특정이 가능하고 가까운 장래에 발생할 것이 상당 정도 기대되는 경우에는 이를 압류 할 수 있다(대법원 2001. 9. 18. 자 2000마5252 결정).

당사자가 양도할 수 없는 것으로 특약한 채권이라도 압류 채권자의 선의, 악의를 불문하고 압류할 수 있다(대법원 1976. 10. 29. 선고 76다1623 판결).

2. 집행권원

가. 의 의

집행권원이라 함은 강제집행의 기초가 되는 것으로서 사법상의 이행청구권이 표시되고 그것을 강제집행할 수 있다는 것을 증명한 공정의 문서를 말한다. 강제집행은 집행권원에 의하여 집행당사자 및 집행의 내용, 범위가 정하여진다. 집행권원으로 되는 문서는 주로 재판(예컨대 판결문, 결정문) 또는 이에 준하는 효력 있는 조서(예컨대 화해조서, 인낙조서)이나 당사자의 진술에 의하여 공증인이 작성하는 증서(예컨대 공증문서)인 경우도 있다. 그러므로 이 문서상에 표시된 이외의 집행행위는 위법으로 되고 채무자 및 이해관계 있는 제3자는 이에 대하여 집행에 관한 이의신청(민집법 제16조) 또는 제3자 이의의 소(민집법 제48조)로써 그 집행의 배제를 구할 수 있다.

나. 집행권원의 요건

집행권원은 급여(이행)의무를 내용으로 함을 요하고 그 급여의 내용은 가능·특정

또는 적법하게 강제이행을 할 수 있는 것이라야 하며 급여청구권의 범위의 최대한도는 집행권원에 표시된 바에 의하여 정하여진다. 따라서 채무의 존재가 없는 형성판결이나 확인판결은 집행권원으로 되지 아니한다. 집행권원은 이와 같이 강제집행의 당사자적격을 가진 자와 집행의 범위를 정하는데 그치고 발생한 집행청구권을 행사하기 위해서는 집행문을 따로 부여받아야 한다(민집법 제30조).

다. 집행권원의 소멸

집행권원의 소멸은 ㉠ 가집행선고부판결이 가집행선고 또는 본안판결을 변경하는 판결의 선고가 있는 경우(민소법 제215조 제1항) 또는 확정판결이 재심(민소법 제451조)에 의하여 취소되어 그 효력을 상실하는 경우와 ㉡ 화재로 소송기록이나 판결원본 기타 집행권원의 원본의 멸실로 인하여 집행권원이 소멸한다. 위 ㉠의 경우 채무자는 집행문부여에 대한 이의로 불복할 수 있고, 위 ㉡의 경우 채권자는 새로운 소송에 의하여 집행권원을 얻어야 한다(방순원 민사소송법 하 54면).

라. 집행권원의 종류

· 확정된 종국판결(민집법 제24조),
· 가집행선고 있는 종국판결(민집법 제24조)
· 외국법원의 판결에 대한 집행판결(민집법 제26조)
· 항고로만 불복을 신청할 수 있는 재판(민집법 제56조 제1호)
· 확정된 지급명령(민집법 제56조 제3호)
· 공정증서(민집법 제56조 제4호)
· 화해조서, 인낙조서 등 확정판결과 같은 효력을 가지는 것(민집법 제56조 제5호)
· 가압류명령, 가처분명령(민집법 제291조, 제301조)
· 과태료의 재판에 대한 검사의 집행명령(민집법 제60조 제2항)
· 조정조서(민조법 제29조)
· 조정에 갈음하는 결정으로서 확정된 것(민조법 제30조, 제32조, 제34조 제4항)
· 가사소송법에 의한 확정된 종국판결(가소법 제12조, 민집법 제24조), 심판(가소법 제41조), 조정조서·조정에 갈음하는 결정(가소법 제59조 제2항)
· 비송사건절차의 재판(비송법 제29조)
· 이행권고결정(소액사건심판법 제5조의8 제1항) 등 이외에도 여러 가지가 있다.

3. 집행기관

가. 의 의

집행기관이라 함은 채권자의 신청에 의하여 강제집행을 위임받아 실시하는 국가기관을 말한다. 이 기관으로는 집행관, 집행법원, 수소법원이 있다. 강제집행은 원칙적으로 집행관이 이를 실시한다(민집법 제2조). 그러나 법률적 판단을 요하는 집행행위에 대하여는 특별규정을 두어 집행법원 또는 수소법원이 이를 담당하게 하였다.

나. 집행관

집행관은 사실적 행동으로 실력행사를 수반하여 독립적으로 국가의 권한을 행사하는 집행기관이다(법조법 제55조 제2항, 집행관법 제2조).

강제집행은 채권자가 집행관에게 집행을 위임함으로써 한다(민집법 제42조 제1항). 집행을 위임함에 있어서는 강제집행신청서에 집행의 목적물을 기재하고 집행력 있는 정본과 집행개시의 요건이 충족되었음을 증명하는 서면을 제출하여야 한다(민집법 제39조, 제40, 제41조). 또한 집행관수수료규칙 제25조에 의한 비용을 예납하여야 한다.

위임자는 주민등록증 등을 지참하여야 하며, 위임인이 변호사사무원인 경우에는 주민등록증 외에 변호사사무원 신분증을 제시하여야 한다. 대리인에 의하여 할 경우에는 집행신청서에 대리인 위임장을 첨부 제출하여야 한다.

다. 집행법원

집행법원은 민사집행법에서 규정한 집행행위에 관한 법원의 처분이나 그 행위에 관한 법원의 협력사항을 관할하는 법원이다(민집법 제3조). 강제집행은 집행관이 실시하는 것이 원칙이나(민집법 제2조), 집행법원은 관념적인 명령만으로 족한 집행이나 신중한 절차를 필요로 하는 집행만을 관할한다(민집법 제79조, 제173조, 제224조, 제293조 제2항, 제295조 제2항, 제296조 제2항). 법에 규정한 법원의 집행행위의 처분이나 그 행위의 협력은 집행법원인 지방법원의 전속관할에 속한다(민집법 제21조).

법률에 특별히 지정되어 있지 아니하면 원칙적으로 집행절차를 실시할 곳이나 실시한 곳을 관할하는 지방법원이 되며(민집법 제3조), 구체적으로는 지방법원 단독판사가 담당한다(법조법 제7조 제4항).

라. 수소법원

수소법원이라 함은 어느 사건에 관하여 판결절차가 현재 계속하거나 전에 계속하였던 법원을 말한다. 수소법원은 청구권과의 관계에서 여러 가지 관념적인 처분이 필요한 집행 즉 대체집행(민집법 제260조), 간접강제(민집법 제261조)를 하는 경우에 집행기관으로 된다.

4. 집행문의 부여

가. 의 의

집행문이란 집행권원 말미에 부여하는 문언을 말한다. 집행문은 채권자가 강제집행을 실시하기 위하여 법원사무관 등으로부터 부여받아 집행기관에 강제집행을 신청 또는 위임함에 있어서 첨부 제출하여야 하는바, 집행문이 부여된 집행권원의 정본을 집행력 있는 정본이라 한다. 집행력 있는 정본이 없거나 무효인 집행권원에 기하여 이루어진 강제집행은 무효가 된다. 그러나 모든 강제집행에 집행문이 필요한 것은 아니고 예외적인 경우가 있다. 예컨대 가압류·가처분명령(민집법 제292조·제301), 소액사건의 이행권고결정(소액사건심판법 제5조의8), 확정된 지급명령(민집법 제56조 제3호)등이 그것이다. 다만, 집행문을 필요로 하지 않는 집행권원이라 할지라도 ① 집행권원의 집행에 조건이 붙어 있는 경우(민집법 제30조 제2항, 제58조 제1항 단서, 소액사건심판법 제5조의8 제1항 단서), ② 당사자의 승계가 이루어진 경우(민집법 제31조 제1항, 제58조 제1항 단서, 소액사건심판법 제5조의8 제1항 단서)에는 집행문이 필요하다.

나. 요 건

집행문은 판결이 확정되거나 가집행선고 있는 때에 한하여 채권자 또는 그 승계인으로부터 부여신청이 있을 때에 이를 부여하는바, 부여기관은 집행문을 부여해야 할 경우인가를 조사하여 그 허부를 결정하게 된다(민집법 제30조 제1항). 따라서 집행문 부여신청시에는 당사자가 집행권원에 표시된 당사자와 집행문부여의 신청시 표시하는 당사자와 일치하여야 하고, 집행권원의 내용이 집행이 가능하여야 하고, 집행권원의 집행력이 유효하게 발생하고 존재하여야 하고, 확정판결 또는 집행증서가 집행권원으로서의 형식적 요건을 갖추어야 하고, 집행권원의 집행에 조건을 붙인 경우에는 그 조건이 성취된 것이라야 집행문부여를 받을 수 있다(동조 제2항). 판결의 집행에 조건을 붙인 경우에 그 조건의 성취를 채권자가 증명하여야 하는 때에는 이를 증명하는 서류를 제출한 때에 한하여 집행문을 부여한다. 따라서 의사표시의무의 집행에는 집행문이 필요 없으나 반대이행(동시이행의 경우 포함)에 달린 때에는 그 이행사실을 증명하여야 한다. 다만, 판결의 집행이 담보의 제공을 조건으로 하는 때에는 그러하지 아니하다. 집행문부여신청시 신청요건을 하나라도 갖추지 아니한 경우에는 집행문부여기관은 그 부여를 거절할 수 있다.

다. 집행문의 부여신청

㉠ 판결의 경우에 집행문은 제1심법원의 사무관등이 부여한다. 소송기록이 상급심에 있을 때에는 그 법원의 사무관등이 이를 부여한다(민집법 제28조 제1항, 제2항). 집행문을 부여하는 경우에는 판결원본 또는 상소심판결 정본에 원고 또는 피고에게 이를 부여한다는 취지와 부여 연월일 등을 기재하여야 한다(민집법 제36조). 조건의 성취사실 또는 승계사실 등이 있는 경우에는 재판장의 명령에 의하여 집행문을 부여한다(민집법 제32조).

㉡ 항고로만 불복을 신청할 수 있는 재판(민집법 제56조 제1호)은 판결에 준하여 당해 기록을 보관하는 법원의 법원사무관 등이 내어 준다.

㉢ 소송상의 화해조서, 인낙조서 또는 확정된 지급명령, 가압류·가처분명령으로서 승계집행문의 부여가 필요한 경우에도 판결에 준하여 당해 기록을 보관하는 법원의 법원사무관 등이 내어 준다.

㉣ 확정된 지급명령(민집법 제58조)은 지급명령을 내린 지방법원의 법원사무관 등이 내어 준다. 다만, 집행문 부여기관이 지급명령정본에 대하여 집행문을 부여하기 위해서는 그 지급명령이 채무자에게 송달되어 확정되었음을 직권으로 조사하여야 하므로, 집행력 있는 지급명령정본에 의한 강제집행신청에 있어서는 지급명령의 송달증명 및 확정증명은 필요로 하지 아니한다(재민 2000-5).

㉤ 제소전화해조서, 조정조서, 파산채권표, 회사정리채권표 등에 대하여는 당해 절차를 행한 법원의 법원사무관 등이 내어 준다.

㉥ 집행증서에 대하여는 그 증서를 보존하는 공증인, 법무법인 또는 공증인가 합동법률사무소 등이 내어 준다(민집법 제59조 제1항, 공증인법 제56조의2, 3, 변호사법 제49조 제1항, 제58조 제2항). 공증인 등에 대하여 집행문의 부여를 신청하는 때에는

수수료로 10,000원을 납부하여야 한다(공증인수수료규칙 第23조).

④ 집행력 있는 정본을 수통 청구하는 경우 및 재도부여 : 채권자는 1개의 지역에서 1개의 방법으로 강제집행을 하여도 완전한 변제를 받을 수 없는 때에는 여러 통의 집행력 있는 정본에 의하여 여러 개의 지역 또는 여러 개의 방법으로 동시에 집행할 수 있다(민집법 제38조). 그러므로 이 경우에는 법원에 여러 통의 집행력 있는 정본 또는 재도의 집행력 있는 정본을 청구하여 집행하여야 한다(민집법 제35조). 재도부여 신청시에는 처음 교부신청시에 증명한 서류로 인하여 다시 그 증명을 할 필요가 없다. 공증인 등이 작성한 증서의 집행문은 그 증서를 보존하는 공증인 등이 부여한다(민집법 제59조 제1항). 공증인 등에 대하여 집행문의 부여를 신청하는 때에는 수수료로 10,000원을 납부하여야 하며, 집행에 조건이 붙은 경우의 집행문(민집법 제30조), 승계집행문(민집법 제31조), 수통의 집행문(민집법 제35조)을 부여신청하는 경우에는 10,000원을 가산한다(공증인수수료규칙 제23조).

⑤ 승계집행문 : 승계집행문이라 함은 집행권원에 표시된 당사자이외의 자에 주관적 집행력(민집법 제25조)이 확장되어 미치는 경우 그 자를 위하여 집행문이 부여되는 것을 말한다(민집법 제31조). 이를 집행당사자적격자의 변동이라 한다. 따라서 판결에 표시된 채권자의 승계인은 반드시 승계집행문을 부여받아 집행할 수 있다. 이 경우에는 그 승계가 법원에 명백한 사실이거나 증명서로 이를 증명한 때에 한하여 부여한다(민집법 제31조 제1항).

라. 신청서 사례

[서식] 집행문부여신청서

<table>
<tr><td>신 청 서</td><td>(* 해당사항을 기재하고 해당 번호란에 "○"표)</td></tr>
<tr><td colspan="2">사 건 번 호 20 가 (차) (단독 20 . . . 선고, 기타)
원고(채권자) (주민등록번호등 -) 집행문부여 인지액 500원
송달증명 인지액 500원
피고(채무자) (주민등록번호등 -) 확정증명 인지액 500원

제3채무자</td></tr>
<tr><td colspan="2">1. 집행문부여신청
위 당사자간 사건의(판결, 결정, 명령, 화해조서, 인낙조서, 조정조서) 정본에 집행문을 부여하여 주시기 바랍니다.</td></tr>
<tr><td colspan="2">2. 송달증명원
위 사건의(판결, 결정, 명령, 화해조서, 인낙조서, 조정조서) 정본이 20 . . .자로 상대방에게 송달되었음을 증명하여 주시기 바랍니다.</td></tr>
<tr><td colspan="2">3. 확정증명원
위 사건의 (판결, 결정, 명령,)이 20 . . .자로 확정되었음을 증명하여 주시기 바랍니다.</td></tr>
<tr><td colspan="2">20 . . .
위 (1항, 2항, 3항) 신청인 원고(채권자) (날인 또는 서명)
법원 귀중</td></tr>
<tr><td colspan="2">위 (송달, 확정) 사실을 증명합니다.
20 . . .
법원 법원사무관(주사) (인)</td></tr>
</table>

[유의사항]

1. 사건번호는 법원으로부터 수령한 소송서류 등으로 확인하여 정확하게 기재한다.
2. 위 양식사항 중 '(단독 . . .선고, 기타)란에는 담당재판부와 판결을 선고받은 일자(혹은 지급명령을 고지받은 일자, 화해·조정 등의 일자)를 기재한다.
3. 위 양식사항 중 당사자를 표시하는 '원고(채권자)', '피고(채무자)'항은 지급명령신청 사건의 경우에 '채권자', '채무자'란에 ○표를 하고, 그 외 소액 및 단독, 합의사건의 경우에는 '원고', '피고'란에 ○표를 하여야 한다..
4. 위 양식사항 중 1 내지 3 신청의 '(판결 …… 조정조서)' 등의 란과 그 하단의 '(1항, 2항, 3항), '(송달, 확정)'란에는 해당사항에 각 ○표를 하여야 한다.

[서식] 집행문부여신청서(소유권이전등기절차이행판결에 의한)

집행문부여신청

사건번호 20○○가단2458 소유권이전등기
원　　고 김　기　팔 (주민등록번호　　　–　　　)
서울 강남구 압구정로358길 4(우:　　　　)
연락처:

피　　고 이　봉　금 (주민등록번호　　　–　　　)
서울 강남구 신사로123길 4(우:　　　　)

위 사건에 관하여, 귀원에서 20○○. 5. 20. 선고한 금전지급의 조건 있는 등기이행판결이 이미 확정되고, 원고는 20○○. 9. 2. 그 지급조건을 이행을 하였으므로, 민사집행법 제263조 제2항[1]에 따라 별첨 판결정본에 집행문을 부여하여 주시기 바랍니다.

첨 부 서 류

1. 판결정본　　1통
1. 영수증사본(또는 공탁서 사본)　　1통

20○○.　9.　.

위 원고　김 기 팔 (인)

서울중앙지방법원　귀중

<주> 신청서에는 500원의 인지를 붙인다(재민 91-1). 신청서 1통을 제출한다. 신청법원은 제1심 법원, 소송기록이 상급심에 있는 때는 상급법원(민집법 제28조). 금전지급의 조건 있는 소유권이전등기절차이행판결의 경우 원고는 그 판결의 조건을 이행하고 그

1) 제263조(의사표시의무의 집행) ②반대의무가 이행된 뒤에 권리관계의 성립을 인낙하거나 의사를 진술할 것인 경우에는 제30조와 제32조의 규정에 따라 집행문을 내어 준 때에 그 효력이 생긴다.

사실을 증명하는 서면을 제출하여야 한다.

마. 집행력 있는 정본을 수통 청구하는 경우 및 재도부여

(1) 법원에 청구하는 경우

1) 채권자는 1개의 지역에서 1개의 방법으로 강제집행을 하여도 완전한 변제를 받을 수 없는 때에는 여러 통의 집행력 있는 정본에 의하여 여러 개의 지역 또는 여러 개의 방법으로 동시에 집행할 수 있다(민집법 제38조). 그러므로 이 경우에는 법원에 여러 통의 집행력 있는 정본 또는 재도의 집행력 있는 정본을 청구하여 집행하여야 한다(민집법 제35조). 재도부여신청시에는 처음 교부신청 시에 증명한 서류로 인하여 다시 그 증명을 할 필요가 없다.

2) 집행문이 재도부여된 채무명의에 기하여 강제집행이 종료된 경우 채무자로서는 위 집행문 재도부여에 대하여 이의신청을 할 이익이 없다(대법원 1992. 3. 6. 자 92마46 결정).

3) 채권자가 가집행선고부 판결에 기한 집행문을 부여받아 채무자가 장래에 받게 될 봉급 등의 채권에 대하여 압류 및 전부명령을 받았다면 위 전부명령이 무효가 되지 않는 한 가집행선고부 판결에 기한 강제집행은 이미 종료되었다고 할 것이므로, 채무자의 봉급 등의 장래 채권이 발생하지 않는다거나 채권자가 변제받아야 할 채권액의 일부만에 한정하여 압류 및 전부명령을 받았다는 등의 사정이 주장·입증되지 않는 한, 같은 내용의 집행력 있는 판결정본을 채권자에게 재도부여한 것은 위법하다(대법원 1999. 4. 28. 자 99그21 결정).

(2) 공증인 등에 청구하는 경우

공증인 등이 작성한 증서의 집행문은 그 증서를 보존하는 공증인 등이 부여한다(민집법 제59조 제1항). 공증인 등에 대하여 집행문의 부여를 신청하는 때, 즉 증서의 정본에 집행문을 붙이는 경우에 그 수수료는 10,000원으로 하며, 민사집행법 제57조에서 준용하는 같은 법 제30조제2항(조건성취집행문), 제31조제1항(승계집행문), 제35조제1항(수통의 집행문)의 경우에는 1만원을 더한다(공증인수수료규칙 제23조).

[서식] 집행문수통부여신청서(피고의 재산이 각지에 산재할 경우)

집행문수통부여신청

500원
정부수입인지

사 건 20○○가합3991 대여금청구
원 고 오 달 재(550320-1234567)
서울 강남구 삼성로 135-9(우편번호 :)
연락처 02-123-4567, 010-1234-5678
피 고 김 광 진(560321-1234568)
서울 강남구 삼성로 135-9(우편번호 :)

위 당사자간의 대여금청구사건에 관하여, 귀원에서 20○○. 9. 18. 선고한 확정 판결에 의하여 집행하고자 하는바, 피고의 재산이 각지에 산재하고 있으므로 이를 동시에 집행하고자 함에는 1통의 집행력 있는 정본으로서는 집행할 수 없으므로 3통을 더 부여하여 주기를 바랍니다.

첨 부 서 류

1. 등기부등본 4부

20○○. 3. 2.

위 원고 오 달 재 (인)

서울중앙지방법원 귀중

인지·송달료 등

◆ 신청방식	채권자는 1개의 지역에서 1개의 방법으로 강제집행을 하여도 완전한 변제를 받을 수 없는 때에는 여러 통의 집행력있는 정본에 의하여 여러 개의 지역 또는 여러 개의 방법으로 동시에 집행할 수 있다(민집법 제38조). 재도부여신청시에는 처음 교부신청시에 증명한 서류로 인하여 다시 그 증명을 할 필요가 없다.
◆ 인지첩부	신청서에는 500원의 인지를 붙인다(재민 91-1, 556면 참조). 다만 정본이 없는 경우에는 정본교부대금(5장 이하인 경우 1,000원, 초과 1장마다 50원)을 별도로 납부한다(재판기록열람, 등사규칙 제4조).
◆ 관할법원	제1심 법원, 소송기록이 상급심에 있는 때는 상급법원(민집법 제28조제2항)이다.

[서식] 집행문재도부여신청서(분실로 인한)

집행문재도부여신청

500원
정부수입인지

사 건 20○○가합1234 약속어음금

원 고 한 국 민(550320-1234567)
서울 강남구 삼성로 135-9(우편번호 :)
연락처 02-123-4567, 010-1234-5678

피 고 이 갑 돌(560321-1234568)
서울 강남구 삼성로 135-9(우편번호 :)

위 당사자간의 약속어음금청구사건에 관하여, 귀원에서 20○○. 9. 20. 선고한 확정판결의 집행력 있는 판결정본 1통을 부여받았으나 그 정본을 20○○. 10. 13. 분실하였으므로 다시 집행력 있는 판결정본 1통을 재도 부여하여 주시기 바랍니다.

첨 부 서 류

1. 분실신고 사실증명원 1통

20○○. 11. .

위 원고 한 국 민 (인)

서울중앙지방법원 귀중

인지·송달료 등

◆ 신청방식	1. 재도부여신청은 이미 법원으로부터 부여받은 집행력 있는 정본을 분실·멸실 등의 경우에 다시 집행력 있는 정본(집행문부여 및 집행권원정본 신청)을 부여받고자 하는 신청으로 재판장(사법보좌관)의 허가가 필요하다. 2. 수통부여신청은 원고가 동시에 여러 지역에 대한 강제집행을 하거나 여러 개의 서로 다른 집행방법에 의하여 강제집행을 할 경우에 하는 신청으로 재판장(사법보좌관)의 허가가 필요하다. 3. 위 신청의 경우에는 사유를 기재하여야 하며 이를 소명할 서류(분실인

	경우에는 다음의 서식 참조) 또는 집행력 있는 정본이 다른 곳에서 사용중임을 증명하는 서류 등을 첨부하여야 한다.
◆ 인지첩부	집행문부여신청 인지액은 500원이고, 정본이 없는 경우에는 정본교부대금(1건당 1,000원)은 별도로 지급하여야 한다.

[서식] 소명자료(집행권원 분실에 따른 신청 시)

<table>
<tr><td colspan="5" align="center">분 실 사 유 서</td></tr>
<tr><td colspan="2">사건번호 및 사건명</td><td colspan="3">20 가 호 ○○금</td></tr>
<tr><td colspan="2">분실물</td><td colspan="3">○○법원 20 가 호 사건의 집행력 있는
□ 판결정본 □ 이행권고결정정본 □ 지급명령정본
□ 화해권고결정정본 □조정조서정본
□ 조정에갈음하는결정(조서)정본 □소송비용액확정결정정본
□ 기타( )</td></tr>
<tr><td rowspan="2">분실자</td><td>성명</td><td></td><td>주민번호</td><td>−</td></tr>
<tr><td>주소</td><td></td><td>연락처</td><td></td></tr>
<tr><td>분실일시</td><td colspan="4">20○○. ○○. ○○. ○○:○○</td></tr>
<tr><td>분실장소</td><td colspan="4"></td></tr>
<tr><td colspan="2">분실경위 (필요 시 별지 사용 가능)</td><td colspan="3"></td></tr>
<tr><td colspan="5">위와 같이 분실한 사실을 소명합니다.

년 월 일

신청인 성명 서명 (인)

○○○○법원 귀중</td></tr>
<tr><td colspan="5">※ 주의사항
1. 집행문을 분실하여 다시 신청한 때에는 재판장(사법보좌관)의 명령이 있어야만 이를 내어 줍니다(민사집행법 제35조 제1항, 법원조직법 제54조 제2항).
2. 위 서류는 신청인(사건당사자 또는 소송대리인)이 작성하여야 하며, 소송대리인을 제외한 대리인이 제출하는 경우 신청인의 위임장이 필요합니다.</td></tr>
</table>

[서식] 승계집행문부여신청서(피고의 사망으로 인한)

승계집행문부여신청

500원
정부수입인지

사 건 20○○가합9945 소유권이전등기
원 고 김 수 철
피 고 이 철 수

위 당사자간 소유권이전등기청구사건에 관하여, 귀원에서 20○○. 7. 10. 선고한 판결이 확정되고, 위 피고는 이 사건 사실심변론종결후인 20○○. 7. 29. 사망하여 상속인 안영순, 이민수, 이민기가 그 지위를 승계하였으므로, 위 승계인들에 대하여 집행할 수 있도록 각 상속지분비율에 따라서 승계집행문을 부여하여 주시기 바랍니다.

첨 부 서 류

1. 가족관계등록말소증명서(피고) 1통
1. 가족관계등록부증명서(상속인) 3통
1. 확정증명원 1통

20○○. 8. 10.

위 원고 김 수 철 (인)

서울중앙지방법원 귀중

인지·송달료 등

◆ 신청방식	당사자에게 승계가 있는 경우 승계인이 또는 승계인에 대하여 집행하려면 승계집행문을 받아야 한다(민집법 제58조 제1항 단서 제2호·제3호, 제292조 제1항, 제301조). 승계집행문은 그 승계가 법원에 명백한 사실이거나 증명서로 이를 증명한 때에 한하여 재판장의 명령을 받아 내어 준다(동법 제31조 제1항). 승계집행문을 신청하는 때에는 법원사무관등은 승계인의 주소 또는 주민등록번호(주민등록번호가 없는 사람의 경우에는 여권번호 또는 등록번호, 법인 또는 법인 아닌 사단이나 재단의 경우에는 사업자등록번호·납세번호 또는 고유번호)를 소명하는 자료를 제출하게 할 수 있다(민집규 제19조 제3항).
◆ 인지첩부	신청서에는 500원의 인지를 붙인다(재민 91-1, 556면 참조).

5. 강제집행의 개시

가. 강제집행의 개시 및 종료

집행은 집행기관이 채무자에 대하여 최초로 강제적 행동을 취한 때에 개시된다. 채무자에 대한 강제집행개시는 동산집행의 경우나 부동산집행의 경우나 다 같이 요건을 필요로 한다. 다만 압류절차에 있어서 그 방법을 달리한다. 강제집행은 집행권원에 표시된 청구권에 대하여 완전한 만족을 얻거나 집행이 종국적으로 불능이 된 때에 강제집행은 종료한다.

나. 강제집행 개시의 요건

강제집행의 개시의 요건이라 함은 집행기관이 집행을 개시하는데 있어 구비하여야 할 요건을 말한다. 강제집행을 구하기 위하여는 집행권원이 존재하여야 한다.

(1) 집행당사자의 표시

강제집행은 이를 구하는 자(채권자)와 이를 받은 자(채무자)의 성명을 집행권원에 표시되고 또 이에 부기한 집행문에 표시된 것임을 요한다(민집법 제39조 제1항). 집행문부여 후 성명이나 상호의 변경이 있는 경우에는 동일인이라는 것을 증명하여야 한다. 집행문에 오류가 있을 경우에는 판결의 경정(민집법 제211조)에 준하여 집행문의 경정을 구할 수 있다.

(2) 집행권원의 송달

판결 기타의 집행권원은 미리 채무자에게 송달하였거나 동시에 송달할 것을 요한다(민집법 제39조 제1항). 채권자는 송달증명서 등에 의하여 집행권원의 송달을 증명하여야 한다. 이것은 채무자에게 집행권원의 송달이 있었는가를 확인하기 위하여서이다. 채무자에게 집행권원의 송달 없이 한 집행에 대하여는 무효가 된다. 집행증서의 우편에 의한 송달은 채권자의 신청에 의하여 공증인이 행한다. 이 밖의 집행증서의 송달에 관하여는 민사집행규칙 제22조에서 규정하고 있다. 집행권원의 송달은 원칙적으로 채권자의 신청에 의한다(공증인법 제56조의4, 민집규칙 제22조). 송달증명서는 법원사무관등에게 신청하여 교부받는다. 제3자가 신청함에는 이해관계의 소명이 있어야 한다(민소법 제162조 제1항).

(3) 집행문 및 증명서의 송달

집행권원 외에 집행문을 송달하여야 하는 경우가 있다. 즉, 판결의 집행이 그 취지에 따라 채권자가 증명할 사실에 매인 때 또는 판결에 표시된 채권자의 승계인을 위하여 하는 것이거나 판결에 표시된 채무자의 승계인에 대하여 하는 것일 때에는 집행할 판결 외에, 이에 덧붙여 적은 집행문을 강제집행을 개시하기 전에 채무자의 승계인에게 송달하여야 한다(민집법 제39조 제2항).

집행권원의 집행에 조건이 붙은 경우에 집행문을 부여받거나 집행권원에 표시된 자 이외의 자를 위하여 또는 그에 대하여 승계집행문을 부여받기 위하여는 채권자가 증명서로서 조건의 이행사실 또는 승계사실을 증명하여야 하는바(민집법 제30조 제2항, 제31조), 이 경우 채무자를 보호하기 위하여 집행개시 전 또는 동시에 그 증명서의 등본을 채무자에게 송달하여야 한다(민집법 제39조 제3항). 그러나 승계가 법원에 명백한 경우 또는 집행문부여의 소에 의하여 집행문을 부여받고 그 판결이 송달된 경우에는 증명서의 송달은 필요 없다.

(4) 이행일시의 도래

집행을 받을 자의 채무의 이행이 일정한 시일의 도래에 달린 때에는 그 시일의 만료 후에 강제집행을 개시할 수 있다(민집법 제40조 제1항). 확정기간의 도래 전에 한 집행에 대하여는 집행에 관한 이의 또는 즉시항고를 제기하여 취소할 수 있다. 다만 위 항고 등에 의하여 취소되기 전에 그 기한이 도래하면 그 하자는 치유된다.

(5) 담보제공증명서의 제출과 그 등본의 송달

집행이 채권자의 담보제공에 달린 때에는 채권자는 담보제공에 관한 증명서(공탁 및 담보제공증명서)를 제출하고 그 등본을 집행전 또는 동시에 채무자에게 송달함을 요한다(민집법 제40조 제2항). 이 송달은 채무자에게 집행에 관한 이의(민집법 제16조 제1항) 등 불복의 기회를 주기 위한 것이다.

담보의 제공은 공탁소에 담보액을 공탁한 후 그 공탁서 정본을 담보제공명령법원이나 채권자 또는 채무자의 보통재판적 소재지의 지방법원이나 집행법원에 제출하고(민집법 제19조 제1항) 그 법원으로부터 담보제공증명서(공탁증명서) 및 그 등본을 교부받아(동조 제2항) 집행법원이나 집행관 등 집행기관에 제출하여야 한다. 담보제공을 조건으로 한 가집행선고 있는 판결이 확정된 경우에는 담보제공증명서 대신에 판결확정증명서를 집행기관에 제출하면 된다.

담보제공증명서등본의 송달 없이 한 집행은 당연 무효가 아니고, 채무자의 이의신청에 의하여 취소되기 전에 그 송달이 되면 하자는 치유된다.

(6) 반대의무의 이행과 상환이행판결

반대의무의 이행과 상환으로 집행할 수 있음을 내용으로 하는 집행권원의 집행은 채권자가 반대의무의 이행 또는 이행의 제공이 있었음을 증명한 때에 한하여 개시할 수 있다(민집법 제41조 제1항). 반대의무의 이행과 상환이행판결이라 함은 예컨대 "토지인도소송에서 원고가 피고에게 금50,000,000원을 지급하면 피고는 원고에게 ○○토지를 인도하라"하여 반대의무이행과 상환으로 집행하는 것을 말한다. 반대의무의 이행과 그 제공에 대하여는 집행 전에 집행기관에 증명하면 족하다. 반대의무이행의 증명은 공문서(반대급부공탁서) 또는 사문서에 의하거나 채권자가 집행관을 동행하여 반대이행을 제공하거나 집행관에게 이를 위임하여 할 수도 있다. 동시이행관계에 있는 반대의무의 이행은 집행문부여의 조건이 아니고 집행개시의 요건이다. 반대의무의 이행의 제공이 없이 한 집행행위는 무효이며, 반대의무의 이행이 불능으로 되면 집행도 불능으로 된다.

임차인이 임차주택에 대하여 보증금반환청구소송의 확정판결 기타 이에 준하는 집행권원에 기한 경매를 신청하는 경우에는 법 제41조의 규정에도 불구하고 반대의무의 이행 또는 이행의 제공을 집행개시의 요건으로 하지 아니한다(주택임대차보호법 제3조의2 제1항).

제3장 부동산에 대한 집행

1. 부동산강제경매

가. 서 설

부동산 강제경매라 함은 채무자 소유의 부동산을 압류, 현금화하여 그 매각대금으로 채권자의 금전채권에 만족을 줄 목적으로 이루어지는 강제집행절차이다.

나. 신청절차

(1) 기재방식

(가) 채권자・채무자와 법원의 표시(민집법 제80조 제1호)

채권자, 채무자를 특정할 수 있도록 그 성명과 주소를 표시하여야 한다. 여기서의 채권자, 채무자는 집행력 있는 정본에 표시된 집행채권자, 집행채무자를 말한다. 따라서 채권자, 채무자의 성명과 주소는 신청서에 첨부된 집행력 있는 정본에 표시된 집행채권자, 집행채무자와 일치하여야 한다. 그러나 집행권원에 표시된 채권자, 채무자와 반드시 일치하여야 하는 것은 아니다. 즉 당사자의 승계로 인하여 승계집행문을 부여받은 경우에는 집행권원에 표시된 채권자, 채무자와 집행문에 표시된 채권자, 채무자가 서로 다르게 된다. 채무자의 성명과 주소는 신청서의 첨부서류인 등기사항증명서 또는 물건소유증명서 등에 표시된 소유자의 성명, 주소와 같아야 한다. 부동산등기부상의 주소가 다른 경우에는 등기부상의 주소도 병기한다. 이 경우에는 그 사실을 증명하기 위하여 주민등록표등본을 첨부한다.

(나) 부동산의 표시(민집법 제80조 제2호)

부동산은 강제경매의 대상이 될 부동산을 말한다. 이를 특정하여 표시하여야 한다. 부동산의 표시는 실제와 완전히 같아야 되는 것은 아니고 당해 부동산의 객관적 동일성을 식별할 수 있는 정도이면 족하다. 그러나 신청서에 기재된 부동산의 표시가 경매목적부동산을 특정할 수 있는 정도가 되지 못하면 신청이 부적법하여 각하될 것이다. 부동산의 현황이 등기부상의 부동산 표시와 현저한 차이가 있는 경우에는 그 동일성의 입증책임은 경매신청인이 부담한다. 등기된 부동산의 경우에는 등기사항증명서에 기재되어 있는 대로 표시하여야 한다. 다만, 미등기의 부속건물이 있거나 건물이 증, 개축되어 실제건평이나 구조가 등기부의 표시와 일치하지 아니할 때에는 그 미등기 부속건물 또는 실제 건물의 구조와 건평을 아울러 표시한다. 미등기 부동산의 경우에는 그 부동산이 채무자의 소유임을 증명할 서류(부동산소유증명서)의 표시와 같도록 기재하여야 한다.

(다) 경매의 이유가 된 일정한 채권과 집행할 수 있는 일정한 집행권원(민집법 제80조 제3호)

① 경매의 이유가 된 일정한 채권(청구금액) : 경매의 이유가 된 일정한 채권이란 변제를 받고자 하는 채권과 그 청구액을 말한다. 경매신청서에 이를 표시하도록 한 것은 경매신청의 단계에서 경매신청인에게 경매신청의 이유가 되는 채권을 특정시키기 위한 것일 뿐만 아니라 경매채권자의 청구채권액을 그 신청서에 표시된 금액을 한도로 하여 확정시키기 위한 것이다(대법원 1994. 1. 25. 선고 92다50270 판결, 대법원 2005. 8. 25. 선고 2005다14595 판결). 채권은 다른 채권과 구별할 수 있을 정도로 특정하여야 하고 그 특정표시가 없으면 경매신청은 부적법하다 할 것이다. 채권은 다른 채권과 구별할 수 있도록 특정하여 기재하여야 한다. 채권의 표시는 집행권원에 표시된 채권액의 범위 내이어야 하나, 그 채권의 전부 또는 일부 청구이든 상관없다. 다만, 강제경매에 있어서 채권의 일부 청구를 한 경우에 그 경매절차개시 후에는 청구금액의 확장이 허용되지 아니하므로 신청채권자로서는 청구액 전액을 기재하여야 할 것이다.

② 집행할 수 있는 일정한 집행권원 : 경매의 이유가 된 채권에 관한 집행권원 구체적으로 어떠한 집행권원에 의한 강제집행인가를 알아 볼 수 있도록 표시한다. 예컨대 "채권자와 채무자 사이의 ○○법무법인 작성 20○○증서 제12234호 금전소비대차계약 공정증서"와 같이 기재한다. 1개의 화해 또는 조정조서 등에 여러 개의 집행권원이 존재하는 경우에는 어느 집행권원에 기한 신청인가를 명백히 하여야 한다. 예컨대 "‥‥화해조서 중 화해조항 제1항"과 같이 기재한다.

(2) 첨부서류

(가) 강제경매신청서에는 집행력 있는 정본을 붙여야 하고, 그 정본의 사본으로는

경매절차를 개시할 수 없다(대법원 1968. 12. 30. 자 68마912 결정).

(나) 강제집행이 적법한 개시요건을 갖추었음을 증명하는 서류

① 집행권원의 송달증명원(민집법 제39조 제1항)

★ 지급명령 정본에 기초하여 강제경매를 신청하는 경우
채권자가 독촉절차관련 재판업무처리에 관한 지침 제5조 제2항의 규정에 따라 작성된 지급명령 정본에 기초하여 강제집행을 신청하는 경우에는 별도로 지급명령의 송달증명 및 확정증명은 필요로 하지 아니한다(재민 2002-4 제12조 제1항).

★ 공정증서 정본에 기초하여 강제경매를 신청하는 경우
공증인법 제46조 또는 제50조의 규정에 의하여 증서의 정본 또는 등본을 발급받은 자에 대하여는 그 증서의 정본 또는 등본이 송달된 것으로 보므로(공증인법 제56조의5, 제1항 단서) 이 경우에는 송달증명을 요하지 않는다.

② 집행문 및 증명서의 송달증명서(민집법 제39조 제2항, 제3항)

③ 담보를 제공한 증명서류 및 그 증명서류등본의 송달증명서(민집법 제40조 제2항)

④ 반대의무의 이행 또는 제공을 증명하는 서면(민집법 제41조 제1항)

⑤ 집행불능증명서(민집법 제41조 제2항)

(다) 민사집행법 제81조 소정의 서류

1) 채무자의 소유로 등기된 부동산에 대하여는 등기사항증명서(민집법 제81조 제1항 제1호)

2) 채무자의 소유로 등기되지 아니한 부동산에 대하여는 즉시 채무자명의로 등기할 수 있다는 것을 증명할 서류. 다만, 그 부동산이 등기되지 아니한 건물인 경우에는 그 건물이 채무자의 소유임을 증명할 서류, 그 건물의 지번 · 구조 · 면적을 증명할 서류 및 그 건물에 관한 건축허가 또는 건축신고를 증명할 서류(민집법 제81조 제1항 제2호) : 채무자의 소유로 등기되지 아니한 부동산이라고 함은 미등기부동산을 말하며, 제3자 명의로 등기가 마쳐진 부동산은 이에 해당하지 아니한다(대법원 2007. 5. 22. 자 2007마200 결정). 즉시 채무자명의로 등기할 수 있다는 것을 증명할 서류란 채무자가 단독으로 소유권보존등기를 신청할 수 있는 증명서면, 즉 부동산등기법 제

65조 소정의 서류를 말한다. 다음과 같다.

① 토지대장등본, 임야대장등본, 건축물대장등본(동법 제65조 제1호)

② 판결(동법 제65조 제2호) : 소유권을 증명하는 판결(판결과 동일한 효력이 있는 화해조서, 제소전화해조서, 인낙조서, 조정조서를 포함한다)

③ 수용증명서(동법 제65조 제3호)

④ 특별자치도지사, 시장, 군수 또는 구청장(자치구의 구청장을 말한다)의 확인에 의하여 채무자의 소유권을 증명하는 서면(건물의 경우로 한정한다)(동법 제65조 제4호) : 소유권을 증명하는 특별자치도지사, 시장, 군수 또는 구청장(이하 "시장등"이라 한다)의 확인서에 해당하기 위해서는 시장등이 발급한 증명서로서 ㉠ 건물의 소재와 지번, 건물의 종류, 구조 및 면적 등 건물의 표시, ㉡ 건물의 소유자의 성명이나 명칭과 주소나 사무소의 소재지 표시 등 요건을 모두 구비하여야 하고, 어떤 서면이 위 확인서에 해당하는지 여부를 판단함에 있어서는 위의 요건을 기준으로 하여야 한다. 이 확인서에 해당하는 것으로는 ㉠ 재산세과세증명서(대법원 1999. 10. 8. 선고 97다45266 판결), ㉡ 시장 등이 발급한 사실확인서(건물의 소재와 지번, 건물의 종류, 구조, 면적 등 건물의 표시와 소유자의 표시 및 그 건물이 완성되어 존재한다는 사실이 기재되어 있고, 특히 집합건물의 경우에는 1동건물의 표시 및 1동의 건물을 이루는 모든 구분건물의 표시가 구체적으로 기재되어 있다면 부동산등기법 제65조 제4호의 확인서에 해당할 수 있을 것이다. 다만, 구체적인 경우에 그 해당여부는 담당 등기관이 판단할 사항이다)가 있다.

(라) 그 밖의 첨부서류

1) 대표자, 대리인의 자격을 증명하는 자격증명서

채권자, 채무자가 행위무능력자인 경우에는 그 법정대리인 자격을 증명하는 서면(가족관계증명서, 기본증명서 등)을, 법인인 경우에는 그 대표자의 자격을 증명하는 서면(상업등기부등・초본)을 붙여야 한다.

2) 위임장

소송대리인에 의한 신청의 경우에는 그 대리권을 증명하는 소송위임장을 붙여야 한다.

3) 등록면허세영수필확인서

경매신청인은 경매개시결정 기입등기에 필요한 비용으로서 청구채권금액의 1,000분의 2에 해당하는 등록면허세(지방세법 제28조 제1항 제1호) 및 등록면허세액의 100

분의 20에 해당하는 지방교육세(지방세법 제151조 제1항 제2호)를 납부하고, 등록면허세영수필확인서를 교부받아 집행법원에 제출하여야 한다. 위 서류는 적어도 경매개시결정등기촉탁 전까지 제출하여야 하나, 실무에서는 경매신청을 하면서 함께 제출하고 있다. 그러나 이를 제출하지 않았다고 하여 신청서를 접수하지 않거나 경매신청이 각하되지는 않는다.

4) 부동산 목록

부동산 목록 10통 정도 제출한다.

(3) 비용의 예납

(가) 개 설

경매신청을 하는 때에는 강제집행에 필요한 비용으로서 법원이 정하는 금액을 미리 내야 한다. 법원이 부족한 비용을 미리 내라고 명하는 때에도 같다(민집법 제18조 제1항). 강제집행에 필요한 비용이라 함은 부동산의 감정료, 매각수수료, 현황조사비용 등의 각종 수수료와 송달료이다. 위 비용을 미리 내지 아니한 때에는 법원은 결정으로 신청을 각하하거나 집행절차를 취소할 수 있다(민집법 제18조 제2항). 이 결정에 대하여는 즉시항고할 수 있다(민집법 제18조 제3항). 예납할 비용은 법원이 집행절차를 수행하기 위하여 필요로 하는 집행비용 중 법원이 지급할 비용이다.

집행비용은 법원보관금으로 납부하며, 납부 시 법원보관금계좌입금신청서를 작성하여 제출하면 경매취하나 경매종결 시 예금계좌로 전부 또는 잔액을 입금해 준다.

집행비용은 집행이 완료되면 다른 채권보다 우선적으로 돌려받는다.

순번	항 목	금 액	비 고
1	등록세	원	부동산 : 청구금액×0.002(지방세법 제28조제1항제1호 라목) ※ 단 세액이 3,000원 미만인 때에는 3,000원. 선 박 : 건당1만5천원 광업권 : 건당1만2천원 어업권 : 건당9천원 소유권보존입목 : 건당1만2천원
2	교육세	원	등록세의 20%(지방세법 제151조제1항제2호)
3	인지대	5,000원	근저당 1건당
4	대법원수입증지	원	부동산1개당 3,000원(단독주택의 경우 토지, 건물을 각각의 부동산으로 보아 6,000원. 아파트·연립주택·다세대주택은 토지와 건물을 하나의 부동산으로 보아 3,000

			원) (등기사항증명서 등 수수료규칙 제5조의2 제2항, 등기예규 제1463호)
5	신문공고료(예납)	220,000원	경매목적물이 다수인 경우 신문공고료가 추가발생할 수 있다.
6	현황조사서(예납)	70,000원	도서지역 등 특수한 경우 추가수수료가 발생할 수 있다.
7	감정료(예납)	220,000원	정확한 감정료는 감정평가 후에 확정되나 우선 경매접수시 220,000원의 예납금을 납부
8	유찰수수료	6,000원	(1회당) (재판예규 제1232호 제3조)
9	매각수수료		매각수수료는 매각 후에 확정되나 우선 경매접수시 후술하는 매각수수료 기준에 의하여 예납금을 납부한다(재판예규 제1232호).
10	송달료	원	(이해관계인수+3)×5,100원×10회

※ 민사집행을 신청하는 때에는 집행에 필요한 비용으로서 법원이 정하는 금액을 미리 내야 한다.

(나) 예납금 산정기준

매각신청인에게 예납시킬 매각수수료 예납액은 아래 [별표]를 기준으로 하여 집행관수수료규칙 제16조 소정의 매각수수료 산정방법에 의하여 산정한다(재민 79-5 제3조제1항). 집행관수수료규칙 제17조 제2항 각호의 사유로 경매되지 못한 때에 지급할 매각수수료예납금은 동조항에 정한 금액의 5회분으로 한다(재민 79-5 제3조제2항).

(다) 경매목적물별 기준금액

경매목적물	기준금액
토지	개별공시지가
일반주택	개별주택공시가격
아파트	공동주택공시가격
상업용 건물, 오피스텔	기준시가
선박, 자동차, 항공기, 광업권, 어업권 등	시가표준액
공장재단, 광업재단	①(토지: 개별공시지가, 건물: 시가표준액), ②(기계·기구: 신청인이 예상하는 시가) ①+②를 합산한 금액

(라) 매각수수료계산방식(집행관수수료규칙 제16조)

구 분	금 액
ㅁ 10만원 이하	5,000원
ㅁ 기준금액 10만원 초과 1,000만원 이하	(기준금액-10만 원)×0.02 + 5,000원
ㅁ 기준금액 1,000만원 초과 ~ 5,000만원 이하	(기준금액 - 1,000만원)×0.015 + 203,000원
ㅁ 기준금액 5,000만원 초과 ~ 1억 원 이하	(기준금액 - 5,000만원)×0.1 + 803,000원
ㅁ 기준금액 1억원 초과 ~ 3억 원까지	(기준금액 - 1억원)×0.005 + 1,303,000원
ㅁ 기준금액 3억원 초과 ~ 5억 원까지	(기준금액 - 3억원)×0.003 + 2,303,000원
ㅁ 기준금액 5억원 초과 ~ 10억 원까지	(기준금액 - 5억원)×0.002 + 2,903,000원
ㅁ 기준금액 10억원 초과	3,903,000원

(마) 감정수수료(아파트의 경우)

기준금액	감정평가수수료	실비	부가세 (10%)
179,870,129원까지	240,000원	48,000원	(A+B)×0.1
179,870,129원 초과 2억 원까지	(기준금액×0.0011+145,00원)×0.7	48,000원	(A+B)×0.1
2억 초과 5억 원까지	(기준금액×0.0011+145,00원)×0.7	88,000원	(A+B)×0.1
5억 초과 10억 원까지	(기준금액×0.0009+245,00원)×0.7	88,000원	(A+B)×0.1
10억 초과 50원까지	(기준금액×0.0008+345,00원)×0.7	88,000원	(A+B)×0.1
50억 초과 11,037,755,102원까지	(기준금액×0.0007+845,00원)×0.7	88,000원	(A+B)×0.1
11,037,755,102원 초과	6,000,000원	88,000원	(A+B)×0.1

(바) 토지, 일반건물(아파트 제외), 선박(광업권 · 어업권) 등 일반감정의 경우

기준금액 (개별공시지가, 시가표준액 등)	감정평가수수료 (A)	실비 (B)	부가세(10%) (C)
140,909,090원까지	240,000원	48,000원	(A+B)×0. 1
140,909,090원 초과 2억원까지	(기준금액×0. 0011+145,00원)×0. 8	48,000원	(A+B)×0. 1
2억 초과 5억 원까지	(기준금액×0. 0011+145,00원)×0. 8	88,000원	(A+B)×0. 1
5억 초과 10억 원까지	(기준금액×0. 0009+245,00원)×0. 8	88,000원	(A+B)×0. 1
10억 초과 50원까지	(기준금액×0. 0008+345,00원)×0. 8	88,000원	(A+B)×0. 1
50억 초과 까지	(기준금액×0. 0007+845,00원)×0. 8	88,000원	(A+B)×0. 1
9,507,142,857원 초과	6,000,000원	88,000원	(A+B)×0. 1

※ 다만, 감정인 등 선정과 감정료산정기준등에 관한 예규(재일 2008-1)제31조 제2호에 해당하는 물건에 대해서는 추가감정료가 발생될 수 있다.

(사) 비용의 예납절차

1) 송달료 : 송달료수납은행에 (신청서상의 이해관계인수+3)×10회분을 납부하고, 송달료납부서를 신청서에 첨부하여 관할법원에 제출하여야 한다.

2) 송달료 이외의 집행비용 : 송달료 이외의 집행비용의 예납은 법원보관금취급규칙이 정하는 바에 따라 납부하여야 한다. 납부당사자가 법원의 사건번호와 금액만 알고 법원보관금의 취급점에 가서 비치되어 있는 법원보관금납부서를 이용하여 납부한다(법원보관금취급규칙 제9조 제2항).

3) 등기신청수수료 : 매 부동산마다 3,000원(등기예규 제1565호 별표1)

★ 단독 주택 : 토지, 건물을 각각 한 개의 부동산으로 봄(6,000원)

★ 아파트, 연립, 다세대 주택 : 토지, 건물을 한 개의 부동산으로 봄(3,000원)

(4) 집행법원(관할법원)

부동산에 대한 강제집행은 그 부동산이 있는 곳의 지방법원이 관할한다(민집법 제79조 제1항). 부동산이 여러 지방법원의 관할구역에 있는 때에는 각 지방법원에 관할

권이 있다. 이 경우 법원이 필요하다고 인정한 때에는 사건을 다른 관할 지방법원으로 이송할 수 있다(민집법 제79조 제2항).

(5) 신청서 사례

[서식] 부동산강제경매신청서(공정증서정본에 의한 약속어음금)

이해관계인일람표

채 권 자　　김　명　수
　　　　　　서울 종로구 부암로 5길 123-45
　　　　　　송달주소　서울 노원구 중계로 3길 123-4 (우　　)

채 무 자　　정　은　숙
겸소유자　　서울 강남구 역삼로 5길 123-4 (우　　)

가압류권자　이　구　진
　　　　　　서울 성동구 중곡동 523-14 (우　　)

근저당권자　행복생명보험주식회사
　　　　　　서울 중구 을지로2가 24(서울 남부지점) (우　　)

압류권자　　서울특별시 강남구청
　　　　　　서울 강남구 강남대로2가 24 (우　　)

※ 실무상 경매신청서를 접수함에 있어서 표지 다음에 이해관계인표를 작성하여 제출하고 있다.

부동산강제경매신청

5,000원
정부수입인지

채 권 자 김 명 수(550320-1234567)
서울 종로구 부암로 5길 123-45
송달주소 서울 노원구 중계로 3길 123-4(우 : 10200)
전화(휴대폰 포함) : 555-1234, 010-4455-1234

채 무 자 정 은 숙
겸소유자 서울 강남구 역삼로 5길 123-4(우 : 10201)

청구금액의 표시
금10,000,000원정

집행권원의 표시
법무법인 서울합동법률사무소 작성 20○○년 증서 제2234호 집행력있는 공정증서정본에 의한 약속어음금

경매할 부동산의 표시
별지목록 기재와 같음

신 청 취 지

채무자 소유의 별지목록 기재 부동산에 대한 강제경매절차를 개시하고 채권자를 위하여 이를 압류한다.
라는 재판을 구합니다.

신 청 이 유

1. 채권자는 채무자에 대하여 위 집행권원의 집행력있는 정본에 의한 위 청구금액 표시의 금10,000,000원의 채권이 있는바, 채무자는 이를 선의변제치 않고 기일

만을 연기하고 있으므로,

2. 채권자는 위 청구금액의 변제에 충당하고자 채무자 소유인 별지목록기재 부동산에 대하여 강제경매개시의 절차를 구하기 위하여 본건 신청에 이른 것입니다.

첨 부 서 류

1. 집행력있는 공정증서 정본 1통
1. 부동산등기부 등본 2통
1. 경매목록 10통

20○○. 3. .

위 채권자 김 명 수 (인)

서울중앙지방법원 귀중

<별지목록>

목 록

서울 종로구 숭인동 123-45
대 200. 3제곱미터

위 지 상
목조와즙 단층주택
72. 73제곱미터

이 상

인지·송달료 등

◆ 비용예납	채권자는 강제집행에 필요한 비용을 예납하여야 한다(민집법 제18조 제1항). 위 비용으로는 부동산의 감정료, 부동산현황조사료, 신문공고료, 경매수수료 등의 각종 수수료와 송달료 등이 이에 해당한다. 78면 참조
◆ 인지첩부	신청서에는 5,000원의 인지를 붙인다(재민 91-1). 수 개의 집행권원에 기하여 신청하는 경우에는 집행권원 수 1개당 5천원의 인지를 붙인다.
◆ 증지제출	경매개시결정기입등기 촉탁을 위하여 부동산 1필지당 3,000원의 대법원수입증지를 제출하여야 한다. 단독주택은 토지와 건물을 각각 하나의 부동산으로 보며, 아파트, 연립, 다세대 주택은 토지와 건물을 하나의 부동산으로 본다.
◆ 송달료	송달료는 (신청서상의 이해관계인수 + 3) × 10회분을 납부한다.
◆ 등록세등	채권금액의 1000분의 2에 해당하는 등록세와 등록세액의 100분의 20에 해당하는 지방교육세를 납부하고 이에 대한 영수필통지서 및 영수필확인서를 제출한다.

[서식] 부동산강제경매신청서(일부변제받고 나머지 금액에 대한)

이해관계인일람표

채 권 자 김 이 식
서울 서초구 원지로 5길 123-45 우편번호 137-150

채 무 자 이 준 하
겸소유자 서울 서초구 원지로 5길 12-3 우편번호 137-150

가압류권자 강 영 진
서울 성동구 중곡동 523-14

가압류권자 박 창 서
서울 강북구 우이동 12 신성아파트 1동 101호

근저당권자 주식회사 제일은행
서울 중구 을지로2가 24(서울 남부지점)

압류권자 서울특별시 강동구

※ 실무상 경매신청서를 접수함에 있어서 표지 다음에 이해관계인표를 작성하여 제출하고 있다.

부동산강제경매신청

5,000원
정부수입인지

채 권 자　　김　이　식(550320-1234567)
서울 서초구 원지로 5길 123-45(우 : 10200)
전화(휴대폰 포함) : 555-1234, 010-4455-1234

채 무 자　　이　준　하
겸소유자　　서울 서초구 원지로 5길 12-3
등기부상주소　서울 서초구 원지로 5길 642-23(우 : 10201)
전화(휴대폰 포함) : 555-1234, 010-4455-1234

청구금액의 표시
금38,870,000원정
이자내역서 : 별지와 같음

집행권원의 표시
서울중앙지방법원 20○○가합2255호 대여금청구사건의 집행력있는 판결정본

경매할 부동산의 표시
별지 목록 기재와 같음

신 청 취 지

채무자 소유의 별지목록 기재 부동산에 대한 강제경매절차를 개시하고 채권자를 위하여 이를 압류한다.
라는 재판을 구합니다.

신 청 이 유

1. 채권자는 채무자에 대하여 위 집행권원의 집행력있는 정본에 의한 금100,000,

000원 및 이에 대한 20○○. 12. 30부터 완제일까지 연 12%의 비율에 의한 금원을 지급받아야 할 청구채권이 있는바, 채무자는 5회에 걸쳐 금105,000,000원의 금원을 지급하였습니다.

2. 그러나 채권자는 그동안 이자와 원금 일부의 변제에 불과 함으로 별지 청구금액 계산 내역과 같이 잔액금 38,870,000원이 남아 있으므로 그 지급을 받기 위하여 강제경매개시의 절차를 구하기 위하여 본 신청에 이르렀습니다.

첨 부 서 류

1. 집행력있는 판결정본 1통
1. 동송달증명원 1통
1. 등기부등본 1통
1. 부동산목록 10통

20○○. 3. .

채권자 김 이 식 (인)

서울중앙지방법원 귀중

<별지목록>

목 록

서울 서초구 원지동 12-3
대181.5제곱미터
위 지 상
벽돌조슬래브 및 시멘트벽돌조 슬래브지붕 2층 주택 및 점포
1층 102.15제곱미터
2층 75.77제곱미터
(내 벽돌조 슬래브 지붕 2층 75.77제곱미터)

<별 지>

청구금액계산내역

가) 변제금액

1. 20○○. 1. 19. 금20,000,000 원
2. 20○○. 3. 16. 금 5,000,000 원
3. 20○○. 4. 30. 금20,000,000 원
4. 20○○. 6. 10. 금50,000,000 원
5. 20○○. 7. 31. 금10,000,000 원

합계금 105,000,000원

나) 이자금액

1. 1차 지불시

20○○. 12. 30부터 20○○. 1. 18까지 1년 20일 원리금잔액

1억원+(100,000,000원×0. 25×385/365)－20,000,000원＝106,369,805원

2. 2차 지불시

20○○. 1. 19부터 동년 3. 15까지 (55일간)원리금 잔액

106,369,805+(106,369,805×0. 25×55/365)－5,000,000＝105,376,885원

3. 3차 지불시

20○○. 3. 16. －4. 30. (55일간)

105,376,885×0. 25×55/365)－20,000,000 = 89,346,510원

4. 4차 지불시

20○○. 4. 30. - 6. 9. (41일간)

89,346,510+(89,346,510×0. 25×41/365)－50,000,000원＝41,855,546원

5. 5차 지불시

20○○. 6. 10. - 7. 30. (51일간)

41,855,546+(41,855,546×0. 25×51/365)－10,000,000원＝33,317,614원

20○○. 7. 31. --현재까지(8개월)

33,317,614+(33,317,614×0. 25×8/12)＝38,870,549원

계산서 38,870,000원으로 청구함

※ 인지·송달료 등 : 전서식 말미 참조

[서식] 부동산강제경매신청서(공유지분에 대한)

이해관계인 일람표

채 권 자 1. 정 용 현
의정부 금오로5길123-4 대신아파트 1동 101호
2. 김 수 진
수원 장안구 정자동 123 장안빌라 1동 101호

채 무 자 서울남부지역주택조합
서울 강남구 일원동 123-4(한강건설내)

강제경매채권자 조 재 일
서울 도봉구 방학동 123-4

가압류권자 박 창 서
서울 강북구 우이동 12 신성아파트 1동 101호

가압류권자 강 영 진
서울 성동구 중곡동 523-14

근저당권자 주식회사 제일은행
서울 중구 을지로2가 24(서울 남부지점)

압류권자 서울특별시 강동구

※ 실무상 경매신청서를 접수함에 있어서 표지 다음에 이해관계인표를 작성하여 제출하고 있다.

공유자표시

공유자 1. 수탁자
강남보험직장주택조합
서울 강남구 개포로5길 123-4
조 광 준
서울 강남구 역삼로 5길 123 서울아파트 1동 101호

2. 제일산업 제1직장주택조합
서울 종로구 무악동 123-45
김 길 만
서울 은평구 증산동 123-45

부동산강제경매신청

5,000원
정부수입인지

채 권 자 1. 정 용 현(550320-1234567)
의정부시 금오로5길 123-4 대신아파트 1동 101호
송달주소 의정부시 금오로5길 123-5(우 : 10200)
전화(휴대폰 포함) : 555-1234, 010-4455-1234

2. 김 수 진(560321-2234568)
판결문주소 수원 장안구 이목동 123-45(우 : 10201)
송달주소 수원 장안구 정자동 123 장안빌라 101호
전화(휴대폰 포함) : 555-1234, 010-4455-1234

채 무 자 서울남부지역주택조합
서울 강남구 일원동 123-4(한강건설)(우 : 10202)
대표자 조합장 김 계 남
등기부상주소 서울 강남구 일원동 1-23

청구금액의 표시

금21,000,000원정(매매대금반환)

위 금원에 대한

채권자 1. 정용현에 대하여 금10,500,000원 및 이에 대한 20○○. 6. 2부터 20○○. 8. 10까지 연 5푼, 그 다음날부터 다 갚는 날까지 연 12%의 비율에 의한 지연이자

채권자 2. 김수진에 대하여 금10,500,000원 및 이에 대한 20○○. 8. 9부터 완제일까지 연 12%의 비율에 의한 지연이자.

집행권원의 표시

서울중앙지방법원 20○○가단2525호, 같은 법원 20○○가단2828호 매매대금방환사건의 집행력 있는 판결정본

경매할 부동산의 표시

별지목록 기재와 같음

신 청 취 지

채무자 소유의 별지목록 기재 부동산에 대한 강제경매절차를 개시하고 채권자를 위하여 이를 압류한다.
라는 재판을 구합니다.

신 청 원 인

채권자들은 채무자에 대하여 위 집행권원의 집행력있는 정본에 의하여 각 금10,500,000원씩 합계 금21,000,000원의 청구채권이 있는바, 채무자는 이를 변제하지 아니하므로 강제경매개시의 절차를 구하기 위하여 본 신청에 이르렀습니다.

첨 부 서 류

1. 집행력있는 판결정본 2통
1. 동 송달증명원 2통
1. 등기부등본 2통

20○○. 6. .

채권자 정 용 현 (인)
김 수 진 (인)

서울중앙지방법원 귀중

<별지목록>

목 록

1. 서울 강남구 수서로 산 12-34
임야 232제곱미터
(이상 경매할지분 서울남부지역주택조합 지분 전부)

2. 동 소
대 66제곱미터
(이상 경매할지분 서울남부지역주택조합 지분 전부)

※ 인지·송달료 등 : 전서식 말미 참조

[서식] 부동산강제경매신청서(재산상속인의 상속지분에 대한)

이해관계인일람표

채 권 자	김 성 학 서울 송파구 가락동 123-5
채무자 겸 소 유 자	이 동 수 서울 종로구 혜화로 123-4
가압류권자	박 일 봉 서울 서초구 잠원동 12-7 한국수출포장산업내
가압류권자	강 영 진 서울 성동구 중곡동 523-14
가압류권자	박 창 서 서울 강북구 우이동 12 신성아파트 1동 101호
근저당권자	주식회사 제일은행 서울 중구 을지로2가 24(서울 남부지점)
압류권자	서울특별시 강동구

※ 실무상 경매신청서를 접수함에 있어서 표지 다음에 이해관계인표를 작성하여 제출하고 있다.

공유자표시

1. 김 인 숙
   서울 종로구 혜화로 123-4

2. 이 병 수
   서울 도봉구 도봉동 234-6

3. 이 장 수
   서울 도봉구 쌍문동 234-7

4. 이 민 수
   서울 종로구 혜화로 123-4

5. 이 민 순
   서울 종로구 혜화로 123-4

부동산강제경매신청

5,000원
정부수입인지

채 권 자 김 성 학(550320-1234567)
서울 송파구 가락동 123-5(우 : 10200)
증서상주소 서울 중랑구 상봉로 42-2
전화(휴대폰 포함) : 555-1234, 010-4455-1234

채 무 자 이 동 수
서울 종로구 혜화로 123-4(우 : 10201)

소 유 자　　피상속인 망 이경환의 재산상속인
이 동 수

청 구 금 액

금50,000,000원정(20○○. 3. 15자 약속어음금)

위 금원에 대하여 20○○. 5. 17부터 완제일까지 연 6푼의 비율에 의한 지연이자

경매할 부동산의 표시

별지목록기재와 같음

신 청 취 지

채권자가 채무자에 대하여 가지는 위 채권의 변제에 충당하기 위하여 피상속인 망 이경환의 별지 목록 기재 부동산 중 채무자가 재산상속인으로서 상속한 13분지 2지분에 대하여 강제경매절차개시결정을 개시하고 채권자를 위하여 이를 압류한다. 라는 재판을 구합니다.

신 청 원 인

1. 위 청구금액은 공증인가 서울종합법무법인 작성의 20○○년 증서 제123호 집행력있는 공정증서정본에 의하여 채무자가 변제할 것인바, 채무자는 이를 임의변제하지 아니하고 있습니다.

2. 아울러 채무자의 부(父)인 피상속인 소외 망 이경환은 20○○. 11. 20. 10 : 00에 사망하였으므로 재산상속인으로 채무자 외 소외(피상속인의 처) 김인숙과, 소외(피상속인의 자녀들) 이병수 동 이장수, 동 이민수, 동 이민순이 공동상속인들입니다.

3. 그러므로 이 사건 부동산에 대한 13분의 2가 채무자의 재산 상속분입니다.

4. 따라서 위 채권의 변제에 충당하기 위하여 채무자 지분 13분지 2에 대하여

강제경매절차개시결정을 구하기 위하여 본 신청에 이르렀습니다.

첨 부 서 류

1. 집행력있는 공정증서정본 1통
1. 부동산 등기부등본 2통
1. 가족관계등록말소증명서 1통
1. 가족관계등록증명서 3통
1. 주민등록등본 6통

20○○. 7. .

채권자 김 성 학 (인)

서울중앙지방법원 귀중

<별지목록>

목 록

서울 종로구 혜화로 123-4
대 256. 2제곱미터
위 지상
목조와즙 평가건 주택1동
1층 103. 04제곱미터
2층 39. 67제곱미터
(이상 강제경매할 지분 피상속인 망 이경환의 재산상속인 자 이동수 지분 13분의 2 전부)

※ 인지·송달료 등 : 전서식 말미 참조

2. 선박에 대한 강제집행

1. 서 설

선박은 원래 민법상으로는 동산에 해당되지만 민사소송법은 일정규모 이상의 선박에 대하여는 이를 부동산으로 취급하여 강제경매에 관한 규정을 준용하도록 하였다(민집법 제172조). 선박에 대한 집행에 있어서 부동산집행과 다른 점이 있다면 선박집행신청전의 선박국적증서 등의 인도명령(민집법 제174조) 보증의 제공에 의한 강제경매절차의 취소(민집법 제181조) 선박의 이동에 따른 사건의 이송규정(민집법 제182조) 등 선박의 특성에 따른 특례를 규정하였다.

2. 집행의 대상

가. 압류가 허용되는 것

(1) 개 설

집행의 대상은 등기할 수 있는 선박이다(민집법 제172조). 등기할 수 있는 선박이라 함은 총톤수 20톤 미만의 선박・단주와 노도만으로 운전하는 선박 외의 모든 선박이 이에 해당한다. 선박등기법 제2조는 선박등기의 대상이 되는 선박을 총톤수 20톤 이상의 기선과 범선 및 총톤수 100톤 이상의 부선(다만, 선박법 제26조 제4호 본문에 따른 부선에 대하여는 적용하지 아니한다)에 대하여 규정하고 있다(선박등기법 제2조). 그러나 총톤수 20톤이 넘는다 해도 항진능력이 없는 선박은 등기할 수 없다.

등기할 수 있는 선박이 아직 미등기 상태로 있는 선박에 대하여는 채권자대위권에 의하여 보존등기를 한 다음 경매신청을 할 수 있다. 등기할 수 없는 선박에 대한 집행은 동산집행의 방법에 의한다. 건조 중인 선박에 대하여는 동산에 대한 강제집행에 의한다는 견해가 있다.

선박지분에 대한 집행은 부동산지분의 집행과는 달리 기타 재산권에 대한 집행(민집법 제251조)에 의한다(민집법 제185조 제1항). 그러나 선박에 대한 담보권실행은 여기의 제172조 내지 제186조가 준용된다(민집법 제269조). 따라서 선박의 인도청구권의 강제집행(민집법 제258조), 선박의 인도 또는 권리이전을 목적으로 하는 청구권에 대한 강제집행(민집법 제244조, 민집규칙 제171조 제1항)은 위 각 법조문의 적용을 받으므로 여기서의 강제집행방법으로 할 수 없다. 제3자가 점유 중인 선박에 대하여는 선박의 인도청구권을 압류하여 보관인에게 인도한 후에 부동산경매방법에 의하여 현금화한다(민집법 제244조, 민집규칙 제171조 제1항). 선박을 압류함에 있어서는 선박의 운행에 필요한 물건, 나침반, 구명도구, 단주 등에도 그 효력이 미친다.

(2) 외국선박

외국선박도 집행할 수 있다(민집법 제186조). 외국선박에 대하여는 등기부에 기입할 절차에 관한 규정을 적용하지 아니한다. 이는 그 등기부가 국내에 없기 때문이다. 외국선박도 총톤수 20톤 미만의 선박에 대하여는 유체동산집행에 의한다.

선박의 국적에 관하여는 소유자국적주의, 소유자국적 및 선원국적주의, 등록주의 등 여러 가지가 있으나, 우리나라는 소유자국적주의를 원칙으로 하면서도 이를 절대적인 요건으로 하고 있지는 않다(선박 2조).

어떤 선박에 관한 실체법상 권리의 내용, 효력 등은 원칙적으로 그 선적국의 법령(실체법)에 의하여야 하나(선적국법주의, 국제사법 60조), 외국의 선박이라도 우리나라의 영해 내에 있거나 우리나라의 항구에 정박하고 있을 때에는 우리나라의 집행권이 미치고, 따라서 그 집행절차에 관하여는 법정지법인 우리나라의 절차법이 적용된다.

여기서의 외국선박에는 외국국적을 가진 선박뿐 아니라 무국적선도 포함된다. 또 국적국에서의 등기 유무를 불문한다. 다만, 외국선박으로서 총톤수 20톤 미만의 기선과 범선 및 선박계류용·저장용 등으로 사용하기 위하여 수상에 고정하여 설치하는 부선, 총톤수 100톤 미만의 부선은 유체동산집행의 방법에 의하게 된다(선박등기법 2조).

(3) 대한민국 선박 외의 선박에 대하여 강제경매신청을 하는 때에는 그 선박이 채무자의 소유임을 증명하는 문서와 그 선박이 선박등기법 2조에 규정된 선박임을 증명하는 문서를 붙여야 한다(민집규 95조 2항 2호).

외국선박의 등기부는 국내에 존재하지 아니하여 압류등기나 매각으로 인한 소유권 이전등기 등의 촉탁이 현실적으로 불가능하므로, 외국선박에 대한 강제집행에는 등기부에 기입할 절차에 관한 규정을 적용하지 아니한다(민집법 제186조). 판례는 위 규정은 국내에 외국선박의 등기부가 있을 수 없으므로 경매개시결정 등을 촉탁할 수 없다는 취지일 뿐이고, 외국선박에 대한 집행절차에 있어시 경매개시결정등기 진에 선적국의 법률에 따라 저당권을 설정하고 등기(공시절차)를 갖춘 저당권자가 배당표 확정이전에 이러한 사실을 입증하였다면 이러한 외국선박의 저당권자도 등기부에 기입된 선박 위의 권리자로서 민사집행법 88조의 배당요구를 하였는지 여부와 상관없이 배당을 받을 수 있다고 한다(대법원 2004. 10. 28. 2002다25693 판결).

나. 압류가 금지되는 것

항해준비를 완료한 선박과 그 속구는 압류 또는 가압류를 하지 못한다. 다만, 항해준비를 위하여 생긴 채무에 대하여는 압류할 수 있다(상법 제744조 제1항). 위 제1항은 총톤수 20톤 미만의 선박에는 적용하지 아니한다(상법 제744조 제2항). '항해준비를 위하여 생긴 채무'라 함은 식량, 연료, 선박의 장비 등을 구입할 때 생긴 채무를 말한다.

3. 경매의 신청절차

가. 신청방식

선박에 대한 강제집행은 부동산의 강제경매에 관한 규정이 준용되므로 선박경매의 신청서에는 민사집행법 제80조에 규정된 사항 외에 선박의 정박항 및 선장의 성명, 선박의 표시(선박등기규칙 제10조)와 현재지를 기재하고 다음의 서류를 첨부하여야 한다(민집규칙 제95조 제1항). 경매신청을 각하하는 재판에는 즉시항고할 수 있다.

나. 첨부서류

선박경매신청서에 첨부할 서류는 민사집행법 제81조와 같은 법 제177조가 규정하고 있는바, 제81조가 가리키는 서류에 대하여는 전술 강제경매신청의 첨부서류(75면 참조)에서 보기로 하고, 여기서는 같은 법 제177조가 가리키는 서류에 대하여만 보기로 한다.

① 채무자가 소유자인 경우에는 그 소유자로 선박을 점유함을 소명할 수 있는 증서(민집법 제177조 제1항 제1호 전문) : 채무자가 선박소유자로서 당해 선박을 점유하고 있음을 나타내는 증서를 첨부하여야 한다. 선박이 채무자의 소유이나 제3자가 점유하고 있는 때에는 압류할 수 없다. 이 경우에는 전술하였듯이 제244조의 규정에 의하여 선박의 인도청구권을 압류한 후 경매신청할 수 있다(민집규칙 제171조).

② 채무자가 선장인 경우에는 선장으로 선박을 지휘함을 소명할 수 있는 증서(민집법 제177조 제1항 제1호 후문) : 선장은 채무자를 위하여 자기 이름으로 소송당사자가

될 수 있다(상법 제894조). 따라서 패소판결을 받았다면 선박소유자에 갈음하여 채무자로써 집행을 받는다. 이 경우 선박집행의 효력은 그 선박의 소유자에 대하여도 미친다(민집법 제179조 제1항). 그러나 압류후에 선장이나 소유자의 변경은 경매절차의 속행에 아무런 영향을 미치지 아니한다(동조 제2항). 경매신청전 선장 또는 소유자가 변경된 경우에는 승계집행문을 부여받아 경매신청을 하여야 한다. 그러므로 '선장으로 선박을 지휘함을 소명할 수 있는 증서'라 함은 선장이 현재 그 선박에 선장으로 승선하고 있는 사실을 소명하는 서면 즉 고용계약서를 제출하여야 한다. 승계집행문을 얻어 새 선장에 대하여 경매신청을 하는 경우에도 그 새 선장에 관하여 위와 같은 서면이 될 것이다.

③ 선박에 관한 등기사항을 포함한 등기부의 초본 또는 등본(민집법 제177조 제1항 제2호) : 등기된 선박인 경우에 한하여 초본 또는 등본을 제출하여야 한다. 채권자는 공부의 주관공무소(등기소)가 멀리 떨어진 곳에 있을 때에는 위 등기부초본 또는 등본의 송부청구를 집행법원에 신청함으로써 등기부초본 또는 등본의 첨부에 갈음할 수 있다(민집법 제177조 제2항).

④ 등기가 되지 아니한 대한민국 선박에 대한 경매신청의 경우에는 강제경매신청서에 그 선박이 채무자의 소유임을 증명하는 문서와 함께 선박등기규칙 제11조 제2항에 규정된 증명서 및 같은 규칙 제12조 제1항 또는 제2항에 규정된 증명서면을 붙여야 한다(민집규칙 제95조 제2항 제1호).

⑤ 대한민국 선박 외의 선박, 즉 외국 선박의 경우에는 선박등기부초본이 있을 수 없으므로 이를 제출할 것은 요구되지 아니하나 그 선박이 선박등기법 제2조에 규정된 총20톤 이상의 등기적격선박임을 증명하는 문서와 그 선박이 채무자 소유임을 증명하는 문서를 제출하여야 한다(민집규칙 제95조 제2항 제2호).

⑥ 정박증명서 : 정박증명서는 해운항만청의 증명서를 발급받을 수 없는 경우에는 선박수리업자 등이 작성한 증명서 또는 경매신청인측의 조사보고서(선박정박보고서)라도 무방하다.

⑦ 항해준비미완료보고서 : 항해준비를 마친 선박에 대하여는 압류를 하지 못한다(상법 제744조). 그러므로 집행목적인 선박이 항해의 준비를 완료하지 아니하였다는 사실을 증명하는 서면을 제출하여야 한다. 이 증명서도 선박의 상태를 인식할 수 있는 자가 작성한 사문서라도 상관없다.

⑧ 기타의 첨부서류 : 당사자가 법인인 경우에는 대표자의 자격증명서 등을, 대리인

에 의하여 경매신청을 하는 경우에는 그 대리권을 증명하는 위임장을 첨부하여야 하고 경매기입등기 등록면허세 영수필통지서와 영수필확인서, 선박목록 등을 제출하여야 함은 부동산강제경매의 경우와 같다.

다. 관할법원

선박의 강제집행에 대하여는 선박이 압류당시에 그 선박이 있는 곳(정박한 항)을 관할하는 지방법원 또는 그 지원을 관할 집행법원으로 한다(민집법 제173조, 민집규칙 제98조). 만약 압류당시 선박이 그 압류를 한 법원관할에서 없어진 것을 후일 발견한 때에는 그 법원은 적법한 관할권을 가지지 않으므로 관할권이 존재하는 집행법원으로 이송하나(민집법 제182조 제1항), 국내가 아닌 공해상이나 외국에 있을 때에는 집행불능이 되므로 직권으로 압류의 절차를 취소한다(민집법 제180조). 선박은 집행절차 중 압류 항에 이를 정박하게 한다(민집법 제176조 제1항). 경매개시결정전에 감수, 보전처분이 있는 때(민집법 제178조 제2항)에는 그 처분당시의 선박소재지를 관할하는 지방법원이 관할한다.

라. 비용의 예납

채권자는 강제집행에 필요한 비용을 예납하여야 하는바(민집법 제18조 제1항), 선박의 감정료, 경매수수료, 현황조사비용 등의 각종 수수료와 송달료를 예납하여야 한다. 78면 참조

[서식] 선박강제경매신청서

<table>
<tr><td colspan="3" align="center">선박강제경매신청서</td></tr>
<tr><td>채 권 자</td><td>주식회사 백영공업</td><td></td></tr>
<tr><td>채 무 자
겸소유자</td><td>주식회사 태양상선</td><td>5,000원
정부수입인지</td></tr>
<tr><td colspan="3" align="center">부산지방법원 귀중</td></tr>
</table>

※ 표지

선박강제경매신청

채 권 자 주식회사 백영공업
부산 중구 중앙동 3가 135-80(우 : 10200)
대표이사 황 성 두
전화(휴대폰 포함) : 555-1234, 010-4455-1234

채 무 자 주식회사 태양상선
부산 중구 중앙동 1가 1091(우 : 10201)
대표이사 고 광 열

청구금액의 표시

금400,000,000원정 20○○. 2. 1. 대여금

금100,000,000원정 20○○. 2. 1부터 20○○. 1. 31까지 연 12%의 비율에 의한 지연이자

합계금 500,000,000원정

집행권원의 표시

부산지방법원 20○○가합2991호 대여금반환청구사건의 집행력있는 판결정본

경매할 선박의 표시
별지 목록 기재와 같음

신 청 취 지

채권자의 채무자에 대한 위 청구채권의 변제에 충당하기 위하여 채무자 소유의 별지 목록 기재 선박에 대한 강제경매절차를 개시하고 채권자를 위하여 이를 압류한다.
라는 재판을 구합니다.

신 청 이 유

채권자는 채무자에 대하여 위 집행권원의 집행력 있는 정본에 의한 위 청구채권을 가지고 있는바, 채무자는 이를 변제하지 않으므로 채권자는 위 집행정본에 의하여 채무자 소유의 별지목록기재선박에 대하여 강제경매개시 결정을 구하기 위하여 본 신청에 이르렀습니다.

첨 부 서 류

1. 집행력있는 판결정본 1통
1. 송달증명원 1통
1. 선박등기부초본 1통
1. 회사등기부등본 2통
1. 선박정박증명(관할해운국) 1통
1. 출항준비 미완료보고서 1통
1. 선박목록 30통

20 . . .
위 채권자 주식회사 백영공업
대표이사 황 성 두 (인)

부산지방법원 귀중

<별지목록>

선 박 목 록
1. 선박의 종류 및 명칭 기선 제11부산호
1. 선적항 부산항
1. 선 질 강
1. 총 톤 수 1,000 톤 27
1. 순 톤 수 900톤 32
1. 기관의 종류및 수 디젤발동기 2기
1. 추진기의 종류및 수 나선 추진기 2개
1. 진수 연월일 1989. 9. 1.
1. 선박의 정박항 부산항
1. 소 유 자 (수) 태양상선. 끝.

인지·송달료 등

◆ 비용예납	채권자는 강제집행에 필요한 비용을 예납하여야 한다(민집법 제18조 제1항). 위 비용으로는 선박의 감정료, 현황조사료, 신문공고료, 경매수수료 등의 각종 수수료와 송달료 등이 이에 해당한다. 78면 참조
◆ 인지첩부	신청서에는 5,000원의 인지를 붙인다(재민 91-1, 556면 참조).
◆ 송달료	송달료는 (신청서상의 이해관계인수 + 3) × 10회분을 납부한다.
◆ 등록세등	등록세 : 건당1만5천원(지방세법 제28조제1항제2호다목) 지방교육세 : 등록면허세액의 100분의20
◆ 관할법원	선박에 대한 강제집행은 선박이 압류당시에 그 선박이 있는 곳(정박한 항)을 관할하는 지방법원 또는 그 지원을 관할 집행법원으로 한다(민집법 제173조, 민집규칙 제98조).

[서식] 선박등기부초본의 송부청구신청서

선박등기부초본의 송부청구신청

500원
정부수입인지

채 권 자　　황　성　두
서울 종로구 평창동 12-3 (우 : 10200)
전화(휴대폰 포함) : 555-1234, 010-4455-1234

채 무 자　　고　광　열
부산 영도구 청학동 12-3(우 : 10201)

채권자는 채무자 소유의 별지 목록 기재의 선박에 대하여 강제경매를 신청하는 바, 위 선박에 관한 등기부를 주관하는 공무소는 인천시에 있는 관계로 선박등기부초본의 송부청구를 신청합니다.

20 .　　.　　.

위 채권자　황　성　두　(인)

부산지방법원　귀중

인지 · 송달료 등

◆ 인지첩부	신청서에는 500원의 인지를 붙여야 한다(재민 91-1, 556면 참조).
◆ 송 달 료	송달료는 당사자 1인당 2회분을 납부한다.

[서식] 선박정박증명서(선박수리업자가 작성한 증명서)

선박정박증명서

1. 선박의 표시

기선(화물선) 부산호

소 유 자 정우해운주식회사

부산 중구 중앙로123

위 선박은 다음 장소에 정박하고 있음을 별지선박정박증명서를 첨부하여 소명합니다.

다 음

선박의 정박지 부산 광역시 중구 중앙로126

부산 제3부두 해안

유첨 : 선박정박증명서 1부

20○○. 12. .

위 채권자 김 갑 동 (인)

부산지방법원 귀중

[서식] 선박정박보고서(경매신청인측의 조사보고서)

선박정박보고서

부산지방법원 귀중

1. 선박의 표시
   기선(화물선) 부산호
   소 유 자 정우해운주식회사
   부산 중구 중앙로123

위 선박은 다음 장소에 정박 중임을 별지도면 첨부하여 보고합니다.

20○○. 12. 10.

신청인 대리인
변호사 이 동 수 (인)

선박의 정박장소
부산 중구 중앙로126
부산 제3부두 해안
해동선박수리공업주식회사 전면

[서식] 항해준비미완료보고서

보 고 서

20○○. 12. 10. 현재 부산항 제3부두(부산 중구 중앙동 4가) 해안에 정박중인 선박 부산호(소유자 정우해운주식회사)에 대하여 출항준비완료 여부를 조사하여 다음과 같이 보고합니다.

1. 선장과 승무원은 이미 해임되어 현재 선장이 결원이며,
2. 선박은 관리인을 두어 감수보존 상태에 있어 당분간 출항예정 없으므로 출항준비가 되지 아니하였음.
3. 신장임명여부확인을 위하여 채무자회사에 문의한바, 당분간 선장을 임명하지 아니할 것이라고 함.

20○○. 12. 10.

제일해상보험주식회사
관리부 이 명 근 (인)

[서식] 압류선박의 항행허가신청서

압류선박의 항행허가신청

500원
정부수입인지

사 건 20○○타경4991호 선박강제경매사건

채 권 자 국제선박공업주식회사
부산 중구 중앙로 3가 234-5(우 : 10200)
대표이사 안 경 호
전화(휴대폰 포함) : 555-1234, 010-4455-1234

채 무 자 오리엔탈 쉽핑컴퍼니
서울 강남구 삼성로 312-5(우 : 10201)
대표이사 최 준 식

위 당사자간의 선박강제경매사건에 관하여 채무자는 다음과 같은 이유로 민사집행법 제176조 제2항에 의하여 별지목록기재 선박의 항행허가를 신청합니다.

다 음

이 사건 압류선박에 관하여 채무자는 20○○. 7. 1. (주)서울무역과의 사이에 철강재 8,000톤을 러시아 블라디보스톡항에서 싱가포르항까지 운송하여 주기로 하는 화물운송계약을 체결하였으나 20○○. 7. 20. 귀원으로부터의 선박강제경매개시결정으로 위 행선지로의 출항이 금지당하였는바, 즉시 항행허가를 받지 않으면 예측할 수 없는 손해를 받게 되고 또한 운송수입을 통하여 이건 각 채권자의 채권을 변제하고자 하므로 모든 이해관계인의 동의를 얻어 항행허가를 구하기 위하여 본 신청에 이르렀습니다.

첨 부 서 류

1. 화물운송계약서사본 1통
1. 동의서 1통

20 . . .

위 신청인(채무자) 오리엔탈 쉽핑컴퍼니
대표이사 최 준 식 (인)

부산지방법원 귀중

인지·송달료 등

◆ 신청방식	선박은 집행절차기간에는 압류항에 정박하여야 하나(민집법 제176조 제1항), 영업상 필요 기타 상당한 이유가 있는 때에는 집행법원에 선박의 운행허가를 신청할 수 있다. 이 경우에는 채권자, 최고가매수신고인, 차순위매수신고인 및 매수인의 동의가 있어야 하므로(민집법 제176조 제2항) 신청서에는 동의서를 첨부하여야 한다. 신청권자는 채무자이고 다른 이해관계인은 신청권이 없다.
◆ 인지첩부	신청서에는 500원의 인지를 붙여야 한다(재민 91-1, 556면 참조). 인지는 법원구내 우체국에서 구입하여 붙인다.
◆ 송 달 료	송달료는 당사자 1인당 2회분을 납부한다.
◆ 관할법원	집행법원

[서식] 선박국적증서등 인도명령신청서

선박국적증서등 인도명령신청

1,000원
정부수입인지

채 권 자 주식회사 백영공업
부산중구 중앙동 4가 127-5(우 : 10200)
대표이사 김 백 영
전화(휴대폰 포함) : 555-1234, 010-4455-1234

채 무 자 동해상선주식회사
부산 중구 중앙동 3가 349-14(우 : 10201)
대표이사 이 상 선

신 청 취 지

채무자는 채권자의 위임을 받은 집행관에게 별지목록기재선박의 선박국적증서 기타 운행에 필요한 문서를 인도하라.
라는 결정을 구합니다.

신 청 이 유

1. 채권자는 채무자에 대하여 부산지방법원 20○○가합 3939호 보증금청구사건의 집행력있는 판결정본에 의하여 금500,000,000원의 채권이 있으므로 채무자 소유의 별지목록기재 선박에 대하여 강제경매를 신청하고자 준비중에 있습니다.

2. 그런데 위 선박을 현재 부산시 중구 중앙동 4가 10-4 부산항 제3부두해안에 정박중이지만 단시일내에 출항할 예정이어서 선박집행의 신청전에 채무자로부터 선박국적증서, 기타 운행에 필요한 문서를 수취하지 아니하면 출항으로 인하여 집행이 현저히 곤란하게 될 염려가 있으므로 신청취지와 같은 명령을 구하기 위하여 민사집행법 제175조 제1항에 의하여 본 신청을 합니다.

첨 부 서 류

1. 집행력있는 판결정본 1통
1. 송달증명원 1통
1. 선박등기부초본 1통
1. 출항예정보고서 1통
1. 선박정박증명서 1통
1. 회사등기부등본 1통
1. 선박등록원부사본 1통

20○○. 12. 20.

위 채권자 (주)백영공업
대표이사 김 백 영 (인)

부산지방법원 귀중

인지·송달료 등

◆ 신청방식	채권자는 선박집행의 신청전에 선박국적증서 등을 수취하지 아니하면 집행이 현저하게 곤란하게 될 염려가 있는 때에는 선적소재지를 관할하는 지방법원(선적이 없는 때에는 대법원규칙이 정하는 법원)에 그 인도를 신청할 수 있다(민집법 제175조 제1항). 이 신청은 서면으로 하여야 하고 집행력 있는 집행권원의 정본, 선적소재지를 증명하는 문서, 선박이 채무자소유임을 증명하는 문서, 선박이 집행할 수 있는 선박임을 증명하는 문서를 첨부하여야 하며 필요한 비용을 예납하여야 한다. 급박한 경우에는 입항 및 출항예정을 명시한 보고서 등을 제출하여야 한다.
◆ 인지첩부	신청서에는 1,000원의 인지를 붙여야 한다(재민 91-1, 556면 참조). 인지는 법원구내 우체국에서 구입하여 붙인다.
◆ 송 달 료	송달료는 당사자 1인당 2회분을 납부한다.
◆ 관할법원	관할은 선적소재지를 관할하는 지방법원이다. 위 법원이 없는 때에는(예컨대 외국선박이거나 아직 선적이 없는 국내선박인 경우) 대법원규칙이 정하는 법원 등이 관할한다(민집규칙 제98조). 급박한 사정이 있는 때에는 선박의 소재지를 관할하는 지방법원에 신청할 수 있다.

[서식] 선박감수보존처분명령신청서

선박감수보존처분명령신청

1,000원
정부수입인지

사 건 20○○타경4199호 선박강제경매
채 권 자 주식회사 백영공업
부산 중구 중앙동 4가 123-4(우 : 10200)
대표이사 오 성 환
전화(휴대폰 포함) : 555-1234, 010-4455-1234
채 무 자 해동산선 주식회사
부산 중구 중앙동 4가 34-11(우 : 10201)
대표이사 장 기 섭

위 당사자간의 선박강제경매사건에 관하여, 채권자는 압류된 선박 및 속구의 은닉, 훼손에 의한 가치감소등의 방지를 위하여 감수보존인을 선임하여 감수보존에 필요한 처분을 명하여 주시기를 민사집행법 제178조 제1항에 의하여 신청합니다.

20○○. 10. 18.
위 채권자 (주)백영공업
대표이사 오 성 환 (인)

부산지방법원 귀중

인지·송달료 등

◆ 신청방식	감수, 보존처분신청은 집행에 필요한 비용을 예납하여야 한다. 신청은 경매개시결정전에도 할 수 있으나(민집규칙 제102조), 실무에서는 경매신청과 동시에 또는 그 이후 매각허가결정 선고 전까지 하고 있다. 경매신청이 전에는 신청할 수 없다. 감수, 보존인은 집행관을 특정하여 선임할 수도 있고 일반인을 선임할 수도 있으나 통상 신청에 의하여 집행법원이 집행관을 감수, 보존인으로 하고 있다.
◆ 인지첩부	신청서에는 1,000원의 인지를 붙여야 한다(재민 91-1, 556면 참조)..
◆ 송 달 료	송달료는 당사자 1인당 2회분을 납부한다.
◆ 관할법원	선박에 대한 감수명령은 이를 집행하였을 때에 비로소 압류의 효력이 발생하므로 그때 그 선박의 정박항을 관할하는 지방법원이 집행법원이 된다(대법원 1970. 10. 23. 자 70마540 결정).

[서식] 선박지분압류명령신청서

선박지분 압류명령신청

2,000원
정부수입인지

채 권 자　　이　　태　　중(550320-1234567)
부산 중구 중앙동 4가 123-4(우 : 10200)
전화(휴대폰 포함) : 555-1234, 010-4455-1234

채 무 자　　김　　성　　일
부산 중구 중앙동 4가 342-5(우 : 10200)

선박관리인　　유　　동　　길
부산 동구 범일동 601-6(우 : 10200)

청 구 금 액
금100,000,000원정
부산지방법원 20○○가합3784호 집행력있는 판결정본에 의한 금원
금 25,000,000원정
위 금원에 대한 20○○. 2. 1부터 20○○. 1. 31까지 연 12%의 비율에 의한 지연이자
합계금 125,000,000원정

압류할 선박지분의 표시
별지목록기재와 같음

신 청 취 지

위 청구금액의 변제에 충당하기 위하여 채무자가 가지는 별지 목록 기재의 선박지분을 압류한다.
채무자는 위 선박시분에 관하여 배매, 양도 기타 일체의 치분을 히여서는 아니된다.
라는 재판을 구합니다.

신 청 이 유

채권자는 채무자에 대하여 부산지방법원 20○○가합3784호 대여금청구사건에의 집행력 있는 판결정본에 의하여 위 청구채권이 있는바 채무자는 이를 변제하지 않으므로 위 집행정본에 의하여 채무자의 선박지분에 대한 압류명령을 구하기 위하여 본 신청에 이르렀습니다.

첨 부 서 류

1. 집행력있는 판결정본 1통
1. 송달증명원 1통
1. 선박정박증명서 1통
1. 선박등기부등본 1통
1. 공유지분목록 1통

20○○. 2. .

위 채권자 이 태 중 (인)

부산지방법원 귀중

인지·송달료 등

◆ 신청방식	선박지분에 대한 강제집행은 기타 재산권에 대한 강제집행(민집법 제251조)의 예에 따른다(민집법 제185조 제1항). 이 신청은 채권집행의 신청에 관한 절차를 준용한다. 따라서 신청서에는 압류할 채권의 종류와 수액등을 명시하고(민집법 제225조) 채무자가 선박의 지분을 소유하고 있음을 증명할 선박등기부의 등본이나 그 밖의 증명서를 첨부하여야 한다(민집법 제185조 제2항).
◆ 인지첩부	신청서에는 2,000원의 인지를 붙여야 한다(재민 91-1, 556면 참조). 인지는 법원구내 우체국에서 구입하여 붙인다.
◆ 송 달 료	송달료는 당사자 1인당 2회분을 납부한다.
◆ 등록세등	등록세 : 건당1만5천원(지방세법 제28조제1항제2호다목) 지방교육세 : 등록면허세액의 100분의20
◆ 관할법원	압류 당시에 그 선박이 있는 곳을 관할하는 지방법원(민집법 제173조)

3. 자동차에 대한 강제집행

1. 총 설

가. 서 설

민사집행법 제187조는 “자동차·건설기계·소형선박(자동차 등 특정동산 저당법 제3조제2호에 따른 소형선박을 말한다) 및 항공기(자동차 등 특정동산 저당법 제3조제4호에 따른 항공기 및 경량항공기를 말한다)에 대한 강제집행절차는 제2편제2장제2절부터 제4절까지의 규정에 준하여 대법원규칙으로 정한다.”고 법률 제13286호, 2015. 5. 18., 일부개정을 보았는바, 주요 내용은 “자동차 등 특정동산 저당법”에 따라 저당권의 대상에 포함되는 항공기와 경량항공기(이하 자동차 등이라 한다)에 대한 민사집행 절차를 마련한 것이다.

자동차 등은 민법상으로 동산에 해당되지만 여기서는 부동산으로 취급하여 그 집행을 부동산강제집행의 규정에 준하여 대법원규칙(민집규칙 제108조 이하)으로 정하였다(민집법 제187조). 따라서 민사집행규칙 제108조 내지 제129조가 자동차 등에 대한 강제집행을 규정하고 있으며 강제집행절차는 원칙으로 부동산에 대한 강제집행절차를 따르도록 하였다(민집규칙 제108조).

자동차 등에 대한 담보권실행을 위한 경매절차 역시 부동산경매 및 자동차강제경매에 관한 규정이 준용된다(민집법 제270조, 민사집행규칙 제197조).

나. 부동산강제경매규정의 적용제외

자동차에 대한 강제집행은 전술하였듯이 민사집행규칙 제108조가 부동산에 대한 규정을 따르도록 하였으나 동규칙 제128조는 강제집행규정 중 자동차집행에 준용되지 아니하는 규정을 정하였다. 자동차집행절차에 관하여는 민사집행규칙 제43조 내지 제46조, 제51조 제1항 제4호 내지 제6호, 제2항, 제55조, 제56조 제2호, 제60조, 제68조 내지 제71조, 법 제79조, 법 제81조, 법 제83조 제2항 · 제3항, 법 제85조, 법 제91조 제5항, 법 제105조 및 법 제136조의 규정과 법 제103조 제2항 중 기간입찰에 관한 부분을 준용하지 아니한다(민집규칙 제128조).

2. 집행절차

가. 집행의 대상

자동차집행의 대상이 되는 자동차는 자동차관리법에 따라 등록된 자동차에 한정되므로(민집규 제108조), 건설기계관리법에 의한 건설기계, 농업기계화촉진법에 의한 농업기계, 군수품관리법에 의한 차량, 궤도 또는 공중선에 의하여 운행되는 차량은 자동차집행의 대상에서 제외된다(자동차관리 2조 1호, 자동차관리령 2조). 그중 건설기계관리법에 의한 건설기계는 건설기계에 대한 강제집행의 방법에 의하게 된다(민집규 제130조).

이륜자동차나 미등록의 자동차 또는 등록이 말소된 자동차는 집행대상에서 제외되고 이에 대한 집행은 동산집행의 예에 의한다(재민 67-1). 또한 집행관이 자동차를 인도받아 압류의 효력이 발생한 후에는 관할관청이 운수면허의 취소를 이유로 자동차의 등록을 말소하였더라도 집행절차의 속행에는 아무런 영향을 주지 아니한다. 자동차공유지분에 대한 강제집행은 선박공유지분과 같이 그 밖의 재산권에 대한 집행(민집법 제251조)에 의한다(민집규칙 제129조).

나. 집행법원

자동차집행의 집행법원은 자동차등록원부에 기재된 사용본거지를 관할하는 지방법원으로 한다(민집규칙 제109조 제1항). 그러나 자동차는 이동성이 있어 관할을 정하는 것이 곤란하므로 주소지주의에 대한 예외로 소재지주의에 의한 관할을 정하고 있다(민집규칙 제109조 제1항 단서). 따라서 집행법원 이외의 다른 법원 소속 집행관이 자동차를 점유하고 있는 경우에 자동차를 집행법원 관할구역 안으로 이동하는 것이 매우 곤란하거나 지나치게 많은 비용이 든다고 인정하는 때에는 사건을 그 소재지법원으로 이송할 수 있고(민집규칙 제119조), 이 경우 그 이송을 받은 법원이 집행법원으로 된다. 강제경매신청 전의 자동차인도명령(민집규칙 제113조 제1항)에 따라 집행관이 자동차를 인도받은 경우에는 위 사용본거지를 관할하는 지방법원 외에 자동차가 있는 곳을 관할하는 지방법원도 집행법원으로 한다(민집규칙 제109조 제2항).

다. 경매신청절차 및 개시결정

(1) 신 청

자동차강제경매신청서는 부동산강제경매신청시의 기재 사항인 민사집행법 제80조 각호에 규정된 사항 외에 자동차등록원부에 기재된 사용본거지를 적고, 집행력 있는 정본 외에 자동차등록원부등본을 붙여야 한다(민집규칙 제110조). 또 자동차의 표시를 등록원부의 기재에 따라 특정이 가능하도록 별지로 만들어 첨부하여야 한다.

(2) 최저매각가격결정

법원은 상당하다고 인정하는 때에는 집행관으로 하여금 거래소에 자동차의 시세를 조회하거나 그 밖의 상당한 방법으로 매각할 자동차를 평가하게 하고, 그 평가액을 참작하여 최저매각가격을 정할 수 있다(민집규칙 제121조 제1항).

(3) 강제경매개시결정

집행법원은 결정으로 자동차를 압류한다는 선언과 동시에 채무자에 대하여 자동차를 집행관에게 인도할 것을 명하고(민집법 제83조 제1항, 민집규칙 제111조 제1항 전단) 자동차등록원부에 압류의 등록을 촉탁한다. 다만, 그 자동차에 대하여 민사집행규칙 제114조 제1항의 규정에 따른 신고가 되어 있는 때에는 채무자에 대하여 자동차 인도명령을 할 필요가 없다(민집규칙 제111조 제1항 단서). 압류의 효력은 경매개시결정의 송달 또는 그 등록 전에 인도명령에 기하여 집행관이 자동차를 인도받은 때에 생기며(민집규칙 제111조 제3항), 자동차의 인도 없이는 경매절차가 이루어지지 아니한다. 강제개시결정에 대하여는 즉시항고를 할 수 있다(민집규칙 제111조 제4항).

[서식] 자동차강제경매신청서

자동차강제경매신청서

채 권 자　　이　　한　　성

채 무 자　　장　　일　　원

5,000원
정부수입인지

서울중앙지방법원　귀중

★ 표지

이해관계인 일람표

채 권 자　　이　　한　　성
서울 종로구 이화동 110-500(우 : 10200)

채 무 자　　장　　일　　원
서울 강남구 일원동 135-230(우 : 10201)

근저당권자　(주)한강개발
서울 용산구 한강로 1가 134-7(우 : 10202)

자동차강제경매신청

채 권 자　　이　한　성(550320-1234567)
서울 종로구 이화동 110-500(우 : 10200)
전화(휴대폰 포함) : 555-1234, 010-4455-1234

채 무 자　　장　일　원
서울 강남구 일원동 135-230(우 : 10201)

청 구 금 액

금5,000,000원 및 이에 대한 20○○. 10. 6.부터 완제일까지 연 20%의 비율에 의한 지연손해금

집행권원의 표시

채권자의 채무자에 대한 서울중앙지방법원 20○○. 10. 6. 선고 20○○가소1991호 대여금 청구사건의 집행력 있는 판결정본

경매할 자동차의 표시

별지 목록기재와 같음

청 구 취 지

1. 채무자 소유의 별지 목록 기재 자동차에 대하여 경매절차를 개시하고 채권자를 위하여 이를 압류한다.
2. 채무자는 위 자동차를 채권자의 위임을 받은 집행관에게 인도하여야 한다.

라는 재판을 구합니다.

청 구 원 인

위 청구금액은 서울중앙지방법원 20○○가소1991호 대여금 청구사건의 집행력 있는 판결정본에 의하여 채무자가 채권자에게 변제할 금원임에도 불구하고 채무자는 그 변제를 하지 아니하므로 위 채권의 변제를 받고자 채무자 소유의 별지목록기재 자동차에 대하여 강제경매 개시절차를 구하기 위하여 본 신청에 이르렀습니다.

첨 부 서 류

1. 집행력있는 판결정본 1통
1. 송달증명원 1통
1. 자동차 등록원부등본 1통
1. 판결정본송달증명원 1통
1. 자동차등록원부등본 1통
1. 자동차목록 40통
1. 등록세영수필확인서, 영수필통지서 각 1통
1. 집행비용예납서 1통
1. 송달료납부서 1통

20○○. 11. 10.

위 채권자 이 한 성 (인)

서울중앙지방법원 귀중

<별 지>

목 록

자동차등록번호	50가6547
형식승인번호	1-0000-001-004
차 명	그랜져
차 종	승용자동차
차 대 번 호	KNAGB2222MA12345
원 동 기 형 식	B5
년 식	20○○
등 록 연 월 일	20○○. 12. 13.
최 종 소 유 자	장 일 원
사 용 본 거 지	서울 강남구 일원동 135-230

인지·송달료 등

◆ 비용예납	채권자는 경매에 필요한 비용을 예납하여야 한다(민집법 제18조 제1항). 위 비용으로는 부동산의 감정료, 부동산현황조사료, 신문공고료, 경매수수료 등의 각종 수수료와 송달료 등이 이에 해당한다. 78면 참조
◆ 인지첩부	신청서에는 5,000원의 인지를 붙인다(재민 91-1). 저당권마다 소정의 인지를 붙여야 한다(재민 69-1).
◆ 송달료	송달료는 (신청서상의 이해관계인수 + 3) × 10회분을 납부한다.
◆ 등록세등	자동차등록세 : 건당1만5천원(지방세법 제23조제1항제3호라목) 지방교육세 : 비과세
	건설기계 : 건당1만원(지방세법 제23조제1항제4호라목) 지방교육세 : 등록면허세액의 100분의20

[서식] 자동차인도명령신청서(강제경매신청 전 채무자에 대한)

자동차인도명령신청

1,000원
정부수입인지

채 권 자　　최　정　두(550320-1234567)
서울 중구 남대문로1가 1091(우 : 10200)
전화(휴대폰 포함) : 555-1234, 010-4455-1234

채무자겸　　정　일　원
소 유 자　　서울 강남구 일원동 135-230(우 : 10201)

신 청 취 지

채무자는 채권자의 위임을 받은 집행관에게 별지목록기재의 자동차를 인도하라.
라는 재판을 구합니다.

신 청 이 유

1. 채권자는 채무자에 대하여 귀원 20○○가소 2345호 대여금청구사건의 집행력있는 판결정본에 의한 금5,000,000원 및 이에 대한 이자채권이 있으므로 채무자소유의 별지목록기재 자동차에 대하여 강제경매를 신청하고자 준비 중에 있습니다.
2. 그런데 위 자동차는 현재 사용본거지인 서울 강남구 일원동 135-230 소재에서 운행 중이지만 자동차를 집행관에게 인도하지 아니하면 자동차의 은닉 등에 의하여 그 집행이 현저히 곤란하게 될 우려가 있으므로 신청취지와 같은 명령을 구하기 위하여 본 신청을 합니다.

첨 부 서 류

1. 집행력있는 판결정본, 동 송달증명원 각 1통
1. 자동차 등록원부등본 1통
1. 자동차목록 1통

20○○. 7. 10.
위 채권자 최 정 두 (인)

서울중앙지방법원 귀중

<별 지>

목 록

자동차등록번호	50가6547
형식승인번호	1-0000-001-004
차 명	그랜져
차 종	승용자동차
차 대 번 호	KNAGB2222MA12345
원 동 기 형 식	B5
년 식	20○○
등 록 연 월 일	20○○. 12. 13.
최 종 소 유 자	장 일 원
사 용 본 거 지	서울 강남구 일원동 135-230

인지 · 송달료 등

◆ 신청방식	강제경매신청전의 인도명령신청은 서면 또는 구술로 할 수 있으며 집행력 있는 정본을 첨부하고 신청의 사유를 소명하여야 한다(민집규칙 제113조 제2항). 채권자는 집행관의 인도집행이 있은 날로부터 10일 안에 집행법원에 강제경매신청을 하고 경매개시결정의 정본을 받아 집행관에게 제출하여야 한다. 이와 같은 절차를 밟지 아니한 경우에는 집행관은 자동차를 채무자에게 반환한다(민집규칙 제113조 제3항). 위 강제경매신청 전의 자동차 인도명령에 대하여는 즉시항고를 할 수 있다(민집규칙 제113조 제4항).
◆ 인지첩부	신청서에는 1,000원의 인지를 붙여야 한다(재민 91-1, 556면 참조). 인지는 법원구내 우체국에서 구입하여 붙인다.
◆ 송 달 료	송달료는 당사자 1인당 2회분을 납부한다.
◆ 관할법원	그 자동차가 있는 곳을 관할하는 지방법원

[서식] 자동차인도명령신청서(압류의 효력이 생긴 후 제3자가 점유하게 된 경우)

자동차인도명령신청

1,000원
정부수입인지

채 권 자 최 정 두(550320-1234567)
서울 중구 남대문로1가 100-91(우 : 10200)
전화(휴대폰 포함) : 555-1234, 010-4455-1234

채 무 자 정 일 원
서울 강남구 일원동 135-230(우 : 10201)

점 유 자 정 잠 원
서울 강남구 잠원동 123-85(우 : 10202)

신 청 취 지

위 점유자는 그 점유 중인 별지 목록 기재의 자동차를 채권자의 위임을 받은 집행관에게 인도하라.
라는 재판을 구합니다.

신 청 이 유

서울중앙지방법원 2009타경12345 자동차강제경매사건에 관하여 채권자는 같은 법원소속 집행관에게 별지 목록 기재 자동차에 대한 인도집행을 위임하였으나, 목적물 소재지에 자동차가 존재하지 아니하여 집행불능된바, 금번 위 점유자가 점유 중인 것으로 밝혀졌으므로 그 인도를 구하기 위하여 이 신청에 이른 것입니다.

첨 부 서 류

1. 집행조서등본 1통
1. 송달료납부서 1통

2009. 7. 10.

위 채권자 최 정 두 (인)

서울중앙지방법원 귀중

<별 지>

목 록

자동차등록번호	50가6547
형식승인번호	1-0000-001-004
차 명	그랜져
차 종	승용자동차
차 대 번 호	KNAGB2222MA12345
원 동 기 형 식	B5
년 식	20○○
등 록 연 월 일	20○○. 12. 13.
최 종 소 유 자	장 일 원
사 용 본 거 지	서울 강남구 일원동 135-230

인지·송달료 등

◆ 신청방식	자동차경매개시결정에는 압류명령 외에 채권자의 신청이 없더라도 직권으로 인도명령을 발한다. 그러나 목적자동차를 제3자가 점유하는 경우 그 자동차가 있는 곳을 관할하는 지방법원은 채권자의 신청에 따라 제3자에게 그 자동차를 그 소속 집행관에게 인도할 것을 명할 수 있다(민집규칙 제112조, 법 제193조). 압류의 효력 발생 당시 채무자가 점유하던 자동차를 제3자가 점유하게 된 경우의 인도명령신청은 압류물을 제3자가 점유하고 있는 것을 안 날부터 1주일내에 하여야 한다(민집법 제193조 제2항). 위 인도명령의 재판에 대하여는 즉시항고할 수 있다(민집법 제193조 제5항).
◆ 인지첩부	신청서에는 1,000원의 인지를 붙여야 한다(재민 91-1, 556면 참조).
◆ 송 달 료	송달료는 당사자 1인당 2회분을 납부한다.
◆ 관할법원	그 자동차가 있는 곳을 관할하는 지방법원

[서식] 자동차운행허가신청서

자동차운행허가신청

500원
정부수입인지

사 건 20○○타경3991호 자동차 강제경매사건
채 권 자 고 광 수(550320-1234567)
서울 강남구 일원동 135-230(우 : 10200)
전화(휴대폰 포함) : 555-1234, 010-4455-1234

채 무 자(신청인) 오 성 갑(560321-1234568)
서울 서초구 방배로 137-60(우 : 10201)

1. 위 당사자간 자동차 강제경매사건에 관하여 채무자소유의 별지 목록 기재 자동차에 대한 강제경매개시결정의 인도명령에 의하여 귀원 소속 집행관이 20○○. 5. 10. 이를 인도집행하였으나 채무자는 이건 압류로 인하여 자동차의 운행을 금지당하면서부터 생활 및 영업상 심한 지장과 손해를 입고 있습니다.
2. 그런데 이 자동차는 토사운반에 한하여 운행할 뿐이며, 언제든지 지정장소에 출두시킬 수 있는 것입니다.
3. 그렇다면 본건 경매에 아무런 불편을 발생하게 할 우려가 없으므로 자동차의 운행을 허가하여 줄 것을 구하기 위하여 본 신청에 이르렀습니다.

첨 부 서 류

1. 자동차인도집행조서 1통

20○○. 5. 13.

위 채무자(신청인) 오 성 갑 (인)

서울중앙지방법원 귀중

인지·송달료 등

◆ 신청방식	이해관계인은 영업상의 필요 기타 상당한 이유를 들어 집행법원에 자동차의 운행을 허가할 것을 신청할 수 있다(민집규칙 제117조 제1항). 이를 신청할 수 있는 이해관계인의 범위는 민사집행법 제90조 소정의 이해관계인과는 다른 의미로서 자동차의 운행에 의하여 직접 이익을 받는 자만이 이에 해당한다. 운행허가결정에 대하여는 채권자가 즉시항고 할 수 있다(민집규칙 제117조 제3항).
◆ 인지첩부	신청서에는 500원의 인지를 붙여야 한다(재민 91-1, 556면 참조). 인지는 법원구내 우체국에서 구입하여 붙인다.
◆ 송 달 료	송달료는 당사자 1인당 2회분을 납부한다.
◆ 관할법원	집행법원

4. 미등기 건물에 대한 집행

가. 개 설

미등기 건물에는 무허가 건물과 사회통념상 건물의 실체를 갖추고 있지만, 건축법상 아직 사용 승인을 받지 못한 신축 건물이 있다. 완공이 된 건물뿐 아니라 완공되지 아니하여 보존등기가 경료되지 아니하였거나 사용승인되지 아니한 건물이라고 하더라도 채무자의 소유로서 건물로서의 실질과 외관을 갖추고 그의 지번·구조·면적 등이 건축허가 또는 건축신고의 내용과 사회통념상 동일하다고 인정되는 경우에는 이를 부동산경매의 대상으로 삼을 수 있다(대법원 2005. 9. 9. 자 2004마696 결정).

나. 신청절차

(1) 민사집행법 제81조 제1항 제2호 본문의 경우

신청서에는"채무자의 소유로 등기되지 아니한 부동산에 대하여는 즉시 채무자명의로 등기할 수 있다는 것을 증명할 서류(민사집행법 제81조 제1항 제2호 본문)"를 첨부하여야 한다.

미등기 건물에는 무허가 건물과 아직 사용 승인을 받지 못하였으나 사회통념상 이미 건물의 실체를 갖추고 있는 신축 건물이 있는데, 미등기 건물에 대하여도 미등기 토지와 같이 민사집행법 제81조 제1항 제2호 본문에 따라 즉시 채무자 명의로 등기할 수 있다는 것을 증명할 서류, 즉 부동산등기법 제65조에서 정한 서류를 붙여서 경매 신청을 할 수 있다(대법원 1995. 12. 11. 95마1262 결정). 미등기 건물에 대하여 경매개시결정을 하면 등기관이 직권으로 소유권보존등기를 하고 경매개시결정등기를 하게 된다.

채무자의 명의로 등기할 수 있음을 증명할 서류는 건축물대장, 수용증명서(재결서등본과 공탁서원본) 등이다(부등법 제65조).

종래 실무에 의하면 건축물대장이 생성되어 있지 않은 건물에 대하여도 확정판결 또는 그 밖의 특별자치도지사, 시장, 군수 또는 구청장(자치구의 구청장을 말한다)의 확인서면에 의하여 소유권을 증명하여 소유권보존등기를 신청할 수 있다고 보았으나, 아예 건축물대장이 생성되어 있지 않은 건물에 대하여는 판결 또는 위 서면에 의하여 소유권을 증명하더라도 소유권보존등기를 신청할 수 없다할 것이다(대법원 2011. 11. 10. 2009다93428 판결).

(2) 민사집행법 제81조 제1항 제2호 단서의 경우

(가) 개 설

신청서에는 "그 부동산이 등기되지 아니한 건물인 경우에는 그 건물이 채무자의 소유임을 증명할 서류, 그 건물의 지번 · 구조 · 면적을 증명할 서류 및 그 건물에 관한 건축허가 또는 건축신고를 증명할 서류(민사집행법 제81조 제1항 제2호 단서)를 첨부하여야 한다.

민사집행법 제81조 제1항 제2호 단서에 따른 미등기 신축건물에 대한 경매신청은 모든 미등기 건물에 대하여 허용되는 것이 아니라 적법하게 건축허가나 건축신고를 마쳤으나, 사용승인이 나지 않은 경우에만 적용된다.

미등기 건물의 경우에는 민사집행법 제81조 제1항 제2호 본문에서 규정하고 있는 부동산등기법 제65조 소정의 즉시 채무자 명의로 등기할 수 있다는 것을 증명할 서류를 붙일 수 없는 경우라 하더라도, 민사집행법 제81조 제1항 제2호 단서에 따라 그 건물이 채무자의 소유임을 증명할 서류, 그 건물의 지번·구조·면적을 증명할 서류 및 그 건물에 관한 건축허가 또는 건축신고를 증명할 서류를 붙여서 경매신청을 할 수 있다.

민사집행법 제81조 제1항 제2호 단서가 완공된 건물뿐 아니라 완공되지 아니한 건물에 대하여도 경매를 인정하고 있기는 하지만 최소한 건축허가의 내역과 같은 층수의 골조공사가 완공되고, 주벽과 기둥 등의 공사가 이루어져 건축허가의 내역과 같은 건물로서의 외관은 갖춘 건물로 인정될 수 있는 정도의 공사가 이루어진 경우에만 이를 경매의 대상으로 삼을 수 있다(대법원 2003. 7. 15. 2003마353, 대법원 2004. 10. 14. 2004마342).

1동의 건물 중 구분된 각 부분이 구조상, 이용상 독립성을 가지고 있는 경우에, 그 각 부분을 1개의 구분건물로 등기하는 것도 가능하고 그 1동 전체를 1개의 건물로 하여 등기하는 것도 가능하며, 집합건물의 소유 및 관리에 관한 법률 제60조 제1항에 의하면 관계 공무원의 조사 결과 집합건물로서의 구조상, 이용상 독립성을 갖추지 못한 경우에는 그 등록을 거부하고 그 건물 전체를 하나의 건물로 하여 일반건축물대장에 등록하도록 규정하고 있으므로, 1동의 신축건물이 건물로서의 실질과 외관을 갖추고 있고 그 지번·구조·면적이 건축허가의 내용과 사회통념상 동일하다고 인정된다면, 그 1동의 건물 중 일부가 아직 건축허가에서 예정한 대로 구분건물로 될 수 있는 요건을 갖추지 못하고 있더라도, 1동의 건물 전체를 원시취득 소유자의 채권자들은 1동의 건물 전체를 일반 건물로 하여 부동산강제경매의 대상으로 삼을 수 있다고 할 것이다(대법원 2013. 1. 18. 2012마690).

(나) 민사집행법 제81조 제1항 제2호 단서의 경우 첨부서면

① 개 설

건축허가나 신고를 마친 뒤 사용승인을 받지 못한 미등기 건물에 대한 강제집행을 신청함에는 ㉠그 건물이 채무자의 소유임을 증명할 서류(실무에서는 통상 건축허가서나 건축신고서를 제출받고 있고, 미흡할 경우 건축도급계약서 등을 추가로 받고 있다), ㉡그 건물의 지번·구조·면적을 증명할 서류를 첨부하여야 한다(민집법 제81조 제1항 제2호 단서).

② 소유자가 누구인지를 증명할 정보

부동산등기법 66조 2항에 의하면 같은 법 65조가 규정하는 소유권을 증명할 정보를 첨부할 필요가 없으나(등기예규 제1469호), 소유권보존등기를 하기 위해서는 최소한 소유자가 누구인지를 증명할 정보와 등기할 부동산의 표시를 특정할 수 있는 정보가 제출되어야 하므로, 실무에서는 소유자가 누구인지를 증명하기 위해서 건축허가서나 건축신고필증을 첨부하고 있다.

③ 소유자의 주소 및 주민등록번호(부동산등기용 등록번호)를 증명하는 정보

통상 주민등록등본 등을 제출하면 되고, 법인이나 외국인(주민등록번호가 없는 재외국민 포함)의 경우에는 부동산등기용 등록번호를 제출하여야 한다.

④ 건물의 지번 · 구조 · 면적을 증명할 정보

건축물대장이 생성되어 있거나 수용증명서 등으로 건물의 지번·구조·면적을 증명할 수 있는 경우에는 같은 서면을 제출하면 되고, 그렇지 않은 경우에는 통상 집행관의 조사 서면을 첨부정보로 제출한다. 건축물대장이 생성되지 아니하여 확정판결이나 시장 등의 확인서가 부동산등기법 제65조 2호 또는 4호의 서면에 해당하지 않더라도 민사집행법 제81조 제1항 제2호 단서의 건물의 지번·구조·면적을 증명할 정보에 포함될 수 있는지는 구체적인 사안에 따라 집행법원이 판단할 사항이다.

(다) 증명 청구

채권자는 공적 장부를 주관하는 공공기관에 제81조 제1항 제2호 단서의 사항들을 증명하여 줄 것을 청구할 수 있다(민집법 제81조 제2항). 채권자가 건물의 지번・구조・면적을 증명하지 못한 때에는 채권자는 경매신청과 동시에 그 조사를 집행법원에 신청할 수 있다. 이 경우에 법원은 집행관에게 그 조사를 하게 하여야 한다(민집법 제81조 제3항). 법원은 채권자가 제출한 서류 또는 집행관이 조사 제출한 서면에 의하여 강제경매신청을 한 건물의 지번・구조・면적이 건축허가 또는 건축신고된 것과 동일하다고 인정되지 아니하는 때에는 강제경매신청을 각하하여야 한다(민집규칙 제42조 제2항).

집행관은 위와 같은 조사를 위하여 건물에 출입할 수 있고, 채무자 또는 건물을 점유하는 제3자에게 질문하거나 문서를 제시하도록 요구할 수 있다(민집법 제82조 1항). 건물에 출입하기 위하여 필요한 때에는 잠긴 문을 여는 등 적절한 처분을 할 수 있다(같은 조 2항).

민사집행법 제81조 제1항 제2호 단서의 규정에 따라 채권자가 제출한 서류 또는 민사집행규칙 42조 1항의 규정에 따라 집행관이 제출한 서면에 의하여 강제경매신청을 한 건물이 건축허가 또는 건축신고된 사항과 동일하다고 인정되지 아니하는 때에는 법원은 강제경매신청을 각하한다(민집규 제42조 2항). 따라서 미등기 건물이 건축신고 또는 건축허가된 것과 사회통념상 동일하다고 인정되는 경우에만 강제집행이 허용되며, 이 경우 동일성 여부는 구체적인 사건에서 법원이 판단할 수밖에 없다.

[서식] 부동산강제경매신청서(건축 중인 건물에 대한 강제경매신청)

이해관계인일람표

채 권 자 이 장 수
서울 종로구 부암로 5길 123-45 우편번호 10200

채 무 자 김 정 민
겸소유자 서울 강남구 역삼로 5길 123-4 우편번호 10201

가압류권자 강 영 진
서울 성동구 중곡동 523-14

※ 실무상 경매신청서를 접수함에 있어서 표지 다음에 이해관계인표를 작성하여 제출하고 있다.

부동산강제경매신청

5,000원
정부수입인지

채 권 자 이 장 수(550320-1234567)
서울 종로구 부암로 5길 123-45(우 : 10200)
전화(휴대폰 포함) : 555-1234, 010-4455-1234

채 무 자 김 정 민
겸소유자 서울 강남구 역삼로 5길 123-4(우 : 10201)

청구금액의 표시
금10,000,000원정

집행권원의 표시
법무법인 서울합동법률사무소 작성 20○○년 증서 제2234호 집행력있는 공정증서정본에 의한 약속어음금

경매할 부동산의 표시

별지목록 기재와 같음

신 청 취 지

채무자 소유의 별지목록 기재 부동산에 대한 강제경매절차를 개시하고 채권자를 위하여 이를 압류한다.

라는 재판을 구합니다.

신 청 이 유

1. 채권자는 채무자에 대하여 위 집행권원의 집행력있는 정본에 의한 위 청구금액 표시의 금10,000,000원의 채권이 있는바, 채무자는 이를 선의변제치 않고 기일만을 연기하고 있으므로,
2. 채권자는 위 청구금액의 변제에 충당하고자 채무자 소유인 별지 목록 기재 부동산에 대하여 강제경매개시의 절차를 구하기 위하여 본건 신청에 이른 것입니다.

첨 부 서 류

1. 집행력있는 공정증서 정본 1통
1. 건축물대장등본 1통
1. 재산세과세증명서 1통
1. 건축허가서 1통
1. 건축신고서 1통
1. 토지대장 등본 1통
1. 채무자의 주민등록등본 1통
1. 경매목록 40통

20○○. 3. .

위 채권자 이 장 수 (인)

서울중앙지방법원 귀중

인지 · 송달료 등

◆ 비용예납	채권자는 강제집행에 필요한 비용을 예납하여야 한다(민집법 제18조 제1항). 위 비용으로는 부동산의 감정료, 부동산현황조사료, 신문공고료, 경매수수료 등의 각종 수수료와 송달료 등이 이에 해당한다. 78면 참조
◆ 인지첩부	신청서에는 5,000원의 인지를 붙인다(재민 91-1). 수 개의 집행권원에 기하여 신청하는 경우에는 집행권원 수 1개당 5천원의 인지를 붙인다.
◆ 증지제출	경매개시결정기입등기 촉탁을 위하여 부동산 1필지당 3,000원의 대법원수입증지를 제출하여야 한다. 단독주택은 토지와 건물을 각각 하나의 부동산으로 보며, 아파트, 연립, 다세대 주택은 토지와 건물을 하나의 부동산으로 본다.
◆ 송달료	송달료는 (신청서상의 이해관계인수 + 3) × 10회분을 납부한다.
◆ 등록세등	채권금액의 1000분의 2에 해당하는 등록세와 100분의 20에 해당하는 지방교육세를 납부하고 이에 대한 영수필통지서 및 영수필확인서 각 1통을 제출한다.

<별지목록> 공적 장부를 주관하는 공공기관에 의하여 민사집행법 제81조 제1항 제2호 단서의 사항들을 증명한 경우

목　　록

서울 종로구 숭인동 123-45
　대 1200.3제곱미터
　위 지상 미등기건물

철근콘크리트조 지하1층, 지상 2층 건축물
　1층 683.70제곱미터
　2층 902.34제곱미터
지하1층　815.1제곱미터

-이　상-

<별지목록> 건물의 지번 · 구조 · 면적을 증명하지 못한 경우

목 록

서울 종로구 숭인동 123-45
대 1200.3제곱미터
위 지상 미등기건물
철근콘크리트조 지하1층, 지상 2층 건축물. 끝.

<주> 건물의 지번 · 구조 · 면적을 증명하지 못한 때에는 채권자는 경매신청과 동시에 그 조사를 집행법원에 신청할 수 있다.

[서식] 미등기 부동산에 대한 집행관조사신청서

미등기 부동산에 대한 조사신청

사 건 20○○타경399호 부동산강제경매신청사건
신 청 인(채권자) 정 장 섭 (주민등록번호)
서울 서초구 우면로137길 14(우:)
(연락처)

피신청인(채무자) 안 규 호 (주민등록번호)
서울 종로구 경운로11길 31(우:)

위 당사자간의 부동산강제경매신청사건의 미등기건물인 별지 목록 부동산에 대하여 현상을 조사하여 줄 것을 신청합니다.

조사신청내용

1. 조사의 장소 : 별지와 같다.
1. 조사대상 : 건물의 현상
가. 소재지번
나. 구 조
다. 면 적

라. 기 타

첨 부 서 류

1. 건축허가 신고서 1통
1. 건축신고서 1통

20○○. 8. 13.

신 청 인(채권자) 정 장 섭(인)

서울중앙지방법원 귀중

인지 등

◆ 인지첩부	신청서에는 500원의 인지를 붙인다(재민 91-1, 556면 참조).
◆ 조사비용	조사비용을 예납한다.
◆ 첨부서면	별지로 건물의 소재지, 도면 등을 첨부한다.

제4장 담보권실행등을 위한 경매(임의경매)

Ⅰ. 부동산임의경매

1. 서 설

가. 의 의

담보권실행 등을 위한 경매라 함은 장래 자기가 입게 될 불이익의 보상으로 하는 담보 즉, 채무자의 채무불이행에서 오는 손해를 확보하기 위한 수단으로 채권자에게 제공되어 있던 담보권을 채무자의 채무불이행시 채권자의 신청에 의하여 국가의 집행기관이 이를 경매에 부쳐 현금화하여 채권의 만족을 얻게 하는 것을 말한다. 이를 강학상 임의경매라고도 한다.

나. 강제경매에 관한 규정의 준용과 차이점

(1) 준용규정

민사집행법 제268조는 부동산을 목적으로 하는 담보권 실행을 위한 경매절차에는 제79조 내지 제162조의 규정을 준용하도록 하고 있고, 제275조에서도 제3편에 규정한 경매 등 절차에는 제2편 강제집행편의 제1장 총칙규정 중 제42조 내지 제44조 및 제46조 내지 제53조의 규정을 준용하도록 하고, 민사집행규칙에서도 그 규정을 준용하도록 하여, 담보권의 실행을 위한 경매는 원칙적으로 압류에서 배당에 이르기까지 강제경매와 동일하게 취급하도록 그 규정을 두었다. 따라서 담보권실행 등을 위한 경매절차 역시 ① 경매절차의 개시, ② 배당요구, ③ 경매의 준비절차, ④ 매각, 매각허가 및 그 대금지급절차, ⑤ 배당절차 순으로 강제경매절차의 규정에 의하여 실시된다. 다만, 후술하는 강제경매와의 차이점이 있을 뿐이다. 그러므로 여기서는 강제경매절차의 차이점에 대해서만 보기로 하고 나머지는 강제경매절차를 보기로 한다.

(2) 강제경매와의 차이점

① 강제경매에 있어서는 집행력 있는 정본이 존재하는 경우에 한하여 국가가 강제집행권을 발동하여 압류에서 현금화로 이어지나, 담보권실행 등을 위한 경매에 있어서는 담보권자의 담보권에 내재하는 현금화권의 실행을 국가기관이 대행하는 것이다.

② 강제경매에 있어서는 집행권원의 존재를 요하나(민집법 제80조 제3호), 담보권실행 등을 위한 경매에서는 집행권원 대신에 담보권의 존재를 증명하는 서류를 첨부토록 하고 있다(민집법 제264조 제1항).

③ 강제경매에 있어서는 절차상의 하자에 대하여만 경매개시결정에 대한 이의를 할 수 있고, 실체상의 하자(집행채권의 부존재 · 소멸 · 이행기의 연기 등)에 대하여는 청구이의의 소로써만 이의를 주장할 수 있는 반면에, 담보권실행 등을 위한 경매에 있어서는 절차상의 하자는 물론 실체상의 하자에 대하여도 경매개시결정에 대한 이의를 할 수 있으며(민집법 제265조), 매각허가에 대한 이의 및 매각허가결정에 대한 즉시항고에서도 주장할 수 있다(대법원 1991. 1. 21. 90마946 결정).

2. 경매의 신청절차

가. 신청권자

여기서 경매신청을 할 수 있는 자는 담보권을 가지고 있는 자로서 원칙적으로 등기부상에 담보권자로 등기되어 있는 자만이 경매신청인이 될 수 있다. 다만 포괄승계, 특정승계 등에 의하여 이전하는 경우 그 승계인 등은 위 등기 없이도 경매신청을 할 수 있다. 경매신청을 할 수 있는 자는 다음과 같다. ① 저당권자, ② 저당권의 공유자, ③ 법률의 규정에 의하여 저당권부채권을 취득한 자, ④ 전세권자, ⑤ 저당권이전의 부기등기한 양수인과 저당권부채권이 질권의 목적으로 된 경우의 질권자, ⑥ 저당권의 채권자, ⑦ 채권자의 승계인 또는 대위변제자, ⑧ 그 권리를 부여받은 법정대리인과 임의대리인 등이 있다. 권리능력 없는 사단이나 재단도 대표자 또는 관리인이 있으면 그 이름으로 당사자가 될 수 있다(민소법 제52조).

나. 청구금액 표시방법

청구금액의 표시방법은 원금 및 신청시까지 발생한 이자, 지연손해금(지연이자)의 합계액을 표시하는 방법과 원금만을 금액으로 명기하고 이자, 지연손해금에 관하여는 그 발생일과 이율만을 기재한 후 완제시까지라고 표시하는 두 가지 방법이 있다. 담보권을 실행하기 위하여는 피담보채권이 이행지체의 상태에 있어야 하므로 이행기의 정함이 없는 때에는 상당기간을 정하여 이행최고후 그 이행의 최고가 있는 사실을 기재하여야 한다. 근저당권의 경우에는 그 채권최고액범위내의 원금·이자·지연손해금을 표시하면 되고 수개의 근저당권을 실행하는 경우에는 각각 근저당권의 피담보채권액을 명시하고 기본계약의 해지사실을 기재한다. 피담보채권이 비금전채권인 경우에는 본래의 채권과 변제기 당시의 시가액을 채권액으로 표시한다(재민 64-10).

다. 담보권실행의 대상

(1) 개 설

담보권이라 함은 담보물권을 가리키는 것으로서 목적물을 채권의 담보로 제공하는 것을 목적으로 하는 권리를 말한다. 위 담보권에는 저당권, 근저당권, 전세권, 가등기담보권 등이 있다. 유치권은 담보물권이나 여기서는 적용되지 아니하고 유치권 등에 의한 경매(민집법 제274조)에서 규율하고 있다.

담보권을 실행하기 위하여는 담보권과 피담보채권이 존재하고(민집규칙 제192조 제2호), 그 피담보채권이 이행지체에 빠져 있음을 요한다.

담보권의 전형적인 것은 저당권이다. 담보권을 가지고 있는 저당권자라도 저당권설정등기를 경료받지 못한 때에는 경매신청을 할 수 없다. 저당권의 양수인과 질권자도 마찬가지로 저당권등기에 부기등기가 경료되어 있어야 한다(민법 제348조, 제450조). 다만, 저당권부채권이 법률에 의하여 이전하는 경우 예컨대, 상속, 포괄유증, 회사의 합병 또는 전부명령에 의하여 전부된 경우의 포괄승계인 또는 특정승계인은 위 등기 없이도 경매신청을 할 수 있다.

저당권의 후순위 저당권자도 경매신청을 할 수 있다. 이 경우 목적부동산은 최선순위의 저당권이 설정된 당시를 기준으로 매각허가 된다. 그러므로 최선순위저당권 이후에 경료된 등기는 경락인에 대항할 수 없다(대법원 1987. 2. 24. 86다카1936 판결).

또한 저당권설정등기전에 소유권이전청구권보전의 가등기가 경료되어 있는 부동산에 대하여 위 저당권의 실행으로 경매개시결정을 한 경우 결정이후에 위 가등기에 기한 본등기를 하면 위 본등기의 효력은 가등기시에 소급하므로 위 저당권자는 본등기를 한 새로운 소유자에 대하여 저당권을 주장할 수 없다. 따라서 위 저당권에 기한 경매절차는 취소된다.

(2) 재산의 표시

담보권의 실행의 대상이 될 재산에 대한 표시는 등기부의 표제부에 기재되어 있는 대로 표시하면 된다(민집규칙 제192조 제3호). 실무에서는 위 표시를 별지 목록을 이용하여 하고 있다. 공유지분에 대하여 저당권을 실행하는 경우에는 그 공유부동산

전부를 기재하여야 하고 공유자 전원의 성명 및 주소, 지분의 비율도 표시하여야 한다. 저당된 토지 상에 건물을 축조한 경우, 그 토지에 대하여 저당권을 실행하는 때에는 그 건물도 표시하여야 한다. 그 건물이 미등기 건물일 경우에는 그 첨부한 부동산소유증명서의 표시와 같게 기재하여야 한다. 부합물 및 종물은 등기부에 기재된 대로만 표시하면 된다. 공장저당권에 기한 경매신청시에는 목적부동산과 공장저당권의 효력이 미치는 기계, 기구 등의 목록을 작성하여 신청서에 첨부하여 제출하여야 한다.

(3) 저당권의 피담보채권의 범위

(가) 개 설

저당권의 피담보채권은 원본, 이자, 위약금, 채무불이행으로 인한 손해배상 및 저당권의 실행비용이다(민법 제360조).

원본(원금), 이자(이자를 발생케 하는 특약이 있는 때에는 그 이율, 발생기, 지급시기)는 등기되어 있음을 요한다(부동산등기법 제75조). 위 등기가 없는 경우에는 후순위권자에게 대항할 수 없다. 다만, 위 모두에 대한 등기가 있고 이율에 대하여만 등기가 없는 경우에는 그 이율에 대하여는 법정이율인 연 5푼의 범위내에서만 청구할 수 있다(민법 제379조). 상사채권에 대하여도 등기가 없더라도 상법 소정의 연 6푼의 비율에 의한 이자를 청구할 수 있다는 견해가 있다. 이자채권은 등기되어 있는 한 저당권에 의하여 무제한 담보된다.

(나) 지연손해금

지연손해금(채무불이행으로 인한 손해배상)에 대해서는 원본의 이행기일을 경과한 후의 1년분에 한하여 저당권을 행사할 수 있다(민법 제360조 단서). 지연손해금은 원금채무의 불이행으로 법률상 당연히 발생하므로 그 특약이나 등기가 없더라도 법정이율의 범위 내에서는 당연히 청구할 수 있다. 그러나 위 단서의 제한범위를 초과하여 신청할 수 없는 것은 아니다. 따라서 선순위저당권자가 민법 제360조 단서의 제한범위를 초과하는 지연손해금을 청구하였다면 목적부동산에 후순위권자나 일반채권자의 배당요구가 없는 경우에 한하여 저당권자는 매각대금으로부터 위 초과액까지 변제받을 수 있는 것이다(대법원 1992. 5. 26. 선고 92다1896 판결 공1992, 2009).

목적부동산에 저당권설정 후 소유권을 취득한 제3취득자는 민법 제360조 규정의 범위내의 금액을 변제하면 그 저당권의 소멸을 청구할 수 있다 (대법원 1971. 5. 15.

자 71마251 결정).

(4) 부합물 및 종물

저당권의 효력은 목적부동산에 부합되어 이와 일체를 이루는 물건 및 종물에도 미친다(민법 제358조). 따라서 토지에 대하여 저당권을 설정한 후 그 설정자가 그 토지상에 건물을 축조한 때에는 저당권자는 토지와 함께 그 건물에 대하여도 경매신청을 할 수 있다(민법 제365조). 미등기건물일 경우에도 그 효력이 미친다(대법원 1992. 12. 28. 자 92그32 결정).

라. 비용의 예납

강제집행의 경우와 같다(78면 참조)

마. 경매법원

목적부동산 소재지의 지방법원이 관할한다. 이는 전속관할이다(민집법 제268조, 제79조). 하나의 부동산이 수개의 지방법원 관할구역에 걸쳐 있는 때에는 각 지방법원에 관할권이 있으나, 이 경우 필요하다고 인정되는 때에는 이송신청 또는 법원이 직권으로 사건을 다른 법원으로 이송할 수 있다(민집법 제268조, 제79조 제2항). 이때의 이송신청은 법원의 직권발동을 촉구하는 의미만 있을 뿐이지 이를 신청할 권한은 없다. 공동담보의 경우 수개의 부동산이 각 지방법원에 산재하고 있는 경우에는 위 이송의 적용이 없고 당해 법원이 관할한다.

바. 첨부서류

(1) 담보권의 존재를 증명하는 서류

부동산에 대한 담보권의 실행을 위한 경매신청을 함에는 담보권의 존재를 증명하는 서류를 첨부하여야 한다(민집법 제264조 제1항). 담보권의 존재를 증명하는 서류로는 부동산등기부등본, 등기를 요하지 아니하는 담보권의 경우에는 피담보채권의 발생을 증명하는 서류 등이다. 이들 서류는 1개월 이내에 발행된 것이어야 한다.

(2) 피담보채권의 존재를 증명하는 서류

담보권실행경매신청시 피담보채권의 존재를 증명하는 서류를 첨부할 것을 요하는 규정은 없으나 피담보채권의 표시의 정확성을 기하기 위하여 경매법원이 이를 요구할 수도 있다. 따라서 채권증서 및 저당권설정계약서를 첨부할 것을 요한다.

(3) 채무자・저당권설정자의 소유를 증명하는 서류

저당된 토지상에 축조된 건물이 채무자 소유로 등기되지 아니한 부동산에 대하여는 즉시 채무자 명의로 등기할 수 있음을 증명할 서류(대법원 1995. 12. 11. 자 95마1262 결정), 다만 그 부동산이 등기되지 아니한 건물인 경우에는 그 건물이 채무자의 소유임을 증명할 서류, 그 건물의 지번・구조・면적을 증명할 서류 및 그 건물에 관한 건축허가 또는 건축신고를 증명할 서류를 첨부하여야 한다(민집법 제268조, 제81조 제1항 제2호). 위 서류에 대하여는 강제경매절차에서 보았다.

(4) 기타 서류

위임장, 자격증명서, 등록면허세영수필통지서 및 영수필확인서, 부동산목록 등을 제출하여야 하는 것은 강제경매신청 시와 같다.

사. 신청서 사례

[서식] 부동산임의경매신청서(근저당권실행)

이해관계인일람표			
우편번호	이해관계인표시	성 명	주 소
00000	채 권 자	○○상호신용금고 대표이사 ○ ○ ○	서울 ○○구 ○○동 123
00000	채 무 자	○○(주) 대표이사 ○ ○ ○	서울 ○○구 ○○동 323
00000	소 유 자	○ ○ ○	서울 ○○구 ○○동 852
00000	소 유 자	○ ○ ○	서울 ○○구 ○○동 753
00000	가 압 류	○○상호신용금고	서울 ○○구 ○○동 000
00000	압 류	서울 ○○구청	서울 ○○구 ○○동 000
00000	가 압 류	○○협동조합	서울 ○○구 ○○동 000
00000	가 압 류	○○새마을금고	서울 ○○구 ○○동 000
00000	저당권자	○ ○ ○	서울 ○○구 ○○동 000

※ 실무상 경매신청서를 접수함에 있어서 표지 다음에 이해관계인표를 작성하여 제출하고 있다.

부동산임의경매신청

5,000원
정부수입인지

채 권 자 (주) ○○은행
서울 ○○구 ○○동 123(우 : 10200)
대표이사 ○ ○ ○
지 배 인 ○ ○ ○
(소관 : ○○관리부)
전화 : 000-0000

채 무 자 (주) ○ ○
서울 ○○구 ○○동 321 ○○빌딩 78호(우 : 10201)
대표이사 ○ ○ ○

소 유 자 ○ ○ ○
서울 ○○구 ○○동 123 ○○아파트 1동100호(우 : 10202)

청구금액 금 342,390,771원정

1. 20○○년 10월 14일 16,542,029 상호부금
2. 20○○년 5월 31일 18,671,884 상호부금
3. 20○○년 5월 31일 18,671,884 상호부금
4. 20○○년 12월 29일 47,404,974 대여금
5. 20○○년 5월 31일 80,000,000 대여금
6. 20○○년 2월 23일 13,500,000 대여금
7. 20○○년 12월 30일 36,500,000 대여금
8. 20○○년 1월 4일 36,000,000 대여금
9. 20○○년 1월 23일 35,000,000 대여금
10. 20○○년 2월 27일 29,200,000 대여금
11. 20○○년 2월 28일 10,900,000 대여금

(도합금 342,390,771 원정)

위 금원중 금 16,542,029 대하여 20○○년 3월 20일
금 18,671,884 대하여 20○○년 3월 1일
금 18,671,884 대하여 20○○년 3월 1일
금 47,404,974 대하여 20○○년 3월 24일

금 80,000,000 대하여 20○○년 1월 31일
금 13,500,000 대하여 20○○년 5월 25일
금 36,500,000 대하여 20○○년 3월 26일
금 36,000,000 대하여 20○○년 3월 28일
금 35,000,000 대하여 20○○년 4월 18일
금 29,200,000 대하여 20○○년 5월 22일
금 10,900,000 대하여 20○○년 5월 22일부터 완제일까지 년 18%의 비율에 의한 연체금

경매할 부동산의 표시
별지 목록 기재와 같음

청 구 취 지

위 청구금액의 변제에 충당하기 위하여 별지기재 부동산에 대한 경매절차를 개시하고 채권자를 위하여 이를 압류한다.
라는 재판을 구함.

청 구 원 인

1. 채무자는 채권자 은행의 본 지점에 대하여 현재 부담하고 또는 장래에 부담하게 될 모든 채무를 공동 담보하기 위하여 별지 목록 기재 부동산에 대하여 아래와 같이 근저당권 설정 등기를 마쳤습니다.

아 래

(단위 : 원)

설정계약 년월일	등기년월일	관할법원	접수번호	채권최고액	비 고 채무자
20○○. 12. 13.	20○○. 12. 14.	서울중앙지방법원 강남등기소		272,800,845	
20○○. 1. 16.	20○○. 1. 17.	서울중앙지방법원 강남등기소		25,550,422	
20○○. 8. 13.	20○○. 8. 13.	서울중앙지방법원 강남등기소		200,000,000	

2. 채무자 (주) ○○은 20○○. 10. 14. 채권자와 상호부금입금약정을 체결하고 동일 이에 대한 약정서를 채권자에게 차입하고 차입할 때의 동약정 내용에 따르면 채무자는 동 부금을 수령함과 동시에 채권자에 대하여 금80,340,642원의 부금 채무를 부담하고 그 변제방법은 20○○. 10. 19.부터 20○○. 11. 19.까지 일정금액을 38회에 걸쳐 분할 변제키로 하고 만약 채무자가 납입 금액을 1회라도 연체하거나 위 개별약정에서 정한 사유를 위반하였을 경우 채무자는 채권자의 원리금 지급 청구 즉시 이를 변제함은 물론 연체일로부터 실지 입금일까지 채권자 은행 소정의 비율에 의한 연체 손해금을 지급하기로 하였습니다.
   그런데 채무자는 20○○. 3. 19.까지의 부금을 불입하고 이후 부금 16,542,029원에 대하여는 불입치 아니하므로 부득이 채무자에게 이의 변제를 구하였으나 이를 이행치 않으며,
3. 또한 채무자 (주)○○은 20○○. 5. 31. 채권자와 상호부금입금약정을 체결하고 동일 이에 대한 약정서를 채권자에게 차입하고 차입할 때의 동 약정 내용에 따르면 채무자는 동 부금을 수령함과 동시에 채권자에 대하여 금 43,184,041원의 부금 채무를 부담하고 그 변제방법은 20○○. 6. 30.부터 20○○. 9. 30.까지 일정금액을 40회에 걸쳐 분할 변제키로 하고 만약 채무자가 납입 금액을 1회라도 연체하거나 위 개별약정에 정한 사유를 위반하였을 경우 채무자는 채권자의 원리금 지급 청구 즉시 이를 변제함은 물론 연체일로부터 실지 입금일까지 채권자 은행 소정의 비율에 의한 연체 손해금을 지급하기로 하였습니다. 그런데 채무자는 20○○. 2. 29.까지의 부금을 불입하고 이후 부금 18,671,884원에 대하여는 불입치 아니하므로 부득이 채무자에게 이의 변제를 구하였으나 이를 이행치 않으며,
4. 또한 채무자 (주) ○○는 채권자와 20○○. 6. 21. 대여금 거래를 위한 여신한도거래 약정 (무역금융)을 체결할 때 지급보증거래약정을 맺고 동일 이에 대한 약정서를 채권자에게 차입하고 차입할 때의 동 약정 내용에 따르면 한도액 금 200,000,000 원정 범위내에서 거래기간 20○○. 6. 21.까지에 채무자의 무역어음 인수의뢰에 따른 대출거래함에 있어 만약 채무자가 위 약정 대출받은 이후 대여원리금의 연체등 위 개별약정에서 정한 사유를 위반하였을 경우 채무자는 채권자의 원리금 지급 청구 즉시 이를 변제하기로 하였습니다.
   그리하여 채무자는 채권자로부터

20○○. 12. 30. 에 금 36,500,000원 만기일 20○○. 3. 26.
20○○. 1. 4. 에 금 36,000,000원 만기일 20○○. 3. 28.
20○○. 1. 23. 에 금 35,000,000원 만기일 20○○. 4. 18.
20○○. 2. 27. 에 금 29,200,000원 만기일 20○○. 5. 22.
20○○. 2. 28. 에 금 10,900,000원 만기일 20○○. 5. 22. 까지로 합계금 147,600,000 원정을 대여 받았으나 위 대여금에 대하여 만기일 전일까지 소정이자만을 지급하고 현재에 이르도록 연체하고 있으므로 채권자는 채무자에 대한 전시 원리금의 지급을 수차 촉구하였으나 차일피일 하며 이에 응하지 아니하므로 부득이 이건 청구금의 지급을 받기 위한 근저당권 실행으로 본 신청에 이르렀습니다.

첨 부 서 류

1. 위 임 장 1통
1. 주식회사 등기부초본 2통
1. 부동산 등기부등본 1통
1. 상호부금입금약정서 4통
1. 금전소비대차약정서 1통
1. 여신한도거래약정서 2통
1. 지급보증거래약정서 1통
1. 근저당권설정계약서 3통
1. 대출원장 7통
1. 목 록 30통

20○○년 8월 일
위 채 권 자 (주) ○○은행
서울시 ○○구 ○○동 123
대표이사 ○ ○ ○
지 배 인 ○ ○ ○

서울중앙지방법원 귀중

<별지목록>

목　　록
1동 건물의 표시 　서울시 ○○구 ○○동 00 　철근 콩크리트조 슬래브지붕 14층 아파트 　제 7 동 전유 부분의 건물의 표시 　건물의 번호　00-00-00 　구　　　조　철근 콩크리트조 　면　　　적　00층 0000호 132.05제곱미터 대지권의 표시 　토지의 표시　동　소　65 　　　　　　　대 24416 제곱미터 대지권의 종류　소　유　권 대지권의 비율　24416 분의 75.12

인지·송달료 등

◆ 비용예납	채권자는 경매에 필요한 비용을 예납하여야 한다(민집법 제18조 제1항). 위 비용으로는 부동산의 감정료, 부동산현황조사료, 신문공고료, 경매수수료 등의 각종 수수료와 송달료 등이 이에 해당한다. 78면 참조
◆ 인지첩부	신청서에는 5,000원의 인지를 붙인다(재민 91-1). 인지액은 저당권마다 인지를 붙여야 한다(재민 69-1).
◆ 증지제출	경매개시결정기입등기 촉탁을 위하여 부동산 1필지당 3,000원의 대법원수입증지를 제출하여야 한다. 단독주택은 토지와 건물을 각각 하나의 부동산으로 보며, 아파트, 연립, 다세대 주택은 토지와 건물을 하나의 부동산으로 본다.
◆ 송달료	송달료는 (신청서상의 이해관계인수 + 3) × 10회분을 납부한다.
◆ 등록세등	채권금액의 1000분의 2에 해당하는 등록세와 100분의 20에 해당하는 지방교육세를 납부하고 이에 대한 납부영수증과 동 등록세납부명세서를 제출한다.

[서식] 부동산임의경매신청서(근저당권 및 어음할인에 의한 대출금실행)

이해관계인일람표(전서식 참조)

부동산임의경매신청

채권자 (주) ○○상호신용금고
서울 ○○구 ○○동 000(우 : 10200)
대표이사 ○ ○ ○
전화(休대폰 포함) : 555-1234, 010-4455-1234

채무자 ○○(주)
서울 ○○구 ○○동 0(우 : 10201)

소유자 ○ ○ ○
서울 ○○구 ○○동 000-00(우 : 10202)

소유자 ○ ○ ○
서울 ○○구 ○○동 0000-0 ○○빌라 000호(우 : 10203)

청 구 금 액

금 595,000,000원중
이중 금300,000,000원에 대하여 20○○년 6월 30일부터,
이중 금68,000,000원에 대하여 20○○년 12월 29일부터,
이중 금143,000,000원데 대하여 20○○년 12월 29일부터,
이중 금84,000,000원에 대하여 20○○년 12월 30일부터,
각 20○○년 12월 31일까지 연 1할 8푼의, 20○○년 1월 1일부터 완제에 이르기까지는 각 연 12%의 비율에 의한 금원.

경매할 부동산의 표시

별지목록 기재와 같음

신 청 취 지

별지 기재 부동산에 대한 경매절차를 개시하고 채권자를 위하여 이를 압류한다.
라는 결정을 구합니다.

신 청 원 인

1. 채권자 회사와 채무자 및 소유자는 채무자가 채권자 회사에 대하여 현재 또는 장래에 발생할 모든 채무를 담보하기 위하여, 20○○년 6월 16일, 20○○년 6월 29일 채권최고한도액 일금 450,000,000원, 315,000,000원으로 근저당권 설정계약을 체결하고, 20○○년 6월 16일 접수 제00000호, 제00000호로 근저당권 설정등기를 필하였습니다.
2. 채무자는 채권자 회사로부터 20○○년 10월 17일, 금 300,000,000원을 차용하면서 변제기를 20○○년 10월 17일로 장하고 연 18%로 하되 채무자가 채권자 회사에 가입한 12개월 만기 금300,000,000원짜리 00-00000의 신용부금의 불입일자인 매월 17일에 1개월분씩의 이자를 지급하기로 하고 1개월을 초과하여 이자를 지급하지 아니하면 기한의 이익을 상실하며, 연체손해금은 재무부장관이 정한 연체율에 따른 지연손해금을 지급하기로 각 약정하였는 바, 채무자는 20○○년 6월 29일까지의 이자만을 지급하므로 결국 기한의 이익이 상실되며 채권자 회사는 위 대여금 300,000,000원 및 이에 대한 20○○년 6월 30일부터 20○○년 12월 31일까지 재무부장관이 정한 소정의 연체손해금율인 연12% 및 20○○년 1월 1일부터 완제시까지 연2할5푼의 비율에 의한 지연손해금을 구한 바, 불응하고 있습니다.
3. 채권자 회사와 채무자는 20○○년 6월 28일, 20○○년 8월 5일, 20○○년 10월 28일 어음거래 약정을 체결하고 채무자가 채권자 회사로부터 어음할인에 의한 대출을 함에 있어 연체시는 재무부장관이 정한 업무방법에 의한 방법에 따라 채권자 회사가 정한 비율에 의한 손해금을 지급하기로 각 약정하였고, 채무자는 아래와 같은 약속어음을 배서하여 각 할인하여 갔습니다.

문서	발행일	발행지 지급지	지급장소	지급일	액면금	발행인	수취인
약속어음	20○○. 8. 28	서울시	○○은행 ○○지점	20○○. 12. 28	68,000,000	○○(주) 대표이사 ○○○	주)○○상호신용금고
〃	20○○. 6. 28.	〃	○○은행 ○○지점	〃	143,000,000	〃	〃
〃	20○○. 11. 8	〃	○○은행 ○○지점	20○○. 12. 30	84,000,000	〃	〃

위 약속어음은 부도됨으로써 위 약정에 의하여 지급제시일로부터 20○○년 12월 31일까지 연 12%, 20○○년 1월 1일부터 완제시까지 채권자 회사연체손해금율인 연 2할 5푼의 비율에 의한 지연손해금을 구한 바, 불응하고 있습니다.

4. 채권자 회사는 위와 같은 이유로 청구금액을 변제받기 위하여 저당권을 실행하고저 부득이 본 신청에 이릅니다.

첨 부 서 류

1. 주식회사 등기부 초본 1통
1. 부동산 등기부 등본 1통
1. 근저당권 설정 계약서 2통
1. 어음할인 거래 약정서 3통
1. 약속어음 3통
1. 약정서 1통
1. 신용부금 원장 1통

20○○. 3. .

채권자 (주) ○○상호신용금고

대표이사 ○ ○ ○

서울중앙지방법원 귀중

인지·송달료 등

◈ 비용예납	채권자는 경매에 필요한 비용을 예납하여야 한다(민집법 제18조 제1항). 위 비용으로는 부동산의 감정료, 부동산현황조사료, 신문공고료, 경매수수료 등의 각종 수수료와 송달료 등이 이에 해당한다.
◈ 인지첩부	신청서에는 5,000원의 인지를 붙인다(재민 91-1). 저당권마다 소정의 인지를 붙여야 한다(재민 69-1).
◈ 증지제출	경매개시결정기입등기 촉탁을 위하여 부동산 1필지당 3,000원의 대법원수입증지를 제출하여야 한다. 단독주택은 토지와 건물을 각각 하나의 부동산으로 보며, 아파트, 연립, 다세대 주택은 토지와 건물을 하나의 부동산으로 본다.
◈ 송달료	송달료는 (신청서상의 이해관계인수 + 3) × 10회분을 납부한다.
◈ 등록세등	채권금액의 1000분의 2에 해당하는 등록세와 100분의 20에 해당하는 교육세를 납부하고 이에 대한 납부영수증과 동 등록세납부명세서를 제출한다.

[서식] 부동산임의경매신청서

이해관계인일람표(전서식 참조)

부동산임의경매신청

5,000원
정부수입인지

채 권 자 김 인 순(550320-1234567)
서울 동대문구 장안동 123-4
송달주소 서울 노원구 하계동 123 삼호빌라 101호(우 : 10200)
전화(휴대폰 포함) : 555-1234, 010-4455-1234

채무자겸소유자 홍 성 숙
등기부상 주소 서울 용산구 갈월동 삼원빌라 101호
현주소 및 송달주소
서울 영등포구 당산동 거성빌라 가동 101호(우 : 10201)

청 구 금 액
금40,000,000원정(20○○. 7. 12자 대여금)
위 금원에 대한 20○○. 7. 12부터 완제일까지 연 12%의 이자

경매할 부동산의 표시
별지목록과 같음

신 청 취 지

채권자의 채무자에 대한 위 청구금액의 변제에 충당하기 위하여 별지기재 부동산에 대한 경매절차를 개시하고 채권자를 위하여 이를 압류한다.
라는 재판을 구합니다.

신 청 이 유

1. 채권자는 채무자 소유인 별지 목록 기재 부동산에 대하여 20○○. 7. 12. 근저당권 설정계약을 체결하고 서울중앙지방법원 용산등기소에 20○○. 7. 13. 접수 제3377호 채권최고액 금60,000,000원의 채권담보로 근저당권 설정등기를 하였습니다.

2. 채권자는 차용증서에 갈음하여 20○○. 7. 12. 금40,000,000원을 채무자에게 대여하면서 월 2부5리 변제기일은 20○○. 2. 12. 로 약정하였습니다.
3. 그런데 채무자는 채무원금은 물론 약정이자조차 지급치 않고 있으므로 채권자는 근저당권 실행으로 위 청구금액에 충당하기 위하여 본건 신청을 합니다.

첨 부 서 류

1. 등기부등본 1통
1. 근저당권설정계약서 1통
1. 차용증서 각 1통
1. 각서 1통

20○○. 5. .

채 권 자 김 인 순 (인)
김 영 숙 (인)

서울중앙지방법원 귀중

<별지목록> 생 략

인지·송달료 등

◆ 비용예납	채권자는 경매에 필요한 비용을 예납하여야 한다(민집법 제18조 제1항). 위 비용으로는 부동산의 감정료, 부동산현황조사료, 신문공고료, 경매수수료 등의 각종 수수료와 송달료 등이 이에 해당한다.
◆ 인지첩부	신청서에는 5,000원의 인지를 붙인다(재민 91-1). 저당권마다 소정의 인지를 붙여야 한다(재민 69-1).
◆ 증지제출	경매개시결정기입등기 촉탁을 위하여 부동산 1필지당 3,000원의 대법원수입증지를 제출하여야 한다. 단독주택은 토지와 건물을 각각 하나의 부동산으로 보며, 아파트, 연립, 다세대 주택은 토지와 건물을 하나의 부동산으로 본다.
◆ 송달료	송달료는 (신청서상의 이해관계인수 + 3) × 10회분을 납부한다.
◆ 등록세등	채권금액의 1000분의 2에 해당하는 등록세와 등록세액의 100분의 20에 해당하는 교육세를 납부하고 이에 대한 납부영수증과 동 등록세납부명세서를 제출한다.

[서식] 부동산임의경매신청서(대위채권자가 공유지분전부에 대한)
이해관계인일람표(전서식 참조)

부동산임의경매신청

5,000원
정부수입인지

채 권 자 심 상 준(550320-1234567)
(신청외 주식회사 농협협동조합의 대위채권자)
등기부상 주소 서울 용산구 원효로 1가 12-34
현주소 서울 강남구 개포로 로얄아파트 101동 101호(우 : 10200)
전화(휴대폰 포함) : 555-1234, 010-4455-1234

채 무 자 장 용 걸
서울 동대문구 이문동 123(우 : 10201)

제3취득자 박 철 성
(소 유 자) 서울 종로구 관철동 123-45(우 : 10202)

청 구 금 액

금11,144,560원(20○○. 10. 3. 약속어음 6매 발행 합계금 6,000만원 및 20○○. 7. 17까지 이자금 59,260,273원) 합계금 119,260,273원 중에서 20○○. 7. 17. 서울북부지
방법원 20○○타경2288호 임의경매사건으로 금 68,855,440원을 배당받았으므로 나머지 50,404,833원의 청구채권이 있으나 채권최고액 금8,000만원이므로 그 중에서 미회수한 채권임)

경매할 부동산의 표시

별지목록 기재와 같음

신 청 취 지

채권자가 신청외 (주)농업협동조합의 채무자에 대하여 가지는 위 채권을 차순위자 대위로 인한 변제에 충당하기 위하여 별지목록 기재 부동산에 대하여 임의경매개시결정을 한다.
라는 재판을 구합니다.

신 청 이 유

1. 채무자 장용걸은 서울북부지방법원 동대문등기소 20○○. 3. 25. 접수 제3399호에 의하여 매매를 원인으로 소유권이전등기를 하여 소유자가 되었으며, 위 등기소 동년 4. 12. 접수 제4499호에 의하여 근저당권자 주식회사 농협협동조합에 채권최고액 금 1억원으로 하여 근저당권 설정등기를 하였습니다.
2. 위 장용걸은 20○○. 5. 8. 별지목록 기재 부동산의 각 2분지 1에 대하여 박철성에게 매매를 원인으로 소유권 일부이전 등기를 하여 위 채무자와 제3취득자는 이건 부동산을 각 2분지 1씩 공동소유자가 되었습니다.
3. 채권자는 위 등기소 20○○. 10. 5. 접수 제3355호로 채무자 장용걸 지분에 대하여 채권최고액 금8,000만원으로 하여 근저당권 설정등기를 하였으며, 위 채무자에게 지급기일에 각 제시하고 지급을 구하였으나 거절함으로 20○○. 6. 8. 서울북부지방법원에 20○○타경2233호로 임의경매신청을 하여 동일자로 경매개시결정을 하였으며 동년 6. 10. 임의경매등기를 하였습니다.
4. 20○○. 6. 4. 매수인 이정식에게 매각되어 동년 7. 17. 배당절차에서 선순위 근저당권자인 신청외 (주)농업협동조합이 채권최고액 금100, 000,000원을 배당받고 채권자는 채권최고액금 8,000만원 중에서 배당액금 68,855,440원을 배당받았으므로 민법 제368조 제2항에 의하여 차순위자인 채권자는 선순위자 (주)농협협동조합를 대위하여 채무자 소유인 별지목록기재 부동산에 대하여 담보권을 실행하기 위하여 본 신청에 이르렀습니다.

첨 부 서 류

1. 부동산 등기부등본 2통
1. 배당표 1통
1. 근저당권설정계약서 1통
1. 약속어음 6통

20○○. 8. .

채권자 심 상 준 (인)

서울북부지방법원 귀중

※ 인지·송달료 등 : 전서식 말미 참조

2. 자동차(건설기계)를 목적으로 하는 임의경매

가. 서 설

자동차 등 특정동산 저당법 8조의 규정에 따른 양도명령을 포함한다)에는 부동산임의경매와 선박임의경매 등에 관한 규정과 마찬가지 방식으로 자동차강제경매에 관한 규정을 거의 전면적으로 준용한 다음, 담보권 실행으로서의 경매에 관한 고유의 규정은 부동산과 선박임의경매에 관한 규정의 일부를 준용하는 방식으로 규정하고 있다(민집법 제270조, 민집규 제197조).

건설기계란 건설공사에 사용할 수 있는 기계로서 대통령령으로 정하는 것을 말한다(건설기계관리법 제2조 1항 1호). 건설기계는 등록의 대상이 되며(건설기계관리법 제3조 1항), 등록된 건설기계는 저당권의 목적물로 할 수 있다(자동차저당 제3조 1호). 건설기계는 그 자체가 고도의 이동성을 가지고 있고, 등록된 건설기계의 소유권의 득실변경은 그 등록을 마침으로써 그 효력이 생기는 등(대법원 1991. 8. 9. 91다13267 판결) 그 물리적 성질과 권리관계가 등록된 자동차와 유사하기 때문에, 그 집행절차에 자동차집행에 관한 규정을 전부 준용하고 있다.

건설기계를 목적으로 하는 담보권 실행을 위한 경매절차에도 자동차강제경매에 관한 규정이 준용된다(민집규 198조).

건설기계집행의 대상이 되는 것은 건설기계관리법에 따라 등록된 건설기계에 한하고 미등록의 건설기계는 유체동산집행의 방법으로 집행한다.

나. 신청서의 기재사항과 첨부서류

(1) 개 설

경매신청서에는 채권자·채무자·소유자와 그 대리인의 표시, 담보권과 피담보채권의 표시, 담보권 실행의 대상이 될 자동차의 표시, 피담보채권의 일부에 대하여 담보권실행을 하는 때에는 그 취지 및 범위를 기재하는 외에 자동차등록원부에 기재된 사용본거지를 적고 자동차등록원부등본을 붙여야 한다(민집규 197조 1항, 192조).

신청서에는 강제경매의 경우의 집행력 있는 정본 대신 담보권의 존재를 증명하는 서류를 붙여야 하고, 담보권의 승계가 있는 때에는 승계를 증명하는 서류도 붙여야 한다(민집법 제264조). 신청서에는 5,000원의 인지를 붙여야 한다(재판예규 제1440

호).

건설기계에 대한 강제경매개시결정 등록시 과세표준은 1건(건설기계가 여러 대일 때에는 1대당 1건)이며, 등록면허세는 1건당 10,000원(지방세법 제28조 1항 4호 다목)이고, 지방교육세는 등록면허세액의 100분의 20이다(지방세법 제151조 1항 2호).

(2) 자동차강제경매 규정의 준용

자동차집행에 관한 민사집행규칙의 규정은 자동차임의경매절차에 거의 전면적으로 준용되고 있다(민집규 제197조제2항 전문). 민사집행규칙 제110조의 준용이 배제되는 것은 신청서의 기재사항 및 첨부서류에 관하여는 민사집행규칙 제197조 1항에 따로 규정이 있기 때문이다. 이 경우 민사집행규칙 제111조(강제경매개시결정), 제112조(압류자동차의 인도), 제113조(강제경매신청 전의 자동차인도명령), 제115조(자동차의 보관방법), 제123조(입찰 또는 경매 외의 매각방법), 제126조(집행정지 중의 매각), 제127조(자동차집행의 신청이 취하된 경우 등의 조치) 등에서"채무자"라고 규정된 것은"소유자"로 보며, 제195조 2항에"선박의"라고 규정된 것은 "자동차의"로, 같은 항에"선박국적증서등"이라고 규정된 것은"자동차"로 본다(민집규 197조 2항 후문).

그 밖의 점에서는 자동차강제경매에 관한 규정이 자동차임의경매에 실질적으로 전부 준용되는데, 관할에 관하여 사용본거지주의를 채택하고 있는 점, 개시결정에서 소유자에 대하여 자동차의 인도명령, 경매신청 전의 인도명령도 가능한 점, 자동차의 보관방법, 이동명령, 사건의 이송, 간이한 매각방법이 있는 점, 그 밖에 부동산의 강제경매 등의 규정이 준용되는 점 등이 모두 자동차집행의 경우와 마찬가지이다.

한편, 자동차임의경매에 있어서도 그 점유를 확보하지 아니하고는 절차를 진행할 수 없음은 강제경매의 경우와 같다. 이 경우 저당권의 등록 등으로 제3자에게 대항력을 갖추고 있는 담보권자는 자동차를 소유자 이외의 제3자가 점유하고 있는 때에는, 법원에 그 제3자에 대한 인도명령을 신청할 수 있다.

(3) 부동산임의경매 규정의 준용

자동차임의경매에 관하여는 민사집행법 제264조 내지 제267조의 규정이 준용된다(민집규 제197조 제2항 전문).

[서식] 자동차(또는 중기)임의경매신청서

이해관계인일람표(전술한 부동산경매신청서 144면 참조)

자동차임의경매신청

채 권 자 박 찬 영 (주민등록번호)
서울 강남구 포이로13길 4(우:)
(연락처)
채 무 자 겸 임 병 환 (주민등록번호)
소 유 자 서울 종로구 행촌로3길 4(우:)

청구금액의 표시
금3,000,000원정 20○○. 7. 21. 대여금

경매할 자동차의 표시
별지목록 기재와 같음

신 청 취 지

채권자의 채무자에 대한 위 청구금액의 변제에 충당하기 위하여 별지기재 자동차에 대한 경매절차를 개시하고 채권자를 위하여 이를 압류한다.
라는 재판을 구합니다.

청 구 원 인

1. 채권자는 채무자와 20○○. 7. 21. 근저당권 설정계약을 체결하고 채권최고액금 4,000,000원으로 위 자동차에 대하여 등록청인 서울시에 20○○. 7. 22. 등록 접수 제6969호로서 동 설정등록을 필하였습니다.
2. 채무자는 채권자에게 20○○. 7. 21. 금3,000,000원의 영수증(차용증)을 발행하고 이자 월 3부5리 변제기는 채무이행을 성실히 할 것을 확약하였습니다.
3. 그 후 채무자는 당초의 약정한 이자를 5개월분만 지급하고는 이자도 지급치 않고 수차에 걸쳐서 독촉하여도 현재까지 원금 및 이자를 변제치 않으므로 부득이 본 신청에 이른 것입니다.

첨 부 서 류

1. 근저당권설정계약등본 1통
1. 영수증(차용증) 1통
1. 자동차등록원부 1통
1. 납부서 1통
1. 목록 10통

20○○. 8. .

위 채권자 박 찬 영 (인)

서울중앙지방법원 귀중

<별지목록>

목 록

자동차의 표시

자동차등록번호	235가 4327
자 동 차 명	소나타 L. P. G
형 식	KTO 20○○
차 대 번 호	12-12-12-12345
원 동 기 형 식	12-34-56-7890
사 용 본 거 지	서울시 종로구 행촌로3길 4
소 유 자	임 병 환. 끝.

인지·송달료 등

◆ 비용예납	채권자는 경매에 필요한 비용을 예납하여야 한다(민집법 제18조 제1항). 위 비용으로는 부동산의 감정료, 부동산현황조사료, 신문공고료, 경매수수료 등의 각종 수수료와 송달료 등이 이에 해당한다. 78면 참조
◆ 인지첩부	신청서에는 5,000원의 인지를 붙인다(재민 91-1). 저당권마다 소정의 인지를 붙여야 한다(재민 69-1).
◆ 송달료	송달료는 (신청서상의 이해관계인수 + 3) × 10회분을 납부한다.
◆ 등록세등	자동차등록세 : 건당1만5천원(지방세법 제23조제1항제3호라목) 지방교육세 : 비과세
	건설기계 : 건당1만원(지방세법 제23조제1항제4호라목) 지방교육세 : 등록면허세액의 100분의20

3. 선박을 목적으로 하는 담보권실행을 위한 경매

가. 의 의

선박을 목적으로 하는 담보권 실행을 위한 경매(이른바 임의경매)절차에는 선박강제경매에 관한 규정(민집법 제172조 내지 186조, 민집규 95조 2항 내지 104조)과 담보권 실행을 위한 부동산경매에 관한 규정(민집법 제264조 내지 268조, 민집규 194조)이 준용된다(민집법 제269조, 민집규 195조). (선박강제경매 98면 참조).

경매의 대상이 되는 선박은 등기할 수 있는 선박, 즉 총톤수 20톤 이상의 기선과 범선 및 총톤수 100톤 이상의 부선(다만, 선박계류용·저장용 등으로 사용하기 위하여 수상에 고정하여 설치하는 부선은 제외, 선박등기법 제2조)이며, 여기의 담보권에 해당하는 권리로는 선박저당권(상법 제787조)과 선박우선특권(상법 제777조)이 있다.

한편 동일한 채권의 담보로 부동산과 선박에 대하여 저당권이 설정된 경우에는 민법 368조 2항 후문의 규정이 적용 또는 유추적용되지 아니하므로, 동일한 채권을 담보하기 위하여 부동산과 선박에 선순위 저당권이 설정된 후 선박에 대하여서만 후순위 저당권이 설정된 경우, 먼저 선박에 대하여 담보권 실행절차가 진행되어 선순위 저당권자가 선박에 대한 경매대가에서 피담보채권 전액을 배당받음으로써 선박에 대한 후순위 저당권자가 부동산과 선박에 대한 담보권 실행절차가 함께 진행되어 동시에 배당을 하였더라면 받을 수 있었던 금액보다 적은 금액만을 배당받게 되었다고 하더라도, 선박에 대한 후순위 저당권자는 민법 368조 2항 후문의 규정에 따라 부동산에 대한 선순위 저당권자의 저당권을 대위할 수 없다(대법원 2002. 7. 12. 2001다53264, 대판 2002. 10. 8. 2002다34901).

나. 신청서의 기재사항 등

담보권실행을 위한 경매신청서에는 채권자·채무자·소유자와 그 대리인의 표시, 담보권과 피담보채권의 표시, 담보권 실행의 대상인 선박의 표시, 피담보채권의 일부에 대하여 담보권 실행을 하는 때에는 그 취지와 범위 등을 기재하는 외에(민집규 제192조) 선박의 정박항 및 선장의 이름과 현재지를 적어야 한다(민집규 제195조 1항).

신청서에는 강제경매의 경우의 집행력 있는 정본 대신 담보권의 존재를 증명하는 서류를 붙여야 하고, 담보권의 승계가 있는 때에는 승계를 증명하는 서류도 붙여야 한다(민집법 제264조). 신청서에는 5,000원의 인지를 붙여야 한다(재판예규 제1440호).

그 밖에 담보권의 부존재 또는 소멸을 경매개시결정에 대한 이의신청의 사유로 삼을 수 있는 점(민집법 제265조)이나 경매절차정지에 관한 특칙(민집법 제266조), 대금완납에 따른 매수인의 선박취득은 담보권의 소멸로 영향을 받지 않는 점(민집법 제267조) 등은 부동산경매와 같다.

선박임의경매에 관하여는 위 특칙이 있는 경우를 제외하고, 선박집행에 관한 규정이 그대로 준용된다. 다만, 민사집행규칙 제95조(신청서의 기재사항과 첨부서류), 제96조(선박국적증서등 수취의 통지), 제99조(현황조사보고서), 제100조(운행허가결정), 제104조(보증의 제공에 따른 강제경매절차의 취소) 중 "채무자"라고 규정된 것은 "소유자"로 본다.

또한 선박임의경매에 관하여는 부동산경매에 관한 민사집행규칙 제194조의 규정도 준용된다.

다. 선박의 점유자에 대한 선박국적증서등의 인도명령

선박임의경매에 있어서도 집행절차 중 선박을 압류항에 정박하고, 집행관이 선박국적증서등을 수취하여 제출하여야 하며, 감수·보존처분을 하는 등 선박집행의 확보를 위한 조치를 취하여야 하고, 이러한 조치를 취하지 못하고 선박의 소재가 분명하지 아니한 때에는 법원이 경매절차를 취소할 수 있음은 선박강제경매의 경우와 같다(98면 참조).

[서식] 선박임의경매신청서

이해관계인일람표(전술한 부동산경매신청서 144면 참조)

선박임의경매신청서

채 권 자 이 만 진(주민등록번호)
인천 남구 선학로2길 9(우:)
(연락처)

채 무 자 김 기 성
인천 동구 송현로1길 4(우:)

청구금액의 표시

금50,000,000원(20○○. 2. 1자 대여금)

위 금원에 대하여 20○○. 2. 1부터 완제일까지 연 2할의 비율에 의한 이자

경매할 선박의 표시

별지목록기재와 같음

신 청 취 지

채권자가 채무자에 대하여 가지고 있는 위 청구채권의 변제에 충당하기 위하여 채무자 소유의 별지목록기재의 선박에 대하여 경매개시결정을 한다.

라는 재판을 구합니다.

신 청 이 유

1. 채권자와 채무자는 20○○. 1. 31에 근저당권설정계약을 체결하고 현재 또는 장래에 부담하게 될 채무를 담보하기 위하여 채무자 소유의 별지목록기재 선박에 채권최고액 금60,000,000원정으로 한 근저당권설정등기를 인천지방법원 20○○. 2. 1. 접수 제6005호로 등기를 필하였습니다.
2. 채권자는 위 담보권에 기하여 채무자에게 20○○. 1. 31에 금50,000, 000원 변제기 20○○. 1. 31. 이자를 연 2할의 비율에 의한 이자의 약정을 하였습니다. 그러나 채무자는 원금 및 이자를 약정대로 변제치 아니하고 차일피일 지연만 하고 있습니다.
3. 그러므로 채권자는 위 청구금액과 대금지급익일인 20○○. 2. 1부터 완제일까지 연 2할의 비율에 의한 금원을 변제받고자 채무자 소유의 별지목록 기재 선박에 대하여 근저당권설정계약에 기한 담보권실행을 위하여 본 신청을 하오니 경매개시결정을 하여 주시기 바랍니다.

첨 부 서 류

1. 근저당권설정계약	1통
1. 차용증서	1통
1. 선박등기부등본	1통
1. 선박정박증명서	1통
1. 목 록	30통

20○○. 10. .

위 채권자 이 만 진 (인)

인천지방법원 귀중

<별지목록>

목 록

1. 선박의 종류와 명칭 기선 제1인천호
1. 선 적 항 인천 중구 항동로1길 4
1. 선 질 강
1. 총 톤 수 1,500톤 37
1. 순 톤 수 1000톤 39
1. 기관의 종류 및 수 디젤 발동기 2기
1. 추진기와 종류 및 수 나선 추진기 2개
1. 진수년월일 20○○. 3. 10.
1. 기관 제조년월일 20○○. 1. 2.
1. 선박의 정박항 인천항
1. 소 유 자 김 기 성. 끝.

인지·송달료 등

◆ 비용예납	채권자는 경매에 필요한 비용을 예납하여야 한다(민집법 제18조 제1항). 위 비용으로는 부동산의 감정료, 부동산현황조사료, 신문공고료, 경매수수료 등의 각종 수수료와 송달료 등이 이에 해당한다. 78면 참조
◆ 인지첩부	신청서에는 5,000원의 인지를 붙인다(재민 91-1). 저당권마다 소정의 인지를 붙여야 한다(재민 69-1).
◆ 송달료	송달료는 (신청서상의 이해관계인수 + 3) × 10회분을 납부한다.
◆ 등록세등	등록세 : 건당1만5천원(지방세법 제28조제1항제2호다목) 지방교육세 : 등록면허세액의 100분의20

제5장 부동산경매에서의 이해관계인의 권리행사

1. 매각허가결정에 대한 즉시항고

가. 개 설

매각을 허가한 결정에 대하여는 민사집행법 제121조 각호의 이의원인 있음을 이유로 한다(민집법 제130조, 제268조).

임의경매에서는 담보권의 부존재·소멸, 피담보채권의 불발생·소멸·이행기의 연기 등 실체상의 하자를 매각허가결정에 대한 항고 사유 또는 사법보좌관 처분에 대한 이의신청의 사유로 삼을 수 있다(대법원 1991. 1. 21. 90마946 결정). 하지만 매각허가결정에 대한 항고기각의 결정이 고지된 후에 저당채무 및 집행비용을 변제하였다는 사유는 집행법원에 하는 경매개시결정에 대한 이의사유가 됨은 별문제로 하고 법률심인 재항고심에 대한 적법한 재항고이유가 되지 못한다(대법원 1991. 2. 6. 90마898 결정).

나. 항고절차

즉시항고는 결정정본을 수령한 날로부터 1주 이내(불변기간)에 하여야 한다. 항고장에는 항고인, 원결정의 표시, 그 결정에 대하여 항고를 한다는 취지 및 항고취지, 항고이유를 기재하고 항고법원을 표시한 후 항고인 또는 그 대리인이 기명날인한다. 항고이유는 원심재판의 취소 또는 변경을 구하는 사유를 구체적으로 적어야 한다(민집규칙 제13조 제1항). 위의 사유가 법령위반인 때에는 그 법령의 조항 또는 내용과 법령에 위반되는 사유를, 사실의 오인인 때에는 오인에 관계되는 사실을 구체적으로 밝혀야 한다(민집규칙 제13조 제2항). 항고장에 항고이유를 적지 아니한 때에는 항고인은 항고장을 제출한 날부터 10일내에 항고이유서를 원심법원에 제출하여야 한다(민집법 제15조 제3항). 이 기간 내에 항고이유서를 제출하지 아니하면 원심법원은 결정으로 그 즉시항고를 각하한다(민집법 제15조 제5항).

다. 인지 등

민사소송등인지법 제11조 소정액(2,000원)의 인지를 붙인다(재민 91-1). 송달료는 당사자 1인당 5회분을 납부한다.

라. 관할법원

즉시항고는 항고장을 원심법원에 제출함으로써 한다(민집법 제15조 제2항, 민소법 제445조). 매각허가여부의 결정을 한 법원에 제출한다(민집법 제415조).

[서식] 즉시항고장(매각허가결정에 대한)

즉시항고장

2,000원
정부수입인지

항 고 인(채무자겸 소유자) 정 찬 경 (550320-1234567)
서울 종로구 구기동 231-4
전화(휴대폰 포함) : 555-1234, 010-4455-1234

항고인은 귀원 20○○타경1234 부동산임의경매사건에 관하여, 귀원이 20○○. 5. 22.에 선고한 매각허가결정에 대하여 불복이므로 즉시항고를 제기합니다.

항 고 취 지

원심결정을 취소한다.
라는 재판을 구합니다.

항 고 이 유

이 사건 부동산은 상가 및 주택가 요지에 접하고 있으므로 싯가가 200,000,000원 상당의 가치가 있는데 불구하고 본건에 대한 감정인은 감정평가 당시 지역조건과 인근지가 상승요인을 조사 참작한 바 없이 추측으로 어림하여 감정한 감정평가보고서를 제출하여 귀원으로 하여금 싯가의 절반에도 못 미치는 최고가 낙찰금액 90,000,000원이라는 현저히 부당한 가격으로 매각허가를 하게 된 것은 항고인에게 막대한 손해를 입게 한 공서양속에 반하는 위법행위이라고 봅니다.

그러므로 항고인은 위와 같은 이유로 원결정을 취소하고 항고취지와 같은 재판을 구하고자 즉시항고를 제기합니다.

20○○. 5. .

항 고 인 정 찬 경 (인)

서울중앙지방법원 귀중

2. 경매개시결정에 대한 이의

가. 개 설

이해관계인은 매각대금이 모두 지급될 때까지 법원에 강제경매개시결정에 대한 이의신청을 할 수 있다(민집법 제86조 제1항). 집행법원은 이의신청이 이유 있으면 경매개시결정을 취소하고 경매신청을 기각하게 되나 이유 없으면 이의신청을 각하하게 된다.

강제경매개시결정에 대한 이의신청에는 집행정지의 효력이 없다. 다만, 집행법원은 이의신청에 대한 재판에 앞서 제16조 제2항에 준하는 결정(잠정처분)을 할 수 있다(민집법 제86조 제2항).

나. 이의사유

강제경매개시결정에 대한 이의신청은 민사집행법 제16조의 집행에 관한 이의신청의 성질을 가지므로 이에 대한 이의사유도 그와 같이 절차상의 하자를 이유로 하고 실체상의 하자로는 다툴 수 없다(대법원 1994. 8. 27. 자 94마147 결정). 실체법상의 이유를 근거로 하는 경우에는 청구에 관한 이의의 소(민집법 제44조) 또는 제3자 이의의 소(민집법 제48조)에 의하여 승소판결을 받아(민집법 제49조 제1호의 서류) 집행법원에 제출하여 집행을 정지시킨 후 강제경매개시결정에 대한 이의를 신청하여야 한다. 그러나 담보권실행 등을 위한 경매에서는 실체상의 사유도 이의사유가 된다(민집법 제265조).

강제경매절차에서 이의사유로 할 수 있는 것은 ① 집행력있는 정본의 불일치, 목적부동산 표시의 불일치, ② 신청인의 적격여부, ③ 경매신청방식의 적부, ④ 집행채권의 기한 미도래 ⑤ 대리권의 부존재 등이다.

다. 신청방법

(1) 개 설

이의신청은 매각대금이 모두 지급될 때까지 신청할 수 있으며, 서면 또는 말(구술)로 할 수 있다. 매수의 신고가 있은 후에 이의신청을 하는 경우에도 최고가매수인 등의 동의를 요하지 않는다. 관할은 경매개시결정을 한 법원이고(민집법 제86조 제1

항), 매각허가여부에 관한 항고로 기록이 항고심에 있는 경우에도 경매개시결정을 한 집행법원에 하여야 한다. 이해관계인은 이의신청에 대한 재판에 대하여 즉시항고할 수 있다(민집법 제86조 제3항). 이의신청에 의하여 경매개시결정이 취소되면 집행법원은 경매개시결정기입등기의 말소를 촉탁한다(민집법 제141조, 민집규칙 제77조).

(2) 이의신청권자

이의신청권자는 경매절차의 이해관계인(민집법 제90조)이다(민집법 제86조 제1항). 부동산상의 권리자(민집법 제90조 제4호)는 그 권리를 증명하여 이의신청을 할 수 있다. 대위에 의한 이의신청은 허용되지 아니한다.

라. 집행정지

경매개시결정에 대한 이의신청은 매각대금완납시까지 하여야 한다(민집법 제268조, 제265조, 제86조 제1항). 이의신청은 집행정지의 효력이 없다. 그러므로 이의신청권자가 매수인의 대금납부를 저지하기 위해서는 경매개시결정에 대한 이의신청을 하고, 법원으로부터 경매절차정지의 잠정처분(민집법 제268조, 제86조 제2항)을 받거나 청구이의의 소에 준하는 채무에 관한 이의의 소(통상 채무부존재확인이나 저당권부존재확인 또는 저당설정등기말소청구의 소를 본안으로 한다)를 제기하고 제46조에 의한 잠정처분명령을 받아 집행기관에 제출하여 그 경매절차를 정지(민집법 제49조)시켜야 한다.

[서식] 부동산강제경매개시결정에 대한 이의신청서

부동산강제경매개시결정에 대한 이의신청

1,000원
정부수입인지

사 건 20○○타경4199호 부동산 강제경매

신 청 인(채무자) 강 원 철(550320-1234567)
서울 중구 필동 3가 12(우 : 10200)
전화(휴대폰 포함) : 555-1234, 010-4455-1234

피신청인(채권자) 하 기 상
서울 강남구 역삼로 5길 135-80(우 : 10201)

신 청 취 지

위 사건에 관하여 20○○. 11. 5. 귀원이 한 강제경매개시결정은 이를 취소한다.
피신청인의 이 사건 강제경매신청은 이를 각하한다.
라는 재판을 구합니다.

신 청 이 유

피신청인은 신청인에 대한 귀원 20○○가합8749호 집행력 있는 판결정본에 의하여 신청인 소유의 별지 목록 기재 부동산에 대한 강제경매를 신청하여 20○○. 11. 20. 부동산강제경매개시결정이 되었으나 이 결정은 집행개시 전에 신청인에 대하여 이건 강제경매의 기초가 된 위 집행권원의 집행에 조건을 채권자가 이행한 사실을 증명하는 증명서의 송달없이 한 집행행위로 집행개시의 요건을 결함으로써 원래부터 위법임을 면하지 못할 것이므로 본 이의신청을 하는 바입니다.

첨 부 서 류

1. 판결문사본 1통
1. 납부서 1통

20○○. 11. 27.

위 신청인(채무자) 강 원 철 (인)

서울중앙지방법원 귀중

<별지목록>

목 록
1동의 건물의 표시 서울 중구 필동 3가 12 철근콘크리트 및 벽돌조 경 슬래브 위 아스팔트 싱글지붕 5층 아파트 전유부분의 건물의 표시 건물의 번호 1-102 구 조 철근콘크리트 및 벽돌조 면 적 1층 102호 77. 13제곱미터 대지권의 표시 토지의 표시 서울 중구 필동 3가 12 대 902. 5제곱미터 대지권의 종류 소유권 대지권의 비율 19분지 1. 끝.

인지·송달료 등

◆ 인지첩부	신청서에는 1,000원의 인지를 붙여야 한다(재민 91-1, 556면 참조). 인지는 법원구내 우체국에서 구입하여 붙인다.
◆ 송 달 료	송달료는 당사자 1인당 2회분을 납부한다.
◆ 관할법원	관할은 경매개시결정을 한 법원이고(민집법 제86조 제1항), 매각허가여부에 관한 항고로 기록이 항고심에 있는 경우에도 경매개시결정을 한 집행법원에 신청하여야 한다.

[서식] 부동산임의경매개시결정에 대한 이의신청서

부동산임의경매개시결정에 대한 이의신청

1,000원
정부수입인지

사　　건　　20○○타경42233호 부동산 임의경매

신 청 인　　권　　오　　명(550320-1234567)
(채무자겸 소유자)　서울 종로구 누상동 123-4 누상주택 2층 1호(우 : 10200)
전화(휴대폰 포함) : 555-1234, 010-4455-1234

피신청인　　(주)제삼은행
채 권 자　　서울 중구 충무로 1가 12-3(우 : 10201)
은행장　　신　　동　　원
지배인　　방　　종　　화
(소관 : 사직동 지점)

위 당사자간 부동산임의경매사건에 대하여 별지목록 기재부동산에 대하여 임의경매 개시결정을 하였으나 신청인은 다음과 같은 사유로 이의신청을 합니다.

신 청 취 지

1. 신청인과 피신청인간의 귀원 20○○타경2233 부동산임의경매사건에 관하여 별지목록기재 부동산에 대하여 20○○. 5. 1. 한 부동산임의경매개시결정은 이를 취소한다.
2. 본건 경매신청은 기각한다.

라는 재판을 구합니다.

신 청 원 인

1. 신청인은 피신청인으로부터 20○○. 2. 29. 채권최고액 금7,500,000원과 20○○. 2. 22. 채권최고액 금24,000,000원에 대한 담보금조로 귀원에 20○○. 2. 28. 접수 제4422호, 20○○. 2. 28. 접수 제1234호로 근저당권 설정등기를 한바 있으며 2회에 걸쳐 한 채권이 피신청인에게 이관되었는바, 신청인은 이를 변제하지 못하여 피신청인이 위 경매신청을 하였습니다.

2. 신청인은 피신청인의 채권원금과 이자 및 집행비용 전액을 변제하여 위 채권이 소멸되어 피신청인은 근저당권 말소등기 신청을 접수하였으며 이해관계인으로 1순위로 제삼은행에 채권최고액금 7,500,000원이 있으나 장기융자로서 연체사실이 없으므로 근저당권 설정계약이 계속되고 있고,
3. 가압류권자인 한국보증보험(주)에 대하여는 보험금 및 연체이자 금 2,300,000원 전액을 납부하여 20○○. 5. 26. 가압류해제가 되었습니다. 아울러 신청인은 착오로 기일을 도과한 주민세 체납사실이 있으나 전부 완납하였으므로 이와 같이 이해관계가 소멸되었으므로 청구취지와 같은 결정을 구하고자 이건 신청을 합니다.

첨 부 서 류

1. 등기부등본 1통
1. 영수증 6통
1. 변제증서 1통
1. 부적격자조회서 1통

20○○. 5. .

신청인 권 오 명 (인)

서울중앙지방법원 귀중

※별지목록 : 생략(전 서식 말미 참조)

인지·송달료 등

◆ 인지첩부	신청서에는 1,000원의 인지를 붙여야 한다(재민 91-1, 556면 참조).
◆ 송 달 료	송달료는 당사자 1인당 2회분을 납부한다.
◆ 관할법원	경매개시결정을 한 경매법원이 관할한다. 항고로 인하여 기록이 상급심에 있는 경우에도 이의신청은 개시결정을 한 법원에 하여야 한다.

3. 부동산 침해행위방지를 위한 조치

가. 의 의

이해관계인은 집행법원이 경매절차를 개시하는 결정을 한 뒤에 부동산에 대한 침해행위를 방지하기 위하여 필요한 조치를 하여 줄 것을 신청할 수 있다(민집법 제83조 제3항). 부동산에 대한 침해행위라 함은 채무자·소유자 또는 부동산의 점유자가 부동산의 가격을 현저히 감소시키거나 감소시킬 우려가 있는 행위를 하는 것을 말한다.

나. 신청절차

(1) 신청방식

이 신청은 "매각허가결정이 있을 때까지" 할 수 있다(민집규칙 제44조 제1항). 신청서에는 인지를 붙이지 아니한다(재민 91-1).

(2) 신청권자

압류채권자(배당요구의 종기가 지난 뒤에 강제경매 또는 담보권 실행을 위한 경매신청을 한 압류채권자를 제외한다) 또는 최고가매수신고인이다(민집규칙 제44조 제1항).

(3) 상대방

신청의 상대방은 채무자·소유자 또는 부동산의 점유자이다(민집규칙 제44조 제1항).

(4) 재판 및 불복

채무자·소유자 또는 부동산의 점유자가 부동산의 가격을 현저히 감소시키거나 감소시킬 우려가 있는 행위(가격감소행위 등)를 하는 때에는 법원은 매각허가결정이 있을 때까지 담보를 제공하게 하거나 담보를 제공하게 하지 아니하고 그 행위를 하는 사람에 대하여 가격감소행위 등을 금지하거나 일정한 행위를 할 것을 명(금지명령, 작위명령)할 수 있고(민집규칙 제44조 제1항), 부동산을 점유하는 채무자·소유자 또는 부동산의 점유자로서 그 점유권원을 압류채권자·가압류채권자 혹은 법 제91조 제2항 내지 제4항의 규정에 따라 소멸되는 권리를 갖는 사람에 대하여 대항할 수 없는 사람이 위 명령에 위반한 때 또는 가격감소행위 등을 하는 경우에 위 명령으로는 부동산 가격의 현저한 감소를 방지할 수 없다고 인정되는 특별한 사정이 있는 때에는 법원은 매각허가결정이 있을 때까지 담보를 제공하게 하고 그 명령에 위반한 사람 또는 그 행위를 한 사람에 대하여 부동산의 점유를 풀고 집행관에게 보관하게 할 것을 명할 수 있다(민집규칙 제44조 제2항). 법원이 채무자·소유자 외의 점유자에 대하여 위 결정을 하려면 그 점유자를 심문하여야 한다. 다만, 그 점유자가 압류채권자·가압류채권자 또는 법 제91조 제2항 내지 제4항의 규정에 따라 소멸되는 권리를 갖는 사람에 대하여 대항할 수 있는 권원에 의하여 점유하고 있지 아니함이 명백한 때 또는 이미 그 점유자를 심문한 때에는 그러하지 아니하다(민집규칙 제44조 제3항). 위 결정에 대하여는 즉시항고를 할 수 있다(민집규칙 제44조 제5항).

[서식] 부동산에 대한 침해행위방지조치신청서

부동산에 대한 침해행위방지조치신청

사 건 20○○타경8949 부동산강제경매
채 권 자 한 국 민 (주민등록번호)
서울 서초구 서초로123길 4(우:)
(연락처)

채 무 자 조 선 인 (주민등록번호)
서울 종로구 명륜로234길 5(우:)
(연락처)

위 사건에 관하여, 채권자는 다음과 같이 별지 기재 부동산에 대한 침해행위를 방지해 줄 것을 신청합니다.

신 청 취 지

귀원 20○○타경 8949호 부동산강제경매사건에 관하여, 채무자는 별지목록 기재 토지를 손괴하여서는 아니된다.

신 청 이 유

1. 위 사건에 관하여 현재 그 절차가 진행 중인바 채무자는 경매목적물인 별지목록기재 토지의 토사를 채취하기 위하여 심굴하는 등 훼손하고 있으므로 이를 방치하면 그 교환가치가 현저히 감소될 우려가 있습니다.

2. 그러므로 매각허가결정이 있을 때까지 채무자에 대하여 토사 채취행위를 금지하도록 하여 주시고 기타 침해행위를 방지하기 위한 필요한 조치를 하여 주실 것을 민사집행법 제83조 제3항에 의하여 신청합니다.

첨 부 서 류

1. 토사채취현장사진 3매
1. 파괴사실에 관한 인우증명서 1통

20○○. 9. .

위 신청인(채권자) 한 국 민 (인)

서울중앙지방법원 귀중

<별지 목록>

목 록

서울 서초구 내곡동 산 123
임야 2,458㎡ 끝.

인지·송달료 등

◆ 신청방식	이해관계인은 집행법원이 경매절차를 개시하는 결정을 한 뒤에 부동산에 대한 침해행위를 방지하기 위하여 필요한 조치를 하여 줄 것을 신청할 수 있다(민집법 제83조 제3항).
◆ 인지첩부	신청서에는 인지를 붙이지 아니한다(재민 91-1, 556면 참조).
◆ 송 달 료	송달료는 당사자 1인당 2회분을 납부한다.
◆ 관할법원	경매개시결정을 한 법원

4. 부동산의 멸실 등으로 말미암은 경매취소

가. 개 설

부동산의 멸실 기타 매각으로 인하여 권리의 이전을 불가능하게 하는 사정이 명백하게 된 때에는 법원은 직권으로 강제경매의 절차를 취소한다(민집법 제96조 제1항). 취소결정은 확정되어야 효력이 있다(민집법 제17조 제2항). 당사자의 신청은 직권발동을 촉구하는 의미만 있다. 그러나 위 취소결정에 대하여는 이해관계인이 즉시항고할 수 있다(민집법 제96조 제2항). 집행취소하여야 할 사유가 명백함에도 집행법원이 취소결정을 하지 아니한 때에는 채권자와 그 이해관계인은 집행에 관한 이의(민집법 제16조)로 불복할 수 있고, 특별항고를 할 수는 없다.

나. 경매절차 취소시기 등

민사집행법 제268조에 의해 담보권 실행을 위한 경매절차에 준용되는 제96조 제1항은"부동산이 없어지거나 매각 등으로 말미암아 권리를 이전할 수 없는 사정이 명백하게 된 때에는 법원은 강제경매의 절차를 취소하여야 한다."라고 규정하고 있으나, 위 규정에서 정한 경매절차의 취소사유는 매각대금을 다 내기 전에 발생한 것이어야 한다.

[서식] 부동산멸실등에 의한 경매절차취소신청서

부동산멸실등에 의한 경매취소신청
사　　건　　20○○타경1234호 부동산경제경매사건
채 권 자　　이　　갑　　돌(550320-1234567) 서울 강북구 수유동 123-4 전화(휴대폰 포함) : 555-1234, 010-4455-1234
채 무 자　　정　　만　　수 서울 노원구 상계로 234-5

위 당사자간의 부동산경제경매사건에 관하여, 현재 경매절차진행중인바 이 사건 경매목적물인 별지목록기재 부동산이 경매개시결정이후 멸실(또는 매각으로 채무자의 소유권이 상실)되었으므로 채권자는 민사집행법 제96조 제1항에 의하여 경매취소신청을 합니다.

첨부 : 건물 멸실증명서 1통

20○○. 10. .

채권자 이 갑 돌 (인)

서울북부지방법원 귀중

<별지목록>

목 록

서울 노원구 상계로 1134-25
위 지상
시메브럭조 연와즙 단층주택
건평 30. 27㎡

인지·송달료 등

◆ 인지첩부	신청서에는 인지를 붙이지 아니한다(재민 91-1, 556면 참조).
◆ 송 달 료	송달료는 당사자 1인당 2회분을 납부한다.
◆ 관할법원	집행법원

5. 부동산훼손등에 의한 매각허가결정의 취소

가. 개 설

천재지변, 그밖에 자기가 책임을 질 수 없는 사유로 부동산이 현저하게 훼손된 사실 또는 부동산에 관한 중대한 권리관계가 변동된 사실(민집법 제121조 제6호)이 매각허가결정의 확정 뒤에 밝혀진 경우에는 매수인은 대금을 낼 때까지 매각허가결정의 취소신청을 할 수 있다(민집법 제127조 제1항).

매수인은 자기가 책임질 수 없는 사유로 부동산의 일부가 멸실된 경우에 나머지 부분이라도 매수할 의사가 있으면 매각대금의 감액신청도 할 수 있다. 낙찰목적물의 일부가 "멸실"된 때라 함은 물리적인 멸실 뿐만 아니라 경매개시결정이 취소되는 등의 사유로 낙찰인이 당해 목적물의 소유권을 취득할 수 없게 된 경우도 이에 포함된다고 봄이 상당하다(대법원 2005. 3. 29. 자 2005마58 결정).

민사집행법 제127조의 규정에 따라 매각허가결정을 취소한 경우에는 그 훼손의 정도에 따라 새 매각을 진행하거나 또는 경매절차를 취소하고 경매개시결정의 기입등기 말소를 촉탁하게 된다(민집법 제134조).

나. 재매각명령 이후의 매각허가결정의 취소

민사집행법 제127조 제1항, 제121조 제6호의 취지는 매수인에게 매각허가결정의 취소신청을 할 수 있도록 허용함으로써 매수인의 불이익을 구제하려는 데 있는 점, 민사집행법 제138조 제1항에 의하면 재매각명령이 나면 확정된 매각허가결정의 효력이 상실되는 점, 민사집행법 제138조 제3항의 취지는 재매각절차가 전 매수인의 대금지급의무 불이행에 기인하는 것이어서 전 매수인이 법정의 대금 등을 완전히 지급하려고 하는 이상 구태여 번잡하고 시일을 요하는 재매각절차를 반복하는 것보다는 최초의 매각절차를 되살려서 그 대금 등을 수령하는 것이 경매의 목적에 합당하다는 데에 있는 점 등을 종합하여 보면, 매수인은 재매각명령이 난 이후에는 매각허가결정의 취소신청을 할 수 없다고 봄이 상당하다(대법원 2009. 5. 6. 자 2008마1270 결정).

다. 신청방식

매각허가결정의 취소신청은 서면 또는 말(구술)로 할 수 있다(민소법 제161조).

신청서에는 1,000원의 인지를 붙여야 한다(재민 91-1).

라. 불 복

매각허가결정의 취소신청에 관한 결정에 대하여는 즉시항고를 할 수 있다(민집법 제127조 제2항). 그러나 매각허가결정의 취소신청을 기각한 결정에 대하여는 독립하여 불복할 수 없다.

사법보좌관의 매각허가결정 취소신청에 대한 결정에 대한 불복은 사법보좌관처분에 관한 이의신청 절차를 거쳐야 하므로, 사법보좌관이 내린 매각허가결정의 취소신청에 대한 결정에 대하여 민사집행법 제127조 2항에 따른 즉시항고를 하는 경우에는 사법보좌관처분에 대한 이의신청 절차를 거쳐야 한다.

[서식] 부동산훼손등에 의한 매각허가결정의 취소신청서

부동산훼손에 의한 매각허가결정의 취소신청

1,000원
정부수입인지

사　　건　　20○○타경7847호 부동산강제경매사건
매 수 인　　박　　영　　철(550320-1234567)
　　　　　　수원시 장안구 연무동 440-14(우 : 10200)
　　　　　　전화(휴대폰 포함) : 555-1234, 010-4455-1234

채 권 자　　이　　달　　근
　　　　　　서울 강남구 논현동 123-4(우 : 10201)

채 무 자　　박　　차　　돌
　　　　　　경기 용인군 용인읍 김량장리 743-19(우 : 10202)

위 당사자간의 부동산강제경매사건에 관하여, 매수인은 20○○. 6. 30. 매각기일에 있어서 별지목록기재 부동산에 대하여 금50,000,000원에 최고가매수신고를 하여 같은 해 7. 3. 매각허가결정이 선고되고 같은 달 10. 동 확정되었는바, 위 경매부동산은 매수인이 최고가매수신고를 하기 전인 같은 해 6. 29. 20 : 00경에 천재지변(홍수)로 인하여 토지의 전부가 유실되었으나 이를 간과하여 매각허가결정이 이루어져 이는 매각을 허가하지 아니할 사유에 해당한다 할 것이므로 이건 매각허가결정의 취소를 구하고자 본 신청을 합니다.

첨 부 서 류

1. 매각허가결정정본 1통
1. 토지유실증명서 1통
1. 사진 3통
1. 목록 1통

20○○. 7. 11.

위 매수인 박 영 철 (인)

수원지방법원 귀중

인지·송달료 등

◆ 인지첩부	신청서에는 1,000원의 인지를 붙여야 한다(재민 91-1, 556면 참조). 인지는 법원구내 우체국에서 구입하여 붙인다.
◆ 송 달 료	송달료는 당사자 1인당 2회분을 납부한다.
◆ 관할법원	집행법원

[서식] 즉시항고장(부동산훼손에 의한 매각허가결정의 취소신청각하로 인한)

즉시항고장

2,000원
정부수입인지

항 고 인(매수인) 장 한 섭(550320-1234567)
서울 강북구 미아3동 132-103
전화(휴대폰 포함) : 555-1234, 010-4455-1234

위 항고인은 서울중앙지방법원 20○○타경4991호 부동산강제경매사건에 관하여 동 법원에서 20○○. 9. 25. 매각허가결정의 취소신청각하의 결정을 하였으나 동 결정에 대하여 불복이므로 항고를 제기합니다.

원결정의 표시

본건 매각허가결정의 취소신청은 이를 각하한다.

항 고 취 지

원 결정을 취소하고 다시 상당한 재판을 구합니다.

항 고 이 유

1. 항고인은 서울중앙지방법원 20○○타경4991호 부동산강제경매사건에 관하여 20○○. 8. 20. 입찰기일에 있어서 별지목록기재의 이 사건 경매부동산에 대하여 금50,000,000원의 최고가매수신고를 하여 같은 달 23. 매각허가결정이 선고되고 같은 달 31. 확정되었는바, 위 경매부동산은 항고인이 최고가매수신고 후인 20○○. 8. 21. 19 : 00경에 항고인이 책임질 수 없는 사유의 교통사고(또는 천재지변)로 건물의 일부가 손괴(또는 전부유실하고)되었으므로 20○○. 9. 1. 법원에 대하여 매각허가결정의 취소신청을 하였으나 동 법원은 훼손의 정도가 경미하다는 이유로 동 신청을 각하하였습니다.

2. 그러나 여기서의 훼손이라 함은 물리적인 훼손뿐만 아니라 경제적 사회적 견지의 훼손도 당연히 포함한다 할 것입니다. 그러므로 본건 경매부동산의 가격이 현저히 하락할 것은 명백하다 할 것이므로 본 항고에 이르렀습니다.

첨 부 서 류

1. 건물손괴사실증명원 1부
1. 교통사고사실확인원 1통
1. 목록 1통

20○○. 9. 26.

위 항고인 장 한 섭 (인)

서울중앙지방법원 귀중

항고절차와 해설

◆ 신청방식	매각허가결정의 취소신청에 관한 결정에 대하여는 즉시항고를 할 수 있다(민집법 제127조 제2항). 즉시항고는 결정정본을 수령한 날로부터 1주 이내(불변기간)에 하여야 한다. 항고장에는 항고인, 원결정의 표시, 그 결정에 대하여 항고를 한다는 취지 및 항고취지, 항고이유를 기재하고 항고법원을 표시한 후 항고인 또는 그 대리인이 기명날인한다. 항고이유는 원심재판의 취소 또는 변경을 구하는 사유를 구체적으로 적어야 한다(민집규칙 제13조 제1항). 위의 사유가 법령위반인 때에는 그 법령의 조항 또는 내용과 법령에 위반되는 사유를, 사실의 오인인 때에는 오인에 관계되는 사실을 구체적으로 밝혀야 한다(민집규칙 제13조 제2항). 항고장에 항고이유를 적지 아니한 때에는 항고인은 항고장을 제출한 날부터 10일내에 항고이유서를 원심법원에 제출하여야 한다(민집법 제15조 제3항). 이 기간 내에 항고이유서를 제출하지 아니하면 원심법원은 결정으로 그 즉시항고를 각하한다(민집법 제15조 제5항).
◆ 인지첩부	항고장에는 민사소송등인지법 제11조 소정액의 인지를 붙인다(재민 91-1).
◆ 송 달 료	송달료는 당사자 1인당 5회분을 납부한다.
◆ 관할법원	즉시항고는 항고장을 원심법원에 제출함으로써 한다(민집법 제15조 제2항, 민소법 제445조).

[서식] 부동산훼손에 의한 매각대금감액신청서

부동산훼손에 의한 매각대금감액신청

사 건 20○○타경1234호 부동산강제경매사건
채 권 자 조 동 수(550320-1234567)
서울 도봉구 도봉1동 612-5(우 : 10200)
전화(휴대폰 포함) : 555-1234, 010-4455-1234
채 무 자 김 명 호
서울 도봉구 수유3동 276-1(우 : 10201)
매 수 인 강 명 구
서울 강남구 신사로 257-2(우 : 10202)

대금감액신청의 목적물
별지기재와 같음

1. 위 당사자간의 부동산강제경매사건에 관하여 매수인은 별지 기재의 목적물을 20○○. 8. 5에 매각허가결정받았는바, 위 매각부동산은 매수인이 매각허가결정을 받기 전인 같은 해 7. 25. 20 : 00경에 내린 집중호우로 인하여 매각부동산 일부가 유실되어 그 시가가 현저하게 하락되었습니다.
2. 그러므로 이건 부동산의 매각대금 75,000,000원을 45,000,000원으로 감액하여 준다면 위 부동산을 매수하겠습니다.

첨 부 서 류

1. 부동산 감정서 1통
1. 사진 5매
1. 부동산목록 1통

20○○. 8. 7.
위 매수인 강 명 구 (인)

서울중앙지방법원 귀중

<별지목록>

목　　록
서울 성북구 정릉2동 278-5 　대 256. 2제곱미터 　위 지 상 목조와즙평가건 주택 1동 　건평 103. 04제곱미터 　　유실부분 　　위 건물 7제곱미터

인지 · 송달료 등

◆ 신청방식	천재지변, 그밖에 자기가 책임을 질 수 없는 사유로 부동산이 현저하게 훼손된 사실 또는 부동산에 관한 중대한 권리관계가 변동된 사실(민집법 제121조 제6호)이 매각허가결정의 확정 뒤에 밝혀진 경우에는 매수인은 대금을 낼 때까지 매각허가결정의 취소신청을 할 수 있다(민집법 제127조 제1항). 그러나 매수인은 자기가 책임질 수 없는 사유로 부동산의 일부가 멸실된 경우에 나머지 부분이라도 매수할 의사가 있으면 매각대금의 감액신청도 할 수 있다.
◆ 인지첩부	신청서에는 인지를 붙이지 아니한다(재민 91-1, 556면 참조).
◆ 송 달 료	송달료는 당사자 1인당 2회분을 납부한다.
◆ 관할법원	집행법원

[서식] 부동산훼손에 의한 매각불허가신청서(천재지변으로 부동산이 훼손된 경우)

부동산훼손에 의한 매각불허가신청

1,000원
정부수입인지

사　　　건　20○○타경3991호 부동산강제경매

최고가매수신고인　길　홍　동(550320-1234567)
수원시 권선구 고등동 423-5(우 : 10200)
전화(휴대폰 포함) : 555-1234, 010-4455-1234

채 권 자　이　민　수
수원시 권선구 고색동 234-7(우 : 10201)

채 무 자　최　달　수
경기 용인군 용인읍 김량장리 123-4(우 : 10202)

위 당사자간의 부동산강제경매사건에 관하여 최고가매수신고인은 20○○. 6. 30. 입찰기일에 있어서 별지목록기재 부동산을 50,000,000원에 최고가매수신고를 하고 낙찰을 받았는바, 위 경매부동산은 매수가격의 신고후인 같은 해 7. 1. 10 : 00경에 천재지변(홍수)로 인하여 전부 도괴되었으므로 이건 매각을 허가하지 아니하는 결정을 구하고자 본 신청을 합니다.

첨 부 서 류

1. 건물멸실증명서　1통
1. 사진　1통
1. 목록　1통

20○○.　7.　2.

위 최고가매수신고인 홍 동 길 (인)

수원지방법원 귀중

인지·송달료 등

◆ 신청방식	천재지변, 그밖에 자기가 책임을 질 수 없는 사유로 부동산이 현저하게 훼손된 사실 또는 부동산에 관한 중대한 권리관계가 변동된 사실(민집법 제121조 제6호)이 매각허가결정의 확정 뒤에 밝혀진 경우에는 매수인은 대금을 낼 때까지 매각허가결정의 취소신청을 할 수 있다(민집법 제127조 제1항). 그러나 재매각명령이 난 이후에는 매각허가결정의 취소신청을 할 수 없다고 봄이 상당하다.
◆ 인지첩부	신청서에는 1,000원의 인지를 붙여야 한다(재민 91-1, 556면 참조). 인지는 법원구내 우체국에서 구입하여 붙인다.
◆ 송 달 료	송달료는 당사자 1인당 2회분을 납부한다.
◆ 관할법원	집행법원

[서식] 부동산매각허가에 대한 이의신청서

부동산매각허가에 대한 이의신청

사　　건　20○○타경4199호 부동산 강제경매

신 청 인(채무자)　김　　일　　두(550320-1234567)
서울 영등포구 당산동 150-40(우 : 10200)
전화(휴대폰 포함) : 555-1234, 010-4455-1234

피신청인(채권자)　정　　진　　수
서울 구로구 고척동 152-80(우 : 10201)

위 사건에 관하여 신청인은 다음과 같이 매각허가에 대한 이의신청을 합니다.

신 청 취 지

위 당사자간의 20○○타경4199호 부동산 강제경매사건에 관하여, 별지목록기재 부동산에 대한 매각을 허가하지 아니한다.
라는 재판을 구합니다.

신 청 이 유

이 사건 경매부동산 중 건물은 지하 2층, 지상 2층의 철근콘크리트조 스 라브지붕의 목욕탕으로 그 1층은 173.25제곱미터의 근린생활시설이고, 지하 1층은 247.72제곱미터의 목욕탕으로 되어 있으나 실제로 1층은 탈의실과 공실, 매표소 등이며 지하 1층은 목욕탕 및 탈의실 등으로 되어 있는데, 경매법원의 감정인은 1층을 목욕탕으로, 지하 1층을 사무실로 엇바꾸어 평가하였을 뿐 아니라 지하 1층의 면적을 실제보다 무려 100제곱미터나 작은 147.72평으로 잡아 평가하였는바, 경매법원은 이러한 평가상의 잘못을 발견하지 못한 채 이를 그대로 최저매각가격으로 결정하고 경매를 진행하여 낙찰을 허가한 것은 위법이므로 본 이의신청에 이르렀습니다.

20○○. 10. 3.

위 채무자 김 일 두 (인)

서울남부지방법원 귀중

인지・송달료 등

◆ 신청방식	이해관계인은 매각결정기일에 출석하여 매각허가에 관한 의견을 진술할 수 있다(민집법 제120조 제1항). 매각허가에 관한 이의는 민사집행법 제121조 각호의 매각허가에 대한 이의신청사유 가운데 어느 하나에 해당하는 이유가 있어야 신청할 수 있다. 이해관계인의 의견진술은 말로 하여야 하나 서면으로 제출하여도 상관없다. 매각허가에 관한 이의는 매각허가가 있을 때까지 신청하여야 한다. 이미 신청한 이의에 대한 진술도 또한 같다(민집법 제120조 제2항).
◆ 인지첩부	인지를 붙이지 아니한다(재민 91-1, 556면 참조).
◆ 송 달 료	송달료는 납부하지 아니한다.

[서식] 즉시항고장(과잉매각의 금지에 위반하여 한 매각허가결정에 대한)

즉시항고장

2,000원 정부수입인지

항 고 인　　권　희　목(550320-1234567)
서울 서대문구 대신동 120-160(우 : 10200)
전화(휴대폰 포함) : 555-1234, 010-4455-1234

항고인은 귀원 20○○타경 991호 부동산강제경매사건에 관하여, 귀원이 20○○. 10. 13.에 선고한 매각허가결정에 대하여 불복이므로 항고를 제기합니다.

원결정의 표시

매수인 김 동 식
최고가매수찰가격 금100,000,000원
별지 목록기재의 부동산에 대하여 최고가로 매수신고한 위 사람에게 매각을 허가한다.

항 고 취 지

원심결정을 취소한다.
라는 재판을 구합니다.

항 고 이 유

귀원 20○○타경 991호 부동산 강제경매사건에 관하여, 20○○. 10. 20. 항고인 소유의 별지목록 부동산을 경매하였으나 이 사건의 각 채권자의 채권 및 강제집행의 비용은 총계 500만원에 불과하므로 이 사건의 경매목적부동산 중 제1목록 토지의 매득금만으로 위 채권 및 비용을 보상함에 족할 것이므로 제1목록 토지를 이 사건 경매목적부동산으로 매각할 것을 지정하고 다른 부동산에 대하여는 매각을 허가하지 아니할 것을 구하는 적법한 절차의 매각부동산지정권 행사를 하였음에도 불구하고 20○○. 10. 23. 낙찰기일에 있어서 모든 부동산에 대하여 낙찰허가의 결정을 하였습니다. 따라서 매각을 허가한 원심결정은 민사집행법 제130조 제1항에 따라 취소되어야 하므로 본 항고에 이르렀습니다 .

첨 부 서 류

1. 공탁서 1통

1. 부동산목록 3통

20○○. 10. 28.

위 항고인 권 희 목 (인)

서울서부지방법원 귀중

항고절차와 해설

◆ 신청방식	과잉매각금지를 위반하여 한 매각허가결정에 대하여는 위 결정으로 인하여 불이익을 입은 이해관계인은 즉시항고로 불복할 수 있다(민집법 제129조 제1항). 즉시항고는 결정정본을 수령한 날로부터 1주 이내(불변기간)에 하여야 한다. 항고이유는 원심재판의 취소 또는 변경을 구하는 사유를 구체적으로 적어야 한다(민집규칙 제13조 제1항). 위의 사유가 법령위반인 때에는 그 법령의 조항 또는 내용과 법령에 위반되는 사유를, 사실의 오인인 때에는 오인에 관계되는 사실을 구체적으로 밝혀야 한다(민집규칙 제13조 제2항). 항고장에 항고이유를 적지 아니한 때에는 항고인은 항고장을 제출한 날부터 10일내에 항고이유서를 원심법원에 제출하여야 한다(민집법 제15조 제3항). 이 기간 내에 항고이유서를 제출하지 아니하면 원심법원은 결정으로 그 즉시항고를 각하한다(민집법 제15조 제5항).
◆ 인지첩부	민사소송등인지법 제11조 소정액(2,000원)의 인지를 붙인다(재민 91-1, 556면 참조). 인지는 법원구내 우체국에서 구입하여 붙인다.
◆ 송 달 료	송달료는 당사자 1인당 5회분을 납부한다.
◆ 관할법원	즉시항고는 항고장을 원심법원에 제출함으로써 한다(민집법 제15조 제2항, 민소법 제445조). 매각허가여부의 결정을 한 법원에 제출한다(민집법 제415조).

[서식] 즉시항고장(매각불허결정에 대한)

즉시항고장

2,000원
정부수입인지

항 고 인 오 장 섭(550320-1234567)
서울 성북구 정릉1동 136-101(우 : 10201)
전화(휴대폰 포함) : 555-1234, 010-4455-1234

위 항고인은 귀원 20○○타경3991호 부동산강제경매사건에 관하여 귀원이 20○○. 7. 2.에 선고한 매각불허결정에 대하여 불복이므로 즉시항고를 제기합니다.

항 고 취 지

원심결정을 취소한다.
라는 재판을 구합니다.

항 고 이 유

1. 귀원 20○○타경3991호 부동산강제경매사건에 관하여 항고인은 별지목록기재 부동산에 대하여 최고가매수가격의 신고를 하였습니다.

2. 그러나 경매법원은 이 사건 부동산에 관하여, 항고인이 농지법 소정의 농지취득자격증명을 제출하지 아니하였다는 이유로 매각을 불허하였는바, 농지법의 적용대상이 되는 같은 법 제2조의 농지라 함은 형식적인 지목여하에 불구하고, 농경지로서의 목적을 이룰 수 있는 객관적인 상태에 있는 농지만을 의미한다고 볼 것인데, 이 사건 토지는 공부상의 지목만 전(田)으로 되어 있을 뿐 도시계획상의 개발제한구역에 편입되어 있고, 그 지상에는 공장건물 2동이 건립되어

있으며, 그 건물주위의 나머지 토지부분도 대리석 하치장등 공장의 작업장으로 사용되는 등 사실상 대지화(垈地化)되어 농경지로 사용되고 있지 아니하므로써 이사건 토지의 객관적인 현상으로 보아 농지법의 적용대상인 농지가 아니라 할 것이므로 항고인이 농지법 소정의 농지취득자격증명을 제출하지 아니하였다는 이유만으로 매각을 불허하였음은 농지법의 법리를 오해한 위법이 있다 사료되므로 본 항고에 이르렀습니다.

첨 부 서 류

1. 도시계획확인원 1통

20○○. 7. 10.

위 항고인 오 장 섭 (인)

서울북부지방법원 귀중

항고절차와 해설

◆ 신청방식	즉시항고는 결정정본을 수령한 날로부터 1주 이내(불변기간)에 하여야 한다. 항고이유는 원심재판의 취소 또는 변경을 구하는 사유를 구체적으로 적어야 한다(민집규칙 제13조 제1항). 위의 사유가 법령위반인 때에는 그 법령의 조항 또는 내용과 법령에 위반되는 사유를, 사실의 오인인 때에는 오인에 관계되는 사실을 구체적으로 밝혀야 한다(민집규칙 제13조 제2항). 항고장에 항고이유를 적지 아니한 때에는 항고인은 항고장을 제출한 날부터 10일내에 항고이유서를 원심법원에 제출하여야 한다(민집법 제15조 제3항). 이 기간 내에 항고이유서를 제출하지 아니하면 원심법원은 결정으로 그 즉시항고를 각하한다(민집법 제15조 제5항).
◆ 인지첩부	민사소송등인지법 제11조 소정액(2,000원)의 인지를 붙인다(재민 91-1,).
◆ 송 달 료	송달료는 당사자 1인당 5회분을 납부한다.
◆ 관할법원	즉시항고는 항고장을 원심법원에 제출함으로써 한다(민집법 제15조 제2항, 민소법 제445조).

[서식] 재항고장

재 항 고 장

2,000원
정부수입인지

항고인 백 영 산(550320-1234567)
서울 서초구 서초로 347-4(우 : 10102)
전화(휴대폰 포함) : 555-1234, 010-4455-1234

서울중앙지방법원 20○○타경 2345호 부동산매가허가결정에 대한 항고사건에 관하여, 동 법원에서 20○○. 7. 24. 한 원 결정에 대하여 항고인은 이에 불복이므로 재항고를 제기합니다.
(항고인은 위 결정정본을 20○○. 8. 24. 송달받았습니다)

원결정의 표시

이건 항고장을 각하한다.

불복의 정도

재항고인은 위 결정에 대하여 전부 불복합니다.

재항고의 취지

원 결정을 취소하고 다시 상당한 재판을 구합니다.

재항고 이유

1. 원심은 항고인의 항고장이 20○○. 7. 18. 귀원에 접수되었으나 항고 보증금으로 매각대금의 10분의 1에 해당하는 금액을 공탁하고 그 공탁서를 첨부하여야 하나 이를 첨부하지 아니하였으므로 이건 항고장을 각하한다고 결정하였습니다.

2. 그러나 경매의 대상이 된 이건 부동산은 2층 주택 및 대지로서 시가도 금 250,000,000원 이상을 상당하는 부동산임에도 불구하고 시가의 3분의 1에도 미치지 못하는 금70,500,000원에 매각허가됨은 심히 부당하다 할 것이어서 항고인은 이건 항고에 이르렀던바 항고인은 법률의 무지로 인하여 항고 보증금을 공탁하지 못하였던 것입니다.

20 . . .

위 재항고인 백 영 산
변호인 법무법인 제일종합법률사무소
담당변호사 박 문 수 (인)
담당변호사 김 문 수 (인)

대법원 귀중

항고절차와 해설

◆ 신청방식	매각허가여부의 결정에 대한 항고사건에서 항고를 인용하거나 기각하는 결정을 한 경우 그 결정에 대하여는 재항고로 불복할 수 있다(민소법 제442조). 재항고절차에는 상고에 관한 규정을 준용한다(민소법 제443조 제2항). 재항고는 상고와 마찬가지로 법률심에 대한 상소이다. 판결에 대한 상소가 상고라면 결정·명령에 대한 상소는 재항고이다. 재항고를 제기하더라도 속행된 집행은 정지되지 아니한다. 따라서 이 경우에는 민사소송법 제448조의 집행정지명령을 받아 집행기관에 제출하여야 비로소 집행이 정지된다(민집법 제49조).
◆ 인지첩부	민사소송등인지법 제11조 소정액(2,000원)의 인지를 붙인다(재민 91-1, 556면 참조). 인지는 법원구내 우체국에서 구입하여 붙인다.
◆ 송 달 료	송달료는 당사자 1인당 5회분을 납부한다.
◆ 관할법원	대법원

6. 이해관계인의 권리신고

가. 서 설

경매절차의 이해관계인이라 함은 경매될 부동산에 대하여 권리를 가진 자를 말한다. 경매될 부동산에는 여러 형태의 이해관계를 가진 자가 있으므로 민사집행법 제90조는 제한적 규정을 두어 이해관계를 가진 자 중에서 보호할 필요가 있는 자를 강제경매절차에 참여케 하여 권리행사를 하게 하였다.

나. 이해관계인이라 할 수 있는 자

(1) 압류채권자와 집행력 있는 정본에 의한 배당요구채권자(민집법 제90조 제1호)

본호의 이해관계인은 ① 경매신청을 한 채권자, ② 압류가 경합된 경우 뒤의 압류채권자, ③ 제1의 경매신청에 의한 강제경매절차가 집행 정지되어 제2의 강제경매 또는 임의경매의 신청에 기하여 경매절차가 진행되는 경우에 제1의 경매신청을 한 채권자, ④ 국세 등의 체납처분에 의한 압류채권자, ⑤ 집행력 있는 정본에 의한 배당요구채권자 등이 본 호에 속하는 이해관계인이다.

(2) 채무자 및 소유자(민집법 제90조 제2호)

본호의 이해관계인은 ① 집행채무자, ② 목적부동산의 소유자, ③ 가압류등기후 본압류에 의한 경매신청전에 소유권이전등기를 받은 자, ④ 파산선고 후에 저당권자가 별제권자(채무자회생 및 파산에 관한 법률 제411조, 제412조)로서 파산재단에 속하는 부동산에 대하여 경매절차를 개시한 때의 파산관재인 등이 해당한다.

(3) 등기부에 기입된 부동산상의 권리자(민집법 제90조 제3호)

본 호의 이해관계인은 경매개시결정기입등기 전에 이미 등기부상에 기록된 자를 말한다. 그러므로 ① 부동산공유지분의 다른 공유자(민집법 제139조, 제140조) ② 소유권이전에 관한 가등기권리자(가등기담보 등에 관한 법률 제16조 제3항) ③ 담보권자 ④ 용익권자(등기된 자에 한한다)등이 본 호에 해당한다.

(4) 부동산상의 권리자로서 그 권리를 증명한 자(민집법 제90조 제4호)

본 호에 해당하는 이해관계인은 경매개시결정기입등기 전에 목적부동산에 대하여 등기 없이도 제3자에게 대항 할 수 있는 물권 또는 채권을 가진 자로서 그 권리를 증명한 자를 말한다. 예컨대 ① 주택의 인도와 주민등록을 마친 주택임차인, 상가건물임대차보호법 제3조 제1항에 따른 건물의 인도와 부가가치세법 제5조, 소득세법 제168조 또는 법인세법 제111조의 규정에 의한 사업자등록신청을 마친 상가건물임차인, ② 건물등기 있는 토지임차인(민법 제622조), ③ 점유권자, ④ 유치권자, ⑤ 특수지역권자(입회권), ⑥ 유치권자, 법정지상권자(민법 제305조, 제366조, 제187조) 등이 본 호에 해당한다. 그러나 위와 같은 권리를 가지고 있는 자라 하더라도 그 권리를 증명한 자만이 이해관계인이 되므로 집행관의 현황조사결과 이해관계인으로 판명되었다 하더라도 그 권리를 집행법원에 증명하지 않은 이상 이해관계인이 될 수 없다.

다. 권리신고

주택임대차보호법상의 대항요건을 갖춘 임차인이 이해관계인인 경매 목적 부동산 위의 권리자라고 하더라도 그러한 사실만으로 당연히 이해관계인이 되는 것이 아니고 집행법원에 스스로 그 권리를 증명하여 신고하여야 비로소 이해관계인으로 되는 것이다(대법원 2004. 2. 13. 자 2003마44 결정).

경매신청등기 후 그 목적 부동산에 대한 권리취득자로서 등기를 하고 그 사실을 스스로 집행법원에 계출 증명하여야 강제집행절차에 있어서의 이해관계인이 되고 압류가 경합된 후행의 경매신청기록에 이해관계인으로 표시되었다고 하더라도 권리취득자가 그 사실을 집행법원에 증명하였다고 볼 수 없어 강제집행절차에 있어서의 이해관계인이 될 수 없다(대법원 1994. 9. 14. 자 94마1455 결정).

권리신고는 배당요구와 달리 부동산 위의 권리자가 집행법원에 신고를 하고 그 권리를 증명하는 것이며, 권리신고를 함으로써 이해관계인이 되지만(민집법 제90조 4호), 권리신고를 한 것만으로 당연히 배당을 받게 되는 것은 아니며 별도로 배당요구를 하여야 한다(민집법 제148조 2호). 따라서 실무에서는 아래와 같이 권리신고 및 배당요구서를 같은 신청서로 작성하고 있다. 배당요구에 관하여는 200면 참조

[서식] 권리신고 및 배당요구신청서(주택임대차)

권리신고 및 배당요구신청서(주택임대차)

사건번호 20○○타경 0000호 부동산강제(임의)경매
채 권 자 ○ ○ ○
채 무 자 ○ ○ ○
소 유 자 ○ ○ ○

임차인은 이 사건 매각절차에서 임차보증금을 변제받기 위하여 아래와 같이 권리신고 및 배당요구신청을 합니다.

1	임차부분	전부(방 칸), 일부(층 방 칸) **(※건물 일부를 임차한 경우 뒷면에 임차부분을 특정한 내부구조도 를 그려 주시기 바랍니다)**
2	임차보증금	보증금 원에 월세 원
3	점유(임대차)기간	20 . . .부터 20 . . .까지
4	전입일자(주민등록전입일)	20 . . .
5	확정일자 유무	유(20 . . .), 무
6	임차권·전세권등기	유(20 . . .), 무
7	계약일	20 . . .
8	계약당사자	임대인(소유자) 임차인
9	입주한 날 (주택인도일)	20 . . .

아 래

첨부서류
1. 임대차계약서 사본 1통
2. 주민등록표등(초)본 1통

20 . . .

권리신고 겸 배당요구신청인 (날인 또는 서명)
(주소 연락처)

○○ 지방법원 귀중

※ 임차인은 기명날인에 갈음하여 서명을 하여도 되며, 연락처는 언제든지 연락가능한 전화번호나 휴대전화 번호 등(팩스, 이메일 주소 등 포함)을 기재하시기 바랍니다.

7. 배당요구

1. 서 설

가. 개 설

배당요구란 다른 채권자에 의하여 개시된 집행절차에 참가하여 동일한 재산의 매각대금에서 변제를 받으려는 집행법상의 행위로서 다른 채권자의 강제집행절차에 편승하게되는 절차이다.

배당요구와 대비되는 행위로서 권리신고가 있는데, 권리신고는 배당요구와 달리 부동산 위의 권리자가 집행법원에 신고를 하고 그 권리를 증명하는 것이며, 권리신고를 함으로써 이해관계인이 되지만(민집법 제90조 4호), 권리신고를 한 것만으로 당연히 배당을 받게 되는 것은 아니며 별도로 배당요구를 하여야 한다(민집법 제148조 2호).

나. 배당요구를 하지 않아도 당연히 배당에 참가할 수 있는 자[2)]

(1) 경매개시결정등기 전에 등기된 가압류채권자

첫 경매개시결정등기 전에 가압류집행을 한 채권자는 배당요구를 하지 않더라도 배당을 받는다(민집법 제148조 3호). 따라서 이에 해당하는 가압류채권자가 채권계산서를 제출하지 않았다 하여 배당에서 제외하여서는 안 된다(대법원 1995. 7. 28. 94다57718 판결, 대법원 2005. 9. 29. 2005다34391 판결).

첫 경매개시결정등기 전에 등기된 가압류채권자로부터 그 피보전권리를 양수한 채권양수인은 승계집행문을 부여받지 않더라도 배당표가 확정되기 전까지 경매법원에 피보전권리를 양수하였음을 소명하여 가압류의 효력을 원용함으로써 가압류채권자의 승계인 지위에서 배당받을 수 있다(대법원 1993. 7. 13. 92다33251 판결, 대법원 2012. 4. 26. 2010다94090 판결).

이미 사망한 사람을 채무자로 한 가압류신청은 부적법하고 그 신청에 따른 가압류결정이 있었다고 하여도 그 결정은 당연 무효로서 그 효력이 상속인에게 미치지 않으나(대법원 2002. 4. 26. 2000다30578 판결), 보전처분은 서면심리에 의하여 이루어지므

---

2) 2014 법원행정처 발행 민사집행 II 449면

로 신청 당시 채무자가 생존해 있었다면 결정 당시는 사망했고 그 수계절차가 이루어지지 않았더라도 그 사망인을 상대로 한 가압류가 당연무효가 되는 것은 아니다(대법원 1976. 2. 24. 75다1240 판결, 대법원 1993. 7. 27. 92다48017 판결).

(2) 첫 경매개시결정등기 전에 등기된 우선변제권자[3)]

(가) 저당권·전세권·임차권자 등

경매개시결정이 등기되기 전에 설정된 매각부동산 위의 권리 중 담보권이나 최선순위가 아닌 용익권(저당권·압류·가압류에 대항할 수 없는 것)은 매각으로 인하여 당연히 소멸(소멸주의, 민집 91조 2항, 3항, 148조 4호)하는 대신, 법률상 당연히 배당요구한 것과 동일한 효력이 있으므로(대법원 1999. 1. 26. 98다21946 판결, 대법원 2009. 5. 14. 2008다78880), 별도의 배당요구가 없더라도 순위에 따라 배당받을 수 있다.

가등기담보 등에 관한 법률 16조는 소유권의 이전에 관한 가등기가 되어 있는 부동산에 대한 경매 등의 개시결정이 있는 경우 법원은 가등기권리자에 대하여 그 가등기가 담보가등기인 때에는 그 내용 및 채권의 존부·원인 및 수액을, 담보가등기가 아닌 경우에는 그 내용을 법원에 신고할 것을 상당한 기간을 정하여 최고하여야 하고(1항), 압류등기 전에 경료된 담보가등기권리가 매각에 의하여 소멸되는 때에는 1항의 채권신고를 한 경우에 한하여 그 채권자는 매각대금의 배당 또는 변제금의 교부를 받을 수 있다고 규정하고 있으므로(2항), 위 제2항에 해당하는 담보가등기권리자가 집행법원이 정한 기간 안에 채권신고를 하지 아니하면 매각대금의 배당을 받을 권리를 상실한다(대법원 2008. 9. 11. 2007다25278 판결).

저당권·압류·가압류에 대항할 수 있는 최선순위의 용익권 중 전세권은 실체법상 존속기간이 지났는지에 관계없이 그 권리자가 배당요구를 하여야만 매각으로 소멸하므로(민집법 제91조 제4항 단서), 이에 해당하는 권리는 비록 첫 경매개시결정등기 전에 등기되어 있더라도 배당요구가 필요하다.

저당권·압류·가압류에 대항할 수 있는 최선순위의 용익권 중 주택이나 상가건물의 등기된 임차권의 경우에는, 전세권의 경우와 동일하게 배당요구를 하여야만 배당을 받을 수 있다는 견해와 배당요구가 없어도 당연히 배당을 받을 수 있다는 견해로 나뉘어 있다. 임차권등기명령에 의하여 임차권등기가 첫 경매개시결정등기 전에 등기된

---

3) 2014 법원행정처 발행 민사집행 Ⅱ 451면

경우, 민사집행법 148조 4호의 채권자에 준하여, 그 임차인은 별도로 배당요구를 하지 않아도 당연히 배당받을 채권자에 속하는 것으로 보아야 한다(대법원 2005. 9. 15. 2005다33039 판결).

(나) 체납처분에 의한 압류권자

첫 경매개시결정등기 전에 체납처분에 의한 압류등기가 된 경우에는 국세징수법 56조에 의한 교부청구를 하지 않더라도 당연히 그 등기로써 배당요구와 같은 효력이 발생하므로(대법원 2002. 1. 25. 2001다11055 판결) 별도의 교부청구를 하지 않아도 배당을 받을 수 있다. 그러나 첫 경매개시결정등기 후에 체납처분에 의한 압류등기(참가압류등기 포함)가 된 경우에는 집행법원에 배당요구의 종기까지 교부청구를 하여야 배당을 받을 수 있다(대법원 2001. 5. 8. 2000다21154 판결). 그 조세채권이 당해세에 관한 것이라 하더라도 마찬가지이다(대법원 2012. 5. 10. 2011다44160 판결).

체납자가 사망한 후 체납자 명의의 재산에 대하여 한 압류는 그 재산을 상속한 상속인에 대하여 한 것으로 본다(국세징수법 37조 2항).

(다) 종전 등기기록상의 권리자

재개발, 재건축사업시행결과 공급된 부동산에 대하여 경매할 때 종전 부동산등기기록에 기입되어 있던 부담등기의 권리자이다.

도시정비사업시행의 결과 토지 또는 건축물을 분양받아 소유권을 취득한 자가 보유하고 있던 종전의 토지 또는 건축물에 설정된 지상권·전세권·저당권·임차권·가등기담보권·가압류 등 등기된 권리 및 주택임대차보호법 3조 1항의 요건을 갖춘 임차권은 소유권을 이전받은 대지 또는 건축물에 설정된 것으로 본다(도시 및 주거환경정비법 55조 1항).

종전 부동산의 등기기록에 위와 같은 등기가 있는 경우에는 그 등기된 권리자도 배당요구하지 않아도 당연히 배당에 참가할 수 있는 채권자에 해당하는 것으로 보아야 한다.

(라) 이중경매신청인

선행사건의 배당요구의 종기까지 이중경매신청을 한 채권자는 별도의 배당요구를 하지 않아도 배당을 받는다(민집법 제148조 1호).

다. 배당요구를 하여야 배당을 받을 수 있는 자[4)]

(1) 개 설

전술한 “배당요구를 하지 않아도 당연히 배당에 참가할 수 있는 자”외의 채권자들은 배당요구의 종기까지 배당요구를 하여야 배당받을 수 있다.

배당요구가 필요한 채권자는 배당요구의 종기까지 배당요구를 한 경우에 한하여 비로소 배당을 받을 수 있고, 적법한 배당요구를 하지 아니한 경우에는 실체법상 우선변제청구권이 있는 채권자라 하더라도 그 매각대금으로부터 배당을 받을 수 없으며, 배당요구의 종기까지 배당요구한 채권자라 할지라도 채권의 일부 금액만을 배당요구한 경우 배당요구의 종기 이후에는 배당요구하지 아니한 채권을 추가하거나 확장할 수 없고(대법원 2001. 3. 23. 99다11526 판결, 대법원 2008. 12. 24. 2008다65242 판결), 이는 추가로 배당요구를 하지 아니한 채권이 이자 등의 부대채권이라 하더라도 마찬가지이다. 다만, 경매신청서 또는 배당요구종기 이전에 제출된 배당요구서에 배당기일까지의 이자 등의 지급을 구하는 취지가 기재되어 있다면 배당대상에 포함된다(대법원 2001. 3. 23. 99다11526 판결, 대법원 2011. 12. 8. 2011다65396 판결).

이는 조세채권에 의한 교부청구를 하는 경우에도 동일하게 적용되므로, 그 조세채권이 법정기일에 관계없이 근저당권에 우선하는 당해세에 관한 것이라고 하더라도 배당요구의 종기까지 교부청구한 금액만을 배당받을 수 있을 뿐이다. 그리고 그 당해세에 대한 부대세의 일종인 가산금 및 중가산금의 경우에도 교부청구 이후 배당기일까지의 가산금 또는 중가산금을 포함하여 지급을 구하는 취지를 배당요구종기 이전에 명확히 밝히지 않았다면, 배당요구종기까지 교부청구를 한 금액에 한하여 배당받을 수 있다(대법원 2012. 5. 10. 2011다44160 판결).

(2) 집행력 있는 정본을 가진 채권자

유체동산집행절차에서는 집행력 있는 정본을 가진 채권자는 자신이 별도의 강제집행을 신청하여야만 하고 배당요구를 할 수 없으나(민집법 제217조), 부동산집행절차에서는 별도로 집행신청을 할 수도 있고, 배당요구를 할 수도 있다.

본조의 집행력 있는 정본과 민사집행법 제28조 제1항의 집행력 있는 정본은 개념상 일치하는 것은 아니다. 즉, 민사집행법 제28조 1항의 집행력 있는 정본은‘집행문이 부여된 판결정본’을 뜻하지만, 본조의 집행력 있는 정본은 집행권원의 종류에 관해

4) 2014 법원행정처 발행 민사집행 Ⅱ 471면

판결뿐만 아니라 민사집행법 제56조 각 호의 집행권원이 모두 포함되고, 또한 집행권원에 표시된 급부의 내용이 주된 청구이든 대상청구이든 금전의 지급을 내용으로 하는 것이어야 하며, 강제집행에 집행문이 필요한 것은 집행문을 부여받아야 하지만 집행문이 필요 없는 지급명령(민집법 제58조 1항)이나 이행권고결정(소액 제5조의8 제1항 본문) 등은 집행문이 없어도 된다.

따라서 이들 채권도 배당요구의 종기까지 배당요구를 하여야만 배당받을 수 있다.

배당요구를 할 때는 집행력 있는 정본을 소지한 자라도 배당요구서에 반드시 집행력 있는 정본을 붙일 필요는 없고 그 사본을 붙이면 된다(민집규 제48조 2항).

(3) 첫 경매개시결정등기 후에 가압류를 한 채권자

첫 경매개시결정등기 후에 동일 부동산에 대하여 가압류를 한 채권자를 말한다. 가압류채권자 중 첫 경매개시결정등기 전에 가압류를 한 채권자는 배당요구를 하지 않더라도 당연히 배당받을 수 있으나(민집법 제148조 3호), 첫 경매개시결정등기 후에 가압류를 한 채권자는 경매신청인에게 대항할 수 없고 집행법원도 가압류사실을 알 수가 없으므로 배당요구의 종기까지 배당요구를 하여야만 배당받을 수 있다.

여기서의 배당요구를 할 수 있는 '가압류를 한 채권자'는 단순히 가압류결정을 받은 채권자는 포함되지 아니하고, 당해 매각부동산에 대하여 가압류 집행을 마친 가압류채권자를 가리키는 것이므로, 만일 가압류 집행 전에 미리 배당요구를 하였다면 그 배당요구는 부적법하고, 다만 그 후에 가압류 집행이 됨으로써 배당요구의 하자가 치유된다고 할 것이나, 이 경우에도 가압류 집행은 배당요구의 종기까지는 이루어져야 한다(대법원 2003. 8. 22. 2003다27696 판결).

같은 견지에서 외국선박에 대한 가압류결정을 받은 가압류권자는 가압류집행을 마쳐야 배당요구를 할 수 있으므로, 가압류대상인 선박에 대하여 이미 경매신청채권자 등에 의하여 선행 감수·보전처분이 되어 있다고 하더라도 별도로 가압류집행을 하여야 하고, 그러한 집행을 하지 아니한 채 선행 감수·보전처분을 원용하거나 가압류결정만으로 적법한 배당요구가 있었다고 할 수 없다(대법원 2011. 9. 8. 2009다49896 판결).

위와 같이 민사집행법 제148조 제3호가 가압류채권자 중 배당요구가 없어도 배당받게 되는 채권자를 첫 경매개시결정등기 전에 등기된 채권자로 제한하였는데, 이는 문언상 이중경매개시결정이 있는 경우까지 포함하여 규정하고 있는 것이 명백하지만, 여기서 첫 경매개시결정등기란 현재 존속중인 경매사건 중 가장 먼저 개시결정등기된 사건을 뜻한다.

따라서 이중경매개시결정이 있는데 먼저 개시결정 된 사건이 정지되었을 뿐인 경우에는, 먼저 개시결정 된 사건의 경매개시결정등기 후에 가압류집행을 한 채권자는, 설령 그 가압류등기가 뒤에 경매개시결정 된 사건의 경매개시결정등기보다 먼저 등기되었고, 또한 뒤에 개시된 경매사건에 따라 절차가 진행되더라도 배당요구의 종기까지 배당요구하지 아니하면 배당받을 수 없으나, 반면에 먼저 경매개시결정 된 사건이 취하 또는 취소되어 존재하지 않게 된 경우에는 뒤에 경매개시결정 된 사건의 경매개시결정등기가 민사집행법 제148조 제3호의 첫 경매개시결정등기가 되므로 그 전에 가압류를 한 가압류채권자는 배당요구를 하지 않더라도 배당을 받을 수 있다.

(4) 민법·상법, 그 밖의 법률에 의하여 우선변제청구권이 있는 채권자

여기서 말하는 우선변제청구권이 있는 채권자는 등기 여부에 따라 두 가지가 있다.

1) 하나는 등기 안 된 우선변제권자로서, 주택임대차보호법이나 상가건물임대차보호법이 적용되는 임차권 중 등기 안 된 임차권자의 임대차보증금채권(주택임대차 제3조의2 제2항, 제8조, 상가임대차 제5조 2항, 제14조), 임금채권(근로기준법 제38조, 근로자퇴직급여 보장법 제12조), 사용인의 우선변제권(상법 제468조) 등과 같이 우선변제청구권은 인정되고 있으나 등기가 되어 있지 않기 때문에 배당요구하지 않으면 그 채권의 존부나 액수를 알 수 없는 채권을 가진 자이다.

여기에 해당하는 채권자들은 반드시 배당요구를 하여야만 배당받을 수 있다. 특히 주택이나 상가건물의 임차인이 이해관계인으로서 권리신고를 한 경우에도 이를 배당요구로는 볼 수 없으므로 다시 배당요구하여야 한다(재판예규 제866-41호, 5. 항).

주택임대차보호법상의 대항력과 우선변제권을 모두 가지고 있는 임차인이 보증금을 반환받기 위하여 보증금반환청구 소송의 확정판결 등 집행권원을 얻어 임차주택에 대하여 스스로 강제경매를 신청하였다면 특별한 사정이 없는 한 대항력과 우선변제권 중 우선변제권을 선택하여 행사한 것으로 보아야 하고, 이 경우 우선변제권을 인정받기 위하여 배당요구의 종기까지 별도로 배당요구를 하여야 하는 것은 아니다(대법원 2013. 11. 14. 2013다27831 판결). 배당요구가 있는 것으로 간주되기 때문이다.

2) 다른 하나는 저당권, 전세권, 등기된 임차권 등 등기는 되었으나 그 등기가 첫 경매개시결정등기 후에 되었기 때문에 민사집행법 제148조 제4호에 따라 당연히 배당받을 수 있는 채권자에 해당되지 아니하는 채권자이다. 이들 채권자가 민사집행법

제88조 제1항의 민법·상법, 그 밖의 법률에 의하여 우선변제권이 있는 채권자'에 해당하는지에 관하여 구민사소송법하에서는 견해의 대립이 있었으나, 실무는 긍정설의 입장에서 처리하여 왔는데, 긍정설에 의할 경우 민사집행법 제148조 제2호 및 제4호의 해석상 배당요구가 있어야 배당받을 수 있다고 할 것이다.

그리고 민사집행법 제148조 제4호가 등기된 우선변제청구권으로서 매각으로 소멸하는 권리 중 배당요구가 없어도 배당받게 되는 채권자를 첫 경매개시결정등기 전에 등기된 것으로 제한하였는데 이것도 문언상 이중경매개시결정이 있는 경우까지 포함하여 규정하고 있는 것이 명백하며, 따라서 여기서 첫 경매개시결정등기란 현재 존속 중인 경매사건 중 가장 먼저 경매개시결정등기된 사건의 경매개시결정등기를 의미하는 것임은 전술한 가압류등기의 경우와 같다.

따라서 이중경매개시결정이 있는데 먼저 경매개시결정 된 사건이 정지되었을 뿐인 경우에는, 먼저 경매개시결정 된 사건의 경매개시결정등기 후에 위의 각 등기를 한 채권자는, 설령 그 등기가 뒤에 경매개시결정 된 사건의 경매개시결정등기보다 먼저 등기되었고, 또한 뒤에 경매개시결정 된 사건에 따라 절차가 진행되더라도 배당요구의 종기까지 배당요구하지 아니하면 배당받을 수 없으나, 반면에 먼저 경매개시결정 된 사건이 취하 또는 취소되어 존재하지 않게 된 경우에는 뒤에 경매개시결정 된 사건의 경매개시결정등기가 민사집행법 제148조 제4호의 첫 경매개시결정등기가 되므로 그 전에 등기를 한 채권자는 배당요구를 하지 않더라도 배당을 받을 수 있다.

판례는, 채권양수인이 우선변제권을 행사할 수 있는 주택임차인으로부터 임차보증금반환채권을 양수한 경우, 임차권과 분리된 임차보증금반환채권만을 양수한 이상 그 채권양수인이 주택임대차보호법상의 우선변제권을 행사할 수 있는 임차인에 해당한다고 볼 수 없으므로, 위 채권양수인은 임차주택에 대한 경매절차에서 주택임대차보호법상의 임차보증금 우선변제권자의 지위에서 배당요구를 할 수 없고, 이는 채권양수인이 주택임차인으로부터 다른 채권에 대한 담보목적으로 임차보증금반환채권을 양수한 경우에도 마찬가지이며, 다만 이와 같은 경우에도 채권양수인이 일반 금전채권자로서의 요건을 갖추어 배당요구는 할 수 있다고 한다(대법원 2010. 5. 27. 2010다10276 판결).

한편, 2013. 8. 13. 임차인의 보증금반환채권을 양수한 금융기관 등이 그 우선변제권을 승계하도록 하는 내용으로 주택임대차보호법이 일부 개정되어 위 판례를 둘러싼 논란의 일정 부분이 입법적으로 해결되었다(주택임대차 제3조의2 제7항, 제8항, 제9

항).

(5) 조세 기타 공과금채권

조세 기타 체납처분의 예에 따라 징수할 수 있는 공과금채권(과태료 중 법원의 과태료 재판을 거치지 아니하고 행정관청에 의하여 부과된 채 확정된 과태료 채권도 여기에 해당한다)에는 징수순위가 일반채권보다 앞서는 것과 그렇지 아니한 것이 있고, 전자 중에도 납부기한에 따라 담보권과의 우선순위가 달라지는 것과 그렇지 아니한 것이 있는데, 어느 것이나 이들 징수금이 미납된 경우 배당요구의 종기까지 국세징수법상의 체납처분의 예에 의한 압류·참가압류 또는 교부청구를 하여야만 배당받을 수 있다.

(6) 대위변제자의 배당요구

타인의 채권을 대위변제하였거나 또는 공동저당권자에 대한 이시배당의 결과 차순위 채권자가 대위하는 경우(민법 제368조 2항)에 대위권자는 피대위자와는 별도로 배당요구를 하여야 하는가에 관하여는, 원칙적으로 피대위자가 배당받기 위하여 배당요구가 필요한 경우에는 대위할 범위에 관하여 대위권자만이 배당요구해도 되고(대법원 2000. 9. 29. 2000다32475 판결, 대법원 2002. 12. 10. 2002다48399 판결), 대위할 범위에 관하여 피대위자가 이미 배당요구하였거나 배당요구 없이도 당연히 배당받을 수 있는 경우에는 대위권자는 따로 배당요구하지 않아도 배당기일까지(배당표가 확정되기 전까지) 대위권자임을 소명하면 된다고 할 것이다(대법원 2005. 9. 29. 2005다34391 판결, 대법원 2007. 9. 7. 2005다70816 판결 등).

한편 대위변제자가 배당요구할 때는 피대위자의 배당요구의 자격 외에 변제자 대위에 관한 요건, 즉 대위변제사실뿐 아니라 임의대위의 경우 피대위자의 승낙(민법 제480조 1항) 등 대위권행사의 요건도 소명하여야 하고, 또한 피대위자가 집행력 있는 정본을 가진 자인 경우에는 그 정본에 승계집행문도 받아야 한다(대법원 2007. 4. 27. 2005다64033 판결).

2. 배당요구신청

가. 개 설

배당요구는 채권의 원인과 액수를 적은 서면으로 하여야 하고, 그 배당요구서에는 집행력 있는 정본 또는 그 사본, 그 밖에 배당요구의 자격을 소명하는 서면을 붙여야 하며(민사집행규칙 제48조), 이때 채권의 원인은 채무자에 대하여 배당요구채권자가 가지는 원인채권을 특정할 수 있을 정도로 기재하면 충분하지만, 집행력 있는 정본에 의하지 아니한 배당요구인 경우에는 채무자로 하여금 채권이 어느 것인가를 식별할 수 있을 정도로 그 채권의 원인에 관한 구체적인 표시가 필요하다(대법원 2015. 6. 11. 선고 2015다203660 판결).

원금은 배당요구서 제출 당시의 원금을 뜻한다. 이자는 배당기일까지의 이자가 포함되나, 다만 배당기일이 정해지지 아니하여 정확한 액수를 계산할 수 없는 경우에는 이자율로 표시하여도 된다.

배당요구는 이해관계인에게 통지하여야 하므로(민집법 제89조) 배당요구채권자는 그 송달비용을 예납하여야 한다.

나. 배당요구의 종기

(1) 개 설

집행력 있는 정본을 가진 채권자, 경매개시결정이 등기된 뒤에 가압류를 한 채권자, 민법·상법 그 밖의 법률에 의하여 우선변제청구권이 있는 채권자는 배당요구의 종기까지 배당요구를 한 경우에 한하여 배당을 받을 수 있고, 적법한 배당요구를 하지 아니한 경우에는 실체법상 우선변제청구권이 있는 채권자라 하더라도 그 매각대금으로부터 배당을 받을 수 없다(대법원 2015. 6. 11. 선고 2015다203660 판결).

배당요구의 종기는 첫 매각기일 이전으로 정하여진다(민집법 제84조 제1항). 따라서 주택임대차보증금반환청구권(소액보증금을 포함한다), 임금채권 등 우선변제권이 있는 채권자라도 배당요구의 종기까지 배당요구를 하여야 한다. 만일 위 시기까지 적법한 배당요구를 하지 않은 때에는 매각대금으로부터 배당을 받을 수 없고, 배당에서 제외된 경우에 배당받은 후순위채권자를 상대로 후술하는 부당이득금반환청구도 할 수 없게 된다.

경매개시결정등기 전에 등기된 가압류채권자(민집법 제148조 제3호) 및 저당권·전세권, 그 밖의 우선변제청구권으로서 첫 경매개시결정등기 전에 등기되었고 매각으로 소멸하는 것을 가진 채권자(민집법 제4호) 및 조세, 그 밖의 공과금을 주관하는 공공기관은 법원사무관등의 최고에 따라 채권의 유무, 그 원인 및 액수(원금·이자·비용, 그 밖의 부대채권을 포함한다)를 배당요구의 종기까지 법원에 신고하여야 한다

(민집법 제84조 제4항). 만일 최고를 받은 채권자가 최고에 대한 신고를 하지 아니한 때에는 그 채권자의 채권액은 등기부등본 등 집행기록에 있는 서류와 증빙에 따라 계산한다. 이 경우 다시 채권액을 추가하지 못한다(민집법 제84조 제5항).

저당권·압류채권·가압류채권에 대항할 수 있는 전세권, 대항력을 갖춘 주택임차권 등과 같이 배당요구에 따라 매수인이 인수하여야 할 부담이 바뀌는 경우 배당요구를 한 채권자는 배당요구의 종기가 지난 뒤에 이를 철회하지 못한다(민집법 제88조 제2항).

(2) 배당요구의 확장

배당요구의 종기까지 배당요구한 채권자라 할지라도 채권의 일부 금액만을 배당요구한 경우 배당요구의 종기 이후에는 배당요구하지 아니한 채권을 추가하거나 확장할 수 없나(대법원 2015. 6. 11. 선고 2015다203660 판결).

(3) 배당요구를 할 수 있는 채권의 요건

배당요구를 할 수 있는 채권은 집행채무자에 대한 채권이어야 한다. 따라서 목적물이 경매절차진행 중에 제3자에게 양도되었다면 양도되기 전의 배당요구채권자에 있어서는 대항력이 없으나 그 이후의 배당요구채권자에 대하여는 대항력이 있다(재민 63-11). 이행기가 도래한 채권이어야 한다(반대설 있음). 다만, 압류당시에 존재하고 있던 가압류 채권의 경우에 그 배당액은 공탁되므로(민집법 제160조 제1항 제2호) 사실상 이행기가 도래 전에 배당받는 것이 된다.

다. 첨부서류

배당요구서의 첨부서류로는 각 채권자마다 다르다. 우선변제청구권자가 배당요구를 함에 있어서는 그 우선변제청구권의 존재를 증명할 수 있는 서면을 첨부하여야 한다. 예컨대, 임금채권자의 경우에는 지방노동청 또는 지방노동사무소에서 발행한 체불임금확인서, 급여담당자가 발행한 임금미지급확인서, 임금대장사본, 은행계좌로 입금되는 임금의 경우에는 은행 발행의 미입금증명서 등 그 존재를 증명할 수 있는 문서를 첨부하고, 주택임차인인 경우에는 주택임대차계약서사본 등을 첨부한다.

가압류채권자는 가압류등기가 된 등기부등본을, 집행력 있는 정본에 의하여 배당요구를 하는 자는 집행력 있는 정본 등 인증할만한 서류를 제출하여야 하며, 배당요구신청서 부본(이해관계인 수)을 제출하여야 한다. 또한 대리인에 의한 배당요구의 경우에는 자격증명과 위임장을 첨부하여야 한다.

3. 배당요구의 효력 및 불복

가. 개 설

배당요구채권자는 매각대금으로부터 배당받을 권리, 통지를 받을 권리(민집법 제146조), 배당표에 대한 의견을 진술할 권리(민집법 제151조) 등이 있다. 특히 집행력 있는 정본에 의하여 배당요구를 한 자는 매각조건의 변경에 관한 합의(민집법 제110조) 매각허가여부의 진술(민집법 제120조) 또는 매각허가여부결정에 대하여 즉시항고할 수 있는 권리(민집법 제130조) 등이 있다. 집행력 있는 집행권원의 정본이 없이 배당을 요구한 채권자(가압류채권자를 제외한다)에 대하여 이의가 있는 채무자와 다른 채권자에 대하여 이의가 있는 채권자는 각 그 채권에 대하여 스스로 배당이의를 하고(민집법 제151조 제1항, 제2항), 배당기일로부터 1주일 내에 배당이의의 소를 제기한 사실을 증명하는 서류를 제출하여야 한다(민집법 제154조). 집행력 있는 집행권원의 정본을 가진 채권자에 대하여 이의한 채무자는 청구이의의 소를 제기하여야 한다. 이 경우는 위 소의 제기증명 서류를 배당기일로부터 1주일내에 제출하여야 한다. 즉, 채무자는 배당표원안이 비치된 이후 배당기일이 끝날 때까지 미리 서면으로, 또는 배당기일에 출석하여 이의할 수 있다. 다만, 채권자는 배당기일에 출석하여 이의하여야 한다.

배당요구는 민법 168조 2호의 압류에 준하는 것으로서 시효중단의 효력이 있다(대법원 2009. 3. 26. 2008다89880 판결).

나. 불 복

법원은 배당요구신청이 있으면 신청서의 기재와 첨부서류 등 배당요구의 형식적 요건에 대하여 심사를 하게 된다. 부적법한 경우에는 보정을 명하고 보정이 불가능하면 각하하게 된다. 이 결정에 대하여는 집행에 관한 이의(민집법 제16조)로 불복할 수 있다.

부적법한 배당요구신청을 받아들여 배당표를 작성한 경우에는 배당기일에 출석하여 배당표에 대한 이의를 진술할 수 있으며 이에 의하여 시정되지 아니하거나 배당표에서 제외한 경우에는 집행에 관한 이의를 할 수 있다.

다. 배당요구를 하지 않은 경우

배당이의를 할 수 있는 채권자로서 이의를 제기하지 아니한 채권자는 배당절차에 관한 한 모든 항변과 함께 자신의 이익옹호를 위한 권리를 잃게 된다. 그러나 배당표가 확정되어 배당된 경우에도 배당을 받지 못한 우선채권자에게는 배당을 받은 다른 채권자에 대하여 부당이득반환청구권이 있다(대법원 1988. 11. 8. 86다카2949 판결). 다만, 민사집행법 제247조에서 규정하는 배당요구가 필요한 배당요구채권자는, 당연히 배당을 받을 수 있는 권리질권자의 경우와는 달리, 배당요구의 종기까지 배당요구를 한 경우에 한하여 비로소 배당을 받을 수 있고, 적법한 배당요구를 하지 아니한 경우에는 비록 실체법상 우선변제청구권이 있다 하더라도 배당재단으로부터 배당을 받을 수는 없고, 이러한 배당요구채권자가 적법한 배당요구를 하지 아니하여 그를 배당에서 제외하는 것으로 배당표가 작성·확정되고 그 확정된 배당표에 따라 배당이 실시되었다면 그가 적법한 배당요구를 한 경우에 배당을 받을 수 있었던 금액 상당의 금원이 후순위채권자에게 배당되었다고 하여 이를 법률상 원인이 없는 것이라고 할 수 없다(대법원 2002. 1. 22. 2001다70702 판결, 대법원 2005. 8. 25. 2005다14595 판결등).

[서식] 배당요구신청서(집행력있는 공정증서에 의한 채권)

배당요구신청

500원
정부수입인지

사　　　건　20○○타경1994호로 부동산 강제경매
채　권　자　주식회사 영국상사
서울 종로구 관철동 110-111(우 : 10200)
위 대표이사　　오　　지　　환

채　무　자　장　　상　　택
서울 강남구 신사로 135-120(우 : 10201)

배당요구채권자　최　　중　　도
서울 중구 오장동 10310(우 : 10202)

배당요구채권의 표시

금10,000,000원정

공증인가 시민합동법률사무소 작성 20○○년 증서 제1994호 집행력있는 공정증서정본에 의한 금원 및 위 금원에 대하여 20○○. 4. 1부터 완제일까지 연 12%의 비율에 의한 지연이자

배당요구의 원인

배당요구채권자는 채무자에 대하여 위와 같은 확정채권이 있는바, 채권자는 채무자소유의 별지 목록 기재 부동산에 관하여 귀원 20○○타경1994호로 부동산 강제경매신청을 하여 현재 경매진행 중에 있으므로, 위 강제경매의 매각대금 중에서 채권액의 비례에 의하여 배당하여 주시기 바랍니다.

첨　부　서　류

1. 집행력있는 공정증서정본　1통
1. 배당요구서부본　　　　　2통

20　.　　.　　.

위 배당요구채권자 최 중 도 (인)

서울중앙지방법원 귀중

인지·송달료 등

◆ 인지첩부	신청서에는 500원의 인지를 붙여야 한다(재민 91-1, 556면 참조). 인지는 법원구내 우체국에서 구입하여 붙인다.
◆ 송 달 료	송달료는 당사자 1인당 2회분을 납부한다.
◆ 관할법원	집행법원

8. 부동산인도명령

가. 서 설

부동산인도명령은 부동산경매절차에서 대금을 납부한 매수인의 신청에 의하여 채무자·소유자 또는 부동산 점유자에 대하여 부동산을 매수인에게 인도할 것을 명하는 재판으로서 간이·신속한 절차에 의하여 매수인으로 하여금 부동산을 인도받을 수 있도록 기판력이 없는 집행권원을 부여하는 것이다(민집법 제136조 제1항, 제56조 제1호).

나. 신청절차

(1) 신청방법

매수인은 매각대금 전액을 납부한 후 6월내에 그 부동산에 대하여 법원에 인도명령 신청을 할 수 있다. 법원은 매수인의 신청이 있는 때에는 채무자·소유자 또는 부동산 점유자 중 일정 범위 내의 자에 대하여 부동산을 매수인에게 인도하도록 명할 수 있다(민집법 제136조 제1항). 그러나 점유자가 매수인에게 대항할 수 있는 권원에 의해 점유하고 있는 것으로 인정되는 경우(예를 들어, 대항력을 갖춘 임차인 등)에는 인도명령을 신청할 수 없다(민집법 제136조제1항 단서).

인도명령을 신청한 후 법원이 인도명령을 결정하기 전에 현 점유자가 제3자에게 그 점유를 이전하면 인도명령의 상대방이 달라지므로 인도명령은 그 효력을 잃게 되므로, 이 경우에는 매각대금을 낸 뒤 6개월 이전이라면 새로운 점유자를 상대방으로 해서 인도명령을 다시 신청할 수 있으며, 매각대금을 낸 뒤 6개월 이후라면 새로운 점유자를 상대방으로 해서 명도소송을 제기해야 한다. 이를 방지하기 위해 인도명령을 신청하거나 명도소송을 제기할 때는 부동산 점유이전금지가처분을 함께 신청하는 것이 좋다. 부동산 점유이전금지가처분을 신청하면 현 점유자가 제3자에게 점유를 이전하는 것이 금지되므로 그 실효성을 확보하는데 도움이 될 수 있다(민집법 제300조 제1항).

인도명령은 매각대금 전액을 납부한 후 6월내에 신청하여야 하고(민집법 제136조 제1항), 6월이 지난 후에는 점유자를 상대방으로 소유권에 기한 인도 또는 명도소송을 제기하여 그 판결에 기하여 집행하여야 한다.

신청서에는 1,000원의 인지를 붙여야 한다(민사소송 등 인지법 제9조 제5항 제4호, 재민 91-1).

(2) 당사자

(가) 신청인

인도명령을 신청할 수 있는 자는 매수인 또는 그 승계인, 그 상속인 등이다. 따라서 상속 또는 회사의 합병 등에 의하여 매수인의 지위를 승계한 일반 승계인 또는 그 상속인 등은 매수인과 동일한 집행법상의 권리를 가지므로 그것을 증명하여 인도명령 신청을 할 수 있다. 그러나 특정승계인(양수인)은 인도명령을 신청할 권리가 없다(대법원 1966. 9. 10. 66마713 결정).

소유자의 승낙 없는 유치권자의 임대차에 의하여 유치권의 목적물을 임차한 자의 점유는 민사집행법 제136조 제1항 단서에서 규정하는 '매수인에게 대항할 수 있는 권원'에 기한 것이라고 볼 수 없다(대법원 2017. 2. 8. 자 2015마2025 결정).

부동산을 경락하여 대금을 완납한 후 이에 대한 부동산인도명령을 받았으나 그 후 채무자와의 사이에 이 부동산에 대한 사용관리계약을 체결하고 수차 사용료를 받고 위 채무자에 대하여 그 사용을 허용하여 왔다면 경락인은 이와 같은 새로운 권원에 의하여 이 부동산을 점유사용하는 위 채무자에 대하여 전시 인도명령에 의한 인도집행을 할 수 없다(대법원 1974. 9. 24. 자 74마270 결정).

경락인이 대금납부 후 소유자, 채무자 기타 인도명령의 상대방이 될 수 있는 점유자에게 매매 등 소유권을 양도하는 행위를 한 경우에는 인도명령을 신청할 수 없다고 해석하여야 하고, 그럼에도 불구하고 부동산인도명령을 발하기 위해서는 그 매매계약이 해제되었다는 등 그 점유권원이 소멸된 사실이 인정되어야 할 것이며, 그 점유권원이 소멸되었다는 사실은 인도명령의 신청인이 입증하여야 한다(대법원 1999. 4. 16. 자 98마3897 결정).

(나) 상대방

상대방은 ① 채무자와 그 승계인, ② 소유자, ③ 부동산점유자이다(민집법 제136조 제1항 본문). 다만, 점유자가 매수인에게 대항할 수 있는 권원에 의하여 점유하고 있는 것으로 인정되는 경우에는 인도명령의 상대방이 될 수 없다(민집법 제136조 제1항 단서).

(3) 관할법원

경매사건이 계속되고 있는 집행법원이다(민집법 제79조). 이 관할은 전속관할이다.

(4) 첨부서류

채권자, 채무자, 소유자, 점유자가 집행기록상 명백한 경우에는 별다른 서류를 요하지 아니하나 승계나 압류의 효력이 발생한 후에 점유한 제3자를 상대로 하는 경우에는 그에 따른 서류를 첨부제출하여야 한다. 따라서 일반승계인을 상대방으로 하는 경우에는 가족관계증명서 및 상업등기부등본, 제3자를 상대방으로 하는 경우에는 그 자가 압류의 효력발생 후에 점유를 개시한 사실을 소명하여야 한다.

(5) 인도명령의 집행

상대방이 인도명령에 응하지 아니할 때에는 집행관에게 집행을 위임하여 민사집행법 제258조 제1항에 의하여 인도집행 할 수 있다(민집법 제136조 제6항).

인도명령의 집행시 집행문의 부여가 필요하다는 견해와 필요 없다는 견해가 있다. 그러나 인도명령이 발한 후에 승계관계가 발생하였을 때에는 반드시 승계집행문을 부여받아 집행하여야 한다.

다. 인도명령에 대한 불복

(1) 개 설

(가) 인도명령은 항고로만 불복할 재판(민집법 제56조 제1호)에 해당하는 집행권원이다. 인도명령에 대한 불복사유는 인도명령 발령의 전제가 되는 절차적 요건의 흠, 인도명령 심리절차의 흠, 인도명령 자체의 형식적 흠, 인도명령의 상대방이 매수인에 대하여 부동산의 인도를 거부할 수 있는 점유권원의 존재에 한정되며, 경매절차 고유의 절차적 흠은 인도명령에 대한 불복사유가 될 수 없다(대법원 2015. 4. 10. 자 2015마19 결정).

이미 강제집행이 종료된 후에는 집행방법에 관한 이의를 할 수 없을 뿐만 아니라 집행방법에 관한 이의신청사건이나 그 기각결정에 대한 즉시항고사건이 계속 중에 있을 때 강제집행이 종료된 경우에도 그 불허가를 구하는 이의신청이나 즉시항고는 이의나 불복의 대상을 잃게 되므로 이의나 항고의 이익이 없어 부적법하게 되는바(대법원 1987. 11. 20. 자 87마1095 결정), 위와 같은 법리는 부동산인도명령에 대한 즉시항고의 경우에도 마찬가지로 적용된다(대법원 2010. 07. 26. 자 2010마458 결정).

(나) 확정된 인도명령에 대하여는 청구에 관한 이의의 소(민집법 제44조)를 제기할 수 있고 상대방이 아닌 제3자는 제3자 이의의 소(민집법 제48조)를 제기할 수 있다. 이 경우에는 잠정처분(민집법 제46조)을 받아 집행관에게 제출하여 그 집행을 정지할 수 있다(민집법 제49조).

(다) 인도명령집행자체에 존재하는 위법에 대하여는 집행에 관한 이의(민집법 제16조)에 의하여 다투어야 한다.

(2) 강제집행정지

부동산경매절차에서 발령된 부동산인도명령의 집행을 저지하기 위한 강제집행정지의 재판은 민사집행법 제15조 제6항 외에는 달리 근거가 없다. 한편 위 민사집행법 제15조 제6항에 따른 강제집행정지의 재판은 법원이 직권으로 하는 것이고 당사자에게 신청권이 있는 것이 아니므로, 당사자의 강제집행정지신청은 단지 법원의 직권발동을 촉구하는 의미밖에 없다. 따라서 법원은 이 신청에 대하여는 재판을 할 필요가 없고, 설령 법원이 이 신청을 거부하는 재판을 하였다고 하여도 불복이 허용될 수 없으므로 그에 대한 불복은 부적법하다고 할 것이다(대법원 2017. 7. 18. 자 2017그42 결정).

[서식] 부동산인도명령신청서(관리인에게로의 인도명령)

부동산인도명령신청

500원
정부수입인지

신청인(매수인) 최 성 도(550320-1234567)
서울 종로구 부암로 5길 345-7(우 : 10200)
전화(휴대폰 포함) : 555-1234, 010-4455-1234

상대방(채무자) 이 기 환
서울 종로구 명륜로 234-8(우 : 10201)

신 청 취 지

귀원 20○○타기3784호 부동산관리명령사건에 관하여 상대방은 별지 목록 기재 부동산을 관리인 김영철에게 인도하라는 재판을 구합니다.

신 청 이 유

귀원의 20○○타경3991호 부동산강제경매사건에 관하여 별지목록기재 부동산에 대하여 매각허가결정을 받고 채무자인 소유자가 위 부동산을 신청인에게 인도할 때까지의 그 관리를 위하여 20○○. 7. 1. 귀원 20○○타기3784호로 귀원 소속 집행관 김영철을 관리인으로 선임하고 관리를 명하는 결정을 받았던바, 위 채무자는 관리인의 출입을 방해하고 인도요구에 대하여 그 인도를 거절하고 불응하므로 소유자(채무자)의 점유를 풀고 부동산을 관리인에게 인도하게 하여 주시기를 민사집행법 제136조 제3항에 의하여 신청합니다.

첨부 : 부동산관리명령 1부

20 . . .

위 신청인(매수인) 최 성 도 (인)

서울중앙지방법원 귀중

인지 · 송달료 등

◆ 인지첨부	신청서에는 1,000원의 인지를 붙여야 한다(재민 91-1).
◆ 송 달 료	송달료는 당사자 1인당 2회분을 납부한다.

[서식] 부동산인도명령신청서(전 소유자 및 매수인에게 대항력 없는 임차인에 대한)

부동산인도명령신청

1,000원
정부수입인지

신 청 인(매수인) 한 강 수(550320-1234567)
서울 마포구 서교동 123-4(우 : 10200)
전화(휴대폰 포함) : 555-1234, 010-4455-1234

피신청인(소유자) 1. 강 채 무
서울 마포구 서교동 234-7(우 : 10201)

(점유자) 2. 강 점 례
서울 마포구 서교동 234-7(우 : 10202)

신 청 취 지

피신청인들은 신청인에게 별지목록 기재부동산을 인도한다.
라는 재판을 구합니다.

신 청 이 유

1. 귀원 20○○타경2784호 부동산임의경매사건에 관하여 신청인은 별지목록기재 부동산에 대하여 20○○. 3. 29. 낙찰허가결정을 받고 20○○. 8. 7. 매각대금을 전액 납부하여 소유권이전등기를 마친 정당한 소유자인바,

2. 피신청인 1. 강채무는 위 부동산의 전소유자 및 채무자로서 위 부동산의 인도요구에 불응하고 있고,

3. 피신청인 2. 강점례는 위 부동산에 대한 임의경매개시결정(20○○. 6. 18. 결정) 이후 즉 압류의 효력발생이후인 20○○. 7. 22. 주민등록상 전입한 것이 명백하므로 매수인에게 대항력이 없습니다.

4. 따라서 신청인은 민사집행법 제136조 제1항에 의하여 이건 부동산의 인도명령을 구하는 바입니다.

첨 부 서 류

1. 부동산임대차계약서 1통
1. 주민등록표등본 1통
1. 대금납부영수증 1통

20○○. 8. .

위 신청인(매수인) 한 강 수 (인)

서울서부지방법원 귀중

<별지 목록>

목 록

서울 마포구 서교동 234-7
대94. 7제곱미터
위 지 상
벽돌조 슬래브 위 기와2층 주택
1층 50. 20제곱미터
2층 50. 02제곱미터
지하실 52. 20제곱미터
내 2층 2층 50. 02제곱미터

인지·송달료 등

◆ 인지첩부	신청서에는 1,000원의 인지를 붙여야 한다(재민 91-1, 556면 참조). 인지는 법원구내 우체국에서 구입하여 붙인다.
◆ 송 달 료	송달료는 당사자 1인당 2회분을 납부한다.
◆ 관할법원	경매사건이 계속되고 있는 집행법원이다(민집법 제79조). 이 관할은 전속관할이다.

[서식] 부동산인도명령신청서(전세권자와 합의양도불능으로 인한)

부동산인도명령신청

1,000원
정부수입인지

신청인(매수인) 김 을 성(550320-1234567)
서울 도봉구 쌍문동 123-45(우 : 10200)
전화(휴대폰 포함) : 555-1234, 010-4455-1234

피신청인(점유자) 이 규 상
서울 강북구 미아동 112-34(우 : 10201)

신 청 취 지

피신청인은 신청인에게 별지목록기재 부동산을 인도한다.
라는 재판을 구합니다.

신 청 이 유

1. 귀원 20○○타경 3456호 부동산임의경매사건에 관하여 신청인은 20○○. 5. 7. 별지목록기재 부동산에 대하여 낙찰허가결정을 받고 20○○. 6. 12. 매각대금 전액을 완납하여 이건 부동산의 소유권을 취득하였습니다.

2. 그러나 이건 부동산은 20○○. 1. 24. 소유권이전등기를 한 피신청인 소유의 부동산이었으나 피신청인이 20○○. 12. 22. 신청외 이문숙에게 매매로 인한 소유권이전등기를 하여 준 뒤 위 이문숙과 임대차계약을 체결하여 임차인이 되었습니다.

3. 그런데 20○○. 7. 16. 서울북부지방법원 집행관이 작성한 임대차관계 조사서에 의하면 피신청인은 20○○. 12. 27. 전입신고를 하고 20○○. 12. 16. 전세보증금 50,000,000원으로 전세계약을 체결한 후 20○○. 4. 12. 서울북부지방법원 도봉등기소에서 확정일자 공증을 하여 현재까지 거주하고 있는 사실을 집행

관 면전에서 확인하고 서명날인을 한 바 있으나(집행관 임대차 관계조사서 피신청인 서류 부본참조) 피신청인은 원인없이 20○○. 12. 22. 신청외 이문숙의 인장을 위조하여 전세계약서의 보증금을 금50,000,000원에서 금58,000,000원으로 변조된 허위의 전세계약서를 작성하여 20○○. 8. 14. 같은 법원 같은 등기소에서 이중으로 확정일자 공증을 받아 동일필적으로 동년 8. 17. 부동산상 권리신고서를 제출한 바 있습니다.

4. 따라서 신청인은 위와 같은 사실이 위 등기소 확정일자부상 명약관화하게 나타나고 있으므로 피신청인에게 알리고 전세보증금 5,000만원을 지급하겠음을 제의한 바 있으나, 이를 거절하므로 합의인도가 불가능함으로 이 신청을 합니다.

첨 부 서 류

1. 전세계약서 1통
1. 주민등록등본 1통
1. 임대차관계조사보고서 1통
1. 대금납입영수증 1통

20 . . .

신청인 김 을 성 (인)

서울북부지방법원 귀중

인지·송달료 등

◆ 인지첩부	신청서에는 1,000원의 인지를 붙여야 한다(재민 91-1, 556면 참조). 인지는 법원구내 우체국에서 구입하여 붙인다.
◆ 송 달 료	송달료는 당사자 1인당 2회분을 납부한다.
◆ 관할법원	경매사건이 계속되고 있는 집행법원이다(민집법 제79조). 이 관할은 전속관할이다.

第6장 동산 및 채권에 대한 강제집행

1. 통 칙

동산이라 함은 유체물에 한하지 않고 부동산, 등기된 선박 또는 이것에 준하는 권리 이외의 물건 또는 재산권을 말한다. 민법상의 동산(민법에서는 이를 유체동산이라 한다) 뿐만 아니라 채권 그 밖의 재산권과 합쳐 넓은 의미에서 동산이라 하나 집행법상의 동산은 유체동산 외에 채권 그 밖의 재산권을 포함하는 것으로서 민법상의 동산과는 개념을 달리한다.

동산에 대한 강제집행은 통칙(민집법 제188조) 외에 유체동산에 대한 강제집행(민집법 제189조~제222조), 채권과 그 밖의 재산권에 대한 강제집행(민집법 제223조~제251조), 배당절차(민집법 제252조~제256조)로 구성되어 있다.

2. 유체동산에 대한 강제집행

가. 의 의

유체동산이라 함은 집행법상의 동산에 해당하는 것으로서 동산 중에서 채권 그 밖의 재산권을 제외한 물건 및 유가증권으로 화체된 재산권을 말한다. 그러므로 유체동산에 대한 강제집행은 동산에 대한 강제집행에 의한다. 이에 대한 강제집행은 채무자가 점유하는 유체동산을 집행관이 점유함으로써 한다(민집법 제189조 제1항). 채무자가 점유하는 유체동산에 있어서 '점유'는 민법상의 점유를 말하는 것이 아니라 물건에 대한 순수한 사실상의 지배 상태인'소지'를 의미하는 것으로 보아야 한다(대법원 1996. 6. 7. 자 96마27 결정).

나. 압류할 수 있는 유체동산의 범위

1) 등기할 수 없는 토지의 정착물로서 독립하여 거래의 객체가 될 수 있는 것(민집법 제189조 제2항 제1호)

유체동산 집행의 대상이 되는 '등기할 수 없는 토지의 정착물'은 토지에의 정착성은 있으나 현금화한 후 토지로부터 분리하는 것을 전제로 하여 거래의 대상으로서의 가치를 가지는 것이라고 보아야 하고(대법원 1995. 11. 27. 자 95마820 결정), 독립하여 거래의 객체가 될 수 있는 것인지의 여부는 그 물건의 경제적 가치 및 일반적인 거래의 실정이나 관념에 비추어 판단하여야 한다(대법원 2003. 9. 26. 선고 2001다52773 판결).. 예컨대 등기가 되지 아니한 입목, 정원석, 정원수, 주유소의 급유기 따위를 말한다.

한편, 미등기 건물 중 건축법에 의한 건축신고 또는 건축허가를 마쳤으나 사용승인을 받지 아니하여 보존등기를 마치지 못한 건물에 대하여 민사집행법은 그 실체를 인정하여 부동산집행방법에 의한 강제집행을 가능하게 하였다(민집법 제81조, 130면 참조).

2) 토지에서 분리하기 전의 과실로서 1월내에 수확할 수 있는 것(민집법 제189조 제2항 제2호)

예컨대 사과, 배, 벼, 감자 따위를 말한다. 압류의 효력은 압류물에서 생기는 천연물에도 미치므로(민집법 제194조), 과실은 토지에서 분리하기까지는 토지의 정착물로서(민법 제99조 1항, 101조 1항, 102조 1항) 독립하여 거래의 대상으로 되지 아니하고, 그에 대한 강제집행은 토지에 대한 강제집행에 부수할 수밖에 없으나, 미분리과실이라도 독립하여 거래의 대상으로 되어 가는 추세에 있으므로 이를 압류의 대상으로 한 것이다.

3) 유가증권으로서 배서가 금지되지 아니한 것(민집법 제189조 제2항 제3호)

예컨대 어음, 수표, 국채, 공채, 화물상환증, 창고증권, 선하증권, 무기명채권 따위를 말한다. 유가증권으로서 배서가 금지되지 아니한 것은 유체동산집행방법에 의하고, 배서가 금지된 것은 채권 그 밖의 재산권의 집행방법에 의한다(민집법 제223조 이하). 유가증권의 개념 즉 배서가 금지된 것인지의 여부 등은 실체법의 해석에 의한다.

유가증권이 배서가 금지된 것인 때에는 법원의 압류명령으로 집행관이 그 증권을 점유하여야 한다(민집법 제233조). 이러한 유가증권은 채권 그 밖의 재산권에 대한 집행의 대상이며 유체동산집행의 대상이 아니다.

4) 채무자와 그 배우자의 공유에 속하는 유체동산은 채무자가 점유하거나 그 배우자

와 공동점유하는 때에는 민사집행법 제189조의 규정에 의하여 압류할 수 있다(민집법 제190조).

혼인중 구입한 물건이라든가 기타 부부 공동사용중인 물건 중 부부 중 누구의 소유인지 불분명한 동산에 대하여는 그들 공유재산으로 추정(민법 제830조 제2항)되므로 특별한 사정이 없는 한 위 동산은 부부 공동점유로 보는 것이 상당하다 할 것이므로 압류할 수 있다. 위와 같은 규정은 부부공동생활의 실체를 갖추고 있으면서 혼인신고만을 하지 아니한 사실혼관계에 있는 부부의 공유 유체동산에 대하여도 유추적용된다(대법원 1997. 11. 11. 선고 97다34273 판결).

부부공유재산을 제외한 유체동산의 공유지분은 유체동산집행의 대상이 아니므로 그 밖의 재산권에 대한 집행(민집법 제251조)의 방법에 따라 압류한다.

5) 압류금지 동산 및 채권에 관하여는 총설적 설명(46면 참조)에서 다루었다.

다. 유체동산의 강제집행신청(집행위임)

유체동산의 집행은 채권자가 집행관에게 서면(집행관 사무소에 비치된 양식)으로 집행신청을 함으로써 개시되며(민집법 제4조), 집행력있는 정본을 첨부하여야 하고(민집규칙 제131조), 비용을 예납하여야 한다.

집행을 개시할 일시는 부득이한 사정이 없는 한 신청을 받은 날부터 1주 안의 날로 정한다(민집규칙 제3조). 소송상의 구조를 받은 자는 구조를 받았음을 증명하는 서면을 제출하여야 한다.

라. 압류절차

(1) 압류의 방법

채무자가 점유하는 유체동산의 압류는 집행관이 그 물건을 점유함으로써 한다. 다만 채권자의 승낙이 있거나 운반하기 곤란할 때에는 봉인 기타의 방법으로 압류물임을 명백히 하여 채무자에게 보관하게 할 수 있다(민집법 제189조 제1항). 이때 채무자는 압류표시를 훼손하지 아니하는 한도에서 점유 중인 물건을 사용할 수 있다(대법원 1969. 6. 24. 선고 69도481 판결).

(2) 압류의 요건

가) 채무자가 점유하고 있는 유체동산이면 그것이 진실로 채무자의 재산에 속하는

지의 여부를 묻지 아니하고 압류할 수 있다(민집법 제189조 제1항). 채무자가 점유하고 있는 이상 제3자가 그 물건에 대하여 소유권을 가지고 있다 하더라도 그에 대한 압류는 위법이 되지 아니한다. 이 경우 제3자는 집행에 관한 이의의 소 또는 제3자 이의의 소를 제기하여 구제받을 수 있다.

나) 채무자 소유의 재산을 채권자가 점유하고 있는 경우라도 압류할 수 있다(민집법 제191조).

다) 제3자가 채무자의 소유물을 점유하고 있는 경우에는 그 제출을 거부하지 아니한 경우에 한하여 압류할 수 있다(민집법 제191조). 압류를 거부한 경우에는 채무자가 제3자에 대하여 인도청구권을 가지고 있는 때에는 유체동산인도청구권의 압류(민집법 제242조, 제243조)에 의하여 압류할 수 있다.

(3) 국고금 압류

민사집행법 192조는 국가에 대한 금전채권에 관한 집행의 경우에만 적용된다. 바꾸어 말하면 집행권원의 내용이 국가에 대한 금전지급청구권일 때에 한한다. 국가에 대한 금전채권 이외의 채권, 즉 유체물의 인도청구, 작위·부작위청구나 의사표시의무의 집행에서는 위 규정이 적용될 여지가 없다.

국가에 대한 강제집행의 경우에 국유재산 중 어느 것이나 압류의 대상으로 되는 것이 아니고 국고금만 압류할 수 있다(민집법 제192조).

국고금은 국가에 속하는 현금을 말한다. 세입금, 세출금, 세입·세출 외 현금이 이에 속한다. 세입·세출 외 현금은 세입·세출 예산에 계상할 확정된 수입이 아니고 국가가 일시적으로 받았다가 후에 반환할 의무를 지는 현금으로서, 우편송금, 보관금, 공탁금, 일시차입금 등이 있다.

국가에 대한 집행권원으로 집행하는 이상 정부의 어느 부서에서 보관하는 국고금이든 이를 압류할 수 있다(재판예규 제866-21호). 그러나 한국은행의 국고금계정에 입금되어 있는 금전은, 예금의 일종으로서의 성질을 가지는 것이므로 국고금 압류의 방법으로 집행할 수 없고, 한국은행을 제3채무자로 하는 채권압류·전부명령에 의하여 집행하여야 한다(재판예규 제866-21호).

마. 압류의 효력

압류의 효력은 집행관의 점유, 봉인 기타의 방법에 의하여 압류를 명백히 한 시기에 있어서 그 효력이 발생하고 채무자에 대한 통지는 압류의 사실을 통지하는 목적에 불과하다. 압류의 효력은 압류물에서 산출한 천연물에도 미친다(민집법 제194조). 압류물을 채무자의 보관에 맡기는 경우에 있어서 봉인 기타의 방법으로 압류를 명료하게 하는 것을 태만한 때에는 그 압류는 무효가 된다.

3. 압류금지물 범위 변경 · 취소

1. 서 설

채무자의 책임재산이라 하더라도 법률이 압류금지 · 제한재산으로 규정하고 있는 재산은 책임재산에 포함되지 아니한다. 압류금지물에 대하여는 각 법률에서 규정하고 있는데, 유체동산에 관하여는 민사집행법 제195조가, 채권에 관하여는 민사집행법 제246조가, 그리고 각 특별법에서 압류금지물건에 대하여 규정하고 있다(46면 이하 참조).

이밖에 압류의 범위에 대한 제한규정을 두어 유체동산에 대한 압류는 집행력 있는 정본에 기재한 청구금액의 변제와 집행 비용의 변상에 필요한 한도에서 하여야 하고 그 한도를 넘는 압류는 할 수 없으며(민집법 제188조 제2항), 압류물을 현금화하여도 집행비용 외에 잉여가 없을 경우에도 집행할 수 없다고 하고 있다(동조 제3항).

압류금지물이라도 압류금지해제에 의하여 이를 압류할 수 있으며 압류할 수 있는 유체동산이라도 압류가 이루어진 이후에 그 압류를 취소하여 압류금지물로 정할 수 있다(민집법 제196조 제1항). 위 결정이 있은 뒤에 그 이유가 소멸되거나 사정이 바뀐 때에는 법원은 직권으로 또는 당사자의 신청에 따라 그 결정을 취소하거나 바꿀 수 있으며, 이 재판에는 재판장이 재판 전에 민사집행법 제16조 제2항에 준하는 결정(잠정처분)을 할 수 있으며(민집법 제196조 제2, 3항. 제246조 제4항), 이 잠정처분재판에는 불복할 수 없으나(민집법 제196조 제5항), 위 압류 · 취소 · 변경의 재판에 대하여는 즉시항고할 수 있다(민집법 제196조 제4항).

법원은 당사자가 신청하면 압류에 의하여 채무자가 생활상 회복할 수 없는 궁핍 상태에 빠질 염려가 있는 경우에 채무자가 성실히 채무이행을 할 의사가 있고, 채권자의 경제에 심한 영향을 미치지 아니할 것으로 인정할 현저한 사유가 있는 때에는 민사집행법 제195조에 규정한 외에 필요한 한도에서 압류하지 못하는 재산을 지정할 수 있고 또는 압류를 명할 수도 있다(민집법 제196조 제1항, 제246조 제3항).

2. 압류물의 범위변경신청

가. 개 설

채권자는 압류금지채권의 축소를 채권집행의 신청과 동시에 신청할 수 있으나, 채무자의 압류금지확장신청은 성질상 압류명령을 내린 이후에나 가능하다. 채무자의 압류금지 확장신청은 압류금지채권(민집법 제246조 제1항)에 대한 압류명령에 국한하지 아니하고 일반채권에 대한 압류명령에 대하여도 할 수 있으나, 채권자의 압류금지 축소신청은 민사집행법 246조 제1항에 의한 압류금지채권에 대하여만 신청할 수 있고 특별법에 의한 압류금지채권에 대하여는 범위의 축소를 신청할 수 없다(반대견해 있음).

압류금지물건의 범위의 확장은 이미 실시한 압류를 해제하는 형태로 이루어지므로 이를 구하는 신청은 성질상 유체동산집행이 실시된 이후에 할 것을 요함에 비하여, 압류금지물건의 범위의 축소를 구하는 신청은 집행개시 전에는 물론 그 이후에도 집행절차가 종결되기 이전에는 언제든지 이를 할 수 있다.

압류금지물건의 범위를 확장하는 경우에는 채무자의 신청이, 압류금지물건의 범위를 축소하는 경우에는 채권자의 신청이 있어야 한다.

나. 압류금지채권의 목적물이 은행에 불입된 경우와 압류의 금지

민사집행법 제246조 제2항은 "법원은 민사집행법 제246조 제1항 제1호부터 제7호까지 규정된 종류의 금원이 금융기관에 개설된 채무자의 계좌에 이체되는 경우 채무자의 신청에 따라 그에 해당하는 부분의 압류명령을 취소하여야 한다."고 규정하고 있다.

압류금지채권인 급료 등을 은행에 불입하여 지급할 경우 형식적으로는 그것이 예금지급청구권으로 변해도 실질적으로는 급여의 성격을 가지고 있는지 여부에 관하여 판례는 원칙적으로 부정하는 입장이었으나(대결 2008. 12. 12. 2008마1774, 대결 1999. 10. 6. 99마4857 결정), 2011. 4. 5. 민사집행법 제246조 제2항이 신설되어 급료 등에 관한 같은 조 1항 4호 뿐만 아니라'1호부터 7호까지에 규정된 압류금지의 금원이 금융기관에 개설된 채무자의 계좌에 이체되는 경우 채무자의 신청에 따라 그에 해당하는 부분의 압류명령을 취소하여야 한다.'라고 규정함으로써 위 문제를 입법적으로 해결하였다.

다. 관 할

압류금지물의 범위변경의 재판은 압류를 실시할 곳이나 실시한 곳을 관할하는 지방법원의 단독판사가 담당한다(민집법 제3조, 법조법 제32조). 가압류의 경우에는 그 재판을 한 법원이 관할한다(민집법 제291조, 제278조). 이들 관할은 전속관할이다(민집법 제21조).

라. 재 판

(1) 개 설

법원은 당사자가 신청하면 채권자와 채무자의 생활형편, 그 밖의 사정을 고려하여 압류명령의 전부 또는 일부를 취소하거나 위 압류금지채권에 대하여 압류명령을 할 수 있다(민집법 제246조 제3항).

여기서 "법원이 고려하여야 할 채권자와 채무자의 생활형편"이란 채권자가 채무자로부터 그 채권을 변제받지 못함으로써 받고 있는 경제적 곤궁의 정도와 채무자의 경제적 곤궁의 정도를 말하고, "그 밖의 사정"이란 압류명령을 취소하거나 압류금지물에 대하여 압류명령을 함으로써 채권자 또는 채무자가 받게 되는 경제적 영향과 채무자가 채무를 성실히 이행할 의사가 있는지 여부 및 이러한 재판의 신청에 이르게 된 경위나 동기 등을 의미한다. 위 재판에는 민사집행법 제196조 제2항 내지 제5항의 규정을 준용한다(제246조 제4항).

(2) 담보제공 등

법원은 압류금지채권의 범위변경의 재판 또는 그 변경의 재판에 앞서 채무자에게 담보를 제공하게 하거나 담보를 제공하게 하지 아니하고 강제집행을 일시정지하도록 명하거나, 채권자에게 담보를 제공하게 하고 그 집행을 계속하도록 명하는 등의 잠정처분을 할 수 있다(민집법 제246조 제4항, 제196조 3항, 제16조 2항). 이 잠정처분의 재판에 대하여는 불복할 수 없다(민집법 제246조 4항, 제196조 5항). 이 잠정처분은 본안의 결론이 나기까지의 잠정적인 조치이지만 그 내용의 중대성을 감안하여, 그 처분의 내용을 양당사자에게 고지하여야 한다(민집규 제7조 1항 6호). 압류금지채권의 범위를 바꾸어 달라는 신청을 인용한 결정에 대하여는 즉시항고를 할 수 있고(민집법 제246조 4항, 196조 4항), 신청을 기각한 결정에 대한 불복방법에 대하여는 즉시항고에 의한다는 견해와 집행에 관한 이의신청에 의한다는 견해가 있다.

(3) 고 지

채권자 또는 채무자의 신청을 전부 또는 일부 인용하는 재판은 그 신청인과 상대방에게, 그 신청을 전부 기각하는 재판은 그 신청인에게 고지하여야 한다(민집규 제7조 제1항 2호, 2항).

압류금지물건의 범위변경의 재판에 대하여는 즉시항고를 할 수 있다(민집법 제196조 4항). 이 즉시항고에는 집행정지의 효력이 없다(민집법 제15조 6항).

[서식] 압류금지채권의 범위변경(취소)신청

압류금지채권의 범위변경신청

채 무 자(신청인) 김 상 호 (주민등록번호)
서울 서초구 양재로234길 5(우:)
(연락처)

채 권 자(피신청인) 원 대 만
서울 서초구 서초로123길 4(우:)

제3채무자 주식회사 ○○은행
서울 서초구 서초로174
대표이사 ○○○

신 청 취 지

피신청인이 신청한 ○○지방법원 20○○타채000호 채권압류 및 추심명령신청사건에 관하여, 이 법원이 20○○. 00. 00.자 결정한 별지목록 기재의 채권에 대한 채권압류 및 추심명령 부분은 취소한다.

라는 재판을 구합니다.

신 청 이 유

1. 피신청인은 신청인의 제3채무자에 대한 채권에 대하여 채권압류 및 추심명령을 신청하여 귀원은 20○○. 00. 00.자 결정에 의해 별지목록 기재 채권에 대하여 채권압류 및 추심명령을 한 바 있습니다.

2. 그런데 신청인은 기초생활보장수급자로서 정부지원생계비로 매월 평균 약 43만원을 제3채무자인 △△은행의 계좌(00-000-0000)로 받고 있으며, 이렇다 할별도의 수입이 없어서 위 정부지원생계비만으로 근근이 생활하고 있습니다.
3. 그렇다면 위 생계비는 국민기초생활보장법 제35조에 의하여 압류금지 채권으로 정한 그 취지상 또한 위 계좌에 입금된 금원은 채무자의 생계유지를 위하여 쓰이고 있으므로 민사집행법 246조 제3항에 근거하여 부득이 이 사건 채권압류 및 추심명령의 전부 또는 일부의 취소를 구하는 바입니다.

소 명 자 료

1. 기초생활수급증명서 1부
2. 정부지원생계비 수령 통장사본 1부

첨 부 서 면

1. 위 소명자료 각 1부
2. 제3채무자의 법인등기부 1부

20○○. 9. 19.

위 채무자(신청인) 김 상 호 (인)

서울중앙지방법원 귀중

인지·송달료 등

◆ 인지첩부	신청서에는 1,000원의 인지를 붙여야 한다(재민 91-1, 556면 참조). 인지는 법원구내 우체국에서 구입하여 붙인다.
◆ 송 달 료	송달료는 당사자 1인당 2회분을 납부한다.
◆ 관할법원	압류금지물의 범위변경의 재판은 압류를 실시할 곳이나 실시한 곳을 관할하는 지방법원의 단독판사 가 담당한다(민집법 제3조, 법조법 제32조). 가압류의 경우에는 그 재판을 한 법원이 관할한다(민집법 제291조, 제278조). 이들 관할은 전속관할이다(민집법 제21조).
◆ 첨부서면	압류목록을 별지로 첨부한다.

[별지]

채권의 표시

청구금액 : 0000000원

신청인이 △△은행에 대하여 가지는 아래 예금계좌에 대한 예금반환청구채권 중위 청구금액에 이를 때까지의 금원

계좌내역

과 목 : 저축예금

계좌번호 : 000-000-0000

계좌개설지점: ○○지점. 끝.

[서식] 압류금지채권의 변경(확장)신청

압류금지채권의 변경(확장)신청

채 무 자(신청인) 김 상 희 (주민등록번호)
서울 서초구 양재로234길 5(우:)
(연락처)

채 권 자(피신청인) 주식회사 ○○은행
서울 서초구 서초로123길 4(우:)

제3채무자 주식회사 ○○
서울 서초구 서초로174
대표이사 ○○○

신 청 취 지

채권자 ○○은행 채무자○○○ 제3채무자 ○○ 주식회사 간 ○○지방법원 20○○타채1234호 채권압류 및 추심명령신청에 관하여 동원이 20○○. ○○. ○○. 자로 한 채권압류 및 추심명령의 압류 및 추심할 채권은 별지 목록 기재와 같이 이를 변경한다.

라는 재판을 구합니다.

신 청 이 유

1. 급여채권에 대한 채권압류 및 추심명령의 집행

피신청인(채권자)은 신청인(채무자)에 대한 ○○지방법원 20○○ 가단 ○○○○ 대여금 청구사건의 집행력있는 판결정본에 의하여 신청인(채무자)의 제3채무자에 대한 급여 및 퇴직금 채권중 압류금지채권에 해당하는 1/2에 해당하는 금액을 제외한 부분에 대하여 채권압류 및 추심명령(귀원 20○○타채○○○○호)을 신청하여 20○○. ○○. ○○. 결정이 되고 20○○. ○○. ○○. 제3채무자에게 송달되어 확정된 바 있습니다.

2. 민사집행법 제246조 개정에 의한 급여채권의 압류금지범위 확장

이 후 압류금지채권을 규정한 민사집행법 제246조가 근로자들의 생계를 위하여 급여채권의 압류금지범위를 확장하여 개정하였으며 2019. 4. 1.부터 시행되고 있습니다.

3. 민사집행법 제246조 제3항에 의한 압류금지범위 변경 신청

민사집행법 제246조 제3항에 의하면 "법원은 당사자가 신청하면 채권자와 채무자의 생활형편, 그 밖의 사정을 고려하여 압류명령의 전부 또는 일부를 취소하거나 제1항의 압류금지채권에 대하여 압류명령을 할 수 있다" 고 규정하고 있습니다. 또한 민사집행법 제246조 제4항에서는 동법 제196조 제2항 내지 제5항 규정을 준용하고 있습니다. 따라서 신청인은 위 동법 규정에 따라 기집행된 채권압류 및 추심명령에 의한 압류금지채권의 범위를 별지목록 기재와 같이 변경하고자 이 사건 신청을 하게 된 것입니다.

4. 신청인(채무자)의 생계곤란

가. 신청인(채무자) 남편의 신용불량 및 가출

신청인의 남편인 신청외 1은 중장비 사업을 하다 실패하여 많은 채무를 지고 20○○. ○○월경 가출하여 소식이 없으며, 신청인이 2자녀를 양육하며 살고 있는 조그마한 집도 현재 임의경매(○○법원 20○○타경○○○○호)가 진행 중에 있습니다. 또한 각종 카드사에서의 채무독촉으로부터 시달리고 있는 실정입니다. 또한 피신청인(채권자)에 대한 대여금 채권도 신청인이 대여한 것이 아니고 사실상 남편 사업자금에 사용하고자 대출하였던 것입니다.

나. 신청인은 현재 월급여가 평균 약 250만원 정도에 이르고 있습니다. 상여금이 없는 달은 급여가 약 200만원뿐이 되지 않고 있습니다. 신청인은 이러한 급여의 1/2에 해당하는 금액이 압류되어 급여를 30~60만원 정도만 지급받고 있는 실정입니다. 이러한 급여로는 대학1학년 휴학생과 고등학교 1학년인 자녀 그리고 신청인 3명의 가족이 생활하기에는 너무나 힘겨운 상태입니다.

5. 결 론

그렇다면, 민사집행법의 개정을 통한 압류금지채권 중 급여채권에 대한 금지범위확장과 신청인(채무자)의 생계곤란을 감안하여 기 집행된 ○○지방법원 ○○타채○○○ 채권압류 및 추심명령의 압류 및 추심할 채권의 범위를 별지목록 기재처럼 변경하여할 충분한 이유가 있다할 것이므로 신청취지와 같은 재판을 구하고자 이 사건 신청에 이른 것입니다.

첨 부 서 면

1. 채권압류 및 추심명령 1통
1. 주민등록등본 1통
1. 가출신고접수증 1통
1. 근로소득원천징수영수증 1통
1. 급여대장 1통
1. 부동산등기부등본 1통
1. 법인등기부등본 1통
1. 송달료납부서 1통

20○○. 9. 19.

위 채무자(신청인) 김 상 희 (인)

서울중앙지방법원 귀중

[별지]

압류 및 추심할 채권의 표시

<변경전(원결정).>

채무자가 제3채무자로부터 매월 지급받을 본봉 및 제수당과 정기적 또는 부정기적으로 지급받을 상여금에 대하여 제세공과금을 공제한 나머지 금액 중 2분의 1에 해당하는 금액을 위 청구채권액에 이르기까지의 금원.

단, 위 청구채권액에 달하지 아니한 사이에 퇴직 또는 퇴직금 중간정산 시에는 채무자가 수령할 퇴직금 또는 중간정산금과 채무자에게 퇴직보조금으로 지급하는 명예퇴직금, 퇴직수당 중 제세공과금을 공제한 나머지 금액의 2분의 1에 해당하는 금액 중 이 건 청구채권액에 이르기까지의 금원. 끝.

<변경후>

채무자가 제3채무자로부터 매월 수령하는 급료(본봉·상여금 및 제수당) 중 제세공과금을 뺀 잔액의 1/2씩 위 청구금액에 이를 때까지의 금액[다만, 국민기초생활보장법에 의한 최저생계비를 감안하여 민사집행법 시행령이 정한 금액에 해당하는 경우에는 이를 제외한 나머지 금액, 표준적인 가구의 생계비를 감안하여 민사집행법 시행령이 정한 금액에 해당하는 경우에는 이를 제외한 나머지 금액] 및 위 청구금액에 달하지 아니한 사이에 퇴직한 때에는 퇴직금 중 제세공과금을 뺀 잔액의 1/2씩 위 청구금액에 이를 때까지의 금액[다만, 근로자퇴직급여 보장법 제7조 제1항에 따른 압류금지채권을 공무원, 군인, 사립학교교직원(사무직 포함)의 퇴직금에 해당하는 경우에는 이를 제외한 나머지 금액]

단, 압류금지채권금액 및 압류채권금액은 다음에 따른다(2019. 04. 01. 자로 시행된 민사집행법 시행령에 따름).

- 다 음 -

1. 월급여가 185만 원 이하인 경우에는 전액(압류금액 : 0)
2. 월급여가 185만 원을 초과하고 370만 원 이하인 경우(압류금액 : 185만원)
3. 월급여가 370만 원을 초과하고 600만 원 이하인 경우(압류금액 : 월급여의 2분의 1)
4. 월급여가 600만 원을 초과하는 경우(압류금액 : 300만 원+[{(급여채권/2)－300만 원}/2]) 끝.

※ 서울대학교병원, 서울특별시지하철공사, 한국산업안전공단, 국민의료보험관리공단, 의료보험조합, 집행관 사무원은 공무원이 아니므로 퇴직금 2분의 1은 압류가 가능. 급료채권의 시기를 특정하지 않아도 무방하다.

※ 공무원, 군인, 사립학교교원 등의 경우에는 법률의 규정에 의하여 압류할 수 없는 퇴직금은 압류할 수 없으므로 위 목록 중 [다만, 근로자퇴직급여 보장법 제7조 제1항에 따른 압류금지채권을 공무원, 군인, 사립학교교직원(사무직 포함)의 퇴직금에 해당하는 경우에는 이를 제외한 나머지 금액] 부분은 기재하지 않는다.

※ 압류금지 급여금 및 퇴직금, 최저생계비 48면 참조.

인지·송달료 등

◆ 인지첩부	신청서에는 2,000원의 인지를 붙여야 한다(재민 91-1, 556면 참조). 인지는 법원구내 우체국에서 구입하여 붙인다.
◆ 송 달 료	송달료는 당사자 1인당 2회분을 납부한다.
◆ 관할법원	압류금지물의 범위변경의 재판은 압류를 실시할 곳이나 실시한 곳을 관할하는 지방법원의 단독판사 가 담당한다(민집법 제3조, 법조법 제32조). 가압류의 경우에는 그 재판을 한 법원이 관할한다(민집법 제291조, 제278조). 이들 관할은 전속관할이다(민집법 제21조).
◆ 첨부서면	압류목록을 별지로 첨부한다.

마. 압류금지물건을 정하는 재판의 취소 · 변경

(1) 개 설

압류금지물건을 정하는 결정이 있은 후 그 결정을 한 이유가 소멸되거나 사정이 바뀐 때에는 법원은 직권으로 또는 당사자의 신청에 따라 그 결정을 취소하거나 바꿀 수 있다(민집법 제196조 제2항).

압류금지채권의 목적물이 채무자의 예금계좌에 입금된 경우에는 그 예금채권에 대하여 더 이상 압류금지의 효력이 미치지 아니하므로, 그 예금은 압류금지채권에 해당하지 아니하는 것이지만, 이러한 경우에도 원래의 압류금지의 취지는 참작되어야 할 것이므로 민사집행법 제246조 제2항이 정하는 바에 따라 집행법원이 채무자의 신청에 의하여 채무자와 채권자의 생활 상황 기타의 사정을 고려하여 압류명령의 전부 또는 일부를 취소할 수 있다(대법원 1996. 12. 24. 자 96마1302, 1303 결정, 대법원 1999. 10. 6. 자 99마4857 결정 등).

(2) 취소·변경의 요건

'그 이유가 소멸된 때'는, 압류금지물건을 정하는 결정이 특별한 요건 없이 채권자와 채무자의 생활형편 등을 고려하여 이루어지는 것이므로 사정이 변경된 때와 같은 의미이다. 예를 들어, 채무자의 생활형편을 중시하여 압류금지물건의 범위를 확장하였는데 그 후 채무자가 다른 사람으로부터 많은 재산을 증여 또는 상속받은 경우 또는 그 반대의 경우 등을 들 수 있다. 이와 같은 사유는 압류금지물건의 범위변경의 재판 이후에 새로이 생긴 것에 한한다.

(3) 신청절차

이 재판은 법원이 직권으로 하거나 당사자의 신청에 따라 한다. 여기의 당사자는 압류금지물건을 정하는 재판의 신청인과는 반대의 당사자이다. 당사자의 신청에는 인지를 붙이지 아니한다. 이 재판은 압류금지물건을 정하는 재판을 한 법원이 관할한다.

바. 초과압류

압류는 집행력 있는 정본에 기재한 청구금액의 변제와 집행비용의 변상에 필요한 한도내에서 하여야 하고 그 한도를 넘는 압류는 할 수 없다(민집법 제188조 제2항). 그러나 초과압류금지규정에 위반된 압류라도 무효는 아니나, 압류 후에 초과압류 사실이 밝혀진 때에는 집행관은 그 초과한 한도에서 압류를 취소하여야 한다(민집규칙 제140조 제1항). 압류가 초과압류금지의 규정에 위반된 때에는 채무자는 집행에 관한 이의(민집법 제16조)로 다툴 수 있다. 또 압류물을 현금화하여도 집행비용 외에 잉여가 없을 경우에도 집행하지 못하며(민집법 제188조 제3항), 이때에도 압류를 취소하여야 한다(민집규칙 제140조 제2항). 또한 압류물이 매각될 가망이 없는 때에는 집행관은 그 압류물의 압류를 취소할 수 있다(민집규칙 제141조 제1항).

민사집행법 제188조 제2항은 "압류는 집행력 있는 정본에 적은 청구금액의 변제와 집행비용의 변상에 필요한 한도 안에서 하여야 한다."고 규정하고 있는바, 금전채권의 압류에 있어 피압류채권의 액면가액이 채권자의 집행채권 및 집행비용의 액을 초과하는 경우에는 그 피압류채권의 실제 가액이 채권자의 집행채권 및 집행비용에 미달한다고 볼 만한 특별한 사정이 없는 한 다른 채권을 중복하여 압류하는 것은 허용되지 않는다고 봄이 상당하다(대법원 2011. 4. 14. 자 2010마1791 결정).

[서식] 압류물의 압류취소신청서

압류물의 압류취소신청

채 권 자 원 대 만 (주민등록번호)
서울 서초구 서초로123길 4(우:)

채무자(신청인) 김 상 호 (주민등록번호)
서울 서초구 양재로234길 5(우:)
(연락처)

신 청 취 지

위 당사자간의 귀원 20○○기단1234호 대여금청구사건의 집행력 있는 판결정본에 기한 강제집행에 있어서 별지 목록 기재의 원동기장치자전거 1대에 대한 압류를 취소한다.

라는 재판을 구합니다.

신 청 이 유

채권자는 위 집행권원에 기한 강제집행으로 귀원 소속집행관 강제한에게 위임하고 동 집행관은 20○○. 9. 16. 채무자소유의 별지목록 기재의 동산에 대하여 압류집행하였는바, 위 압류동산은 식료품 납품업을 하는 채무자의 생활상에 비추어 납품운송수단으로서 채무자에게 꼭 필요한 것이므로, 이를 압류하여 매각할 경우에는 영업을 계속할 수가 없고 채무자의 생활상 회복하기 어려운 곤경에 빠질 우려가 있습니다.

더욱이 채무자는 매월 변제가능한 범위내에서 채무이행을 하여왔고 이후에도 조속히 변제하고자 노력을 계속할 것이나, 이에 반하여 채권자는 사채업자로서 위 동산을 경매하여 그 채권의 변제를 받지 아니하여도 경제적 영향에는 어려움이 없을 생활 상태이므로 위 압류동산에 대하여 압류 취소를 구하기 위하여 이 신청에 이른 것입니다.

첨 부 서 류

1. 동산압류조서 1통
1. 변제영수증 3통

1. 영업허가증명서 1통
1. 압류목록 1통

20○○. 9. 19.

위 채무자(신청인) 김 상 호 (인)

서울중앙지방법원 귀중

인지·송달료 등

◆ 인지첩부	신청서에는 1,000원의 인지를 붙여야 한다(재민 91-1, 556면 참조). 인지는 법원구내 우체국에서 구입하여 붙인다.
◆ 송 달 료	송달료는 당사자 1인당 2회분을 납부한다.
◆ 관할법원	압류금지물의 범위변경의 재판은 압류를 실시할 곳이나 실시한 곳을 관할하는 지방법원의 단독판사 가 담당한다(민집법 제3조, 법조법 제32조). 가압류의 경우에는 그 재판을 한 법원이 관할한다(민집법 제291조, 제278조). 이들 관할은 전속관할이다(민집법 제21조).
◆ 첨부서면	압류목록을 별지로 첨부한다.

[서식] 압류액의 제한(또는 초과액처분)허가신청서

압류액의 제한허가신청서

500원
정부수입인지

채 권 자　　한　　국　　민(550320-1234567)
　　　　　　서울 서초구 서초로 123-4(우 : 10200)
　　　　　　전화(휴대폰 포함) : 555-1234, 010-4455-1234
채 무 자　　조　　선　　인
　　　　　　서울 강남구 신사로 234-5(우 : 10201)
제3채무자　　이　　백　　영
　　　　　　서울 종로구 종로2가 345-6(우 : 10202)

신 청 취 지

1. 위 당사자간 귀원 20○○타기 1234, 1235호 채권압류 및 추심명령사건에 관하여 채권자가 채무자의 제3채무자에 대한 채권을 추심할 한도를 그 청구액인 금12,500,000원으로 제한한다.
2. 채무자는 제3채무자에 대하여 가지는 채권중 위 제한을 초과하는 액에 관하여 그 처분 또는 영수를 할 수 있다.

라는 재판을 구합니다.

신 청 이 유

위 당사자간 귀원 20○○타기1234·1235호 채권압류 및 추심명령사건에 관하여 채권자는 채무자의 제3채무자에 대한 별지목록기재의 채권을 압류·추심명령받았는바, 위 압류·추심할 채권액은 금50,000,000원이고 채권자의 청구금액은 원리금 합계금 12,500,000원으로서 위 압류된 채권액이 채권자의 청구액보다 많고 채권자는 향후 추심소요기간까지의 지연이자를 고려하여도 위 청구채권액의 범위내에서 채권의 만족을 얻을 수 있을 것이므로, 채권자가 채권을 추심할 한도를 그 청구금액에 제한하고 위 제한을 초과하는 액에 관하여는 채무자가 추심할 수 있도록 허가하여 주실 것을 민사집행법 제232조 제1항 단서에 의하여 이건 신청을 합니다.

첨 부 서 류

1. 송달료납부서 1통

20○○. 11. 20.

위 채무자 조 선 인 (인)

서울중앙지방법원 귀중

<별지목록>

목 록

금 12,500,000원정

채무자가 제3채무자로부터 20○○. 4. 10. 아래 건물을 임차함에 있어 제3채무자에게 지급할 임대차보증금 50,000,000원의 반환채권

목적물 서울 서초구 서초로 123-4

(주택 1동 내부 시설물 일체) 끝.

인지 · 송달료 등

◆ 신청방식	추심명령을 받은 채권자의 추심권의 범위는 압류된 채권의 전액에 미치므로 채무자는 이를 방지하기 위하여 압류된 채권이 채권자의 지급요구액보다 많을 때에는 집행법원에 대하여 압류액을 그 지급요구액으로 제한하여 줄 것을 신청할 수 있다(민집법 제232조 제1항 단서). 제한허가신청은 압류 후 추심명령발령 전후로 할 수 있다. 설명은 237면 참조
◆ 인지첩부	신청서에는 500원의 인지를 붙여야 한다(재민 91-1, 556면 참조). 인지는 법원구내 우체국에서 구입하여 붙인다.
◆ 송 달 료	송달료는 당사자 1인당 2회분을 납부한다.
◆ 관할법원	집행법원

4. 압류물의 보존 점검 및 인도명령

1. 압류물의 보존・점검

가. 보 존

압류물을 보존하기 위하여 필요한 때에는 집행관은 적당한 처분을 하여야 하며(민집법 제198조 제1항). 비용을 요하는 때에는 채권자로 하여금 예납하게 하며 채권자가 수명인 때에는 그 요구액의 비례로 예납하게 한다(민집법 제198조 제2항). 보존처분에 불복이 있는 채권자나 채무자는 집행에 관한 이의신청(민집법 제16조)을 할 수 있다. 그러나 보관인은 집행관의 처분에 대하여 집행에 관한 이의를 할 수 없다.

민사집행법 제49조 제2호 또는 제4호의 문서가 제출된 경우에 압류물을 즉시 매각하지 않으면 현저히 가액이 감소될 염려가 있거나, 그 보관에 과다한 비용이 필요한 때에는 집행관은 그 물건을 매각할 수 있으며(민집법 제198조 제3항) 매각대금은 공탁한다(민집법 제198조 제4항).

나. 점 검

집행관은 채무자 또는 채권자나 제3자에게 압류물을 보관시킨 경우에 압류채권자 또는 채무자의 신청이 있거나 그밖에 필요하다고 인정하는 때에는 압류물의 보관상황을 점검하여야 한다(민집규칙 제137조 제1항).

[서식] 압류동산의 점검신청서

점검신청

사　　건　20○○본113호(담당 7부)
채 권 자　박　기　수 (주민등록번호)
서울 강남구 신사로312길 4(우:　　)
(연락처)

채 무 자　안　수　길 (주민등록번호)
서울 종로구 가회로122길 7(우:　　)

위 당사자간의 서울중앙지방법원 20○○가단4378호 집행력있는 판결정본에 의하여 20○○. 7. 11일자 귀직으로 하여금 위 채무자의 유체동산을 압류집행하였던바, 그 압류물건의 이상유무(또는 압류물의 부족 또는 손상의 유무에 대하여)를 점검코자 이에 신청합니다.

20○○.　9.　15.

신청인 채권자　박　기　수　(인)

서울중앙지방법원 집행관　귀하

2. 압류물의 인도명령

가. 개 설

압류물을 제3자가 점유하여 임의로 집행관에게 인도하지 아니하는 경우에는 압류채권자는 제3자에 대하여 그 물건을 집행관에게 인도할 것을 법원에 신청할 수 있다(민집법 제193조 제1항).

나. 신 청

인도명령신청은 압류물을 제3자가 점유하고 있음을 안 날부터 1주일 이내에 하여야 한다(민집법 제193조 제2항). 압류물을 제3자가 점유하고 있음을 안 날이라 함은 채권자가 인도명령신청의 상대방과 목적물, 소재장소 등을 알게 된 때를 말한다. 이 신청은 구술 또는 서면으로 할 수 있으며 집행관이 소속되어 있는 법원에 신청한다. 위 재판에 대하여는 즉시항고할 수 있다(민집법 제193조 제5항).

다. 불 복

인도명령에 대한 즉시항고에서는, 실체상의 이유는 항고사유로 삼을 수 없고, 인도명령 자체의 하자, 즉 목적물이 압류물이 아니라는 것, 신청인이 압류채권자가 아니라는 것, 신청기간을 도과한 신청이라는 것 등을 주장할 수 있을 뿐이다. 이 경우 압류물을 선의취득한 자는 청구이의의 소(민집법 제44조)를 제기하여 인도명령을 배척할 수 있다.

라. 집 행

인도명령은 집행권원이므로 집행관에게 집행위임하여 집행한다. 집행은 인도명령이 고지되기 전에도 할 수 있으나(민집법 제193조 제3항), 신청인에게 고지된 날부터 2주일을 경과한 때에는 집행할 수 없다(민집법 제193조 제4항).

[서식] 제3자 점유물인도명령신청서

제3자 점유물인도명령신청

신 청 인(압류채권자) 유 호 철 (주민등록번호)
서울 종로구 숭인로33길 1(우:)
(연락처)

상 대 방(점유자) 박 기 수 (주민등록번호)
서울 강남구 신사로22길 2(우:)

신 청 취 지

귀원 집행관실 20○○본제214호 유체동산강제집행사건에 관하여 상대방은 별지목록기재동산을 신청인이 위임하는 집행관에게 인도하라.

라는 재판을 구합니다.

신 청 이 유

1. 신청인은 신청외 이영근에 대한 귀원 20○○가단2347호 집행력있는 판결정본에 의하여 신청인의 위임으로 귀원 소속집행관 안수호가 신청외인 소유의 별지목록기재동산을 압류집행하였습니다.
2. 그런데 제3자인 점유자는 20○○. 10. 29. 위 압류물에 대한 그 점유를 배제하고 현재 위 압류물을 점유자의 주거지에 점유보관하고 있는바, 신청인은 상대방에 대하여 위 압류물을 신청인이 위임하는 집행관에게 인도하라는 명령을 구하기 위하여 민사집행법 제193조 제1항에 의하여 이건 신청을 합니다.

(위 압류물을 제3자가 점유하고 있음을 안날 : 20○○. 11. 14.)

첨 부 서 류

1. 동산압류조서 1통
1. 경매불능조서 1통
1. 압류목록 1통

20○○. 11. 16.

위 신청인(압류채권자) 유 호 철 (인)

서울중앙지방법원 귀중

<주> 신청서에는 1,000원의 인지를 붙이고, 당사자 1인당 2회분의 송달료를 납부한다.

<별지목록>

압 류 목 록

번 호	품 목	수 량	소 재	비 고
1	칼라 TV	1	집내	
2	피아노	1	〃	
3	테이블(의자 포함)	4조	〃	
4	응접셋트	16조	〃	
5	에어콘	1	〃	

5. 유체동산의 인도와 그 권리이전청구권에 대한 집행

가. 의 의

유체동산의 인도와 그 권리이전청구권에 대한 강제집행이라 함은 채무자의 채권 즉 제3자가 채무자에게 인도하여야 할 채무나 그에 대한 권리를 채무자에게 이전할 채부를 지고 있는 경우 채권자는 그 채무로부터 자기의 금전채권의 만족을 얻기 위하여 제3자에 대한 유체동산인도청구권이나 그에 대한 권리이전청구권에 대하여 압류·추심의 절차를 거쳐 채무자의 책임재산으로 만든 후 이를 현금화하여 그 매각대금에서 채권의 변제를 받는 절차를 말한다(민집법 제242조, 제243조). 유체동산에 관한 청구권의 압류에 대하여는 채권자로부터 위임받은 집행관이 점유함으로써 집행한다(민집법 제243조 제1항). 유체동산의 인도나 권리이전의 청구권에 대하여는 전부명령을 할 수 없으며(민집법 제245조), 따라서 이에 대하여 전부명령이 발하여지더라도 그 전부명령은 무효이다.

유체동산의 인도나 권리이전의 청구권에 대한 강제집행은 민사집행법 제243조 내지 제245조의 규정을 참작하여 동법 제227조 내지 제240조의 금전채권에 관한 규정을 준용한다(민집법 제242조).

나. 대 상

대상이 되는 것은 채무자가 특정유체동산의 소유권을 이미 보유하고 그것을 점유하기 위하여 점유의 인도만을 구하는 경우 또는 채무자가 아직 소유권을 보유하고 있는 것은 아니지만 제3자에 대하여 그 소유권과 점유권을 다 같이 이전하여 줄 것을 청구할 수 있는 경우도 포함된다. 유가증권의 인도청구권 자체는 위 집행방법의 대상이 됨은 물론이나 그 증권이 배서가 금지되지 아니한 것인 때에는 위 집행방법의 대상이 되지 아니하고 유체동산 강제집행(민집법 제189조 제2항 제3호)의 대상이 된다. 또 배서가 금지된 인도증권상의 인도청구권에 대하여도 제233조의 취지상 지시증권채권에 대한 압류명령의 절차에 따른다. 또한 예금통장과 자동차검사증 등의 인도청구권은 위 집행방법의 대상이 되지 아니하며, 유체동산의 인도청구권이 압류금지채권(민집법 제246조)인 경우는 물론 압류금지의 유체동산(민집법 제195조, 제196조)에 대한 인도청구권 등도 위 압류의 대상이 되지 아니한다(압류금지물 46면 이하 참조).

한편, 임차인의 목적물인도청구권은 그 인도를 받더라도 그 목적물의 소유권자가 집행채무자가 아니라면(예컨대 제3채무자가 임차인인 경우) 책임재산이 될 수 없으므로, 위 집행방법이 적용되지 아니하고 제251조 기타재산권에 대한 집행의 방법에 의하여야 한다. 작위·부작위를 목적으로 하는 청구권도 마찬가지로 제251조에 의한다. 자동차 또는 건설기계의 인도청구권에 대한 압류에 관하여는 법 제243조 제1항·제2항의 규정을 준용한다(민집규칙 제171조 제2항).

다. 신청절차

(1) 신 청

압류명령신청은 서면으로 하여야 하고 신청서에는 압류할 목적채권으로서의 유체동산인도 또는 권리이전청구권을 구체적으로 표시하여야 한다. 압류명령신청시 인도명령신청을 동시에 신청할 수 있으나 인도명령은 법원의 직권사항이므로 인도명령을 구하는 취지의 기재가 없어도 유효하다. 또 후술하는 추심명령신청(민집법 제243조 제1항)도 압류명령신청과 동시에 할 수 있다. 압류명령신청에 관한 재판에 대하여는 즉시항고할 수 있다(민집법 제242조, 제227조 제4항).

(2) 집행법원

압류명령을 신청할 집행법원은 채무자의 보통재판적이 있는 곳의 지방법원이다. 위 지방법원이 없는 경우 예컨대 채무자가 외국에 나가 있어 국내에 주소나 거소가 없을 때에는 그 물건이 있는 곳의 지방법원이 집행법원으로 된다(민집법 제224조). 이 관할은 전속관할이다(민집법 제21조). 사물관할은 단독판사에게 속한다.

라. 압류의 효력

유체동산인도청구권의 압류는 압류명령과 동시에 인도명령을 발하고 그 송달로 효력이 발생한다. 따라서 인도명령을 받은 채권자는 집행관에게 위임하여 집행관으로 하여금 제3채무자에 대하여 유체동산의 인도를 하게 하여야 한다. 집행관에게 인도된 유체동산은 유체동산 압류의 경우와 마찬가지로 민사집행법 제199조 내지 제214조의 규정에 따라 현금화하게 된다(민집법 제243조 제3항). 그러나 제3채무자가 유체동산의 인도를 거부하면 집행관은 그 인도를 강제할 수 없다. 이 경우에는 채권자가 후술하는 추심명령(민집법 제243조 제2항)을 얻어 추심의 소(민집법 제238조)를 제기하여

제257조에 의하여 집행한다.

[서식] 유체동산인도청구권 압류명령신청서

유체동산인도청구권 압류명령신청

2,000원
정부수입인지

채 권 자 김 한 수(550320-1234567)
서울 강남구 도곡동 135-27(우 : 10200)
전화(휴대폰 포함) : 555-1234, 010-4455-1234

채 무 자 오 장 섭
서울 중구 광희동 1가 1041(우 : 10201)

제3채무자 주식회사 남경신업
인천 북구 가좌동 137-15(우 : 10202)
대표이사 안 두 석

청 구 금 액

1. 금50,000,000원정(서울중앙지방법원 20○○가합5494호 집행력있는 판결정본에 의한 금원)
2. 금3,124,999원정(위 금원에 대한 20○○. 2. 20부터 20○○. 5. 20까지 연2할의 비율에 의한 이자)

합계금 53,124,999원정

압류할 유체동산 인도청구권의 표시
별지목록기재와 같음

신 청 취 지

1. 채무자의 제3채무자에 대한 별지목록 기재의 유체동산인도청구권을 압류한다.
2. 제3채무자는 채무자에 대하여 위 유체동산의 인도를 하여서는 아니된다.
3. 채무자는 위 인도청구권의 처분과 영수를 하여서는 아니된다.
4. 제3채무자는 위 유체동산을 채권자가 위임하는 집행관에게 인도하여야 한다.

라는 재판을 구합니다.

신 청 이 유

1. 채권자는 채무자에 대하여 서울중앙지방법원 20○○가합5494호 대여금반환사건의 집행력있는 판결정본에 의하여 위 청구채권을 가지고 있는바, 채무자는 그 채무를 불이행하고 있습니다.
2. 채무자는 제3채무자에 대하여 위 물건의 인도청구권을 가지고 있으므로, 3. 채권자는 위 물건을 채무자의 책임재산으로 확보하여 위 집행권원에 의한 변제를 받기 위하여 신청취지와 같은 재판을 구하고자 이건 신청에 이르렀습니다.

첨 부 서 류

1. 집행력있는 판결정본 1통
1. 송달증명원 1통
1. 동산매매계약서 사본 1통
1. 납부서 1통

20○○. 9. .

위 채권자 김 한 수 (인)

서울중앙지방법원 귀중

<별지목록>

목 록

채무자가 제3채무자에 대하여 가지는 20○○. 3. 10자 매매계약에 기한 아래 기재물건의 인도청구권

아 래

1. 유압프레스기 2대

인지 · 송달료 등

◆ 신청방식	신청서에는 압류할 목적채권으로서의 유체동산인도청구권을 구체적으로 표시하여야 한다. 압류명령신청시 인도명령신청을 동시에 신청할 수 있으나 인도명령은 법원의 직권사항이므로 인도명령을 구하는 취지의 기재가 없어도 유효하다.
◆ 인지첩부	신청서에는 2,000원의 인지를 붙여야 한다(재민 91-1).
◆ 송 달 료	송달료는 당사자 1인당 2회분을 납부한다.

[서식] 유체동산인도청구권에 대한 추심명령신청서

유체동산추심명령신청

2,000원
정부수입인지

채 권 자　　정　　규　　만(550320-1234567)
서울 종로구 평창동 227-4(우 : 10200)
전화(휴대폰 포함) : 555-1234, 010-4455-1234

채 무 자　　박　　만　　수
서울 강남구 신사로 445-17(우 : 10201)

제3채무자　　제일기계공업주식회사
서울 구로구 구로로 215-11(우 : 10202)
대표이사　　노　　기　　태

압류한 유체동산인도청구권의 표시
별지 목록기재와 같음

신 청 취 지

위 당사자간의 서울중앙지방법원 20○○타기2456호 유체동산인도청구권 압류명령사건에 관하여, 채무자의 제3채무자에 대한 별지목록 기재의 유체동산인도청구권의 목적물인 유체동산은 채권자가 집행관에게 위임하여 추심할 수 있다.
라는 재판을 구합니다.

신 청 이 유

1. 위 당사자간의 귀원 20○○타기2456호 유체동산인도청구권 압류명령사건에 관하여, 채권자는 20○○. 11. 20. 채무자의 제3채무자에 대한 별지목록기재의 유체동산인도청구권에 대하여 압류결정을 받았으나,
2. 제3채무자는 임의로 채권자의 위임을 받은 집행관에게 위 유체동산인도청구권의 목적물인 유체동산을 인도하지 아니하고 거부하므로, 채권자는 민사집행법

제243조 제2항에 의하여 신청취지와 같은 명령을 구하기 위하여 이건 신청을 합니다.

첨 부 서 류

1. 집행불능조서등본 1통
1. 납부서 1통

20○○. 11. .

채권자 정 규 만 (인)

서울중앙지방법원 귀중

<별지목록>

목 록

채무자가 제3채무자에 대하여 가지는 20○○. 7. 9. 자 매매계약에 기한 아래 기재의 물건의 인도청구권

아 래

1. 옵셋인쇄기 1대

인지·송달료 등

◆ 신청방식	제3채무자가 집행관에게 유체동산의 인도를 거부한 때에는 채권자는 집행법원에 추심명령을 신청하여야 한다(민집법 제243조 제2항). 추심명령의 신청에는 유체동산인도청구권의 목적물을 집행관이 점유할 수 있도록 그 취지를 기재하는 것 외에 금전채권의 추심명령의 경우와 같다. 따라서 이에 관한 재판에 대하여도 즉시항고할 수 있다(민집법 제242조, 제229조 제6항). 추심명령신청은 인도 및 청구권의 압류명령신청과 동시에 할 수도 있다.
◆ 인지첩부	신청서에는 2,000원의 인지를 붙여야 한다(재민 91-1, 556면 참조).
◆ 송 달 료	송달료는 당사자 1인당 2회분을 납부한다
◆ 관할법원	압류명령의 집행법원과 동일한 지방법원

[서식] 유체동산인도청구권 추심의 소

<table>
<tr><td>

소 장

원 고 박 순 철

피 고 정 동 호

정부수입인지

유체동산인도청구권 추심의 소

인지첩부액

서울중앙지방법원 귀중

</td></tr>
</table>

★ 표지

<table>
<tr><td>

소 장

원 고 박 순 철(550320-1234567)
서울 강남구 개포로 225-4(우 : 10200)
전화(휴대폰 포함) : 555-1234, 010-4455-1234

피 고 정 동 호
서울 종로구 평창동 341-25(우 : 10201)

유체동산인도청구권 추심의 소

청 구 취 지

1. 피고는 원고가 위임하는 집행관에게 별지목록기재의 동산을 인도하라.
2. 소송비용은 피고의 부담으로 한다.
3. 제1항은 가집행할 수 있다.
라는 판결을 구합니다.

</td></tr>
</table>

청 구 원 인

1. 원고는 소외 이순호에 대한 서울중앙지방법원 20○○가단1234호 대여금 사건의 집행력있는 판결정본에 의하여, 20○○. 8. 9. 귀원 20○○타기2345호로 채무자가 제3채무자인 피고에 대하여 가지는 유체동산 인도청구권의 압류명령을 받고 위 청구권의 목적물인 별지목록기재의 물건을 압류하였으나, 피고는 인도명령이 있음에도 불구하고 위 유체동산의 인도를 거부하고 있습니다.
2. 그러므로 원고는 귀원 20○○타기3427호로 유체동산추심명령신청을 하여 20○○. 9. 10. 귀원으로부터 동 결정을 받고, 원고의 위임을 받은 집행관이 제3채무자인 피고에 대하여 그 인도를 최고하였으나, 피고는 이에 불응하고 있으므로 원고는 위 추심명령에 기하여 이건 청구를 합니다.

입 증 방 법

변론시 제출하겠음

첨 부 서 류

1. 소장부본 1통
1. 납부서 1통

20○○. 9. .

위 원고 박 순 철 (인)

서울중앙지방법원 귀중

소 제기절차 등

◆ 소 제기	추심의 소는 서면으로 하여야 하고, 청구취지 및 청구원인을 명시하여야 한다(민소법 제248조, 제249조). 추심의 소에 관한 설명은 281면 참조
◆ 인지첩부	소장에는 소송물의 가액에 따라 민사소송등인지법 제2조 소정의 인지를 붙여야 한다(재민 91-1, 556면 참조).
◆ 송 달 료	당사자 1인당 3회분을 납부한다.
◆ 관할법원	관할법원은 제3채무자의 보통재판적 소재지 관할법원이나 의무이행지의 특별재판적 소재지 관할법원 등이 된다(민집법 제238조).

[서식] 부동산인도청구권 압류명령신청서

부동산인도청구권 압류명령신청

2,000원
정부수입인지

채 권 자 장 학 수(550320-1234567)
서울 종로구 공평동 110-160(우 : 10200)
전화(휴대폰 포함) : 555-1234, 010-4455-1234

채 무 자 이 길 동
서울 강남구 수서로 135-220(우 : 10201)

제3채무자 남 주 배
서울 중구 남창동 1060(우 : 10202)

청 구 금 액

금30,000,000원정(서울중앙지방법원 20○○가합9891호 집행력있는 판결정본에 의한 금원)

금1,531,666원정(위 금원에 대한 20○○. 8. 4부터 20○○. 10. 17까지 연 12%의 비율에 의한 지연손해금)

합계금 31,531,666원정

압류할 부동산인도청구권의 표시

별지목록기재와 같음

신 청 취 지

1. 채무자의 제3채무자에 대한 20○○. 11. 30자 임대차계약의 기간만료로 인한 별지목록기재 부동산의 인도청구권은 이를 압류한다.
2. 제3채무자는 채무자에게 위 부동산을 인도하여서는 아니된다.
3. 채무자는 위 청구권의 처분과 영수를 하여서는 아니된다.

라는 재판을 구합니다.

신 청 이 유

1. 채권자는 채무자에 대하여 서울중앙지방법원 20○○가합9891호 대여금사건의 집행력있는 판결정본에 의하여 위 청구금액표시 기재의 채권을 가지고 있는바, 채무자는 이를 임의변제하지 아니하고 있습니다.
2. 채무자는 제3채무자에 대하여 20○○. 11. 30자 임대차계약의 기간만료로 인한 별지목록기재 부동산의 인도청구권을 가지고 있으므로,
3. 채권자는 채무자에 대하여 가지는 채권의 변제를 받기 위하여 민사집행법 제244조 제1항에 의하여 본 신청에 이른 것입니다.

첨 부 서 류

1. 집행력있는 판결정본 1통
1. 송달증명원 1통
1. 부동산등기부등본 1통
1. 임대차계약서 사본 1통

20○○. 10. 17.

위 채권자 장 학 수 (인)

서울중앙지방법원 귀중

<별지목록>

목 록

채무자가 제3채무자에 대하여 가지는 20○○. 11. 30자 임대차계약의 기간만료로 인한 아래 부동산의 인도청구권

부동산의 표시

의정부시 민락동 123-4

과수원 13345㎡. 끝.

인지 · 송달료 등

◆ 인지첩부	신청서에는 2,000원의 인지를 붙여야 한다(재민 91-1, 556면 참조). 인지는 법원구내 우체국에서 구입하여 붙인다.
◆ 송 달 료	송달료는 당사자 1인당 2회분을 납부한다.

[서식] 부동산인도청구권의 압류·보관인선임 및 인도명령신청서(집행법원과 부동산소재지법원이 동일한 경우)

부동산인도청구권의 압류·보관인선임 및 인도명령신청

4,000원
정부수입인지

채 권 자 강 동 수(550320-1234567)
수원 팔달구 우만동 123-4(우 : 10200)
전화(휴대폰 포함) : 555-1234, 010-4455-1234

채 무 자 이 영 길
수원 팔달구 이의동 321-5(우 : 10201)

제3채무자 김 철 수
수원 팔달구 이의동 234-6(우 : 10202)

청 구 금 액
금50,000,000원정(공증인가 가람합동법률사무소 작성 증서 20○○년 제1234호 집행력있는 공정증서정본에 의한 약속어음금)

압류할 부동산인도청구권의 표시
별지목록기재와 같음

신 청 취 지

1. 채무자의 제3채무자에 대한 20○○. 1. 20자 임대차계약의 기간만료로 인한 별지목록기재 부동산의 인도청구권은 이를 압류한다.
2. 제3채무자는 채무자에게 위 부동산을 인도하여서는 아니된다.
3. 채무자는 위 인도청구권의 처분과 영수를 하여서는 아니된다.
4. 위 압류명령에 기하여 수원시 권선구 권선로 12-1 김만수를 인도청구권의 목적인 별지목록 기재 부동산의 보관인으로 선임한다.
5. 제3채무자는 위 부동산을 위 보관인에게 인도하여야 한다.

라는 재판을 구합니다.

신 청 이 유

1. 채권자는 채무자에 대하여 공증인가 법무법인 가람합동법률 사무소 작성 증서 20○○년 제1234호 집행력있는 공정증서정본에 의하여 금50,000,000원의 채권이 있는바, 채무자는 이를 임의변제하지 아니하고 있습니다.
2. 채무자는 제3채무자에 대하여 20○○. 1. 20자 임대차계약의 기간만료로 인한 별지목록기재 부동산의 인도청구권을 가지고 있으므로,
3. 채권자는 위 청구금액의 변제에 충당하고자 신청취지와 같은 결정을 구하기 위하여 민사소송법 제244조 제1항에 의하여 이건 신청을 합니다.

첨 부 서 류

1. 집행력있는 공정증서정본 1통
1. 부동산등기부등본 1통
1. 임대차계약서 사본 1통
1. 보관인선임승낙서 1통

20○○. 2. .

위 채권자 강 동 수 (인)

수원지방법원 귀중

<별지목록>

목 록

채무자가 제3채무자에 대하여 가지는 20○○. 1. 20자 임대차계약의 기간만료로 인한 아래 부동산의 인도청구권

부동산의 표시

수원시 팔달구 이의동 산21-5

과수원 27845제곱미터. 끝.

인지 · 송달료 등

◆ 신청방식	부동산인도청구권압류에 있어서는 부동산의 점유가 반드시 필요한 것이 아니므로 채권자의 신청이 있는 경우에 한하여 인도명령을 발한다.
◆ 인지첩부	신청서에는 4,000원의 인지를 붙여야 한다(재민 91-1, 556면 참조).
◆ 송 달 료	송달료는 당사자 1인당 2회분을 납부한다.

[서식] 부동산소유권이전등기청구권압류명령신청서

부동산소유권이전등기청구권압류명령신청

2,000원
정부수입인지

채 권 자 한 상 원(550320-1234567)
서울 도봉구 방학동 648-27
위 대리인 변호사 유 원 철
서울 서초구 서초로 34(우 : 10200)
전화(휴대폰 포함) : 555-1234, 010-4455-1234

채 무 자 박 한 일
서울 강남구 개포로 21 공주아파트 4동 101호(우 : 10201)

제3채무자 한국○○공사
서울 강남구 신사로 347-1(우 : 10202)
대표자 사장 ○ ○ ○
(소관 : 남부지사)

청 구 금 액

금70,000,000원정

공증인가 서광합동법률사무소 작성 20○○년 증서 제4864호 집행력 있는 공정증서 정본에 의한 약속어음금채권

압류할 부동산 소유권이전등기청구권의 표시

별지목록기재와 같음

신 청 취 지

1. 채무자의 제3채무자에 대한 20○○. 2. 15. 자 분양계약에 기한 별지목록기재 부동산에 관한 소유권이전등기 청구권은 이를 압류한다.
2. 제3채무자는 채무자에게 위 부동산에 대한 소유권이전등기절차를 이행하여서는 아니된다.
3. 채무자는 위 소유권이전등기청구권을 양도하거나 기타 처분을 하여서는 아니된다.

라는 재판을 구합니다.

신 청 이 유

1. 채권자는 채무자에 대하여 공증인가 서광합동법률사무소 작성 20○○년 증서 제4864호 집행력있는 공정증서 정본에 의하여 위 청구금액표시 기재의 채권을 가지고 있는바, 채무자는 채권자에게 이를 변제하여야 할 의무가 있음에도 그 채무를 불이행하고 있습니다.
2. 그런데 채무자는 20○○. 2. 15. 제3채무자로부터 별지목록기재의 부동산을 계약분양받아 현재 분양대금을 완납함으로써 제3채무자에 대하여 부동산 소유권이전등기청구권을 가지고 있습니다.
3. 그러므로 채권자는 위 집행권원에 의한 채권의 변제에 충당하기 위하여 신청취지와 같은 재판을 구하고자 본 신청에 이르렀습니다.

첨 부 서 류

1. 집행력있는 공정증서정본 1통
1. 부동산등기부등본 1통
1. 법인등기부등본 1통
1. 재산세과세증명 1통
1. 위임장 1통

20○○. 8. 10.

위 채권자 대리인 변호사 유 원 철 (인)

서울중앙지방법원 귀중

인지·송달료 등

◆ 신청방식	부동산소유권이전등기청구권의 압류는 채무자 명의로 소유권을 이전하여 이에 대하여 강제집행을 할 것을 전제로 한다.
◆ 인지첨부	신청서에는 2,000원의 인지를 붙여야 한다(재민 91-1, 556면 참조).
◆ 송 달 료	송달료는 당사자 1인당 2회분을 납부한다.
◆ 관할법원	압류명령을 신청할 집행법원은 원칙적으로 채무자의 보통재판적이 있는 곳의 지방법원이다(민집법 제224조 제1항).

<별지목록>

목 록

채무자가 제3채무자 대하여 가지는 아래 부동산표시에 관하여 채무자가 1993. 2. 15. 계약하고 분양받은 부동산에 대한 소유권이전등기청구권

부동산의 표시

1동의 건물의 표시
서울 강남구 개포로 21
위 지상
철근콘크리트조 슬래브지붕 5층 아파트
제4동
1층 327.51㎡
2층 338.67㎡
3층 338.67㎡
4층 338.67㎡
5층 338.67㎡
지하실 300.58㎡

전유부분건물의 표시
건물의 번호 : 4-1-101
구 조 : 철근콘크리트조
면 적 : 1층 101호 40.41㎡. 끝.

[서식] 부동산소유권이전등기청구권압류·보관인선임 및 권리이전명령신청서(집행법원과 부동산소재지법원이 동일한 경우)

부동산소유권이전등기청구권압류·보관인선임 및 권리이전명령신청

4,000원
정부수입인지

채 권 자 김 병 일(550320-1234567)
서울 마포구 합정동 123-4(우 : 10200)
전화(휴대폰 포함) : 555-1234, 010-4455-1234
채 무 자 이 영 철
서울 서대문구 홍은동 321-5(우 : 10201)
제3채무자 한국○○공사
서울 강남구 신사로 234-6(우 : 10202)
사장 ○ ○ ○
(소관 남부지사)

청 구 금 액
금100,000,000원정(공증인가 법무합동법률사무소 작성 증서 20○○년 제1234호 집행력있는 공정증서정본에 의한 약속어음금채권)

압류할 부동산소유권이전등기청구권의 표시
별지목록 기재와 같음

신 청 취 지

1. 채무자의 제3채무자에 대한 20○○. 10. 31자 매매계약에 기한 별지목록기재 부동산에 관한 소유권이전등기청구권은 이를 압류한다.
2. 제3채무자는 채무자에게 위 부동산에 대한 소유권이전등기절차를 이행하여서는 아니된다.
3. 채무자는 위 소유권이전등기청구권을 양도하거나 기타 처분을 하여서는 아니된다.
4. 서울중앙지방법원 소속 집행관 이동철을 별지목록기재 부동산의 보관인으로 선임한다.

5. 제3채무자는 위 부동산에 관하여 채무자명의의 소유권이전등기절차를 위 보관인에게 이행하여야 한다.

라는 재판을 구합니다.

신 청 이 유

1. 채권자는 채무자에 대하여 공증인가 법무합동법률사무소 작성 증서 20○○년 제1234호 집행력있는 공정증서정본에 의하여 금100,000, 000원의 채권이 있는 바, 채무자는 이를 임의변제하지 아니하고 있습니다.
2. 채무자는 제3채무자에 대하여 20○○. 10. 31자 분양(용지매매)계약에 기한 별지목록기재 부동산에 관한 소유권이전등기청구권을 가지고 있으므로,
3. 채권자는 위 청구금액의 변제에 충당하기 위하여 채무자가 제3채무자에 대하여 가지는 소유권이전등기청구권을 압류하고 그 집행을 위한 보관인을 선임하여 제3채무자에 대하여 채무자명의의 소유권이전등기절차를 그 보관인에게 이행하여 할 것을 명하는 신청취지와 같은 결정을 구하기 위하여 민사집행법 제244조 제2항에 의하여 이건 신청을 합니다.

첨 부 서 류

1. 집행력있는 공정증서정본 1통
1. 법인등기부등본 1통

20○○. 5. .

위 채권자 김 병 일 (인)

서울중앙지방법원 귀중

<별지목록>

목 록

채무자가 제3채무자에 대하여 가지는 20○○. 10. 31자 분양(용지매매)계약에 기한 아래 부동산에 관한 소유권이전등기청구권

부동산의 표시

서울 강남구 양재로 A-7-9-11 대784.5제곱미터. 끝.

인지·송달료 등

◆ 신청방식	이 신청서는 부동산소유권이전등기청구권압류명령신청과 함께 보관인선임 및 권리이전명령신청을 하는 경우이다. 보관인의 보수 및 관리에 필요한 비용은 채권자가 예납하여야 한다. 이 비용은 종국적으로 채무자의 부담으로 되어 집행비용에서 우선 변상을 받는다(민집법 제53조).
◆ 인지첩부	신청서에는 4,000원의 인지를 붙여야 한다(재민 91-1, 556면 참조). 인지는 법원구내 우체국에서 구입하여 붙인다.
◆ 송 달 료	송달료는 당사자 1인당 2회분을 납부한다.
◆ 관할법원	보관인선임 및 권리이전명령신청은 부동산 소재지의 지방법원에 한다. 그러나 압류명령신청과 동시에 보관인선임 및 인도·권리이전명령신청을 하는 경우에 압류명령신청은 원칙적으로 압류명령을 발한 법원 즉 채무자의 보통재판적소재지에 하여야 하나 관할구역내에 목적부동산이 없을 경우에는 압류명령정본을 첨부하여 위 부동산소재지의 지방법원에 하여야 한다. 부동산이 수 개이어서 각 소재지가 다른 때에는 그 소재지의 지방법원에 각각 신청하여야 한다.

[서식] 가압류에서 본압류로 이전하는 부동산소유권이전등기청구권압류명령신청서

가압류에서 본압류로 이전하는 부동산소유권이전등기청구권압류명령신청

2,000원
정부수입인지

채 권 자 이 달 수(550320-1234567)
서울 도봉구 창동 3 창동아파트 1동 101호(우 : 10200)
전화(휴대폰 포함) : 555-1234, 010-4455-1234

채 무 자 양 금 순
서울 도봉구 쌍문동 123-4(우 : 10200)

제3채무자 도봉 제4구역 주택재개발조합
서울 도봉구 도봉동 321-5(우 : 10200)
조합장 이 돌 쇠

청 구 금 액

금150,000,000원정(서울북부지방법원 20○○가단2345 약속어음청구사건의 집행력있는 판결정본에 의한 금원)

이전하는 압류부동산 소유권이전등기청구권의 표시

별지목록 기재와 같음

신 청 취 지

1. 위 청구금액의 변제에 충당하기 위하여 채권자와 채무자간 귀원 20○○카단1234 부동산소유권이전등기청구권 가압류결정에 의한 별지목록기재 부동산에 관한 소유권이전등기청구권에 대한 가압류는 이를 본압류로 이전한다.
2. 제3채무자는 채무자에게 위 부동산에 관한 소유권이전등기절차를 이행하여서는 아니된다.
3. 채무자는 위 소유권이전등기청구권을 타에 양도하거나 기타 처분을 하여서는 아니된다.

라는 재판을 구합니다.

신 청 이 유

1. 채권자는 채무자에 대하여 금150,000,000원의 약속어음금채권이 있으므로 2. 집행보전을 위하여 귀원 20○○카단1234로 채무자가 제3채무자에 대하여 가지는 별지목록기재부동산에 관한 소유권이전등기청구권을 가압류하였습니다.
2. 그후 채권자는 채무자를 상대로 귀원 20○○가단2345호로서 약속어음금청구소송를 제기 20○○. 12. 27. 승소판결을 받았습니다.
3. 그러므로 채권자는 위 집행력있는 판결정본에 기하여 이미 결정된 별지목록기재부동산에 관한 소유권이전등기청구권에 대한 가압류를 본압류로 이전하고자 이 신청에 이른 것입니다.

첨 부 서 류

1. 집행력있는 판결정본 1통
1. 판결송달증명원 1통
1. 확정증명원 1통
1. 가압류결정정본 1통
1. 조합등기부등본 1통

20○○. 1. .

위 채권자 이 달 수 (인)

서울북부지방법원 귀중

<별지목록>

목 록

채무자가 제3채무자에 대하여 가지고 있는 채무자와 제3채무자간 20○○. 10. 17. 자 매매계약(분양계약)에 기한 아래 부동산에 관한 소유권이전등기청구권

부동산의 표시

도봉 제4구역 주택재개발 조합분양아파트 11동 702호(118㎡). 끝.

인지·송달료 등

◆ 인지첩부	신청서에는 2,000원의 인지를 붙여야 한다(재민 91-1, 556면 참조). 인지는 법원구내 우체국에서 구입하여 붙인다.
◆ 송 달 료	송달료는 당사자 1인당 2회분을 납부한다.

[서식] 부동산보관인선임 및 인도명령신청서

부동산보관인선임 및 인도명령신청

2,000원
정부수입인지

채 권 자　오　한　규(550320-1234567)
서울 도봉구 미아동 314-2(우 : 10200)
전화(휴대폰 포함) : 555-1234, 010-4455-1234

채 무 자　한　기　수
서울 종로구 종로3가 357-11(우 : 10201)

제3채무자　김　인　호
서울 종로구 종로3가 227-35(우 : 10202)

위 당사자간의 서울북부지방법원 20○○타기5685호 부동산인도청구권 압류사건에 관하여 다음과 같이 부동산보관인선임 및 인도명령신청을 합니다.

신 청 취 지

1. 서울북부지방법원 20○○타기5685호 부동산인도청구권압류명령사건에 관하여, 의정부시 의정부동 12-1(의정부지방법원 집행관) 민호관을 위 압류결정에 기하여 압류된 인도청구권의 목적인 별지목록 기재 부동산의 보관인으로 선임한다.
2. 제3채무자는 위 부동산을 위 보관인에게 인도하여야 한다.

라는 재판을 구합니다.

신 청 이 유

채권자는 서울북부지방법원 20○○타기5685호 부동산인도청구권 압류명령결정에 기하여 채무자가 제3채무자에 대하여 가지는 부동산인도청구권을 압류하였는바, 그 후속절차로서 인도청구권의 목적인 별지목록기재의 부동산에 관하여 귀원 소속집행관을 보관인으로 선임하고 제3채무자의 점유에 관한 부동산의 인도를 구하기 위하여 민사집행법 제244조 제1항에 의하여 이건 신청을 합니다.

첨 부 서 류

1. 압류명령정본　　1통

1. 송달증명원 1통
1. 부동산등기부등본 1통
1. 임대차계약서 사본 1통
1. 납부서 1통

20○○. 10. 14.

채권자 오 한 규 (인)

서울북부지방법원 귀중

<별지목록>

목 록

채무자가 제3채무자에 대하여 가지는 20○○. 11. 30자 임대차계약의 기간만료로 인한 아래 부동산의 인도청구권

부동산의 표시

경기 양주군 회천읍 덕계리 123-4

잡종지 1257㎡

경기 양주군 회천읍 덕계리 123-5

과수원 3489㎡. 끝.

인지 · 송달료 등

◆ 신청방식	이 신청은 압류명령신청과 동시에 보관인 선임 및 인도 또는 권리이전명령신청을 할 수 있다(민집법 제244조 제1항, 제2항). 보관인은 실무에서 변호사나 집행관을 선임하고 있다. 보관인의 보수 및 관리에 필요한 비용은 채권자가 예납하고, 종국적으로 채무자의 부담으로 되어 집행비용에서 우선 변상을 받는다(민집법 제53조).
◆ 인지첩부	신청서에는 2,000원의 인지를 붙여야 한다(재민 91-1, 556면 참조).
◆ 송 달 료	송달료는 당사자 1인당 2회분을 납부한다.
◆ 관할법원	압류명령신청과 동시에 보관인선임 및 인도·권리이전명령신청을 하는 경우에 압류명령신청은 원칙적으로 압류명령을 발한 법원 즉 채무자의 보통재판적소재지에 하여야 하나 관할구역내에 목적부동산이 없을 경우에는 압류명령정본을 첨부하여 위 부동산소재지의 지방법원에 하여야 한다. 부동산이 수 개이어서 각 소재지가 다른 때에는 그 소재지의 지방법원에 각각 신청하여야 한다.

[서식] 부동산보관인선임 및 권리이전명령신청서

부동산보관인선임 및 권리이전명령신청

2,000원
정부수입인지

채 권 자　김　규　철(550320-1234567)
서울 은평구 녹번동 345-15(우 : 10200)
전화(휴대폰 포함) : 555-1234, 010-4455-1234

채 무 자　오　병　태
서울 강남구 수서로 3 시영빌라 3동 201호(우 : 10201)

제3채무자　서울특별시
위 대표자 시장　○　○　○

위 당사자간 서울서부지방법원 20○○타기3456호 부동산소유권이전등기청구권 압류명령사건에 관하여, 다음과 같이 부동산 보관인 선임 및 권리이전명령을 신청합니다.

신 청 취 지

1. 서울서부지방법원 20○○타기3456호 부동산소유권이전등기청구권 압류명령사건에 관하여, 서울 서초구 서초로 39-5 변호사 강삼학을 위 압류결정에 기하여 압류된 권리이전청구권의 목적인 별지목록기재부동산의 보관인으로 선임한다.
2. 제3채무자는 위 부동산에 관하여 채무자명의의 소유권이전등기절차를 위 보관인에게 이행하여야 한다.

라는 재판을 구합니다.

신 청 이 유

1. 채권자는 채무자에 대하여 서울서부지방법원 20○○타기3456호로 부동산소유권이전등기청구권압류명령신청을 하여 동원으로부터 20○○. 10. 18. 압류명령을 받아 채무자가 제3채무자에 대하여 가지는 별지목록기재 부동산에 관한 소유권이전등기청구권을 압류하였으므로,
2. 그 후속절차로서 권리이전청구권의 목적인 위 부동산에 관하여 보관인을 선임하고 제3채무자에 대하여 채무자명의의 소유권이전등기절차를 그 보관인에게 이행할 것을 명하는 취지의 결정을 하여줄 것을 바라옵고 민사집행법 제244조

제2항에 의하여 이건 신청을 합니다.

첨 부 서 류

1. 압류결정정본 1통
1. 동 송달증명원 1통
1. 부동산등기부등본 1통

20○○. 10. 25.

위 채권자 김 규 철 (인)

서울서부지방법원 귀중

<별지목록>

목 록

채무자가 제3채무자에 대하여 가지는 20○○. 1. 20자 분양계약에 기한 아래 부동산에 관한 소유권이전등기청구권

부동산의 표시

1동의 건물의 표시 서울 강남구 수서로 3-1
위지상
철근콘크리브조 슬래브지붕 4층 아파트
제9동
1층 300.41㎡
2층 345.45㎡
3층 345.45㎡
4층 345.45㎡
지하실 259.17㎡

전유부분건물의 표시
건물의 번호 : 9-2-201
구 조 : 철근콘크리트조
면 적 : 2층 201호 43.89㎡. 끝.

인지·송달료 등

◆ 신청방식	채권자는 부동산소재지의 지방법원에 목적부동산에 대하여 보관인을 정하고 제3채무자에 대하여 그 부동산을 보관인에게 인도하거나 권리이전등기절차를 이행하라는 신청을 할 수 있다(민집법 제244조 제1항, 제2항). 이 신청은 압류명령신청과 동시에 보관인 선임 및 인도 또는 권리이전명령신청을 할 수 있다. 보관인은 실무에서 변호사나 집행관을 선임하고 있다. 보관인을 지정하여 신청하더라도 법원은 이에 구속되지 아니한다. 보관인의 보수 및 관리에 필요한 비용은 채권자가 예납하여야 한다. 이 비용은 종국적으로 채무자의 부담으로 되어 집행비용에서 우선 변상을 받는다(민집법 제53조).
◆ 인지첩부	신청서에는 2,000원의 인지를 붙여야 한다(재민 91-1, 556면 참조). 인지는 법원구내 우체국에서 구입하여 붙인다.
◆ 송 달 료	송달료는 당사자 1인당 2회분을 납부한다.
◆ 관할법원	이 신청은 부동산 소재지의 지방법원에 한다. 그러나 압류명령신청과 동시에 보관인선임 및 인도·권리이전명령신청을 하는 경우에 압류명령신청은 원칙적으로 압류명령을 발한 법원 즉 채무자의 보통재판적소재지에 하여야 하나 관할구역내에 목적부동산이 없을 경우에는 압류명령정본을 첨부하여 위 부동산소재지의 지방법원에 하여야 한다. 부동산이 수 개이어서 각 소재지가 다른 때에는 그 소재지의 지방법원에 각각 신청하여야 한다.

[서식] 부동산보관인선임·등기이행명령신청

부동산보관인선임·등기이행명령신청

2,000원
정부수입인지

채 권 자　　길　홍　동(550320-1234567)
　　　　　　서울 서초구 서초로 123-4(우 : 10200)
　　　　　　전화(휴대폰 포함) : 555-1234, 010-4455-1234
채 무 자　　이　차　돌
　　　　　　서울 서초구 양재로 234-1(우 : 10201)
제3채무자　　대한○○공사
　　　　　　서울 강남구 삼성로 379-5(우 : 10202)
　　　　　　사장　○　○　○

위 당사자간 서울중앙지방법원 20○○타기3475호 가압류에서 본압류로 이전하는 소유권이전등기청구권 압류명령신청사건에 관하여 다음과 같이 보관인선임 및 등기이행명령을 신청합니다.

신 청 취 지

1. 서울중앙지방법원 20○○타기3475호 가압류에서 본압류로 이전하는 소유권이전등기청구권 압류명령신청사건에 관하여, 서울 강남구 삼성로 345-6 이남준을 위 압류명령에 의하여 압류된 소유권이전등기청구권의 목적인 별지목록기재 부동산의 보관인으로 선임한다.
2. 제3채무자는 위 보관인에게 위 부동산에 관한 채무자명의의 소유권이전등기절차를 이행하여야 한다.

라는 재판을 구합니다.

신 청 이 유

1. 채권자는 채무자에 대한 서울중앙지방법원 20○○가단12345호 집행력있는 판결정본에 기하여 채무자가 제3채무자로부터 가지는 별지목록기재 부동산소유권이전등기 청구권을 위 지원 20○○타기3475호 가압류에서 본압류로 이전하는

소유권이전등기청구권 압류명령에 의하여 이를 압류한 바 있습니다.

2. 그러나 채무자는 현재까지 채무이행을 지체하고 있습니다. 따라서 보관인을 선임하여 채무자명의로의 소유권이전등기를 경료한 후 강제경매절차를 통하여 채권의 만족을 얻고자, 위 압류명령의 후속조치로서 보관인선임 및 보관인에게 채무자명의의 소유권이전등기절차이행을 할 것을 제3채무자에게 명하는 명령(민사집행법 제244조 제2항)을 구하고자 이건 신청에 이르렀습니다.

첨 부 서 류

1. 압류명령사본 1부
1. 건물등기부등본 1부
1. 법인등기부등본 1부
1. 보관인선임승낙서 1부

20○○. 12. .

위 채권자 길 홍 동 (인)

서울중앙지방법원 귀중

<첨부서>

보관인선임승낙서

성 명 이 남 준(600000-1234567)
주 소 서울 강남구 삼성로 345-6

본인은 귀원 20○○타기000호 부동산보관인선임신청사건의 보관인으로 선임함을 승낙합니다.

20○○. 12. .

위 승낙인 이 남 준 (인)

서울중앙지방법원 귀중

<별지목록>

목　　록

부동산의 표시 및 소유권이전등기청구권의 표시

채무자가 제3채무자에 대하여 가지는 20○○. 10. 30. 매매계약에 기한 아래 기재 부동산에 관한 소유권이전등기청구권

아　　래

1동의 건물의 표시

서울 강남구 수서로 12-1

동　　　소　12-2

위 양 지상

수서 재개발아파트 제7동

전유부분 건물의 표시

건물 번호　7-2-20

건물 구조　철근콘크리트벽식조

건물 면적　2층 201호 59.97제곱미터

토지권인 토지의 표시

1. 서울 강남구 수서로 12-1

대 27192.3제곱미터

1. 　동　　소　　12-2

대 71.0제곱미터

대지권의 종류　소유권

대지권의 비율　1, 2 소유권 27,263.3분지 34.30. 끝.

인지 · 송달료 등

◆ 신청방식	채권자는 부동산소재지의 지방법원에 목적부동산에 대하여 보관인을 정하고 제3채무자에 대하여 그 부동산을 보관인에게 인도하거나 권리이전등기절차를 이행하라는 신청을 할 수 있다(민집법 제244조 제1항, 제2항). 이 신청은 압류명령신청과 동시에 보관인 선임 및 인도 또는 권리이전명령신청을 할 수 있다. 보관인은 실무에서 변호사나 집행관을 선임하고 있다. 보관인을 지정하여 신청하더라도 법원은 이에 구속되지 아니한다. 보관인의 보수 및 관리에 필요한 비용은 채권자가 예납하여야 한다. 이 비용은 종국적으로 채무자의 부담으로 되어 집행비용에서 우선 변상을 받는다(민집법 제53조).
◆ 인지첩부	신청서에는 2,000원의 인지를 붙여야 한다(재민 91-1, 556면 참조). 인지는 법원구내 우체국에서 구입하여 붙인다.
◆ 송 달 료	송달료는 당사자 1인당 2회분을 납부한다.
◆ 관할법원	이 신청은 부동산 소재지의 지방법원에 한다. 그러나 압류명령신청과 동시에 보관인선임 및 인도·권리이전명령신청을 하는 경우에 압류명령신청은 원칙적으로 압류명령을 발한 법원 즉 채무자의 보통재판적소재지에 하여야 하나 관할구역내에 목적부동산이 없을 경우에는 압류명령정본을 첨부하여 위 부동산소재지의 지방법원에 하여야 한다. 부동산이 수 개이어서 각 소재지가 다른 때에는 그 소재지의 지방법원에 각각 신청하여야 한다.

[서식] 부동산소유권이전등기청구권에 대한 추심명령신청서(1)

부동산소유권이전등기청구권에 대한 추심명령신청

2,000원
정부수입인지

채 권 자 이 정 수(550320-1234567)
서울 도봉구 도봉동 123-4(우 : 10200)
전화(휴대폰 포함) : 555-1234, 010-4455-1234

채 무 자 김 명 구
서울 강북구 미아동 321-5(우 : 10201)
제3채무자 강북 제1구역 주택재개발조합
서울 강북구 미아동 234-6(우 : 10202)
조합장 이 동 수

압류한 부동산소유권이전등기청구권의 표시
별지목록 기재와 같음

신 청 취 지

위 당사자간 귀원 20○○타기2345호 부동산소유권이전등기청구권압류사건에 관하여, 채무자가 제3채무자에 대하여 가지는 20○○. 7. 27자 매매계약에 기한 별지목록기재부동산에 관한 소유권이전등기청구권은 이를 채권자가 집행관에게 위임하여 추심할 수 있다.
라는 재판을 구합니다.

신 청 이 유

1. 채권자는 귀원 20○○타기2345호 부동산소유권이전등기청구권 압류사건의 압류결정에 기하여, 채무자가 제3채무자에 대하여 가지는 20○○. 7. 27자 매매계약에 기한 별지목록기재 부동산에 관한 소유권이전등기청구권을 압류하고 그 집행을 위하여 귀원 20○○타기3456호로 귀원 소속집행관 이영철을 보관인으로 선정하여, 제3채무자에 대하여 위 부동산에 관한 소유권이전등기절차를 위 보관인에게 이행할 것을 명하였으나 제3채무자는 정당한 이유없이 이에 불응하고 있습니다.

2. 그러므로 채권자는 신청취지와 같은 결정을 구하기 위하여 민사집행법 제244조 제4항에 의하여 이건 신청을 합니다.

첨 부 서 류

1. 압류명령결정정본 1통
1. 부동산보관인선임 및 권리이전명령정본 1통
1. 조합등기부등본 1통
1. 집행불능확인 1통

20○○. 12. .

위 채권자 이 정 수 (인)

서울북부지방법원 귀중

<별지목록>

목 록

채무자가 제3채무자에 대하여 가지는 20○○. 7. 27자 매매계약에 기한 아래 부동산에 관한 소유권이전등기청구권

부동산의 표시
서울 강북구 미아동 345-6
무지개아파트 제5동 307호(45평형)

인지·송달료 등

◆ 신청방식	이 신청서는 부동산소유권이전등기청구권에 대하여 압류명령이 있은 후 추심명령을 신청하는 경우이다. 추심명령신청은 기히 압류명령이 되어 있음을 요한다.
◆ 인지첩부	신청서에는 2,000원의 인지를 붙여야 한다(재민 91-1, 556면 참조). 인지는 법원구내 우체국에서 구입하여 붙인다.
◆ 송 달 료	송달료는 당사자 1인당 2회분을 납부한다.
◆ 관할법원	압류명령의 집행법원과 동일한 지방법원

[서식] 부동산소유권이전등기청구권에 대한 추심명령신청서(2)

부동산인도청구권에 대한 추심명령신청

2,000원
정부수입인지

채 권 자　　한　　국　　민(550320-1234567)
서울 서초구 서초로 123-4(우 : 10200)
전화(휴대폰 포함) : 555-1234, 010-4455-1234

채 무 자　　조　　선　　인
서울 서초구 반포로 234-5(우 : 10201)

제3채무자　　주식회사 보람
서울 강남구 삼성로 345-6(우 : 10202)
대표이사　　이　　보　　람

압류한 부동산인도청구권의 표시
별지목록기재와 같음

신 청 취 지

위 당사자간 귀원 20○○타기2345호 부동산인도청구권 압류사건에 관하여 채무자가 제3채무자에 대하여 가지는 20○○. 7. 15자 임대차계약의 기간만료로 인한 별지목록기재 부동산의 인도청구권은 이를 채권자가 집행관에게 위임하여 추심할 수 있다.
라는 재판을 구합니다.

신 청 이 유

1. 채권자는 귀원 20○○타기2345호 부동산인도청구권 압류사건의 위 압류결정에 기하여, 채무자가 제3채무자에 대하여 가지는 20○○. 7. 15자 임대차계약의 기간만료로 인한 별지목록기재부동산의 인도청구권을 압류하고, 그 집행을 위하여 귀원 20○○타기3456호로 귀원 소속집행관 김영철을 보관인으로 선정하여, 제3채무자에 대하여 위 부동산의 인도를 위 보관인에게 이행할 것을 명하였으나 제3채무자는 정당한 이유없이 이에 불응하고 있습니다.

2. 그러므로 채권자는 신청취지와 같은 결정을 구하기 위하여 민사집행법 제244조 제4항에 의하여 이건 신청을 합니다.

첨 부 서 류

1. 압류명령정본 1통
1. 부동산보관인선임 및 인도명령정본 1통
1. 부동산등기부등본 1통
1. 법인등기부등본 1통
1. 집행불능확인 1통

20○○. 4. .

위 채권자 한 국 민 (인)

서울중앙지방법원 귀중

<별지목록>

목 록

채무자가 제3채무자에 대하여 가지는 20○○. 7. 15. 자 임대차계약의 기간만료로 인한 아래 부동산의 인도청구권

부동산의 표시
서울 강남구 삼성로 278-11 대1234. 15제곱미터. 끝.

인지·송달료 등

◆ 신청방식	이 신청서는 부동산인도청구권에 대하여 압류명령이 있은 후 추심명령을 신청하는 경우이다. 추심명령신청은 기히 압류명령이 되어 있음을 요한다.
◆ 인지첨부	신청서에는 2,000원의 인지를 붙여야 한다(재민 91-1, 556면 참조). 인지는 법원구내 우체국에서 구입하여 붙인다.
◆ 송 달 료	송달료는 당사자 1인당 2회분을 납부한다.
◆ 관할법원	압류명령의 집행법원과 동일한 시방법원

[서식] 집행관에 대한 매각실시명령신청서

집행관에 대한 매각실시명령신청

1,000원
정부수입인지

채 권 자　　홍　　삼　　문(550320-1234567)
서울 종로구 경운동 110-310(우 : 10200)
전화(휴대폰 포함) : 555-1234, 010-4455-1234
채 무 자　　정　　두　　식
서울 서초구 방배로 137-60(우 : 10201)

위 당사자간의 서울중앙지방법원 20○○가단3991호 대여금청구사건의 집행력있는 판결정본에 의한 채권자의 위임으로 20○○. 12. 15. 귀원 소속 집행관 장준배는 채무자 소유의 별지목록 기재의 유체동산을 압류하였으나 그 후 1월이상의 기간을 경과하여도 압류물건을 매각하지 아니하므로, 채권자는 20○○. 1. 30. 까지 매각할 것을 최고하였으나 아무런 효력도 없고 지금 더욱 매각을 하지 아니하므로 상당한 명령을 하여 주시기 바랍니다.

20　.　　.　　.

채권자　홍　삼　문　(인)

서울중앙지방법원　귀중

인지·송달료 등

◆ 신청방식	집행관이 상당한 기간이 경과하여도 압류물을 매각하지 아니할 때에는 압류채권자는 집행관에게 일정한 기간내에 매각하도록 최고하고, 만약 최고의 효력이 없고 집행관이 매각을 하지 아니할 때에는 집행법원에 대하여 필요한 명령을 신청할 수 있다(민집법 제216조). 그러나 집행력 있는 정본에 의하지 아니한 배당요구 채권자 즉 단순한 배당요구채권자는 위 최고 또는 신청을 하지 못한다. 위 '상당한 기간'이라 함은 압류기일로부터 1월내의 기간을 의미하고, '일정한 기간'이라 함은 일주일 이상의 기간을 의미한다.
◆ 인지첩부	신청서에는 1,000원의 인지를 붙여야 한다(재민 91-1, 556면 참조). 인지는 법원구내 우체국에서 구입하여 붙인다.
◆ 송 달 료	송달료는 당사자 1인당 2회분을 납부한다.

6. 추심의 소

가. 의 의

제3채무자가 추심절차에 대하여 의무를 이행하지 아니한 때에는 압류채권자가 소로 그 이행을 하게 할 수 있다(민집법 제249조 제1항, 제238조). 위 소를 추심의 소라 한다. 추심의 소에 대하여는 민사집행법 제238조와 제249조가 규정하고 있는바, 동법 제238조는 관할과 소송고지의무를, 동법 제249조는 경합된 경우를 포함하여 추심소송에 관하여 규정하고 있다. 동법 제249조 제1항에서 "제3채무자가 추심절차에 대하여 의무를 이행하지 아니한 때"라 함은 제248조 제2항에 의하여 채무액을 공탁할 의무가 있는 제3채무자가 그 의무를 이행하지 아니할 때를 말한다. 추심의 소는 추심명령을 얻은 경우뿐만 아니라 전부명령이나 양도명령(민집법 제241조 제1항) 얻은 채권자가 제기하는 것도 포함하는 넓은 의미의 개념이다.

나. 소제기 절차

(1) 개 설

추심의 소는 일반소의 규정에 따라 서면으로 하여야 하고, 청구취지 및 청구원인을 명시하여야 한다(민소법 제248조, 제249조).

채권에 대한 압류 및 추심명령이 있으면 제3채무자에 대한 이행의 소는 추심채권자만이 제기할 수 있고 채무자는 피압류채권에 대한 이행소송을 제기할 당사자적격을 상실한다(대법원 2000. 4. 11. 선고 99다23888 판결 등). 다만 압류채권자가 추심소송을 제기한 때에는 다른 압류채권자 또는 집행력있는 정본을 가지고 있는 채권자는 위 추심소송에 원고의 공동소송인으로 참가할 수 있다(민집법 제249조 제2항). 이 경우에는 공동소송참가(민소법 제83조)에 해당한다.

압류채권자가 추심절차를 게을리한때에는 집행력 있는 정본으로 배당을 요구한 채권자는 집행채권자에게 최고하고, 최고에 따르지 아니한 때에는 법원에 대하여 추심허가의 신청을 하여 법원의 허가를 얻어 직접 추심할 수 있다.

관할법원은 일반규정에 따르므로 제3채무자의 보통재판적 소재지 관할법원이나 의무이행지의 특별재판적 소재지 관할법원 등이 된다(민집법 제238조).

(2) 인지 등

소장에는 민사소송등 인지법 제2조 제1항 각 호 소정액의 인지를 붙인다(재민 91-1). 568면 참조. 송달료는 당사자 1인당 3회분을 납부하여야 한다(569면 참조).

다. 고지의무 등

추심의 소를 제기한 압류채권자는 채무자에게 그 소를 고지하여야 한다(민집법 제238조). 다만 채무자가 국내에 없거나 주소를 알 수 없는 때에는 고지를 요하지 아니한다(동조 단서). 소송고지가 있는 때에는 채무자는 채권자가 받은 판결에 대하여 참가적 효력(민소법 제86조, 제77조)을 받는다. 고지의무는 집행력 있는 정본을 가진 채권자가 추심소송에 공동채권자로 참가하는 경우(민소법 제83조)에도 인정된다(민집법 제249조 제2항). 채권자가 소송고지를 게을리 하고 그로 말미암아 제3채무자에 대한 소송에서 패소함으로써 채무자에게 손해가 발생한 때에는, 명문의 규정은 없으나 채무자는 채권자에 대하여 손해배상청구를 할 수 있고, 이 경우 채권자는 제대로 소송고지를 하였더라도 패소하였을 것이라는 점을 항변으로서 주장, 입증하지 않는 한 그 손해배상책임을 면하지 못한다. 소송고지는 민사소송법 제84조 내지 제86조가 준용된다.

라. 제3채무자의 채권자소환신청

추심의 소를 제기당한 제3채무자는 원고로 참가하지 아니한 집행력 있는 정본을 가지고 있는 채권자를 공동소송인으로 원고 쪽에 참가하도록 명할 것을 첫 변론기일까지 수소법원에 신청할 수 있다(민집법 제249조 제3항). 이는 채권자가 경합한 경우 분쟁을 통일적으로 해결하기 위한 규정이므로 제3채무자의 권리이고 의무는 아니다. 따라서 재판은 소환을 받은 채권자에 대하여만 효력이 있다(민집법 제249조 제4항). 위 소환신청에는 민사소송법 제84조가 적용되므로 보조참가하게 할 수 있을 뿐이다.

마. 효 력

추심소송에 대한 판결은 합일적으로 확정되므로(민소법 제67조) 공동소송인 전원에 미친다(민소법 제83조). 따라서 추심소송의 판결에 대한 집행력은 원고로 소환을 받고도 추심소송에 참가하지 아니한 채권자에게도 미친다. 그러나 제3채무자로부터 소환을 받지 아니한 다른 채권자는 판결의 효력이 미치지 아니한다(민집법 제249조

제4항). 그러므로 이러한 채권자는 앞의 추심소송에서 원고가 패소하더라도 그 판결에 구속되지 않고 다시 추심소송을 제기할 수 있다.

[서식] 추심의 소(제3채무자에 대한 공탁이행청구)

소 장

원 고 박 두 칠
피 고 주식회사 제일산업

정부수입인지

추심의 소

인지첩부액

서울중앙지방법원 귀중

★ 표지

소 장

원 고 박 두 칠(550320-1234567)
서울 강남구 신사로 123-4(우 : 10200)
전화(휴대폰 포함) : 555-1234, 010-4455-1234
피 고 주식회사 제일산업
서울 강남구 삼성로 234-5(우 : 10201)
대표이사 이 동 일

추심의 소

청 구 취 지

1. 피고는 채무액 금24,757,570원의 공탁절차를 이행하라.
2. 소송비용은 피고의 부담으로 한다.

라는 재판을 구합니다.

청 구 원 인

1. 원고는 소외(채무자) 김영철에 대한 서울중앙지방법원 20○○가단1234호 집행력있는 판결정본에 기하여 소외 김영철이 피고(제3채무자)로부터 지급받을 금 24,757,570원의 매매대금채권에 대하여 귀원 20○○타기2345호, 2346호로 채권압류 및 추심명령을 받고, 동 명령정본을 20○○. 5. 20. 피고에게 송달하였습니다.
2. 그런데 위 채권에 대하여 20○○. 5. 21. 소외 김동수로부터 배당요구 및 20○○. 6. 1. 소외 이정필로부터 채권압류명령(서울서부지방법원 20○○타기3456호)이 경합되어 있는바,
3. 원고는 피고에게 위 경합된 채무액을 공탁할 것을 촉구하였으나 피고는 정당한 이유도 없이 이에 불응하고 있으므로 민사집행법 제249조 제1항에 의하여 본소 청구에 이른 것입니다.

입 증 방 법

1. 갑 제1호증 채권압류, 추심명령결정정본
1. 갑 제2호증 동 송달증명원
1. 갑 제3호증 공탁최고서
1. 갑 제4호증 배당요구통지서 사본
1. 갑 제5호증 채권압류명령사본

첨 부 서 류

1. 위 입증방법 각 1통
1. 소장부본 1통
1. 납부서 1통

20○○. 6. 20.

원고 박 두 칠 (인)

서울중앙지방법원 귀중

[서식] 추심의 소(부동산인도청구권에 대한)

소 장

원 고 이 기 철(550320-1234567)
서울 서초구 서초로 123-4(우 : 10200)
전화(휴대폰 포함) : 555-1234, 010-4455-1234

정부수입인지

피 고 한국○○공사
서울 강남구 삼성로 321-5(우 : 10201)
사장 ○ ○ ○
(소관 남부지사)

부동산인도청구권 추심의 소

청 구 취 지

1. 피고는 보관인 집행관 이철수에게 별지목록기재의 부동산을 인도하라.
2. 소송비용은 피고의 부담으로 한다.
3. 제1항은 가집행할 수 있다.

라는 판결을 구합니다.

청 구 원 인

1. 원고는 소외 정영수에 대한 공증인가 법무합동법률사무소 작성 20○○년 증서 제1234호 집행력있는 공정증서에 정본에 기하여, 귀원 20○○타기2345호, 2346호 부동산인도청구권 압류, 보관인선임등 사건에서 채무자가 제3채무자인 피고에 대하여 가지는 위 부동산의 인도청구권을 압류하고, 보관인으로 집행관 이철수(서울 서초구 서초로 12, 서울중앙지방법원 소속)를 선임하여 피고에게 위 부동산의 인도를 위 보관인에게 이행할 것을 명하였으나 피고는 이에 불응하므로,
2. 원고는 귀원 20○○타기3456호로 부동산인도청구권추심명령신청을 하여 20○○. 11. 7. 귀원으로부터 동결정을 받고 집행관에게 위임하여 그 인도를 최고하였으나 피고는 여전히 그 이행을 하지 않고 있는바, 원고는 그 이행을 구하고자 추심명령에 기하여 본소 청구에 이른 것입니다.

입 증 방 법

1. 갑제1호증 압류명령정본
1. 갑제2호증 보관인선임결정정본
1. 갑제3호증 추심명령정본
1. 갑제4호증 송달증명원

기타는 변론시 제출하겠음

첨 부 서 류

1. 위 입증방법 각1통
1. 부동산등기부등본 1통
1. 법인등기부등본 1통
1. 소장부본 1통
1. 납부서 1통

20○○. 11. .

위 원고 이 기 철 (인)

서울중앙지방법원 귀중

인지 등

◆ 인지첩부	소장에는 민사소송등 인지법 제2조 제1항 각 호 소정액의 인지를 붙인다(재민 91-1). 568면 참조
◆ 송 달 료	당사자 1인당 3회를 납부하여야 한다(569면 참조).
◆ 관할법원	제3채무자의 보통재판적 소재지 관할법원이나 의무이행지의 특별재판적 소재지 관할법원(민집법 제238조)

[서식] 추심의 소(부동산소유권이전등기청구권에 대한)

소 장

정부수입인지

원 고	홍 동 길(550320-1234567) 서울 강북구 미아동 123-4(우 : 10200) 전화(휴대폰 포함) : 555-1234, 010-4455-1234
피 고	한국○○공사 서울 강남구 삼성로 234-6(우 : 10201) 사장 ○ ○ ○ (소관 남부지사)

부동산소유권이전등기청구권추심의 소

청 구 취 지

1. 피고는 별지 목록 기재 부동산에 관하여 20○○. 7. 27자 매매계약을 원인으로 한 소외 이달수 명의의 소유권이전등기절차를 이행하라.
2. 소송비용은 피고의 부담으로 한다.
3. 제1항은 가집행할 수 있다.

라는 판결을 구합니다.

청 구 원 인

1. 원고는 소외 이달수에 대한 서울중앙지방법원 20○○가합1234호 집행력있는 공정증서정본에 기하여, 귀원 20○○타기2345호, 2346호 부동산소유권이전등기청구권 압류·보관인선임 등 사건에서 채무자가 제3채무자에 대하여 가지는 위 부동산에 관한 소유권이전등기청구권을 압류하고, 보관인으로 집행관 김동철을 선임하여서 피고에게 부동산소유권이전등기절차를 위 보관인에게 이행할 것을 명하였으나 피고는 이에 불응하므로,
2. 원고는 귀원 20○○타기3456호로 부동산소유권이전등기청구권추심명령신청을 하여 20○○. 12. 2. 귀원으로부터 동결정을 받고 집행관에게 위임하여 그 이행을 최고하였으나 피고는 여전히 그 이행을 하지 아니하고 있는바 원고는 그 절차이행을 구하고자 추심명령에 기하여 본소 청구에 이르렀습니다.

입 증 방 법

1. 갑제1호증 압류명령정본
1. 갑제2호증 보관인선임결정정본
1. 갑제3호증 추심명령정본
1. 갑제4호증 송달증명원

기타는 변론시 제출하겠음

첨 부 서 류

1. 위 입증방법 각1통
1. 부동산등기부등본 1통
1. 법인등기부등본 1통
1. 소장부본 1통
1. 납부서 1통

20○○. 12. .

위 원고 홍 동 길 (인)

서울중앙지방법원 귀중

인지 · 송달료 등

◆ 인지첩부	소장에는 민사소송등 인지법 제2조 제1항 각 호 소정액의 인지를 붙인다(재민 91-1) 568면 참조
◆ 송 달 료	당사자 1인당 3회를 납부하여야 한다(569면 참조).
◆ 관할법원	제3채무자의 보통재판적 소재지 관할법원이나 의무이행지의 특별재판적 소재지 관할법원(민집법 제238조)

7. 유체동산 및 채권 등의 집행절차에서의 배당요구

1. 유체동산집행절차에서의 배당요구

가. 개 설

(1) 의 의

배당요구라 함은 채권자 중의 일부가 채무자의 특정재산에 대하여 강제집행을 착수하여 현금화의 절차에 이른 때에 다른 채권자가 그 절차에 편승하여 채무자의 재산을 현금화한 매각대금 중에서 자기의 채권액에 해당하는 금액의 지급을 구하기 위한 절차를 말한다(민집법 제217조). 따라서 적법한 배당요구가 있는 때에는 압류금전 또는 매각대금 등에서 배당을 받을 지위를 취득한다.

(2) 우선변제청구권

우선변제청구권이라 함은 민법, 상법 기타 법률에 의하여 매각대금에서 우선적으로 변상받을 수 있는 권리를 말한다. 유체동산집행의 배당절차에서는 채권집행절차에서의 배당요구(민집법 제247조)와 부동산집행절차에서의 배당요구(민집법 제88조)와는 달리 우선변제청구권이 있는 자에 한하여 배당을 요구할 수 있다(민집법 제217조). 따라서 집행력있는 정본을 가지지 아니한 채권자는 배당요구를 할 수 없고 집행력있는 정본을 가진 자라도 이중압류를 하지 아니한 이상 배당요구를 할 수 없다. 우선변제청구권이 있는 자라도 배당요구 없이는 배당에서 제외된다. 이 경우에는 부당이득반환청구로 변상받을 수 있을 뿐이다(대법원 2000. 10. 10. 선고 99다53230 판결).

나. 배당요구권자의 범위

(1) 우선특권 등

임금채권자(근로기준법 제38조), 조세채권(국세기본법 제35조 제1항, 지방세기본법 제99조 제1항), 제468조 (사용인의 우선변제권), 선박우선특권 있는 채권(상법 제777조), 구조자의 우선특권(상법 제893조) 및 기타 법률에 의하여 우선특권 또는 우선변제권이 인정되는 채권자도 배당요구를 할 수 있는 채권자이다.

(2) 저당권

동산에 있어서는 저당권이 성립되지 아니한다. 다만 저당권이 미치는 경우 예컨대 저당부동산 위의 미분리과실(민법 제359조) 또는 피저당물의 종물인 동산(민법 제358조)이 압류된 때에는 배당요구를 할 수 있다.

(3) 질 권

질권인 경우에는 질권자가 임의로 압류를 승인한 경우(민집법 제191조)에 한하여 배당요구를 할 수 있다.

(4) 유치권

유치권자는 배당요구를 할 수 없다.

(5) 양도담보권[5)]

판례는 집행증서를 소지한 동산양도담보권자는 그 지위에 기초하여 제3자이의의 소에 의하여 목적물건에 대한 양도담보권설정자의 일반채권자가 한 강제집행의 배제를 구하거나 또는 그렇지 않고 이중압류의 방법으로 배당절차에 참가하여 압류가 경합된 일반채권자에 우선하여 배당받을 수 있다는 입장을 취하고 있을 뿐(대법원 2004. 12. 24. 선고 2004다45943 판결), 민사집행법 217조에 의한 배당요구가 가능한지 여부에 관하여 명시적으로 판단하고 있지 않으나, 동산양도담보권자의 경우 담보권에 기한 사적실행 외에 민사집행법 271조에 따른 담보권의 실행을 인정하지 않는 이상 부정적으로 해석될 여지가 많다.

동산에 관하여 양도담보계약이 이루어지고 양도담보권자가 점유개정의 방법으로 인도를 받았다면 그 청산절차를 마치기 전이라 하더라도 담보목적물에 대한 사용수익권은 없지만 양도담보권설정자를 제외한 제3자에 대한 관계에 있어서는 그 물건의 소유자임을 주장하고 그 권리를 행사할 수 있다(대법원 1999. 9. 7. 98다47283 판결).

(6) 집행채권자의 채권확장부분

집행채권자가 청구금액 중 일부만을 청구금액으로 표시하여 강제집행을 한 후, 그 청구금액을 확장하더라도 이를 배당요구라고 볼 수 없다. 따라서 확장금액에 대하여

---

5) 2014년 법원행정처 발행 민사집행 Ⅲ 254면

는 민사집행법 제215조에 따라 이중압류를 하여야 한다.

(7) 집행력 있는 정본 소지자

유체동산집행에서는 우선변제청구권이 있는 채권자에 한하여 배당요구를 할 수 있으므로(민집법 제217조), 집행력 있는 정본을 가진 채권자가 배당절차에 참가하려면 민사집행법 제215조에 따라 이중압류를 하여야 한다.

(8) 국세 등 교부청구

조세채권 등의 교부청구(국제징수법 56조)는 배당요구와 같은 성질의 것으로 볼 것이고, 동산의 경우에도 배당요구의 종기(민집법 제220조)까지 집행관에게 교부청구를 하여야 배당받을 수 있다고 볼 것이다.

(9) 가압류채권자

압류이전에 목적물을 가압류한 채권자는 압류채권자에 해당하므로 배당을 받을 수 있다.

(10) 부부공유 유체동산

민사집행법 제190조의 규정에 의하여 부부공유유체동산을 압류한 경우 그 배우자는 그 목적물에 대한 우선매수신청권(민집법 제206조)을 행사하거나 자기 공유지분에 대한 매각대금의 지급을 요구할 수 있다(민집법 제221조 제1항). 이 지급요구는 배당요구에 관한 규정이 준용된다(민집법 제221조 제2항, 민집규칙 제153조).

다. 배당요구의 절차

(1) 신청방식

배당요구는 채권의 원인과 수액을 기재한 서면을 집행관에게 제출함으로써 하고(민집법 제218조 제1항, 민집규칙 제158조, 제48조) 그 원인을 증명할 수 있는 자료를 첨부하여야 한다. 소명자료는 사본을 첨부해도 상관없으며 채권증서의 원본은 배당받을 때 제출하면 된다(민집법 제159조). 우선변제청구권이 있는 채권자가 집행력 있는 정본을 가진 때에는 민사집행법 제215조의 규정에 따라 이중압류를 할 수도 있고, 배당요구만을 할 수도 있다. 집행력 있는 정본을 가진 자는 이중압류를 하여야 배당받을 수 있다.

(2) 배당요구의 시기

(가) 집행관이 금전을 압류한 때(민집법 제220조 제1항 제1호 전단)

압류금전은 별도의 현금화절차를 요하지 아니하고 즉시 채권자에게 인도하여야 하고 이로써 채무자가 지급한 것이 되므로(민집법 제201조) 그 압류 이전에 한하여 배당요구를 할 수 있다.

(나) 집행관이 매각대금을 영수한 때(민집법 제220조 제1항 제1호 후단)

이 경우에는 집행관이 매각대금을 영수한 때까지 배당요구를 할 수 있다. 일반적으로 매각물의 인도는 대금지급과 서로 맞바꾸어야(상환하여야) 하는 것이 원칙이므로(민집법 제205조 2항) 집행관의 매각대금영수는 매각결정기일에 이루어지게 된다.

(다) 집행관이 어음·수표 그 밖의 금전의 지급을 목적으로 한 유가증권에 대하여 그 금전을 지급받은 때(민집법 제220조 제1항 제2호)

유가증권의 현금화의 규정(민집법 제210조)에 의하여 매각하고 그 매각대금을 영수한 때, 어음 등의 제시의무의 규정(민집법 제212조)에 의하여 집행관이 제3채무자로부터 그 금전의 지급을 받은 때까지 배당요구를 할 수 있다.

(라) 민사집행법 제198조 제4항에 따라 공탁된 매각대금에 대하여는 동산집행을 계속하여 진행할 수 있게 된 때까지(민집법 제220조 제2항 전단)

집행정지 중에 압류물을 긴급매각하고 그 매각대금을 공탁한 경우(민집법 제198조 제3항, 제4항)에 그 정지사유가 소멸되어 집행을 계속하여 진행하게 되면 별도의 매각절차 없이 배당절차에 들어가게 된다. 그러므로 그 공탁된 매각대금에 대하여는 동산집행을 계속하여 진행할 수 있게 된 때까지 배당요구를 할 수 있다.

(마) 민사집행법 제296조 제5항 단서에 따라 공탁된 매각대금에 대하여는 압류의 신청을 한 때까지(민집법 제220조 제2항 후단)

가압류물을 긴급매각하고 그 매각대금을 공탁한 경우(민집법 제296조 제5항)에 그 공탁된 매각대금에 대하여는 압류의 신청(가압류에서 본압류로의 이전, 이중압류신청을 포함한다)을 한 때까지 배당요구를 할 수 있다.

[서식] 배당요구신청서(집행관에게 신청하는 경우)

배당요구신청

사건번호 20○○본 제77호
채 무 자 주식회사 대명인쇄
서울 중구 을지로27길 11(우:)
대표이사 이 채 무

배당요구채권자 양 철 수 (주민등록번호)
서울 종로구 혜화로12길 4(우:)
(연락처)

배당요구채권의 표시
금5,800,000원정(20○○. 11. 1부터 20○○. 2. 28까지 월 금1,450,000원의 임금채권, 합계금 5,800,000원)

배당요구의 원인

위 배당요구채권자는 채무자와의 사이에 20○○. 1. 20.자 고용계약에 의하여, 채무자에 대하여 전기표시의 급료채권을 가지는바, 위 채권은 근로기준법 제38조에 의하여 우선변제청구권이 있으므로 그 매각대금에 대하여 우선배당을 받기 위하여 민사집행법 제217조, 제218조에 의하여 배당을 요구합니다.

첨 부 서 류

1. 재직증명서 1통
1. 임금대장사본 1통
1. 급료체불내역서 1통
1. 사실확인서 2통
1. 동산압류조서 1통
1. 배당요구서부본 2통

20○○. 3. .

위 배당요구채권자 양 철 수 (인)

서울중앙지방법원 집행관 귀하

인지 · 송달료 등

◆ 수수료	신청서에는 집행관 수수료규칙 제8조에 의하여 수수료 1,000원을 납부한다.
◆ 송 달 료	신청서 부본을 이해관계인 수마다 첨부하고 송달료 2회(단, 송달을 요하지 아니한 경우에는 제외)를 납부한다. 569면 참조

2. 채권 그 밖의 재산권에 대한 집행절차에서의 배당요구

가. 의 의

배당요구라 함은 집행채권자가 채무자의 채권 그 밖의 재산권에 대하여 실시하는 강제집행절차에 편승 우선권을 주장하여 자기채권을 변제받고자 하는 절차를 말한다. 채권 그 밖의 재산권에 대한 집행절차에서의 배당요구는 민사집행법 제247조(295면 참조)가, 유체동산집행에 있어서는 민사집행법 제217조(289면 참조)가, 부동산집행에 있어서는 동법 제88조(200면 참조)가 규정하고 있다.

이중의 압류명령이 제3채무자에게 송달되면 각 압류는 그 선후와는 관계없이 서로 배당요구를 한 것과 같은 효력을 가진다.

나. 신청절차

(1) 개 설

① 신청방식 : 배당요구신청은 서면으로 하여야 하며(민집규칙 제173조, 제153조) 그 존재를 증명하는 서면(예, 집행력 있는 정본에 의하여 배당요구를 할 경우에는 집행권원의 정본 등)과 자격증명(예, 대리에 의한 경우에는 가족관계증명서 또는 위임장) 등을 첨부 제출하여야 한다. 신청서에는 채권의 내용과 원인 그리고 수액을 기재하여야 한다.

② 우선변제청구권자의 배당요구 : 신청서에는 채권의 내용과 발생원인을 다른 채권과 구별할 수 있도록 기재하고 우선변제청구권의 존재를 증명하는 서면을 첨부하여야 한다. 우선변제청구권의 존재를 증명하는 서면으로는 예컨대 임금채권자의 경우에는 지방노동청 또는 지방노동사무소에서 발행한 체불임금확인서, 급여담당자가 발행한 임금미지급확인서, 임금대장사본, 은행계좌로 입금되는 임금의 경우에는 은행 발행의 미입금증명서 등이 있다.

③ 집행력 있는 정본에 의한 배당요구 : 신청서에는 배당요구채권을 특정할 수 있도록 그 원인과 금액을 명시하여야 하고 집행문이 부여된 집행권원의 정본과 집행개시의 요건을 증명하는 서면을 첨부하여야 한다(민집법 제39조). 특히 집행권원에 표시된 채권 중 일부에 대하여 배당요구를 하는 때에는 그 부분을 구체적으로 명시하여야 한다. 집행력 있는 정본에 의한 배당요구는 민법 제168조 2호의 압류에 준하는 것으로서 배당요구에 관련된 채권에 관하여 소멸시효를 중단하는 효력이 있다(대법원 2002. 2. 26. 2000다25484 판결).

(2) 배당요구권자

채권 그 밖의 재산권에 대한 집행절차에 있어서는 '민법, 상법 그 밖의 법률에 의하여 우선변제청구권이 있는 채권자' 와 '집행력 있는 정본을 가진 자'만이 배당을 요구할 수 있다. 다음에서 구체적으로 보기로 한다.

① 민법, 상법 그 밖의 법률에 의하여 우선변제청구권이 있는 채권자(민집법 제217조, 제247조 제1항 전단) : 위 법률에 의한 우선변제청구권이란 압류된 채권에 대하여 '민법'상으로는 담보권 · 질권 등의 채권이 이에 해당하고, '상법'상으로는 제468조(사용인의 우선변제권), 제893조(구조자의 우선특권), 제777조(선박우선특권 있는 채권) 등 우선특권 또는 우선변제권의 채권이 이에 해당하며, '그 밖의 법률'상으로는 근로기준법 제38조의 임금채권, 국세기본법 제35조 제1항, 지방세기본법 제99조 제1항에 의한 조세채권 등이 이에 해당한다. 다만, 조세채권은 배당요구방식에 의하지 아니하고 교부청구나 참가압류의 방식에 의한다(국세징수법 제56조, 제57조). 우선변제청구권이 있는 채권자에 대하여는 민사집행법 제217조, 제247조 제1항 전단, 제88조 제1항 전단에서 다같이 규정하고 있다.

② 집행력 있는 정본을 소지한 채권자(민집법 제247조 제1항 후단) 및 가압류 채권자 : 집행력 있는 정본을 소지한 채권자도 다른 채권자에 의하여 개시된 집행절차에 편승하여 배당요구를 할 수 있다. 가압류 채권자는 이중압류채권자로 취급된다. 따라서 가압류채권자는 배당실시까지 본집행이행의 요건을 구비하여야 한다. 이를 구비하지 아니한 경우에는 배당액은 공탁된다(민집법 제256조, 제160조 제1항 제2호).

③ 기 타 : 변제기가 도래하지 아니한 채권에 대한 집행권원을 가지고 있는 자는 배당요구를 할 수 없다(민집법 제40조 제1항). 조건부채권에 대한 집행권원을 가진 자도 배당요구를 할 수 없다. 다만 조건부채권이 담보권의 피담보채권인 경우에는 그 담보권에 기하여 배당요구를 할 수 있다. 이 경우 배당액은 공탁된다(민집법 제256조, 제160조제1항).

(3) 배당요구를 할 수 있는 시기

가) 배당요구를 언제부터 할 수 있는가에 관하여는 규정이 없으나 해석상 압류의 효력이 발생한 뒤, 즉 압류명령이 제3채무자(제3채무자가 없는 경우에는 채무자)에게 송달된 때부터 할 수 있다.

나) 배당요구는 채권자의 경합이 있는 경우에는 제3채무자가 채무액을 공탁하고

민사집행법 제248조 4항에 의하여 공탁사유신고를 한 때까지, 채권자가 추심명령에 의하여 채권을 추심한 때에는 민사집행법 제236조 1항에 의하여 추심의 신고를 한 때까지, 채권이 특별현금화에 의하여 매각된 경우에는 집행관이 매각대금을 법원에 제출한 때까지 각각 배당요구를 할 수 있다(민집법 제247조 1항).

다) 추심명령에 의하여 제3채무자가 변제하면 면책되지만 추심채권자는 집행법원에 추심의 신고를 하여야 비로소 다른 채권자의 배당요구를 막을 수 있다. 계속적 수입채권을 압류한 경우에 이미 변제기가 도래한 채권만을 추심한 때에는 그것이 집행채권액에 미달하더라도 채권자는 추심신고를 할 수 있고 그 이후 그 금액에 대한 배당요구는 차단된다.

라) 유체동산인도청구권에 대한 집행에 있어서는 집행관이 현금화한 대금을 법원에 제출한 때(민집규 제169조, 165조 4항)까지 배당요구를 할 수 있고, 부동산인도나 권리이전청구권의 집행의 경우에는 인도나 명의이전 뒤 그 부동산에 대한 강제경매나 강제관리가 개시된 후에도 각 그 규정에 따라 배당요구의 종기까지(민집법 제84조) 또는 강제관리취소결정시까지(민집법 제171조) 배당요구를 할 수 있다.

마) 국세징수법 56조에 규정된 교부청구는 과세관청이 이미 진행 중인 강제집행절차에 가입하여 체납된 조세의 배당을 구하는 것으로서 강제집행에 있어서의 배당요구와 같은 성질로 볼 것이므로 조세채권의 교부청구도 배당요구와 마찬가지로 배당요구의 종기까지만 할 수 있다(부동산경매에 관한 대법원 1993. 3. 26. 92다52733 판결).

바) 집행을 받을 사람이 일정한 시일에 이르러야 그 채무를 이행하게 되어 있는 때에는 그 시일이 지난 뒤에 강제집행을 개시할 수 있다(민사집행법 제40조 제1항). 그런데 약속어음이 수취인 겸 소지인의 발행인에 대한 장래 발생할 구상금채권을 담보하기 위하여 발행된 것이라면, 소지인은 발행인에 대하여 구상금채권이 발생하지 않은 기간 중에는 약속어음상의 청구권을 행사할 수 없고 구상금채권이 현실로 발생한 때에 비로소 이를 행사할 수 있으므로(대법원 2004. 12. 10. 선고 2003다33769 판결), 약속어음이 일람출급식이고 소지인이 위 약속어음에 관하여 강제집행을 수락하는 취지가 기재된 공정증서를 작성받았다 하더라도, 배당요구의 종기까지 아직 구상금채권이 발생하지 않았다면, 달리 특약이 없는 한 소지인은 위 약속어음공정증서에 기하여 강제집행을 개시할 수도 없고 따라서 배당요구할 수도 없다(대법원 2016. 1. 14. 선고 2015다233951 판결).

(4) 배당요구가 금지되는 경우

전부명령이 제3채무자에게 송달된 뒤에는 배당요구를 하지 못한다(민집법 제247조 2항). 전부명령은 확정시에 그 효력이 발생하지만 확정된 경우에는 전부명령이 제3채무자에게 송달된 때에 압류채권을 지급에 갈음하여 압류채권자에게 이전하게 되어 권면액으로 변제된 것으로 보아 강제집행절차가 종료되므로 전부명령이 효력을 발생한 이상 제3채무자에 대하여 송달된 뒤의 배당요구는 그 효력이 없다.

(5) 배당요구의 효력발생

채권압류의 효력은 압류명령이 제3채무자에게 송달된 때에 그 효력이 발생하나 배당요구의 효력은 법원에 배당요구서를 접수한 때 효력이 발생한다.

(6) 신청법원

배당요구는 집행법원에 신청하여야 한다. 유체동산인도청구권에 대한 집행(민집법 제243조), 지시채권(민집법 제233조)에 대한 집행, 그 밖의 재산권에 대한 집행(민집법 제251조)의 경우의 배당요구는 집행관에게 배당요구를 하여야 한다는 견해가 있으나, 집행관은 집행법원의 보조기관으로 보아 어느 단계서든지 집행법원에 신청하여야 한다.

부동산인도나 권리이전청구권의 집행(민집법 제244조)의 경우에는 강제관리개시의 집행법원과 강제경매개시의 집행법원이 있다. 따라서 강제관리절차에서 배당요구를 한 자라도 부동산매각대금으로부터 변제받기 위하여는 부동산경매절차에서 다시 배당요구를 하여야 한다. 서로 다른 법원에 의하여 중복압류가 된 경우에는 그 중 하나의 법원에 배당요구를 할 수 있다.

(7) 배당요구의 효과

적법하게 배당을 요구한 채권자는 추심금이나 현금화한 금액에서 배당받을 수 있는 권리를 갖게 되며 부당하게 작성된 배당표에 대하여는 이의를 진술할 수 있다(민집법 제152조). 배당요구권자 중 우선권자는 다른 채권자에 우선하여 배당받을 수 있는 지위를 얻게 된다. 또한 배당요구권자는 압류채권자가 추심절차를 게을리 한 때에는 일정한 기간을 정하여 추심할 것을 최고하고 최고에 응하지 아니할 때에는 법원의 허가를 얻어 직접 추심할 수 있으며(민집법 제250조), 집행력 있는 정본에 의한 배당요구권자는 추심소송에 공동소송인으로 참가할 수도 있다(민집법 제249조 제2항). 또 제3채무자에 대하여 채무액의 공탁을 청구할 수 있다(민집법 제248조 제4항 단서).

집행력 있는 정본에 대한 배당요구에는 압류에 준하는 시효중단의 효력이 있다(민법 제168조 제2호). 배당요구는 압류가 취하된 때에는 그 효력을 상실한다.

(8) 불 복

배당요구의 동시를 받은 다른 채권자 등 이해관계인은 배당절차에 하자가 있는 경우 또는 배당요구의 신청을 기각하는 결정에는 집행에 관한 이의신청(민집법 제16조)이나 배당수령자격을 다투는 배당이의의 소(민집법 제154조)나 배당이의의 진술(민집법 제152조)을 하여 다툴 수 있다.

[서식] 배당요구신청서(집행력 있는 판결정본에 의한 채권)

배당요구신청

사건번호 20○○타채1234 채권압류 및 추심명령
채 권 자 김 치 환
서울 강동구 상일로21길 4(우:)

채 무 자 이 기 수
서울 종로구 숭인로34길 18(우:)

제3채무자 박 창 선
서울 구로구 구도로13길 29(우:)

배당요구채권자 노 유 환 (주민등록번호)
서울 강남구 신사로64길 28(우:)
(연락처)

배당요구채권의 표시

1. 금3,400,000원정
   서울중앙지방법원 20○○가소31320호 매매대금청구사건의 집행력 있는 판결정본에 의한 금원
2. 금1,020,000원정
   위 금원에 대한 20○○. 8. 7부터 20○○. 10. 18까지 연 12%의 비율에 의한 지연이자
3. 합계금 4,420,000원정

배당요구채권의 원인

위 배당요구채권자는 채무자에 대하여 귀원 20○○가소31320호 매매대금청구사건에 관한 집행력 있는 판결정본에 의한 전기 표시채권을 가지고 있는바, 채무자는 이 번 타 채권자로부터 20○○타채1234 채권압류 및 추심명령사건으로 채무자가 제3채무자에 대하여 가지는 채권에 대하여 강제집행을 받았으므로 동 추심채권에 대하여 민사집행법 제247조에 의하여 배당을 요구합니다.

첨 부 서 류

1. 집행력있는 판결정본 1통
1. 송달증명원 1통
1. 배당요구신청서 부본 3통
1. 납부서 1통

20○○. 10. 27.

위 배당요구채권자 노 유 환 (인)

서울중앙지방법원 귀중

인지 · 송달료 등

◆ 인지첩부	배당요구신청서(민집법 제88조, 제247조)에는 인지를 붙이지 아니한다(재민 91-1).
◆ 송 달 료	당사자 1인당 2회분(단, 송달을 요하지 아니한 경우에는 제외)
◆ 신청서류	신청서 1통 및 이해관계인 수만큼의 신청서부본을 제출한다.
◆ 관할법원	집행법원

제7장 채권압류 및 추심 · 전부명령

Ⅰ. 채권압류 및 추심명령신청

1. 총 설

가. 서 설

(1) 의 의

채무자가 제3채무자에 대하여 가지는 금전채권의 집행은 채권자의 압류명령신청에 의하여 집행법원이 채무자가 제3채무자에 대하여 금전의 급여를 구할 수 있는 각종의 청구권에 대하여 채권을 압류함으로써 하고(민집법 제227조), 현금화는 채권자의 신청에 의하여 추심명령이나 전부명령 또는 특별한 현금화방법에 의하여(민집법 제229조, 제241조), 변제는 추심명령을 받은 집행채권자가 다른 채권자가 없는 경우에는 추심한 금전으로 자기의 채권변제에 충당함으로써 하나 절차에 참가한 다른 채권자가 있는 경우에는 제252조 이하의 배당절차에 의하여 배당받게 된다.

추심명령이란 채무자가 제3채무자에 대하여 가지는 채권을 대위의 절차(민법 제404조, 제405조)없이 추심할 권리를 직접 집행채권자에게 부여하는 명령을 말한다(민집법 제229조 제2항).

집행채권의 만족을 위하여는 압류한 금전채권을 현금화하여야 하는데, 전형적인 현금화방법은 추심명령과 전부명령이라 하겠다. 따라서 압류채권자는 추심명령과 전부명령 중 하나를 선택하여 신청할 수 있고 전부명령을 신청하고 그것이 허용되지 아니할 경우를 대비하여 추심명령을 신청할 수도 있다. 그러나 동시신청은 허용치 아니하고 또한 전부명령을 받은 채권에 대하여 추심명령을 신청할 여지는 없다. 전부명령에 관하여는 후술한다(366면 참조).

(2) 요 건

추심명령을 받은 압류채권자는 추심한 금전으로 다른 채권자가 없는 경우에는 자기의 변제에 충당하면 되나 절차에 참가한 다른 채권자가 있는 경우에는 민사집행법 제252조 이하의 배당절차에 의하여 배당받게 된다. 그러나 전부명령의 경우에는 다른 채권자가 배당요구를 할 수 없어 압류채권자가 독점적 만족을 받을 수는 있으나 이때 제3채무자가 경제력이 없는 때에는 전혀 만족 받을 수 없게 된다. 따라서 제3채무자가 경제력이 없을 때에는 추심명령을, 경제력이 있을 때에는 전부명령을 신청하는 것이 실익이 있을 것이다. 동시신청은 허용되지 아니하나 전술한 바와 같이 전부명령을 신청한 뒤 추심명령을 신청할 수 있고 일부채권에 대하여 추심명령을, 다른 일부채권에 전부명령을 신청할 수도 있다.

추심명령이 발하여 짐으로써 압류채권자는 채무자 대신 압류된 채권의 추심을 할 권한을 취득하게 되나 채무자는 여전히 압류된 채권의 채권자로 남아 있게 된다.

추심명령과 같은 성질을 가지고 있는 것이 국세징수법에 의한 채권압류(동법 제41조)가 있다.

나. 추심명령 신청절차

(1) 신 청

추심명령신청은 압류명령의 신청과 동시에 할 수도 있고, 그 후에 신청할 수도 있다. 실무에서는 동시에 신청하고 있다. 신청서에는 채권의 종류와 수액, 압류채권자가 대위절차 없이 피압류채권을 지급받을 수 있음을 명하는 재판을 구하는 취지를 구체적으로 명시하여야 한다. 피압류채권의 일부에 대하여 추심명령을 구하는 때에는 그 취지를 명확히 기재하여야 한다.

채권압류 및 추심명령의 '압류할 채권의 표시'에 기재된 문언은 그 문언 자체의 내용에 따라 객관적으로 엄격하게 해석하여야 하고, 문언의 의미가 불명확한 경우 그로 인한 불이익은 압류 등 신청채권자에게 부담시키는 것이 타당하다. 따라서 제3채무자가 통상의 주의력을 가진 사회평균인을 기준으로 그 문언을 이해할 때 포함 여부에 의문을 가질 수 있는 채권은 특별한 사정이 없는 한 압류 등의 대상에 포함되었다고 보아서는 아니 된다(대법원 2018. 5. 30. 선고 2015다51968 판결).

한편 판결 결과에 따라 제3채무자가 채무자에게 지급하여야 하는 금액을 피압류채권으로 표시한 경우 해당 소송의 소송물인 실체법상 채권이 채권압류 및 추심명령의 피압류채권이 된다고 볼 수 있다(대법원 2011. 4. 28. 선고 2010다40444 판결, 대법원 2018. 12. 27. 선고 2018다268385 판결).

(2) 비용 등

1. 인지첩부 : 압류명령의 신청과 함께 추심명령의 신청을 하는 경우에는 신청서에는 4,000원(압류명령 2,000원+추심명령 2,000원)의 인지를 붙인다.

2. 송 달 료 : 당사자 1인당 2회분

3. 신청서류 : 신청서 1통 제출. 압류명령원본 및 정본에 첨부할 당사자목록, 집행채권, 피압류채권목록은 원본 및 정본 수만큼 제출하여야 한다.

(3) 관 할

압류명령신청을 할 집행법원은 원칙적으로 채무자의 보통재판적이 있는 곳의 지방법원이다(민집법 제224조 제1항). 위 지방법원이 없는 경우 집행법원은 제3채무자의 보통재판적이 있는 곳의 지방법원, 다만, 이 경우에 물건의 인도를 목적으로 하는 채권과 물적 담보권 있는 채권에 대한 집행법원은 그 물건이 있는 곳의 지방법원으로 한다(민집법 제224조 제2항). 그러나 가압류에서 이전되는 채권압류의 경우의 집행법원은 가압류를 명한 법원이 있는 곳을 관할하는 지방법원으로 한다(민집법 제224조 제3항).

(4) 압류 및 추심명령의 효력

(가) 법원은 채무자와 제3채무자를 출석시키지 않고 신청서만으로 심리를 하여 신청에 이유가 있으면 채권압류명령과 추심명령을 한다. 채권압류명령은 제3채무자에게 먼저 송달하고 제3채무자가 받아본 후 채무자에게 송달한다.

추심명령은 제3채무자에게 송달됨으로써 그 효력이 발생한다(민집법 제229조 제4항, 제227조 제3항). 따라서 채권자는 추심명령에 의하여 채무자가 제3채무자에 대하여 가지는 채권을 직접 추심할 권능을 가진다.

추심명령은 집행채권의 범위를 넘어 압류된 채권의 전액에 미친다(민집법 제232조 제1항 본문). 추심한 채권을 변제에 충당하고도 남으면 채무자에게 돌려줘야 한다.

추심명령의 효력은 압류후의 이자 및 지연손해금에도 미친다. 따라서 채무자는 압류된 채권이 채권자의 요구액보다 많을 때에는 압류액을 그 요구액으로 제한하여 줄 것을 신청할 수 있다.

(나) 추심명령이 경합된 경우 그 중의 1채권자에 대한 제3채무자의 변제의 효력

추심명령이 동시 또는 이시에 이중으로 발부된 경우 그 사이에는 우열의 순위가 있을 수 없고, 추심명령을 얻어 채권을 추심하는 압류채권자의 지위는 자기채권의

만족을 위한다는 목적을 가지는 것이기도 하지만 압류가 경합된 경우 혹은 배당요구가 있는 경우에는 집행법원의 수권에 기하여 일종의 추심기관으로서 압류 또는 배당에 참가한 모든 채권자를 위하여 제3채무자로부터 추심을 한다고 할 수 있으므로 제3채무자의 변제도 정당한 추심권자에게 한 것인 이상 당연히 위 모든 채권자에 대하여 효력을 가진다 할 것이고, 그 변제에 의하여 제3채무자는 채무를 면하게 되고 따라서 다른 압류채권자가 또다시 제3채무자에 대하여 변제의 청구를 할 수는 없다(대법원 1986. 9. 9. 선고 86다카 988 판결).

[서식] 채권압류명령신청서(임대차보증금반환채권에 대한)

채권압류명령신청

2,000원
정부수입인지

채 권 자 안 희 섭(550320-1234567)
서울 서초구 양재로 137-13(우 : 10200)
전화(휴대폰 포함) : 555-1234, 010-4455-1234

채 무 자 장 지 환
서울 강남구 신사로 135-12(우 : 10201)

제3채무자 허 광 수
서울 종로구 관철동 384-25(우 : 10202)

청 구 금 액

1. 금10,000,000원정
서울중앙지방법원 20○○가단3991호 집행력있는 판결정본에 의한 금원

2. 금2,500,000원정
위 금원에 대한 20○○. 2. 10부터 20○○. 2. 10까지 연 12%의 비율에 의한 지연손해금

합계금 12,500,000원정

압류할 채권의 표시

별지목록 기재와 같음

신 청 취 지

1. 채무자의 제3채무자에 대한 별지기재의 채권을 압류한다.
2. 제3채무자는 채무자에게 위 채권에 관한 지급을 하여서는 아니된다.
3. 채무자는 위 채권의 처분과 영수를 하여서는 아니된다.

라는 재판을 구합니다.

신 청 이 유

1. 채권자는 채무자에 대한 귀원 20○○가단 3991호 대여금 청구사건의 집행력 있는 판결정본(또는 가집행선고있는 지급명령, 화해조서정본)에 의하여 청구금액기재의 채권을 가지고 있습니다.

2. 압류할 채권은 채무자가 제3채무자에 대하여 가지는 별지목록 기재의 임대차보증금반환청구채권으로 이미 변제기 도래하여 채무자가 지급을 받을 금액인바, 채권자는 위 채권을 압류하고자 본 신청에 이르렀습니다.

첨 부 서 류

1. 집행력있는 판결정본 1통
1. 송달증명원 1통
1. 납부서 1통

20 . . .

위 채권자 안 희 섭 (인)

서울중앙지방법원 귀중

<별지목록>

압류할 채권의 표시
금12,500,000원정 채무자가 제3채무자에 대하여 가지는, 채무자와 제3채무자 사이에 20○○. 7. 20. 서울 종로구 384-25 지상건물 중 2층 전부에 대한 임대차계약에 의하여 채무자가 제3채무자에게 지급한 임대차보증금 40,000,000원의 반환채권중 위 청구금액. 끝.

인지·송달료 등

◆ 인지첩부	이 신청은 채권압류만을 신청하는 경우이다. 신청서에는 2,000원의 인지를 붙여야 한다(재민 91-1, 556면 참조). 인지는 법원구내 우체국에서 구입하여 붙인다. - 압류명령의 신청과 함께 추심명령 또는 전부명령을 신청할 수도 있다. 이 경우에 각각 독립된 사건으로 취급되므로 신청서에는 그에 해당하는 인지를 붙여야 한다. - 압류명령신청을 수개의 집행권원에 기하여 1개의 신청서로 신청하는 때에는 수개의 신청이므로 집행권원의 수에 상응하는 인지를 첨부하여야 하고, 다만 전부명령은 압류된 채권 전체가 하나로써 채권자에게 전부되는 것이므로 1개의 신청으로 취급한다(재민 87-9).
◆ 송 달 료	송달료는 당사자 1인당 2회분을 납부한다.

[서식] 채권추심명령신청서(임대차보증금반환채권에 대한 추심신청)

채권추심명령신청

2,000원
정부수입인지

채 권 자 허 정 수(550320-1234567)
서울 강남구 신사로 135-12(우 : 10200)
전화(휴대폰 포함) : 555-1234, 010-4455-1234

채 무 자 안 희 섭
서울 종로구 가회동 110-26(우 : 10201)

제3채무자 남 상 우
서울 서초구 양재로 137-13(우 : 10202)

압류한 채권의 종류와 수액의 표시
별지목록 기재와 같음

신 청 취 지

채권자와 채무자간 귀원 20○○타기1991호 채권압류명령사건에 관하여, 채권자는 채무자의 제3채무자에 대한 별지목록 기재의 압류된 채권을 추심할 수 있다.
라는 재판을 구합니다.

신 청 이 유

채권자는 귀원 20○○타기1991호 채권압류명령결정에 기하여 채무자의 제3채무자에 대한 별지목록기재의 채권을 압류하였는바, 채권자는 위 압류된 채권을 추심하고자 이건 신청을 합니다.

첨 부 서 류

1. 채권압류명령결정 1통
1. 납부서 1통
1. 송달증명원 1통

20○○. 11. .

위 채권자 허 정 수 (인)

서울중앙지방법원 귀중

<별지목록>

목 록

금55,000,000원정

단, 채무자가 제3채무자에게 20○○. 3. 11. 아래 건물에 대한 임대차계약시 지급한 임대차보증금반환채권중 위 청구금액

압류목적물 : 서울 종로구 가회동 110-26

(주택내부시설물 일체) 끝.

인지 · 송달료 등

◆ 신청방식	이 신청서는 임대차보증금반환채권에 대하여 압류명령이 있은 후에 추심명령을 신청하는 예이다. 추심명령신청은 기히 압류명령이 되어 있음을 요한다. 이 추심명령신청은 서면으로 하여야 한다(민집법 제4조). 이 신청은 압류명령의 신청과 동시에 할 수도 있고, 그 후에 신청할 수도 있다.
◆ 신청방식	승계인의 경우 승계집행문 또는 양도를 증명하는 증명서의 송달증명서를 첨부하여야 한다(민집법 제31조, 제39조 제3항).
◆ 인지첩부	신청서에는 2,000원의 인지를 붙여야 한다(재민 91-1, 556면 참조).
◆ 송 달 료	송달료는 당사자 1인당 2회분을 납부한다.
◆ 관할법원	집행법원은 채무자의 보통재판적이 있는 곳의 지방법원으로 하고(민집법 제224조 제1항), 그 지방법원이 없는 경우 집행법원은 제3채무자의 보통재판적이 있는 곳의 지방법원으로 한다. 다만, 이 경우에 물건의 인도를 목적으로 하는 채권과 물적 담보권 있는 채권에 대한 집행법원은 그 물건이 있는 곳의 지방법원으로 한다(민집법 제224조 제2항).

[서식] 채권압류 및 추심명령신청서(은행직원의 급료채권에 대한)

채권압류 및 추심명령신청

4,000원
정부수입인지

채 권 자 최 명 윤(550320-1234567)
서울 은평구 불광동 123 삼일빌라 가동 101호(우 : 10200)
전화(휴대폰 포함) : 555-1234, 010-4455-1234

채 무 자 문 조 영
서울 종로구 종로5가 12 태창빌라 101호 (우 : 10201)

제3채무자 주식회사 제삼은행
서울 중구 을지로 1가 1-2(우 : 10202)
은행장 이 영 세
(소관 : 종로지점)

청 구 금 액

1. 금27,000,000원정
서울중앙지방법원 20○○차4242호 차용금반환사건의 집행력 있는 지급명령 정본에 의한 금원
2. 금684,000원
위 금원에 대한 20○○. 12. 14부터 20○○. 1. 21까지의 연 12%의 비율에 의한 지연손해금
3. 독촉절차비용 금71,460원정
내역 1. 금67,500원정 인지대
1. 금 3,960원정 송달료
합계금 27,755,460원정

압류 및 추심할 채권의 표시
별지목록 기재와 같음

신 청 취 지

1. 채무자의 제3채무자에 대한 별지목록 기재의 채권을 압류한다.

2. 제3채무자는 채무자에게 위 채권에 관한 지급을 하여서는 아니 된다.
3. 채무자는 위 채권의 처분과 영수를 하여서는 아니 된다.
4. 채권자는 채무자의 제3채무자에 대한 위 압류된 채권을 추심할 수 있다.

라는 재판을 구합니다.

신 청 이 유

1. 채권자는 채무자에 대하여 서울중앙지방법원 20○○차4242호 집행력 있는 지급명령 정본에 의하여 채무자로부터 지급받을 금원이 위 청구금액 기재의 금원인바, 채무자는 지금까지 동 금원을 변제하지 않고 있으므로 위 청구금액에 대하여 변제를 받고자 부득이 채무자가 제3채무자에게 대하여 가지는 별지목록 기재 채권을 압류하고 추심을 하고자 이 신청에 이른 것입니다.

첨 부 서 류

1. 집행력 있는 지급명령 정본 1통
1. 송달증명원 1통
1. 확성증명원 1통
1. 법인 등기부 초본 1통

20○○. 1. .

위 채권자 최 명 윤 (인)

서울중앙지방법원 귀중

인지 · 송달료 등

◆ 인지첩부	이 신청서는 급료채권에 대하여 채권압류명령신청과 함께 추심명령신청을 하는 경우이다. 신청서에는 4,000원(압류명령 2,000원+추심명령 2,000원)의 인지를 붙여야 한다(재민 91-1, 556면 참조). 인지는 법원구내 우체국에서 구입하여 붙인다. 압류명령신청을 수개의 집행권원에 기하여 1개의 신청서로 신청하는 때에는 수개의 신청이므로 집행권원의 수에 상응하는 인지를 첨부하여야 하고, 다만 전부명령은 압류된 채권 전체가 하나로써 채권자에게 전부되는 것이므로 1개의 신청으로 취급한다(재민 87-9).
◆ 송 달 료	송달료는 당사자 1인당 2회분을 납부한다.

<별지목록>

목 록

금 27,755,460원정

채무자가 제3채무자로부터 매월 수령하는 급료(본봉·상여금 및 제수당) 중 제세공과금을 뺀 잔액의 1/2씩 위 청구금액에 이를 때까지의 금액[다만, 국민기초생활보장법에 의한 최저생계비를 감안하여 민사집행법 시행령이 정한 금액에 해당하는 경우에는 이를 제외한 나머지 금액, 표준적인 가구의 생계비를 감안하여 민사집행법 시행령이 정한 금액에 해당하는 경우에는 이를 제외한 나머지 금액] 및 위 청구금액에 달하지 아니한 사이에 퇴직한 때에는 퇴직금 중 제세공과금을 뺀 잔액의 1/2씩 위 청구금액에 이를 때까지의 금액[다만, 근로자퇴직급여 보장법 제7조 제1항에 따른 압류금지채권을 공무원, 군인, 사립학교교직원(사무직 포함)의 퇴직금에 해당하는 경우에는 이를 제외한 나머지 금액]

단, 압류금지채권금액 및 압류채권금액은 다음에 따른다.[6)]

- 다 음 -

1. 월급여가 185만 원 이하인 경우에는 전액(압류금액 : 0)
2. 월급여가 185만 원을 초과하고 370만 원 이하인 경우(압류금액 : 185만원)
3. 월급여가 370만 원을 초과하고 600만 원 이하인 경우(압류금액 : 월급여의 2분의 1)
4. 월급여가 600만 원을 초과하는 경우(압류금액 : 300만 원+[{(급여채권/2)−300만 원}/2]) 끝.

※ 서울대학교병원, 서울특별시지하철공사, 한국산업안전공단, 국민의료보험관리공단, 의료보험조합, 집행관 사무원은 공무원이 아니므로 퇴직금 2분의 1은 압류가 가능. 급료채권의 시기를 특정하지 않아도 무방하다.

※ 공무원, 군인, 사립학교교원 등의 경우에는 법률의 규정에 의하여 압류할 수 없는 퇴직금은 압류할 수 없으므로 위 목록 중 [다만, 근로자퇴직급여 보장법 제7조 제1항에 따른 압류금지채권을 공무원, 군인, 사립학교교직원(사무직 포함)의 퇴직금에 해당하는 경우에는 이를 제외한 나머지 금액] 부분은 기재하지 않는다.

※ 압류금지 급여금 및 퇴직금, 최저생계비 48면 참조.

6) 2019. 04. 01.자로 시행된 민사집행법 시행령에 따름

[서식] 채권압류 및 추심명령신청서(공사대금청구채권에 대한)

채권압류 및 추심명령신청

4,000원
정부수입인지

채 권 자 서 황 석(550320-1234567)
서울 중구 신당동 12-3 중원빌라 302호
송달장소 서울 중구 서소문동 32 시울빌딩 201호(우 : 10200)
전화(휴대폰 포함) : 555-1234, 010-4455-1234

채 무 자 동명건설주식회사
서울 종로구 종로2가 123-4(우 : 10201)
대표이사 정 진 우

제3채무자 오 진 석
부천시 소사구 계수동 123 대한빌라 101호
송달장소 부천시 소사구 송내동 123-4(우 : 10202)

청 구 금 액

금 50,000,000원정

법무법인 국제종합법률사무소 작성 증서 20○○년 제3434호 집행력 있는 공정증서 정본에 의한 약속어음금

압류 및 추심할 채권의 표시

별지목록 기재와 같음

신 청 취 지

1. 채무자의 제3채무자에 대한 별지목록 기재의 채권을 압류한다.
2. 제3채무자는 채무자에게 위 채권에 관한 지급을 하여서는 아니 된다.
3. 채무자는 위 채권의 처분과 영수를 하여서는 아니 된다.
4. 채권자는 채무자의 제3채무자에 대한 위 압류된 채권을 추심할 수 있다.

라는 재판을 구합니다.

신 청 원 인

채권자는 채무자에 대하여 법무법인 국제종합법률사무소 작성증서 20○○년 3434호 집행력있는 약속어음 공정증서 정본에 의하여 금50,000,000원의 청구채권이 있는바, 채무자가 이를 변제하지 아니하므로 그 변제에 충당하기 위하여 채무자가 제3채무자에 대하여 가지는 별지목록기재의 채권을 압류하고 추심하고자 본 신청에 이르게 되었습니다.

첨 부 서 류

1. 집행력있는 공정증서 정본 1통
1. 법인등기부등본 1통
1. 납부서 1통

20○○. 2. .

위 채권자 서 황 석 (인)

서울중앙지방법원 귀중

<별지목록>

목 록

금50,000,000원정

단, 채무자가 제3채무자로부터 반환받을 채권, 채무자와 제3채무자 사이의 20○○. 9. 15자 부천시 소사구 송내동 123-4 대지상 지상 5층 지하1층 규모의 교회 및 상가건물 1동에 대한 건축공사 도급계약 미지급 공사 잔대금 청구채권 금 130,000,000원 중 위 청구채권. 끝.

인지·송달료 등

◆ 인지첩부	신청서에는 4,000원(압류명령 2,000원+추심명령 2,000원)의 인지를 붙여야 한다(재민 91-1, 556면 참조). 인지는 법원구내 우체국에서 구입하여 붙인다.
◆ 송 달 료	송달료는 당사자 1인당 2회분을 납부한다.

[서식] 채권압류 및 추심명령신청서(도시재개발철거보상금의 회수청구채권에 대한)

채권압류 및 추심명령신청

4,000원
정부수입인지

채 권 자 김 태 선(550320-1234567)
서울 노원구 공릉동 123-4
송달장소 서울 노원구 공릉동 12-34(우 : 10200)
전화(휴대폰 포함) : 555-1234, 010-4455-1234

채 무 자 양 은 수
서울 종로구 숭인동 123-5
송달장소 서울 종로구 창신동 12-3(우 : 10201)

제3채무자 서울산업개발공사
서울 강남구 신사로 321-54(우 : 10202)
사 장 이 순 창

청 구 금 액

1. 금20,000,000원정
서울중앙지방법원 20○○가단7070호 집행력있는 판결정본에 의한 금원
2. 금833,330원정
위 금원에 대한 20○○. 6. 26부터 20○○. 8. 26까지 연 12%의 비율에 의한 지연손해금
3. 합계금 20,833,330원정

압류 및 추심할 채권의 표시
별지목록 기재와 같음

신 청 취 지

1. 채무자의 제3채무자에 대한 별지목록 기재의 채권을 압류한다.
2. 제3채무자는 채무자에 대하여 위의 지급을 하여서는 아니 된다.

채무자는 위 채권의 처분과 영수를 하여서는 아니 된다.

채권자는 채무자의 제3채무자에 대한 위 압류된 채권을 추심할 수 있다.

라는 재판을 구합니다.

신 청 원 인

채권자는 채무자에 대하여 서울중앙지방법원 20○○가단7070호 집행력있는 판결정본에 의하여 위 청구금액기재의 채권을 가지고 있는바, 채권자는 채무자에게 그 지급을 독촉하였으나 차일피일 미루고 있으므로 위 청구금액을 변제받고자 부득이 채무자가 제3채무자에 대하여 가지는 별지목록 기재 채권을 압류하고 추심하고자 이 신청에 이른 것입니다.

첨 부 서 류

1. 집행력있는 판결정본 1통
1. 동 송달증명원 1통
1. 법인등기부 등본 1통

20○○. 8. .

위 채권자 김 태 선 (인)

서울중앙지방법원 귀중

<별지목록>

목 록

금5,157,534원정

채무자가 제3채무자에 대하여 가지는 채권은 채무자 소유 서울시 노원구 공릉동 123-5 주택1동이 제3채무자가 시행하는 도시재개발구역에 선정되어 철거를 조건으로 지급받는 보상금의 회수청구채권 중 위 청구채권. 끝.

인지 · 송달료 등

◆ 인지첩부	신청서에는 4,000원(압류명령 2,000원+추심명령 2,000원)의 인지를 붙여야 한다(재민 91-1, 556면 참조). 인지는 법원구내 우체국에서 구입하여 붙인다.
◆ 송 달 료	송달료는 당사자 1인당 2회분을 납부한다.

[서식] 채권압류 및 추심명령신청서(대여금반환청구채권에 대한)

채권압류 및 추심명령신청

4,000원
정부수입인지

채 권 자 황 진 석(550320-1234567)
서울 서대문구 홍은동 123(우 : 10200)
전화(휴대폰 포함) : 555-1234, 010-4455-1234

채 무 자 육 지 현
서울 도봉구 창동 123-45(우 : 10201)

제3채무자 박 상 봉
서울 도봉구 쌍문동 123-45(우 : 10202)

청 구 금 액

금10,000,000원정

공증인가 한라법무법인 작성 증서 20○○년 1234호 집행력있는 공정증서 정본에 의한 약속어음금

압류 및 추심할 채권의 표시

별지목록 기재와 같음

신 청 취 지

1. 채무자의 제3채무자에 대한 별지목록 기재의 채권을 압류한다.
2. 제3채무자는 채무자에 대하여 위의 지급을 하여서는 아니 된다.
3. 채무자는 위 채권의 처분과 영수를 하여서는 아니 된다.
4. 채권자는 채무자의 제3채무자에 대한 위 압류된 채권을 추심할 수 있다.

라는 재판을 구합니다.

신 청 원 인

채권자는 채무자에 대하여 공증인가 한라법무법인 작성 증서 20○○년 1234호 집행력있는 공정증서 정본에 의한 금10,000,000원의 약속어음 채권을 가지고 있는 바, 채무자는 지금까지 동 금원을 지급치 아니하고 차일피일 기일만 지연하고 있으므로 채무자가 제3채무자에 대하여 가지는 별지목록 기재채권의 변제기 도래에 있어 부득이 이 채권을 압류하고 추심하고자 본 신청에 이르렀습니다.

첨 부 서 류

1. 집행력있는 공정증서 정본 1통
1. 금전소비대차계약서 1통
1. 납부서 1통

20○○. 9. .

위 채권자 황 진 석 (인)

서울북부지방법원 귀중

<별지목록>

목 록

금10,000,000원정

단, 채무자가 제3채무자에 대하여 20○○. 10. 4. 변제기 20○○. 10. 30. 이자 2할로 하여 대여한 금10,000,000원의 반환채권. 끝.

인지·송달료 등

◆ 인지첩부	신청서에는 4,000원(압류명령 2,000원+추심명령 2,000원)의 인지를 붙여야 한다(재민 91-1, 556면 참조). 인지는 법원구내 우체국에서 구입하여 붙인다. 압류명령신청을 수개의 집행권원에 기하여 1개의 신청서로 신청하는 때에는 수개의 신청이므로 집행권원의 수에 상응하는 인지를 첨부하여야 하고, 다만 전부명령은 압류된 채권 전체가 하나로써 채권자에게 전부되는 것이므로 1개의 신청으로 취급한다(재민 87-9).
◆ 송 달 료	송달료는 당사자 1인당 2회분을 납부한다.

[서식] 채권압류 및 추심명령신청서(물품대금청구채권에 대한)

채권압류 및 추심명령신청

4,000원
정부수입인지

채 권 자 윤 수 정(550320-1234567)
서울 도봉구 미아동 12 태영빌라 가동 101호
송달장소 의정부 신곡동 1-2 건영빌라 101호(우 : 10200)
전화(휴대폰 포함) : 555-1234, 010-4455-1234

채 무 자 정 현 수
인천 북구 구산동 11-2 새롬빌라 101호(우 : 10201)

제3채무자 대한공영주식회사
서울 강남구 수서로 123(우 : 10202)
대표이사 박 종 관

청 구 금 액

금2,511,643원정

서울북부지방법원 20○○가소3030호 사건의 집행력 있는 판결정본에 의한 금1,900,000원 및 20○○. 6. 26부터 20○○. 10. 7까지 연 12%의 비율에 의한 지연손해금 611,643원

압류 및 추심할 채권의 표시

별지목록 기재와 같음

신 청 취 지

1. 채무자의 제3채무자에 대한 별지목록 기재의 채권을 압류한다.
2. 제3채무자는 채무자에 대하여 위의 지급을 하여서는 아니 된다.
3. 채무자는 위 채권의 처분과 영수를 하여서는 아니 된다.
4. 채권자는 채무자의 제3채무자에 대한 위 압류된 채권을 추심할 수 있다.

라는 재판을 구합니다.

신 청 원 인

채권자는 채무자에 대하여 서울북부지방법원 20○○가소3030호 집행력있는 판결정본에 의한 집행권원을 가지고 있는바, 채무자는 지금까지 동 금원을 변제하지 않고 있으므로 위 청구금액에 대하여 변제를 받고자 부득이 채무자가 제3채무자에 대하여 가지는 별지목록 기재 채권을 압류하고 추심을 받기 위하여 이 신청에 이른 것입니다.

첨 부 서 류

1. 집행력있는 판결정본 1통
1. 동 송달증명원 1통
1. 법인등기부등본 1통
1. 납부서 1통

20○○. 10. .

위 채권자 윤 수 정 (인)

인천지방법원 귀중

<별지목록>

목 록

금2,511,643원정

단, 채무자가 제3채무자에게 20○○. 10. 5. 납품하고 수령할 금10,000, 000원의 물품대금채권중 위 청구금액. 끝.

인지·송달료 등

◆ 인지첩부	신청서에는 4,000원(압류명령 2,000원+추심명령 2,000원)의 인지를 붙여야 한다(재민 91-1, 556면 참조). 압류명령신청을 수개의 집행권원에 기하여 1개의 신청서로 신청하는 때에는 수개의 신청이므로 집행권원의 수에 상응하는 인지를 첨부하여야 하고, 다만 전부명령은 압류된 채권 전체가 하나로써 채권자에게 전부되는 것이므로 1개의 신청으로 취급한다(재민 87-9).
◆ 송 달 료	송달료는 당사자 1인당 2회분을 납부한다.

[서식] 채권압류 및 추심명령신청서(피사취담보금반환청구채권에 대한)

채권압류 및 추심명령신청

4,000원
정부수입인지

채 권 자　　심　재　철(550320-1234567)
　　　　　　서울 서초구 염곡동 123
　　　　　　전화(휴대폰 포함) : 555-1234, 010-4455-1234
채 무 자　　장　영　희
　　　　　　서울 강남구 신사로 421-8(우 : 10201)
제3채무자　　주식회사 제삼은행
　　　　　　서울 중구 을지로2가 245-4(우 : 10202)
　　　　　　대표이사　송　진　수
　　　　　　(소관 : 서초로지점)

청 구 금 액

금15,000,000원정(서울중앙지방법원 20○○가단1616호 집행력있는 판결정본에 기한 약속어음금중 일부금)

압류 및 추심할 채권의 표시

별지목록기재와 같음

신 청 취 지

1. 채무자의 제3채무자에 대한 별지목록 기재의 채권을 압류한다.
2. 제3채무자는 채무자에 대하여 위의 지급을 하여서는 아니 된다.
3. 채무자는 위 채권의 처분과 영수를 하여서는 아니 된다.
4. 채권자는 채무자의 제3채무자에 대한 위 압류된 채권을 추심할 수 있다.

라는 재판을 구합니다.

신 청 이 유

채권자는 서울중앙지방법원 20○○가단1616호 집행력있는 판결정본에 기하여 채무자로부터 받을 금원이 금20,000,000원이 있는바, 채무자는 이를 선의변제치 않고 있던중 채무자가 제3채무자에게 금15,000,000원의 이건 약속어음에 대하여 사고

계접수를 이유로 예치한 금원의 금15,000,000원이 있음을 알았으므로 동 금원의 압류 및 추심을 받고자 본건 신청에 이른 것입니다.

첨 부 서 류

1. 집행력있는 판결정본 1통
1. 송달증명원 1통
1. 주식회사 초본 1통
1. 납부서 1통

20○○. 3. .

위 채권자 대리인 변호사 류 대 영 (인)

서울중앙지방법원 귀중

<별지목록>

목 록

금15,000,000원정

채무자가 제3채무자에 대하여 가지는, 채무자가 제3채무자에게 아래 표시 약속어음에 대하여 사고계접수를 이유로 하여 20○○. 8. 10. 채무자의 별단예금에 담보금으로 예치한 금15,000,000원의 반환청구채권

아 래

1. 액 면 금 1,500만원
1. 지급기일 20○○. 8. 10.
1. 지급장소 (주)제삼은행 서초로지점
1. 발 행 일 20○○. 5. 10.
1. 발 행 인 장 영 희 끝.

인지·송달료 등

◆ 인지첩부	신청서에는 4,000원(압류명령 2,000원+추심명령 2,000원)의 인지를 붙여야 한다(재민 91-1, 556면 참조). 압류명령신청을 수개의 집행권원에 기하여 1개의 신청서로 신청하는 때에는 수개의 신청이므로 집행권원의 수에 상응하는 인지를 첨부하여야 하고, 다만 전부명령은 압류된 채권 전체가 하나로써 채권자에게 전부되는 것이므로 1개의 신청으로 취급한다(재민 87-9).
◆ 송 달 료	송달료는 당사자 1인당 2회분을 납부한다.

[서식] 채권압류 및 추심명령신청서(해방공탁금회수청구권에 대한)

채권압류 및 추심명령신청

4,000원
정부수입인지

채 권 자　유　방　호(550320-1234567)
서울 종로구 숭인동 300-4
위 대리인 변호사　변　호　철
서울 서초구 서초로 21 부전빌딩 301호(우 : 10200)
전화(휴대폰 포함) : 555-1234, 010-4455-1234

채 무 자　주식회사 한국어패럴
서울 종로구 평창동 367-14(우 : 10201)
대표이사　이　장　군

제3채무자　대한민국
위 법률상 대표자
법무부장관　○　○　○
(소관 : 서울중앙지방법원 공탁관)

청 구 금 액

금10,000,000원정

서울중앙지방법원 20○○가단21454호 집행력있는 화해조서정본에 의한 물품대금

압류 및 추심할 채권의 표시

별지목록기재와 같음

신 청 취 지

1. 채무자의 제3채무자에 대한 별지목록 기재의 채권을 압류한다.
2. 제3채무자는 채무자에 대하여 위의 지급을 하여서는 아니 된다.
3. 채무자는 위 채권의 처분과 영수를 하여서는 아니 된다.
4. 채권자는 채무자의 제3채무자에 대한 위 압류된 채권을 추심할 수 있다.

라는 재판을 구합니다.

신 청 이 유

1. 채권자는 채무자를 상대로 하여 귀원 20○○카단4894호로서 유체동산가압류를 하였는바, 채무자는 이를 해방공탁하였습니다.
2. 그후 채권자는 귀원 20○○가단21454호로서 물품대금 본안소송을 제기하여 20○○. 11. 1부터 20○○. 11. 30까지 지급키로 화해가 성립되었습니다.
3. 그런데 채무자는 20○○. 10. 제3의 채권자 3인으로 하여금 해방공탁금에 금 15,000,000원의 압류 및 추심명령을 하여놓고 채권자에게는 선의 변제치 않고 있으므로 부득이 채무자가 제3채무자에 대하여 가지는 별지목록 채권을 압류하고 추심받고자 본 신청에 이른 것입니다.

소명방법 및 첨부서류

1. 집행력있는 화해조서 정본 1통
1. 송달증명원 1통
1. 주식회사 등기부등본 1통

20○○. 2. .

위 채권자 대리인 변호사 변 호 철 (인)

서울중앙지방법원 귀중

<별지목록>

목 록

금10,000,000원정

채권자와 채무자간 서울중앙지방법원 20○○카단4894호 유체동산 가압류결정에 대한 해방금으로 채무자가 제3채무자인 서울중앙지방법원 공탁관에게 20○○금 제4457호로서 해방공탁한 금10,000,000원의 회수청구권. 끝.

인지·송달료 등

◆ 인지첩부	신청서에는 4,000원(압류명령 2,000원+추심명령 2,000원)의 인지를 붙여야 한다(재민 91-1, 556면 참조). 압류명령신청을 수개의 집행권원에 기하여 1개의 신청서로 신청하는 때에는 수개의 신청이므로 집행권원의 수에 상응하는 인지를 첨부하여야 하고, 다만 전부명령은 압류된 채권 전체가 하나로써 채권자에게 전부되는 것이므로 1개의 신청으로 취급한다(재민 87-9 참조).
◆ 송 달 료	송달료는 당사자 1인당 2회분을 납부한다.

[서식] 채권압류 및 추심명령신청서(당좌예금개설보증금등 채권에 대한)

채권압류 및 추심명령신청

4,000원
정부수입인지

채 권 자　　주식회사 백영
의정부시 의정부3동 123-4
대표이사　김　백　영
위 신청대리인 변호사　김　문　수
서울 서초구 서초로 34 국제빌딩 3층(우 : 10200)
전화(휴대폰 포함) : 555-1234, 010-4455-1234

채 무 자　　행복물산 주식회사
서울 상남구 삼성로 347-12(우 : 10201)
대표이사　이　행　복

제3채무자　　국제은행
서울 중구 남대문로 1가 423-9(우 : 10202)
대표이사　최　행　상
소관 : ○○동 지점

청 구 금 액

금39,029,432원정

의정부지방법원 20○○가합12345호 물대금청구사건의 집행력 있는 판결정본에 기한 물품대금채권 금36,287,491원 및 이에 대한 20○○. 1. 13부터 20○○. 11. 3까지 연 6푼의 비율에 의한 이자금 1,747, 764원, 20○○. 11. 4부터 이건 신청일인 20○○. 12. 13까지는 연 12%의 비율에 의한 이자금 994,199원, 도합 금39,029,432원정

압류 및 추심할 채권의 표시

별지 목록 기재와 같음

신 청 취 지

1. 채무자의 제3채무자에 대한 별지목록 기재의 채권을 압류한다.

2. 제3채무자는 채무자에 대하여 위의 지급을 하여서는 아니 된다.
3. 채무자는 위 채권의 처분과 영수를 하여서는 아니 된다.
4. 채권자는 채무자의 제3채무자에 대한 위 압류된 채권을 추심할 수 있다.

라는 재판을 구합니다.

신 청 이 유

채권자는 의정부지방법원 20○○가합12345호 물품대금청구사건의 집행력있는 판결정본에 기하여 채무자로부터 받을 금원이 금39,029,432원이 있는바 채무자는 이를 선의변제치 않고 있던 중 채권자는 채무자에게 별지목록기재 채권이 있음을 알았으므로 위 채권의 변제를 받기 위하여 별지목록기재 채권을 압류하고 추심하고자 이건 신청에 이른 것입니다.

첨 부 서 류

1. 집행력있는 판결정본 1통
1. 송달증명원 1통
1. 주식회사 등기부등본 2통

20○○. 12. .

위 채권자 대리인 변호사 박 문 수 (인)

의정부지방법원 귀중

<별지목록>

목 록

금39,029,432원정

채무자가 제3채무자에 대하여 가지는 당좌예금 개설보증금으로 예치한 금원의 반환청구채권 또는 무거래 부도 제재금 해당액으로 변환예치한 금원의 반환청구채권중 위 청구금액에 이르기까지의 청구채권. 끝.

인지·송달료 등

◆ 인지첩부	신청서에는 4,000원(압류명령 2,000원+추심명령 2,000원)의 인지를 붙여야 한다(재민 91-1, 556면 참조). 압류명령신청을 수개의 집행권원에 기하여 1개의 신청서로 신청하는 때에는 수개의 신청이므로 집행권원의 수에 상응하는 인지를 첨부하여야 하고, 다만 전부명령은 압류된 채권 전체가 하나로써 채권자에게 전부되므로 1개의 신청으로 취급한다.
◆ 송 달 료	송달료는 당사자 1인당 2회분을 납부한다.

[서식] 채권압류 및 추심명령신청서(정기적금반환청구채권에 대한)

채권압류 및 추심명령신청

4,000원
정부수입인지

채 권 자　　박　태　철(550320-1234567)
서울 성북구 돈암동 345-9(우 : 10200)
전화(휴대폰 포함) : 555-1234, 010-4455-1234

채 무 자　　진　기　호
서울 중구 신당동 541-84(우 : 10201)

제3채무자　　주식회사 국제은행
서울 중구 을지로2가 30-4(우 : 10202)
은행장　오　훈
(소관 : 혜화로지점)

청구금액

금10,000,000원정(공증인가 자유합동법률사무소 작성 증서 20○○년 제1515호 집행력있는 공정증서정본에 의한 약속어음금 중 일부금)

압류 및 추심할 채권의 표시

별지목록기재와 같음

신 청 취 지

1. 채무자의 제3채무자에 대한 별지목록 기재의 채권을 압류한다.
2. 제3채무자는 채무자에 대하여 위의 지급을 하여서는 아니 된다.
3. 채무자는 위 채권의 처분과 영수를 하여서는 아니 된다.
4. 채권자는 채무자의 제3채무자에 대한 위 압류된 채권을 추심할 수 있다.

라는 재판을 구합니다.

신 청 이 유

채권자는 채무자로부터 공증인가 자유합동법률사무소 작성 집행력있는 공정증서 정본에 기하여 금1,500만원을 받을 채권이 있는바, 채무자는 이를 선의 변제하지 않고 있으므로 조사한바, 채무자가 제3채무자로부터 별지 목록 기재 채권이 있음을 알았으므로 이를 압류하고 추심하고자 본건 신청에 이른 것입니다.

소 명 방 법

1. 집행력있는 공정증서정본 1통
1. 주식회사 초본 1통
1. 납부서 1통

20○○. 10. .

위 채권자 박 태 철 (인)

서울중앙지방법원 귀중

<별지목록>

목 록

금10,000,000원정

채무자가 제3채무자에게 아래 표시와 같이 적립예치한 정기적금반환청구채권 중 위 청구금액

아 래

정기적금 구좌번호 : 114-14-000047
종 류 : 정기적금
만기수령액 : 금50,000,000원
만기지급일 : 20○○. 11. 19.
명 의 인 : 진 기 호 끝.

인지·송달료 등

◆ 인지첩부	신청서에는 4,000원(압류명령 2,000원+추심명령 2,000원)의 인지를 붙여야 한다(재민 91-1, 556면 참조). 압류명령신청을 수개의 집행권원에 기하여 1개의 신청서로 신청하는 때에는 수개의 신청이므로 집행권원의 수에 상응하는 인지를 첨부하여야 하고, 다만 전부명령은 압류된 채권 전체가 하나로써 채권자에게 전부되는 것이므로 1개의 신청으로 취급한다(재민 87-9 참조).
◆ 송 달 료	송달료는 당사자 1인당 2회분을 납부한다.

[서식] 채권압류 및 추심명령신청서(주택청약저축반환채권에 대한)

채권압류 및 추심명령신청

4,000원
정부수입인지

채 권 자　　이　　백　　영(550320-1234567)
성남시 중원구 중동 123-4(우 : 10200)
전화(휴대폰 포함) : 555-1234, 010-4455-1234

채 무 자　　김　　영　　철
서울 영등포구 신길동 423-5(우 : 10201)

제3채무자　　국제은행
서울 중구 을지로2가 123-6(우 : 10202)
은행장　　이　　은　　행
(소관 을지로지점)

청 구 금 액

금3,000,000원정

공증인가 국제합동법률사무소 작성 증서 20○○년 제1234호 집행력있는 공정증서 정본에 의한 약속어음금

압류 및 추심할 채권의 표시

별지목록 기재와 같음

신 청 취 지

채무자의 제3채무자에 대한 별지목록 기재의 채권을 압류한다.

제3채무자는 채무자에 대하여 위의 지급을 하여서는 아니 된다.

채무자는 위 채권의 처분과 영수를 하여서는 아니 된다.

채권자는 채무자의 제3채무자에 대한 위 압류된 채권을 추심할 수 있다.

라는 재판을 구합니다.

신 청 이 유

위 청구금액은 채권자가 채무자로부터 변제받을 공증인가 국제합동법률사무소 작성 증서 20○○년 제1234호 집행력있는 공정증서정본에 의한 액면금 3,000,000

원의 약속어음금인바, 채무자는 빠른 시일내에 위 금원을 변제하기로 하였음에도 기일만 지연할 뿐 지급치 아니하여 부득이 채무자가 제3채무자에게 대하여 가지는 별지목록 기재채권을 압류하고 추심을 받기 위하여 이 신청에 이른 것입니다.

첨 부 서 류

1. 집행력있는 공정증서 정본 1통
1. 법인등기부등본 1통
1. 납부서 1통

20○○. 11. .

채권자 이 백 영 (인)

서울남부지방법원 귀중

<별지목록>

목 록

금3,000,000원정

채무자가 제3채무자(을지로지점)에 대하여 가지는 주택청약저축(계좌번호 1234-56-78910-11) 금3,000,000원의 반환채권. 끝.

인지·송달료 등

◆ 인지첩부	신청서에는 4,000원(압류명령 2,000원+추심명령 2,000원)의 인지를 붙여야 한다(재민 91-1, 556면 참조). 압류명령신청을 수개의 집행권원에 기하여 1개의 신청서로 신청하는 때에는 수개의 신청이므로 집행권원의 수에 상응하는 인지를 첨부하여야 하고, 다만 전부명령은 압류된 채권 전체가 하나로써 채권자에게 전부되는 것이므로 1개의 신청으로 취급한다(재민 87-9 참조).
◆ 송 달 료	송달료는 당사자 1인당 2회분을 납부한다.

[서식] 채권압류 및 추심명령신청서(건물보상금 및 상업손해보상금에 대한)

채권압류 및 추심명령신청

4,000원
정부수입인지

채 권 자 천 동 석(550320-1234567)
성남 분당구 이매동 11 보람아파트 9동 302호(우 : 10200)
전화(휴대폰 포함) : 555-1234, 010-4455-1234

채 무 자 이 민 수
인낙조서상 주소 서울 종로구 수송동 345-9
현주소 서울 강남구 개포로 247-15(우 : 10201)

제3채무자 대한민국
위 법률상 대표자 법무부장관 ○ ○ ○
(소관 : 국토관리청장 ○ ○ ○)

청 구 금 액

1. 금15,000,000원정
서울중앙지방법원 20○○가단39478호 약속어음금사건의 집행력있는 인낙조서 정본에 의한 금원
2. 금554,794원정
위 금원에 대한 20○○. 9. 10부터 20○○. 11. 4까지 연 12%의 비율에 의한 지연손해금
3. 합계금 15,554,794원정

압류 및 추심할 채권의 표시
별지목록기재와 같음

신 청 취 지

1. 채무자의 제3채무자에 대한 별지목록 기재의 채권을 압류한다.
2. 제3채무자는 채무자에 대하여 위의 지급을 하여서는 아니 된다.
3. 채무자는 위 채권의 처분과 영수를 하여서는 아니 된다.
4. 채권자는 채무자의 제3채무자에 대한 위 압류된 채권을 추심할 수 있다.

라는 재판을 구합니다.

신 청 원 인

채권자는 채무자에 대하여 서울중앙지방법원 20○○가단39478호 약속어음금 사건의 집행력있는 인낙조서 정본에 의한 집행권원을 가지고 있는바, 채무자는 지금까지 동 금원을 변제하지 않고 있으므로 위 청구금액에 대하여 변제를 받고저 부득이 채무자가 제3채무자에게 대하여 가지는 별지목록 기재 채권을 압류하고 추심을 하기 위하여 이 신청에 이른 것입니다.

첨 부 서 류

1. 집행력있는 인낙조서정본 1통
1. 동 송달증명원 1통
1. 납부서 1통

20○○. 12. .

채권자 천 동 석 (인)

서울중앙지방법원 귀중

<별지목록>

목 록

금15,554,794원정

단, 채무자가 제3채무자에 대하여 가지는 건물보상금 및 상업손해보상금 중 위 청구채권. 끝.

인지·송달료 등

◆ 인지첩부	신청서에는 4,000원(압류명령 2,000원+추심명령 2,000원)의 인지를 붙여야 한다(재민 91-1, 556면 참조). 압류명령신청을 수개의 집행권원에 기하여 1개의 신청서로 신청하는 때에는 수개의 신청이므로 집행권원의 수에 상응하는 인지를 첨부하여야 하고, 다만 전부명령은 압류된 채권 전체가 하나로써 채권자에게 전부되는 것이므로 1개의 신청으로 취급한다(재민 87-9 참조).
◆ 송 달 료	송달료는 당사자 1인당 2회분을 납부한다.

[서식] 채권압류 및 추심명령신청서[의료보험금(진료비)청구채권에 대한]

채권압류 및 추심명령신청

4,000원
정부수입인지

채 권 자　주식회사 서울제약
서울 서초구 반포로 123-4(우 : 10200)
대표이사　강　서　울
전화(휴대폰 포함) : 555-1234, 010-4455-1234

채 무 자　의료법인 백영병원의료재단
서울 강남구 삼성로 234-5(우 : 10201)
대표이사　임　백　영

제3채무자　한강의료보험연합회
서울 용산구 한강로2가 33(우 : 10202)
회장　남　한　강
(소관 : ○○과)

청구채권의 표시

금55,416,666원정

서울중앙지방법원 20○○가합1234호 물품대금청구사건의 집행력있는 판결 정본에 의한 금50,000,000원 및 이에 대한 20○○. 2. 26부터 20○○. 7. 26까지는 연 6푼의 그 다음날부터 20○○. 12. 26까지는 연 12%의 비율에 의한 지연손해금 5,416,666원, 합계금 55,416,666원정

압류 및 추심할 채권의 종류 및 수액

별지목록기재와 같음

신 청 취 지

1. 채무자의 제3채무자에 대한 별지목록 기재의 채권을 압류한다.
2. 제3채무자는 채무자에 대하여 위의 지급을 하여서는 아니 된다.
3. 채무자는 위 채권의 처분과 영수를 하여서는 아니 된다.
4. 채권자는 채무자의 제3채무자에 대한 위 압류된 채권을 추심할 수 있다.

라는 재판을 구합니다.

신 청 이 유

채권자는 채무자에 대하여 서울중앙지방법원 20○○가합1234호 물품대금청구 사건의 집행력있는 판결정본에 기하여 위 청구금액기재의 채권이 있는바, 채무자는 지금까지 이를 변제하지 아니하므로 위 채권의 변제에 충당하고자 부득이 채무자가 제3채무자에 대하여 가지는 별지 목록 기재의 채권을 압류하고 추심하고자 이 신청을 합니다.

첨 부 서 류

1. 집행력있는 판결정본 1통
1. 송달증명원 1통
1. 법인등기부등본 3통
1. 납부서 1통

20○○. 12. .

위 채권자 주식회사 서울제약
대표이사 강 서 울 (인)

서울중앙지방법원 귀중

<별지목록>

목 록

금55,416,666원정

채무자가 제3채무자로부터 매월 지급받는 피보험자 진료비의 의료보험금청구채권 중 20○○. 12월부터 위 청구금액에 이를 때까지의 금액. 끝.

인지·송달료 등

◆ 인지첩부	신청서에는 4,000원(압류명령 2,000원+추심명령 2,000원)의 인지를 붙여야 한다(재민 91-1, 556면 참조). 압류명령신청을 수개의 집행권원에 기하여 1개의 신청서로 신청하는 때에는 수개의 신청이므로 집행권원의 수에 상응하는 인지를 첨부하여야 하고, 다만 전부명령은 압류된 채권 전체가 하나로써 채권자에게 전부되는 것이므로 1개의 신청으로 취급한다(재민 87-9 참조).
◆ 송 달 료	송달료는 당사자 1인당 2회분을 납부한다.

[서식] 근저당권부 채권압류 및 추심명령신청서

근저당권부 채권압류 및 추심명령신청

4,000원
정부수입인지

채 권 자　임　백　영(550320-1234567)
　서울 강남구 삼성로 12 삼일아파트 7동 701호(우 : 10200)
　전화(휴대폰 포함) : 555-1234, 010-4455-1234
채 무 자　이　근　삼
　서울 종로구 부암로 5길 123-4(우 : 10201)
　등기부상 주소　서울 강남구 신사로 321
제3채무자 1. 임　백　영
　서울 강남구 삼성로 12 삼일아파트 7동 701호(우 : 10202)
　2. 이　진　규
　서울 서초구 서초로 278-31(우 : 10203)

청 구 금 액
　금30,000,000원정
　공증인가 법무법인 백영종합법률사무소 작성 증서 20○○년 제3479호 집행력 있는 약속어음 공정증서 정본에 의한 금65,000,000원중 일부금

압류 및 추심할 채권과 근저당권의 표시
　별지목록기재와 같음

신 청 취 지

1. 채무자의 제3채무자들에 대한 별지목록 기재의 채권을 압류한다.
2. 제3채무자들은 채무자에게 위 채권에 관한 지급을 하여서는 아니 된다.
3. 채무자는 위 채권의 처분과 영수를 하여서는 아니 된다.
4. 채권자는 채무자의 제3채무자에 대한 위 압류된 채권을 추심할 수 있다.

라는 재판을 구합니다.

신 청 이 유

위 청구금액은 공증인가 백영종합법률사무소 작성증서 20○○년 제3479호 집행력있는 약속어음 공정증서 정본에 의하여 채무자로부터 지급받을 금원인바, 채무자는 지급기일이 지난 지금까지 임의로 변제치 아니하고 기일만 지연하고 있어 부득이 채무자가 제3채무자에 대하여 가지는 근저당권부채권을 압류하고 추심받고자 본 신청에 이르렀습니다.

첨 부 서 류

1. 집행력있는 공정증서정본 1통
1. 부동산등기부등본 1통

20○○. 12. .

채권자 임 백 영 (인)

서울중앙지방법원 귀중

<별지목록>

목 록

1. 추심할 채권의 표시

금30,000,000원정

채무자가 제3채무자 임백영 소유의 아래 목록 기재의 부동산에 대하여 을구 순위 2번 20○○. 12. 15. 수원지방법원 등기과 접수 제12345호로 한 근저당권 채권최고액 금30,000,000원정의 근저당권 채권

부동산의 표시

수원시 권선구 권선로 123 대307제곱미터

2. 추심할 채권의 표시

금30,000,000원정

채무자가 제3채무자 이진규 소유의 아래 목록 기재의 부동산에 대하여 을구

순위 2번 20○○. 12. 10. 수원지방법원 등기과 접수 제12346호로 한 근저당권 채권최고액 금30,000,000원정의 근저당권채권

부동산의 표시
수원시 권선구 권선로 124 대311제곱미터. 끝.

인지·송달료 등

◆ 인지첩부	신청서에는 4,000원(압류명령 2,000원+추심명령 2,000원)의 인지를 붙여야 한다(재민 91-1, 556면 참조). 압류명령신청을 수개의 집행권원에 기하여 1개의 신청서로 신청하는 때에는 수개의 신청이므로 집행권원의 수에 상응하는 인지를 첨부하여야 하고, 다만 전부명령은 압류된 채권 전체가 하나로써 채권자에게 전부되는 것이므로 1개의 신청으로 취급한다(재민 87-9 참조).
◆ 송 달 료	송달료는 당사자 1인당 2회분을 납부한다.

[서식] 근저당권부 채권압류·추심명령 및 등기부기입 촉탁신청서(병합신청의 경우)

근저당권부채권압류·추심명령 및 등기부기입 촉탁신청서

4,000원
정부수입인지

채 권 자 박 양 희(550320-1234567)
서울 강남구 자곡동 123 성민빌라 101호(우 : 10200)
전화(휴대폰 포함) : 555-1234, 010-4455-1234

채 무 자 한 웅 교
서울 서초구 서초로 123-50(우 : 10201)
등기부상 주소 서울 강남구 자곡동 123-4

제3채무자 주식회사 천일산업
서울 종로구 창신동 123-20(우 : 10202)
대표이사 김 성 근

청구금액

금100,000,000원정

공증인가 무지개합동법률사무소 작성 20○○년 증 제3636호 집행력 있는 공정증서 정본에 의한 약속어음금

압류 및 추심할 채권과 근저당권의 표시

별지목록기재와 같음

신 청 취 지

1. 채무자의 제3채무자에 대한 별지목록 기재의 근저당권부 채권을 압류한다.
2. 제3채무자는 채무자에게 위 채권에 관한 지급을 하여서는 아니된다.
3. 채무자는 위 채권의 처분과 영수를 하여서는 아니된다.
4. 채권자는 채무자의 제3채무자에 대한 위 압류된 채권을 추심할 수 있다.

라는 재판을 구합니다.

신 청 이 유

1. 채권자는 채무자에 대하여 공증인가 무지개합동법률사무소 작성 20○○증 제3636호 집행력있는 공정증서정본에 의하여 금100,000,000원의 채권을 가지고 있고, 채무자는 제3채무자에 대하여 별지목록기재 부동산에 제1순위 저당권을 가지고 있으므로 채권자는 위 채권의 변제를 받기 위하여 채무자가 제3채무자에 대하여 가지는 근저당권부 채권을 압류 및 추심하고, 이를 등기부에 기입하도록 촉탁하여 주시기 바라와 본 신청에 이른 것입니다.

첨 부 서 류

1. 집행력있는 공정증서 정본	1통
1. 부동산 등기부등본	1통
1. 주식회사 등기부등본	1통
1. 주민등록 초본	1통
1. 납부서	1통

20 . . .
위 채권자 박 양 희 (인)
서울중앙지방법원 귀중

<별지목록>

목 록

금100,000,000원정

채무자간 제3채무자에 대하여 가지는 아래표시 부동산에 대하여 을구순위 1번 서울중앙지방법원 중부등기소 20○○. 6. 16. 접수 제2727호 근저당권설정등기에 기한 채권최고액 금150,000,000원의 근저당권부채권

부동산의 표시
서울 종로구 혜화로 123-50
위 지상
철근콘크리트 슬래브지붕 5층점포 및 사무실
1층 385.4775㎡ 2층 385.4775㎡
3층 385.4774㎡ 4층 385.4775㎡
5층 379.4775㎡
지층 433.2675㎡
옥탑 15.12㎡

내역 1층 점포 2, 3, 4, 5층 사무실, 지층 다방. 식당. 끝.

인지·송달료 등

◆ 신청방식	이 신청서는 압류명령의 신청과 함께 추심명령 및 등기부기입신청을 하는 경우이다. 저당권이 있는 채권을 압류할 경우 채권자는 채권압류사실을 등기부에 기입하여 줄 것을 법원사무관등에게 신청할 수 있다. 이 신청은 압류명령의 신청과 동시에 할 수도 있고(민집법 제228조 제2항), 압류명령신청후 별도로 할 수도 있다. 그러나 전부명령이 확정된 뒤에는 신청할 수 없다. 저당권있는 채권에 대하여 압류명령과 함께 추심명령이나 전부

	명령을 신청하면서 압류기입등기신청을 하는 때에는 이에 필요한 서류도 제출하여야 하므로 등기부등본과 등록세를 납부하고 그 영수증을 법원에 제출하여야 한다.
◆ 인지첩부	신청서에는 4,000원(압류명령 2,000원+추심명령 2,000원, 등기부기입신청은 붙이지 않는다)의 인지를 붙여야 한다(재민 91-1, 556면 참조).
◆ 송 달 료	송달료는 당사자 1인당 2회분을 납부한다.

[서식] 지시채권의 추심명령(또는 전부명령)신청서(약속어음)

추심명령신청

2,000원
정부수입인지

채 권 자 원 순 희(550320-1234567)
서울 동대문구 이문동 123-4(우 : 10200)
전화(휴대폰 포함) : 555-1234, 010-4455-1234

채 무 자 구 영 일
서울 도봉구 쌍문동 123 한성빌라 101호(우 : 10201)

제3채무자 최 만 호
서울 종로구 혜화로 345-6(우 : 10202)

압류한 채권의 종류와 수액의 표시
별지목록 기재와 같음

신 청 취 지

채권자와 채무자간의 귀원 20○○타기3456호 지시채권 압류명령사건에 관하여, 채권자는 채무자의 제3채무자에 대한 별지 기재의 압류된 채권을 추심할 수 있다.
(★ 전부명령의 경우 : …채권을 지급에 갈음하여 채권자에게 전부한다.)
라는 재판을 구합니다.

신 청 이 유

채권자는 귀원 20○○타기3456호 지시채권압류명령결정에 기하여 채무자의 제3채무자에 대한 별지목록기재의 약속어음에 기한 채권을 압류하였는바 채권자는 위 압류된 채권을 추심하고자 이건 신청을 합니다.

첨 부 서 류

1. 집행조서등본 1통
1. 납부서 1통

20 . . .

위 채권자 원 순 희 (인)

서울북부지방법원 귀중

<별지목록>

목 록

채무자가 제3채무자에 대하여 가지는 아래 약속어음에 기한 채권

발행인 최 만 호
액 면 금5,000,000원정
지급일 20○○. 9. 31.
지급지 서울특별시

인지 · 송달료 등

◆ 신청방식

이 신청서는 압류명령이 있은 후에 추심명령(또는 전부명령)을 신청하는 경우이다. 추심명령(또는 전부명령)은 기히 압류명령이 되어 있음을 요한다.
어음수표 기타 배서로 이전할 수 있는 증권으로서 배서가 금지된 증권채권의 압류는 법원의 압류명령에 의하여 집행관이 그 증권을 점유함으로써 한다(민집법 제233조). 배서가 금지되지 아니한 유가증권은 유체동산강제집행절차에 의하여야 한다(민집법 제189조 제2항 제3호). 지시채권에 대하여는 압류명령신청과 동시에 추심명령신청이나 전부명령신청을 할 수 없다. 이는 압류명령에 의하여 집행관이 증권에 대한 점유가 있은 후에 현금화가 가능하기 때문이다. 채권자는 압류명령에 기하여 증권을 압류하여 줄 것을 집행관에게 위임하면 집행관은 위 증권을 수취하여 점유하게 된다. 압류채권자는 금전채권에

<table>
<tr><td colspan="2">대한 집행의 일반원칙에 따라 추심명령 또는 전부명령이나 특별한 현금화명령(민집법 제229조, 제241조)을 받아 그 정본을 증권을 점유하는 집행관에게 제시하면 집행관은 그 채권자에게 증권을 교부한다.</td></tr>
<tr><td>◆ 인지첩부</td><td>신청서에는 2,000원의 인지를 붙여야 한다(재민 91-1, 556면 참조). 인지는 법원구내 우체국에서 구입하여 붙인다.</td></tr>
<tr><td>◆ 송 달 료</td><td>송달료는 당사자 1인당 2회분을 납부한다.</td></tr>
<tr><td>◆ 관할법원</td><td>압류명령의 집행법원과 동일한 지방법원</td></tr>
</table>

2. 채권의 본집행으로의 이전

가. 개 설

보전처분이 집행되어 있는 상태에서 채권자가 본안소송에서 승소하여 집행권원을 얻어 강제집행을 할 수 있게 되면 본집행을 하게 되는바, 이를 본집행으로의 이전이라 한다. 원칙적으로 보전처분이 집행되어 있는 상태에서 본압류를 하는 것은 중복되는 절차라 하여 다음 단계를 행하면 족하다고 할 것이나, 실무에서 본압류를 하는 것은 본집행개시시를 명백히 하기 위하여 실행하는 절차라 하겠다.

가압류가 본압류로 이행되어 강제집행이 이루어진 경우에는 가압류집행은 본집행에 포섭됨으로써 당초부터 본집행이 있었던 것과 같은 효력이 있게 된다(대법원 2010. 10. 14. 선고 2010다48455 판결).

나. 동일성 문제

가압류한 지명채권에 대하여 가압류에서 본압류로 전이하는 내용의 주문이 누락된 채 압류 및 추심명령이 발령되었다 하더라도, 가압류 및 압류·추심의 당사자 사이에 서로 동일성이 인정되고, 가압류의 피보전채권과 압류·추심의 집행채권 사이 및 가압류 대상 채권과 압류·추심 대상 채권 사이에 서로 동일성이 인정되는 경우에는, 해당 가압류는 특별한 사정이 없는 한 당연히 본압류로 이전되는 효력이 생긴다(대법원 2010. 10. 14. 선고 2010다48455 판결).

점유이전금지가처분사건에서 채무자의 지위가 승계되는 경우에는 승계집행문이 필요하지만(대법원 1999. 3. 23. 98다59118 판결), 가압류의 피보전권리에 관하여 채권자를 대위하는 변제자는 승계집행문을 부여받을 필요 없이 보전집행의 효력을 주장할 수 있다는 입장을 취하고 있다(대법원 1993. 7. 13. 92다33251 판결).

다. 신청절차

(1) 개 설

신청은 서면으로 하여야 하며, 신청서에는 본압류신청에 필요한 집행력 있는 정본, 그 송달증명서, 가압류결정서 사본과 가압류 송달증명을 붙여야 한다(민집규칙 제159조 제2항). 본 압류신청을 하면서도 추심명령신청이나 전부명령신청을 동시에 신청할 수 있다.

가압류에서 이전되는 채권압류의 경우에 집행법원은 가압류를 명한 법원이 있는 곳을 관할하는 지방법원으로 한다(민집법 제224조 제3항).

(2) 대 상

본집행으로의 이전은 유체동산에 대한 가압류, 채권의 가압류, 기타 재산권의 가압류에서 그 신청이 인정되며, 부동산과 이에 준하는 선박·자동차 등의 경우에는 경매개시결정에 의하여 본압류로 이전하고 처분금지가처분의 경우에는 당해 소유권이전등기로, 점유이전금지가처분의 경우에는 점유이전으로 된다.

(3) 효 과

보전처분의 집행은 본집행으로 이전되므로 인하여 장래에 대하여만 효력이 있다. 따라서 가압류가 본압류로 이전된 경우에는 가압류집행취소를 구할 수 없다(대법원 1976. 1. 27. 선고 75다2065 판결). 다만 보전처분의 지나간 효력은 그대로 유지된다. 그러므로 본집행이 효력이 없는 경우에는 보전처분의 효력은 그대로 살아나서 보전집행상태가 유지된다. 그러나 본집행이 집행불능으로 종료된 경우에는 가압류집행도 그 효력을 상실한다.

금전채권에 대한 가압류로부터 본압류로 전이하는 압류 및 추심명령이 있는 때에는 제3채무자는 채권이 가압류되기 전에 압류채무자에게 대항할 수 있는 사유로써 압류채권자에게 대항할 수 있으므로, 제3채무자의 압류채무자에 대한 자동채권이 수동채권인 피압류채권과 동시이행의 관계에 있는 경우에는, 그 가압류명령이 제3채무자에게 송달되어 가압류의 효력이 생긴 후에 자동채권이 발생하였다고 하더라도 제3채무자는 동시이행의 항변권을 주장할 수 있고, 따라서 그 상계로써 압류채권자에게 대항할 수 있다. 이 경우에 자동채권 발생의 기초가 되는 원인은 수동채권이 가압류되기 전에 이미 성립하여 존재하고 있었으므로, 그 자동채권은 민법 제498조 소정의 "지급을 금지하는 명령을 받은 제3채무자가 그 후에 취득한 채권"에 해당하지 아니한다(대법원 2001. 3. 27. 선고 2000다43819 판결).

[서식] 채권가압류에서 본압류로 이전하는 채권압류 및 추심명령신청서(공탁금회수청구채권에 대한)

채권가압류에서 본압류로 이전하는 채권압류 및 추심명령신청

4,000원
정부수입인지

채 권 자　　김　동　수(550320-1234567)
　　　　　　서울 종로구 가회동 123-4(우 : 10200)
　　　　　　전화(휴대폰 포함) : 555-1234, 010-4455-1234
채 무 자　　정　영　구
　　　　　　서울 종로구 원남동 321-4(우 : 10202)
제3채무자　　제3채무자　대한민국
　　　　　　위 법률상대표자 법무부장관
　　　　　　(소관 서울중앙지방법원 세입세출외 출납담당(공탁)공무원)

청구금액
1. 금 25,000,000원 서울중앙지방법원 20○○가단1234호 대여금청구사건의 판결원금
2. 금 500,000원 위 금원에 대한 20○○. 5. 1.부터 20○○. 10. 1.까지 연 25% 지연이자
3. 합계 금 25,500,000원

이전하는 채권압류 및 추심할 채권의 표시
별지목록 기재와 같음

신 청 취 지

1. 채권자와 채무자간 서울중앙지방법원 20○○카단5555호 채권가압류결정에 의한 별지목록 기재 채권 중 25,000,000원에 대한 가압류는 이를 본압류로 이전하고 나머지 금 500,000원은 이를 압류한다.

2. 제3채무자는 채무자에게 위 채권에 관한 지급을 하여서는 아니 된다.
3. 채무자는 위 채권의 처분과 영수를 하여서는 아니 된다.
4. 채권자는 채무자의 제3채무자에 대한 위 압류된 채권을 추심할 수 있다.

라는 재판을 구합니다.

신 청 이 유

1. 채권자는 채무자에 대하여 대여금청구채권이 있으므로 이를 집행보전하기 위하여 서울중앙지방법원 20○○카단5555호로서 채권가압류 집행을 하고, 같은 법원 20○○가단1234호로서 소를 제기하여 승소하였습니다.
2. 그런데 채무자는 위 채권가압류에 대하여 금 27,000,000원을 서울중앙지방법원 20○○년금 제1234호로 해방공탁하였으므로 그 해방공탁금을 추심하여 변제에 충당하고자 이 신청에 이르렀습니다.

첨 부 서 류

1. 가압류결정정본 1통
1. 동 송달증명 1통
1. 집행력 있는 판결정본 1통
1. 동 송달증명 1통
1. 채권가압류신청서 사본 1통

20○○. 10. .

위 채권자 김 동 수 (인)

서울중앙지방법원 귀중

<별지목록>

목 록

금 25,500,000원

서울중앙지방법원 20○○카단5555호 채권가압류집행에 대하여 채무자가 제3채무자에게 20○○. 4. 10. 에 20○○년 금 제1234호로써 해방공탁한 금27,000,000원의 공탁금회수청구채권중 위 청구채권에 이르기까지의 금액. 끝.

인지·송달료 등

◆ 인지첩부	신청서에는 4,000원(압류명령 2,000원+추심명령 2,000원)의 인지를 붙여야 한다(재민 91-1, 556면 참조). 압류명령신청을 수개의 집행권원에 기하여 1개의 신청서로 신청하는 때에는 수개의 신청이므로 집행권원의 수에 상응하는 인지를 첨부하여야 하고, 다만 전부명령은 압류된 채권 전체가 하나로써 채권자에게 전부되는 것이므로 1개의 신청으로 취급한다(재민 87-9 참조).
◆ 송 달 료	송달료는 당사자 1인당 2회분을 납부한다.

[서식] 채권가압류에서 본압류로 이전하는 채권압류 및 추심명령신청서(은행정기예금채권에 대한)

채권가압류에서 본압류로 이전하는 채권압류 및 추심명령신청

4,000원
정부수입인지

채 권 자　　한　　만　　은(550320-1234567)
서울 강남구 개포로 442-1(우 : 10200)
전화(휴대폰 포함) : 555-1234, 010-4455-1234

채 무 자　　주식회사 한라유통
서울 강남구 신사로 334-5(우 : 10201)
대표이사　　오　　갑　　석

제3채무자　　주식회사 국제은행
은행장　　반　　금　　환
서울 종로구 관철동 49-5(우 : 10202)
(소관 : 신사로지점)

청 구 금 액

금17,848,078원정

서울중앙지방법원 20○○가단42845호 집행력있는 판결정본에 의한 금원 및 위 금원에 대한 20○○. 11. 16일부터 완제일까지의 지연손해금

이전하는 채권압류 및 추심할 채권의 표시

별지목록기재와 같음

신 청 취 지

1. 채권자와 채무자간 귀원 20○○카단8949호 채권가압류결정에 의한 별지목록 기재 채권에 대한 가압류는 이를 본압류로 이전한다.
2. 제3채무자는 채무자에게 위 채권에 관한 지급을 하여서는 아니 된다.
3. 채무자는 위 채권의 처분과 영수를 하여서는 아니 된다.
4. 채권자는 채무자의 제3채무자에 대한 위 압류된 채권을 추심할 수 있다.

라는 재판을 구합니다.

신 청 이 유

채권자는 채무자에 대하여 서울중앙지방법원 20○○가단42845호 임대보증금반환청구사건의 집행력있는 판결정본에 의한 집행권원을 가지고 채무자로부터 변제받을 위 청구금액표시의 채권이 있으나 채무자는 이를 임의 변제하지 아니하므로 채권자는 이미 채무자의 위 표시채권을 귀원 20○○카단8949호로 가압류한바 있으므로 이를 본압류로 이전하고 추심을 하기 위하여 본 신청에 이르렀습니다.

첨 부 서 류

1. 집행력있는 판결정본 1통
1. 동 송달증명원 1통
1. 채권가압류결정정본 1통
1. 동 송달증명원 1통
1. 법인등기부등본 2통
1. 납부서 1통

20○○. 12. .

채권자 한 만 은 (인)

서울중앙지방법원 귀중

<별지목록>

목 록

금17,848,078원정

단, 채무자가 제3채무자(소관 신사로점)에 대하여 가지는 구좌번호 004 - 13 - 000005, 만기일 20○○. 1. 30. 예금주 채무자로 된 정기예금채권 금30,000,000원중 위 청구채권. 끝.

[서식] 채권가압류에서 본압류로 이전하는 채권압류 및 추심명령신청서(방송국 직원의 급료채권에 대한)

채권가압류에서 본압류로 이전하는 채권압류 및 추심명령

4,000원
정부수입인지

채 권 자 염 종 수(550320-1234567)
서울 노원구 상계로 상계아파트 1동 101호(우 : 10200)
전화(휴대폰 포함) : 555-1234, 010-4455-1234

채 무 자 윤 택 영
서울 도봉구 수유동 123-15(우 : 10201)

제3채무자 주식회사 한강방송
서울 영등포구 여의도동 90(우 : 10202)
대표이사 방 송 국

청 구 금 액

1. 금25,000,000원정(서울북부지방법원 20○○가단12345호 집행력있는 판결정본에 의한 대여금)
2. 금775,047원정(20○○. 4. 29부터 20○○. 6. 14까지 연 12%의 비율에 의한 이자)
3. 합계금 25,775,047원정

이전하는 채권압류 및 추심할 채권의 표시
별지목록기재와 같음

신 청 취 지

1. 채권자와 채무자간 서울북부지방법원 20○○카단2346호 채권가압류결정에 의한 별지목록 기재 채권에 대한 가압류는 이를 본압류로 이전한다.
2. 별지목록 기재 채권 중 위 집행력있는 판결정본에 기한 나머지 금 775,047원은 이를 압류한다.
3. 제3채무자는 채무자에게 위 채권에 관한 지급을 하여서는 아니 된다.
4. 채무자는 위 채권의 처분과 영수를 하여서는 아니 된다.
5. 채권자는 채무자의 제3채무자에 대한 위 압류된 채권을 추심할 수 있다.

라는 재판을 구합니다.

신 청 이 유

1. 채권자는 채무자에 대하여 금25,000,000원의 대여금채권이 있어 그 집행 보전을 위하여 귀원 20○○카단2346호로서 채권가압류신청을 하여 채무자가 제3채무자에 대하여 가지고 있는 채권을 20○○. 12. 15. 가압류한바 있습니다.
2. 그 후 채권자는 채무자를 상대로 하여 귀원 20○○가단12345호로서 본안소송을 제기하여 20○○. 5. 15. 전부승소판결을 받았습니다.
3. 그러므로 채권자는 제3채무자에 대하여 가압류결정으로 집행보전된 금 25,000,000원은 가압류에서 본압류로 이전하고 본안 소송판결에 명시된 20○○. 4. 29부터 20○○. 6. 14까지 이자인 금775,047원의 추가금을 압류하고 이를 지급에 갈음하여 추심하고자 본건 신청에 이른 것입니다.

소 명 방 법

1. 집행력있는 판결정본 1통
1. 송달증명원 1통
1. 가압류결정정본 1통
1. 송달증명원 1통
1. 주식회사등본 1통
1. 납부서 1통

20○○. 6. .

위 채권자 염 종 수 (인)

서울북부지방법원 귀중

인지·송달료 등

◆ 인지첩부	신청서에는 4,000원(압류명령 2,000원+추심명령 2,000원)의 인지를 붙여야 한다(재민 91 1, 556면 참조).
◆ 송 달 료	송달료는 당사자 1인당 2회분을 납부한다.

<별지목록>

목 록

금 27,755,460원정

채무자가 제3채무자로부터 매월 수령하는 급료(본봉·상여금 및 제수당) 중 제세공과금을 뺀 잔액의 1/2씩 위 청구금액에 이를 때까지의 금액[다만, 국민기초생활보장법에 의한 최저생계비를 감안하여 민사집행법 시행령이 정한 금액에 해당하는 경우에는 이를 제외한 나머지 금액, 표준적인 가구의 생계비를 감안하여 민사집행법 시행령이 정한 금액에 해당하는 경우에는 이를 제외한 나머지 금액] 및 위 청구금액에 달하지 아니한 사이에 퇴직한 때에는 퇴직금 중 제세공과금을 뺀 잔액의 1/2씩 위 청구금액에 이를 때까지의 금액[다만, 근로자퇴직급여 보장법 제7조 제1항에 따른 압류금지채권을 공무원, 군인, 사립학교교직원(사무직 포함)의 퇴직금에 해당하는 경우에는 이를 제외한 나머지 금액]

단, 가압류금지채권금액 및 가압류채권금액은 다음에 따른다.7)

- 다 음 -

1. 월급여가 185만 원 이하인 경우에는 전액(압류금액 : 0)
2. 월급여가 185만 원을 초과하고 370만 원 이하인 경우(압류금액 : 185만원)
3. 월급여가 370만 원을 초과하고 600만 원 이하인 경우(압류금액 : 월급여의 2분의 1)
4. 월급여가 600만 원을 초과하는 경우(압류금액 : 300만 원+[{(급여채권/2)−300만 원}/2]) 끝.

※ 서울대학교병원, 서울특별시지하철공사, 한국산업안전공단, 국민의료보험관리공단, 의료보험조합, 집행관 사무원은 공무원이 아니므로 퇴직금 2분의 1은 압류가 가능. 급료채권의 시기를 특정하지 않아도 무방하다.

※ 공무원, 군인, 사립학교교원 등의 경우에는 법률의 규정에 의하여 압류할 수 없는 퇴직금은 압류할 수 없으므로 위 목록 중 [다만, 근로자퇴직급여 보장법 제7조 제1항에 따른 압류금지채권을 공무원, 군인, 사립학교교직원(사무직 포함)의 퇴직금에 해당하는 경우에는 이를 제외한 나머지 금액] 부분은 기재하지 않는다.

※ 압류금지 급여금 및 퇴직금, 최저생계비 48면 참조.

7) 2019. 04. 01. 자로 시행된 민사집행법 시행령에 따름

[서식] 채권가압류에서 본압류로 이전하는 채권압류 및 추심명령신청서(주택용지매매계약금반환채권에 대한)

채권가압류에서 본압류로 이전하는 채권압류 및 추심명령신청

4,000원
정부수입인지

채 권 자 이 준 철(550320-1234567)
서울 송파구 석촌동 5 서울아파트 1동 101호(우 : 138-200)
전화(휴대폰 포함) : 555-1234, 010-4455-1234

채 무 자 김 상 호
북제주군 구좌면 덕천리 699(우 : 695-805)

제3채무자 ○제주군
서귀포시 서홍동 1234 5(우 : 697-080)
대표자 군수 ○ ○ ○

청구채권의 표시

제주지방법원 20○○가합1234호 대여금청구사건에 관하여 20○○. 5. 15. 선고된 가집행선고부판결에 의한 금57,120,730원 및 그 중 금27,120,730원에 대하여는 20○○. 3. 7부터 완제일까지 연 12%의 비율에 의한 금원, 금30,000,000원에 대하여는 20○○. 4. 17부터 완제일까지는 연 12%의 비율에 의한 각 금원.

이전하는 압류 및 추심할 채권의 표시

별지목록 기재와 같음

신 청 취 지

1. 채권자와 채무자간 귀원 20○○카합 236호 채권가압류결정에 의한 별지목록 기재 채권에 대한 가압류는 이를 본압류로 이전한다.
2. 제3채무자는 채무자에게 위 채권에 관한 지급을 하여서는 아니 된다.
3. 채무자는 위 채권의 처분과 영수를 하여서는 아니 된다.
4. 채권자는 채무자의 제3채무자에 대한 위 압류된 채권을 추심할 수 있다.

라는 재판을 구합니다.

신 청 이 유

1. 채권자는 채무자에 대하여 청구채권표시기재와 같이 채권을 가지고 있고, 그 집행보전을 위하여 귀원 20○○카합 236호로서 채권가압류신청을 하여 채무자가 제3채무자에 대하여 가진 압류채권표시기재의 채권을 가압류하였습니다.
2. 채권자는 채무자를 상대로 귀원 20○○가합 1234호 대여금청구의 본안소송을 제기하여 20○○. 5. 15. 전부승소의 판결에 의하여 그 지급이 명하여져 있습니다.
3. 그러므로 채권자는 제3채무자에 대한 위 채권가압류결정으로 집행보전된 별지목록기재 채권을 본집행에 이전하는 채권압류 및 추심명령을 받고자 본 신청에 이른 것입니다.

첨 부 서 류

1. 집행력있는 판결정본	1통
1. 송달증명	1통
1. 채권가압류결정정본	1통
1. 송달증명	1통
1. 납부서	1통

20○○. 6. .

채권자 이 준 철 (인)

제주지방법원 귀중

<별지목록>

목 록

채무자와 제3채무자 사이의 "위미지구단독주택용지매매계약"에 의한 남제주군 남원읍 위미리 1234-5 대 300.5제곱미터의 매매대금 30,108,000원 중 기납입한 계약금, 중도금 및 1차, 2차 잔금의 합계금 26,092,000원에서 제3채무자가 채무자에게 한 20○○. 12. 28. 위미지구단독주택분양잔금납부최고에 의하여 제3채무자가 채무자로부터 귀속시킨 위 계약금 3,010,000원을 제외하고 제3채무자가 채무자에게 반환해야 할 금23,082,000원. 끝.

※ 인지・송달료 등 : 전서식 말미 참조

3. 채권압류 및 추심명령에 대한 불복

가. 개 설

추심명령신청을 기각한 결정에 대하여는 신청채권자가 즉시항고를 할 수 있고 그 신청을 인용한 추심명령에 대하여는 채무자, 제3채무자가 즉시항고할 수 있다(민집법 제229조 제6항). 즉시항고는 결정정본을 수령한 날로부터 1주 이내(불변기간)에 하여야 한다. 항고장에는 항고인, 원결정의 표시, 그 결정에 대하여 항고를 한다는 취지 및 항고취지, 항고이유를 기재하고 항고법원을 표시한 후 항고인 또는 그 대리인이 기명날인한다.

나. 즉시항고의 사유

추심명령에 대한 즉시항고의 사유는 피압류채권이 압류금지채권에 해당한다거나 피압류채권이 특정되어 있지 아니하다는 것, 또는 집행정지사유가 있는 경우(민집법 제229조 제8항)가 될 수 있다.

압류명령의 신청에 대한 재판에 대하여는 채무자나 제3채무자는 피압류채권이 불특정하다거나 압류금지채권(민집법 제246조)에 해당한다 하여 압류명령의 무효를 주장할 수 있다. 그러나 실체상의 이유(예컨대 집행채권의 부존재, 피압류채권의 부존재 등)에 대하여는 항고사유로 할 수 없으므로, 채무자는 이를 청구이의의 소(민집법 제44조)로서 주장하여야 하고, 제3채무자는 추심금 또는 전부금 청구소송에서 주장하여야 한다.

다. 항고장제출

(1) 개 설

항고이유는 원심재판의 취소 또는 변경을 구하는 사유를 구체적으로 적어야 한다(민집규칙 제13조 제1항). 위의 사유가 법령위반인 때에는 그 법령의 조항 또는 내용과 법령에 위반되는 사유를, 사실의 오인인 때에는 오인에 관계되는 사실을 구체적으로 밝혀야 한다(민집규칙 제13조 제2항).

즉시항고의 경우 항고장에 항고이유를 적지 아니한 때에는 항고인은 항고장을 제출한 날부터 10일 이내에 항고이유서를 원심법원에 제출하여야 하고(민사집행법 제15조 제3항), 항고인이 이를 위반한 때에는 원심법원은 결정으로 그 즉시항고를 각하하여야 하며(같은 조 제5항), 기록이 항고법원에 송부된 때에는 항고법원이 즉시항고를 각하하여야 하는데, 위 규정은 집행절차에 관한 항고법원의 재판에 대한 재항고의 경우에도 그대로 준용된다(대법원 2015. 4. 10. 자 2015마106 결정).

(2) 관할법원

즉시항고는 항고장을 원심법원에 제출함으로써 한다(민집법 제15조 제2항, 민소법 제445조).

[서식] 즉시항고장(채권압류 및 추심명령에 대한)

즉시항고장

4,000원
정부수입인지

항 고 인 이 영 철(550320-1234567)
서울 서초구 서초로 123-4
전화(휴대폰 포함) : 555-1234, 010-4455-1234

서울중앙지방법원 20○○타기1234·1235호 채권압류 · 추심명령신청사건에 관하여 동원이 20○○. 11. 28. 한 채권압류 · 추심명령에 대하여 항고인은 전부 불복이므로 즉시항고를 제기합니다.

압류·추심명령의 표시

채 권 자 백 영 순
서울 강남구 삼성로 234-5
채 무 자 이 영 철
서울 서초구 서초로 123-4
제3채무자 양 홍 길
서울 종로구 종로3가 345-6
주 문 채무자가 제3채무자에 대한 별지목록기재의 채권을 압류한다.
제3채무자는 채무자에게 위 채권에 관한 지급을 하여서는 아니된다.
채무자는 위 채권의 처분과 영수를 하여서는 아니된다.
위 압류된 채권은 지급에 갈음하여 채권자가 추심할 수 있다.

(항고인은 20○○. 12. 5. 채권압류·추심명령을 송달받았음)

항 고 취 지

원결정을 취소한다.

채권자의 이건 채권압류·추심명령신청을 기각한다.

라는 재판을 구합니다.

항 고 이 유

1. 채권자는 채무자(항고인)에 대한 공증인가 국제합동법률사무소 작성 20○○년 증서 제2345호 집행력있는 공정증서 정본에 의하여 금10,000,000원의 채권을 변제받기 위하여 채무자가 제3채무자에 대하여 가지는 별지목록기재의 채권을 20○○. 11. 28. 서울중앙지방법원 20○○타기1234·1235호로 채권압류·추심명령을 받았습니다.
2. 그러나 채무자는 20○○. 9. 20. 채권자에게 위 집행권원의 채권을 전액 변제하고 채권자로부터 변제영수증을 받았으나 위 공정증서를 회수하지 아니하였는데 채권자는 이를 소지한 것을 기화로 이건 청구를 한 것입니다.
3. 따라서 이는 부당한 청구로서 마땅히 취소기각되어야 할 것이므로 항고인은 민사집행법 제229조 제6항에 의하여 즉시항고하는 바입니다.

첨 부 서 류

1. 추심명령결정 사본 1통
1. 변제영수증 사본 1통
1. 납부서 1통

20○○. 12. 7.

위 항고인(채무자) 이 영 철(인)

서울중앙지방법원 귀중

<별지목록>

목 록

금10,000,000원정

채무자가 제3채무자로부터 20○○. 4. 10. 아래 건물을 임차함에 있어 제3채무자에게 지급할 임대차보증금 35,000,000원의 반환채권

목적물

서울 서초구 서초로 123-4

(주택 1동 내부 시설물 일체). 끝.

[서식] 즉시항고장(채권압류명령에 대한)

즉시항고장

2,000원
정부수입인지

항 고 인 박 상 훈(550320-1234567)
서울 중구 신당동 345-9
전화(휴대폰 포함) : 555-1234, 010-4455-1234

귀원 20○○타기3457호 채권압류명령사건에 관하여, 귀원이 20○○. 9. 15. 에 발한 채권압류명령에 대하여 항고인(채무자)은 이에 불복하고 즉시항고를 제기합니다.

압류명령의 표시

채 권 자 한 국 민
서울 서초구 서초로 123-4

채 무 자 박 상 훈
서울 중구 신당동 345-9

제3채무자 조 선 인
서울 종로구 종로3가 456-8

주 문 채무자가 제3채무자에 대하여 가지는 별지목록 기재의 채권은 이를 압류한다.

제3채무자는 채무자에게 위 채권의 지급을 하여서는 아니된다.
채무자는 위 채권의 처분과 영수를 하여서는 아니된다.
(항고인은 20 . . . 압류명령을 송달받았음)

항 고 취 지

원심의 채권압류명령을 취소한다.
채권자의 이건 채권압류명령신청을 기각한다.
라는 재판을 구합니다.

항 고 이 유

1. 절차상의 이유를 항고이유로 기재한다.
즉 「피압류채권이 불특정하다. 피압류채권이 압류금지채권이다」 할 경우가 항고이유로 될 수 있다.

첨 부 서 류

1. 압류명령사본 1통
1. 납부서 1통

20 . . .

항고인(채무자) 박 상 훈 (인)

서울중앙지방법원 귀중

인지 등

◆ 인지첩부	즉시항고장에는 2,000원의 인지를 붙인다(민소인지법 제11조제2항).
◆ 송 달 료	송달료는 당사자 1인당 5회분을 납부한다.

4. 채권자의 추심해태

가. 개 설

채권자가 추심할 채권의 행사를 해태한 때에는 이로 인한 채무자의 손해를 부담하여야 한다(민집법 제239조). 이는 추심명령이 있게 되면 채무자는 그 피압류채권에 대하여는 재산권행사를 할 수 없게 되고 채권자는 피압류채권에 대하여 추심권을 행사하여야 하는 의무를 부담한다. 그러므로 채권자가 피압류채권에 대한 권리행사를 게을리 하여 채무자에게 손해를 끼쳤을 때에는 그 손해를 배상하도록 한 것이다. 전부명령의 경우에는 채권추심을 게을리 하여 손해가 발생하더라도 그 결과는 전부채권자 스스로 부담하여야 하므로 민사집행법 제239조의 적용이 없다.

나. 해태사유

채권자는 추심명령을 얻은 피압류채권에 대하여 재판상 또는 재판 외에서 그 권한을 행사할 수 있는바, 이와 같은 권리를 행사하지 아니할 경우에 해태사유가 발생한다. 채권자가 압류명령만을 얻어놓고 추심명령이나 전부명령신청을 하지 아니하는 경우에도 해태사유가 발생한다.

다. 배당요구채권자의 추심최고 및 허가신청

압류채권자가 추심절차를 게을리 한때에는 집행력 있는 정본으로 배당을 요구한 채권자는 일정한 기간 내에 추심하도록 집행채권자에게 최고하고, 최고에 따르지 아니한 때에는 법원에 대하여 추심허가의 신청을 하여 법원의 허가를 얻어 직접 추심할 수 있다(민집법 제250조). 최고는 내용증명우편으로 한다.

추심허가신청은 집행법원에 서면으로 한다. 추심허가결정이 있으면 그 추심권은 압류채권자에게서 배당요구채권자에게로 이전된다. 추심허가의 재판은 신청인에게 고지됨으로서 효력이 생긴다. 신청시에는 최고한 사실을 증명하는 자료를 제출하여야 한다. 이때에도 추심허가를 받은 배당요구채권자가 추심할 채권의 행사를 게을리 한 때에는 이로 인한 채무자의 손해를 배상하여야 한다(민집법 제239조).

[서식] 추심최고서(내용증명)

추심최고서

채 권 자 최 주 환 귀하
서울 서초구 반포로13길 4

귀하는 채무자 정재근이 제3채무자 (주)제일기업에 대하여 가지는 아래 기재의 매매대금청구채권을 압류·추심명령을 받은 추심채권자로서 위 동일채권에 대하여 압류채권이 경합되고 또 배당요구가 있으므로, 귀하는 제3채무자로부터의 채무액 공탁절차 이행의 추심권행사를 하여야 함에도 지금까지 이를 태만히 하고 있으므로 집행에 방해가 되는바, 귀하는 20○○. 7. 31. 내에 그 추심을 하여야 합니다. 만약 이 최고에 응하지 아니할 때에는 최고인이 집행정본에 의한 배당요구채권자로서 민사집행법 제250조에 의하여 집행법원의 허가를 받고 직접 추심할 것을 최고합니다.

압류채권의 표시
채무자가 제3채무자에게 20○○. 3. 3. 매도한 유압프레스기 1대에 대한 금 30,000,000원의 매매대금채권

20○○. 6. 29.

최고인(배당요구채권자) 이 상 두 (인)
서울 중구 인현로1길 28

서울중앙지방법원 귀중

<주> 최고는 내용증명우편에 의한다.

[서식] 배당요구채권자의 압류채권추심허가신청서

배당요구채권자의 압류채권추심허가신청

1,000원
정부수입인지

신청인(배당요구채권자) 이 상 두(550320-1234567)
서울 중구 인현동 1가 1028(우 : 10200)
전화(휴대폰 포함) : 555-1234, 010-4455-1234

피신청인(추심채권자) 최 주 환
서울 서초구 반포로 137-4(우 : 10201)

1. 신청인은 서울중앙지방법원 20○○타기1234·1235호 채권압류 및 추심명령사건(채권자 최주환, 채무자 정재조, 제3채무자 (주)제일기업)에서 채무자에 대한 서울서부지방법원 20○○가단2347호 집행력있는 판결정본에 기하여, 20○○. 3. 27. 집행법원인 귀원에 별지목록기재의 매매대금채권에 대한 배당요구신청을 하였는바, 피신청인은 추심채권자로서 그 추심절차를 태만히 하고 있습니다.
2. 신청인은 20○○. 6. 29. 내용증명우편으로 피신청인에게 20○○. 7. 31까지 그 추심절차이행을 최고한바 있으나 이 최고에 불응하므로 신청인은 집행정본에 의한 배당요구채권자로서 민사집행법 제250조에 의하여 위 압류채권을 직접 추심하고자 하오니 추심을 허가하는 취지의 재판을 하여 주시기 바랍니다.

첨 부 서 류

1. 집행력있는 판결정본 1통
1. 배당요구신청서등본 1통
1. 동 접수증명원 1통
1. 최고서 사본 1통
1. 채권압류 및 추심명령결정사본 1통
1. 납부서 1통

20○○. 8. 8.

위 신청인(배당요구채권자) 이 상 두 (인)

서울중앙지방법원 귀중

인지 · 송달료 등

◆ 신청방식	집행채권자가 추심절차를 해태한 때에는 배당요구권자는 집행채권자에게 일정한 기간내에 추심할 것을 최고한 후, 이에 응하지 아니한 때에는 법원에 추심허가의 신청을 얻어 직접 추심할 수 있다(민집법 제250조). 최고는 내용증명우편으로 한다. 추심허가신청은 집행법원에 서면으로 한다. 추심허가결정이 있으면 그 추심권은 압류채권자에게서 배당요구채권자에게로 이전된다. 추심허가의 재판은 신청인에게 고지됨으로서 효력이 생긴다. 신청시에는 최고한 사실을 증명하는 자료를 제출하여야 한다. 이때에도 추심허가를 받은 배당요구채권자가 추심할 채권의 행사를 게을리 한 때에는 이로 인한 채무자의 손해를 배상하여야 한다(민집법 제239조).
◆ 인지첩부	신청서에는 1,000원의 인지를 붙여야 한다(재민 91-1, 556면 참조). 인지는 법원구내 우체국에서 구입하여 붙인다.
◆ 송 달 료	송달료는 당사자 1인당 2회분을 납부한다.
◆ 관할법원	집행법원

5. 추심권의 포기

가. 개 설

채권자는 추심명령에 의하여 취득한 권리를 포기할 수 있다(민집법 제240조 제1항 본문). 추심권을 포기하더라도 기본채권에는 영향을 미치지 아니한다(동항 단서). 압류에 의한 권리 그 자체를 포기하기 위하여는 압류명령의 신청을 취하하여야 한다.

금전채권에 대한 압류명령과 그 현금화 방법인 추심명령을 동시에 신청하더라도 압류명령과 추심명령은 별개로서 그 적부는 각각 판단하여야 하고, 그 신청의 취하 역시 별도로 판단하여야 한다. 채권자는 추심명령에 따라 얻은 권리를 포기할 수 있지만(민사집행법 제240조 제1항) 추심권의 포기는 압류의 효력에는 영향을 미치지 아니하므로, 추심권의 포기만으로는 압류로 인한 소멸시효 중단의 효력은 상실되지 아니하고 압류명령의 신청을 취하하면 비로소 소멸시효 중단의 효력이 소급하여 상실된다(대법원 2014. 11. 13. 선고 2010다63591 판결).

나. 포기신고

추심권의 포기는 집행법원에 서면으로 한다(민집법 제240조 제2항). 이때까지 발생한 추심에 소요된 비용은 채권자가 부담한다.

다. 포기의 효력

추심명령은 추심권의 포기로 인하여 효력을 상실한다. 추심의 포기는 취소결정을 필요로 하지 아니하고 제3채무자에게 포기신고서가 송달된 때 효력이 생긴다. 추심권을 포기하더라도 채권자가 추심할 채권의 행사를 게을리 하여 이미 발생한 손해배상의무(민집법 제239조)에도 영향을 주지 아니한다.

[서식] 추심권포기신고서

추심권포기신고서

사　　건　　20○○타채2991 채권압류 및 추심명령
채 권 자　　김　지　민 (주민등록번호)
　　　　　　서울 중구 광희로1길 4(우:　　)
　　　　　　(연락처)
채 무 자　　오　동　석 (주민등록번호)
　　　　　　서울 서초구 서초로1길 1(우:　　)
제3채무자　　최　성　호 (주민등록번호)
　　　　　　서울 강남구 도곡로13길 2(우:　　)

위 사건에 관하여, 채권자는 20○○. 5. 3. 귀원으로부터의 추심명령에 의하여 제3채무자에 대한 금10,000,000원정의 채권추심의 권리를 취득하였던바, 채권자는 위 추심의 권리를 포기하였으므로 이에 신고합니다.

20○○.　5.　7.

위 채권자　김　지　민　(인)

서울중앙지방법원　귀중

인지·송달료 등

◆ 인지첩부	신청서에는 1,000원의 인지를 붙여야 한다(재민 91-1, 556면 참조). 인지는 법원구내 우체국에서 구입하여 붙인다.
◆ 송 달 료	송달료는 당사자 1인당 2회분을 납부한다.

[서식] 채권압류해제 및 추심권포기신고서

<table>
<tr><td>

채권압류해제 및 추심권포기신고서

사　　건　　20○○타채1234호 채권압류 및 추심명령
채 권 자　　박　　상　　구 (주민등록번호)
　　　　　　서울 종로구 혜화로13길 4(우:　　　)
　　　　　　(연락처)

채 무 자　　최　　은　　식 (주민등록번호)
　　　　　　서울 종로구 명륜로12(우:　　　)

제3채무자　　주식회사통일산업
　　　　　　서울 강남구 삼성로4길 3(우:　　　)
　　　　　　대표이사　　오　　천　　수

위 사건에 관하여, 채권자는 20○○. 4. 28. 귀원으로부터의 추심명령에 의하여 제3채무자에 대한 금50,000,000원정의 채권추심의 권리를 취득하였으나 채권자의 사정에 의하여 추심채권압류를 해제하고 동 추심의 권리를 포기하므로 이에 포기서를 제출합니다.

20○○.　　5.　　27.

위 채권자　박　상　구　(인)

서울중앙지방법원　　귀중

</td></tr>
</table>

인지 · 송달료 등

◆ 인지첩부	신청서에는 인지를 붙이지 아니한다(재민 91-1, 556면 참조).
◆ 송 달 료	송달료는 당사자 1인당 2회분을 납부한다.
◆ 관할법원	집행법원

6. 추심권 포기로 인한 집행력 있는 정본의 반환

채권압류 및 추심명령을 얻은 채권자는 추심권을 포기하고 집행력 있는 정본의 반환을 구할 수 있다. 이 경우에 채권자가 집행법원에 제출할 서류로서는 추심권포기서 및 채권압류해제신청서(또는 취하서)로 족하고, 위 서류 외에 제3채무자의 미지급확인서 또는 동의서까지 제출할 필요는 없다(재민 84-13).

[서식] 집행력 있는 정본환부신청서(추심권포기로 인한)

집행력 있는 정본환부신청

사 건	20○○타채1234 채권압류 및 추심명령
채 권 자	박 상 구 (주민등록번호)
	서울 종로구 혜화로7길 1(우:)
	(연락처)
채 무 자	김 철 규 (주민등록번호)
	서울 종로구 명륜로1(우:)
제3채무자	주식회사 통일산업
	서울 강남구 삼성로11길 1(우:)
	대표이사 오 철 수

위 사건에 관하여, 채권자의 사정으로 채권압류해제 및 추심권을 포기신청하였으므로 동 사건에 첨부한 집행력 있는 정본을 환부하여 주시기 바랍니다.

20○○. 5. 28.

위 채권자 박 상 구 (인)

서울중앙지방법원 귀중

<주> 신청비용 등 : 인지는 붙이지 아니하고 포기서 및 채권압류해제신청서(또는 취하서)를 첨부한다.

2. 채권압류 및 전부명령신청

1. 총 설

가. 의 의

전부명령이란 채무자가 제3채무자에 대하여 가지는 압류한 금전채권을 집행채권과 집행비용청구권의 변제에 갈음하여 압류채권자에게 이전시키는 집행법원의 결정을 말한다. 추심명령과 전부명령은 압류채권자의 의사에 따라 둘 중 하나를 선택하여 할 수도 있고 추심명령을 얻은 채권에 대하여 사후에 전부명령을 신청할 수도 있다. 그러나 동시신청은 할 수 없다. 전부명령에 의할 경우의 이점은 다른 채권자가 배당요구를 할 수 없어 압류채권자가 독점으로 채무액을 변제받을 수는 있으나, 제3채무자가 경제력이 없는 경우에는 전혀 채권의 변제를 받을 수 없는 불이익을 당할 수도 있다. 그러므로 실무에서는 제3채무자가 자력이 확실한 경우에 전부명령을 신청하고 있다. 여기서는 추심명령과의 상이한 점만 보기로 하고 그 외는 추심명령란(302면 참조)을 참조하기로 한다.

나. 요 건

(1) 채권압류명령이 되어 있을 것

압류명령없이는 전부명령을 할 수 없다. 그러므로 압류명령은 동시 또는 선행되어야 한다. 압류명령신청을 위하여는 강제집행의 요건을 갖추어야 하는 것은 압류명령신청란에서 보았다. 따라서 강제집행의 요건을 갖추지 아니한 전부명령에 대하여는 즉시항고로 배척할 수 있다(민집법 제229조 제6항).

(2) 양도할 수 있는 채권일 것

양도할 수 없는 채권은 현금화가 불가능하므로 압류도 할 수 없다.

(3) 경합이 없을 것

전부명령이 제3채무자에게 송달될 때까지 그 금전채권에 관하여 다른 채권자가 압류·가압류 또는 배당요구를 한 때에는 전부명령은 효력이 없다(민집법 제229조 제5항). 그러나 전부명령의 기초가 되었던 압류명령까지 무효가 되는 것은 아니므로,

무효인 전부명령을 얻었던 압류채권자도 위의 압류명령에 기하여 추심명령을 얻을 수 있다. 따라서 이를 대비하여 추심명령도 신청해 두는 것이 이익이다. 그러나 동일한 채권에 대하여 중복압류 등이 있더라도 그 압류 등의 채권액을 합산하더라도 총채권에 미치지 아니할 때에는 그 나머지 부분에 한 전부명령은 유효하다(대법원 1979. 6. 5. 자 79마715 결정). 한편, 공동압류가 행해진 경우에는 집행채권의 총액이 목적채권액을 초과하더라도 공동으로 전부명령을 얻을 수 있다.

(4) 피압류채권이 금전채권에 해당하고 권면액을 가질 것

① 피압류채권 : 금전채권이 아닌 채권은 피전부채권이 될 수 없어 전부명령의 대상이 될 수 없다(대법원 1979. 12. 11. 선고 79다1487 판결). 따라서 유체물의 인도나 권리이전청구권(민집법 제242조 내지 제244조), 지시채권(민집법 제233조), 화물상환증 등 인도청구권에 표상된 유체물인도청구권 등에 대한 집행의 경우에는 전부명령을 할 수 없다(민집법 제245조).

② 권면액 : 권면액이라 함은 일반적으로 증권면에 기재된 표시금액을 말한다. 권면액을 가지는 유가증권으로는 어음·수표·채권·상품권·주권 등이 있다.

금전채권 중 조건부채권, 장래의 채권, 반대급부에 걸린 채권등과 같이 권면액의 존재를 인정하기 어려운 채권도 전부명령을 할 수 있는가에 대하여 견해가 갈리나, 대체로 권면액에 대한 언급 없이 전부명령을 허용하고 있다.

(5) 전부명령이 유효할 것

전부명령이 무효인 경우 제3채무자는 채권자의 이행청구를 거부할 수 있다. 그러나 제3채무자가 무효인 전부명령을 얻은 채권자에게 변제를 하였다면 이 경우에 채무자나 집행채권자에게 대항할 수 있는가인데, 판례는 이 경우 선의·무과실일 때 채권의 준점유자에 대한 변제(민법 제470조)로 본다(대법원 1980. 9. 30. 선고 78다1292 판결).

다. 전부명령신청절차

(1) 개 설

이 신청은 압류명령의 신청과 동시에 할 수도 있고 그 후에 신청할 수도 있으나 실무에서는 동시에 신청하고 있다. 그러나 추심명령과 같이 지시채권(민집법 제233

조)인 경우에는 동시신청을 할 수 없다. 추심명령을 얻은 채권에 대하여 다시 전부명령을 신청할 수도 있다. 전부명령신청의 경우에는 압류채권 일부에 대하여는 신청할 수 없다.

가압류가 된 채권의 경우에는 가압류채권자가 집행권원을 얻었더라도 바로 전부명령을 신청할 수는 없고 채권압류명령신청과 함께 하여야 한다. 이 압류명령신청에 의하여 가압류는 본압류로 이전한다. 전부명령만을 별도로 신청하는 경우에는 선행의 채권압류명령사건의 번호가 있어야 한다. 이 밖의 내용 및 인지액, 첨부서류는 추심명령과 같다(302면 참조).

(2) 관 할

압류명령신청을 할 집행법원은 원칙적으로 채무자의 보통재판적이 있는 곳의 지방법원이다(민집법 제224조 제1항). 위 지방법원이 없는 경우 집행법원은 제3채무자의 보통재판적이 있는 곳의 지방법원, 다만, 이 경우에 물건의 인도를 목적으로 하는 채권과 물적 담보권 있는 채권에 대한 집행법원은 그 물건이 있는 곳의 지방법원으로 한다(민집법 제224조 제2항). 그러나 가압류에서 이전되는 채권압류의 경우의 집행법원은 가압류를 명한 법원이 있는 곳을 관할하는 지방법원으로 한다(민집법 제224조 제3항). 이는 전속관할이므로(민집법 제21조) 당사자의 합의에 의하여 변경할 수 없다.

라. 전부명령의 효력

(1) 개 설

전부명령에 의한 집행채권은 피전부채권이 전부채권자에게로 이전됨으로써 소멸한다. 이와 같은 효력은 전부명령이 확정됨으로써 발생하고(민집법 제229조 제7항) 전부명령이 제3채무자에게 송달된 때로 소급한다. 따라서 전부명령이 제3채무자에게 송달된 때에 채무자는 채무를 변제한 것으로 된다(민집법 제231조). 전부명령이 제3채무자에게 송달될 때까지 그 금전채권에 관하여 다른 채권자가 압류, 가압류 또는 배당요구를 한 때에는 전부명령은 효력이 없다(민집법 제229조 제5항).

피전부채권이 존재하지 아니하는 때에는 집행채권의 소멸의 효력은 발생하지 아니하나(민집법 제231조 단서) 집행절차종료의 효과가 발생한다. 따라서 피전부채권의 부존재가 판명된 경우에는 전부명령신청당시에 사용한 집행정본의 반환은 청구할 수 없으므로(재민 62-9), 이 경우에는 법원으로부터 집행정본이 전부명령에 사용되었다는 내용의 사용증명원을 받아 이를 근거로 하여 다시 집행력 있는 정본을 부여받아 다른 재산에 대한 강제집행을 신청하여야 한다. 그러나 채권일부가 강제집행된 경우 그 나머지 채권을 집행하기 위하여는 그 집행권원을 반환받을 수 있다(재민 80-11).

(2) 피전부채권의 이전

전부명령이 있는 때에는 피전부채권은 지급에 갈음하여 전부채권자에게 이전된다(민집법 제229조 제3항). 그러나 전부명령이 제3채무자에게 송달될 당시에 채무자가 제3채무자에 대하여 가지는 채권은 이전되지만 전부명령송달 후에 발생한 채권은 이전되지 아니한다(대법원 1989. 2. 28. 선고 88다카13394 판결).

당사자사이에 양도금지의 특약이 있는 채권이라도 압류 및 전부명령에 의하여 이전할 수 있고 양도금지의 특약이 있는 사실에 관하여 압류채권자가 선의인가 악의인가는 전부명령의 효력에 영향을 미치지 못한다(대법원 2002. 8. 27. 선고 2001다71699 판결).

피전부채권은 전부명령신청 당시에 존재하지 않더라도 전부명령이 제3채무자에게 송달되어 그 효력이 발생할 시에 존재하면 족하다(대법원 1973. 10. 23. 선고 73다158 판결).

전부명령으로 인한 이전의 효력은 저당권 및 전부후의 이자 및 지연손해금 등에도 그 효력이 미친다. 다만, 임대차보증금반환채권에 대한 전부명령의 효력은 임차인의 임대인에 대한 부속물매수대금채권에는 미치지 아니한다(대법원 1981. 11. 10. 선고 81다378 판결).

(3) 전부채권자에 대한 효력

전부채권자는 전부명령으로 취득한 채무자의 채권을 추심하거나 양도 또는 포기 등 자유롭게 처분할 수 있다. 지시채권(민집법 제233조)에 대하여는 그 정본을 집행관에게 제시하여 증권을 교부받을 수 있고, 피전부채권에 대하여 소송이 계속 중에 있거나 강제집행이나 담보권실행절차가 진행 중에 있으면, 그 소송에 승계 또는 수계할 수 있다(민집법 제81조, 제82조). 제3채무자가 임의로 변제하지 아니할 경우에는 그 이행을 구하는 추심소송을 제기하여야 한다(민집법 제249조, 제238조). 전부명령이 있다고 해서 피전부채권의 소멸시효가 중단되는 것은 아니다.

(4) 집행채무자에 대한 효력

집행채무자는 전부명령에 의하여 피전부채권을 상실하게 된다. 다만 전부채권자를 상대로 그 피전부채권의 취득이 부당이득이 됨을 주장하여 부당이득반환청구를 제기할 수 있다(대법원 1991. 8. 13. 선고 89다카27420 판결).

(5) 제3채무자에 대한 효력

제3채무자는 전부명령에 의하여 채무자에게 부담하고 있던 채무를 채권자에게 부담하게 된다. 이때 제3채무자가 채무자에 대하여 가지고 있던 권리를 채권자에게 주장할 수 있다. 따라서 취소·해제·상계 등으로 채권자에 대하여 대항할 수 있다(대법원 1968. 7. 24. 68다895 판결). 전부명령이 무효인 경우에는 전부금청구소송에서 이를 주장할 수 있으며, 전부명령에 대한 즉시항고도 제기할 수 있다(민집법 제229조 제6항).

[서식] 채권압류 및 전부명령신청서(보증공탁금회수청구권에 대한)

채권압류 및 전부명령신청

4,000원
정부수입인지

채 권 자　　구　충　서(550320-1234567)
서울 종로구 창신동 12(우 : 10200)
전화(휴대폰 포함) : 555-1234, 010-4455-1234

채 무 자　　오　근　모
서울 중구 서소문동 13(우 : 10201)

제3채무자　　대 한 민 국
위 법률상대표자
법무부장관　○　○　○
(소관 : 서울중앙지방법원 공탁관)

청구채권의 표시
금50,000,000원정
서울중앙지방법원 20○○가합1892호(서울고등법원 20○○나1855호, 대법원 20○○다카2545호) 사건의 집행력 있는 판결정본에 기한 보증채무금 청구채권

압류 및 전부할 채권의 표시
별지목록 기재와 같음

신 청 취 지

1. 채무자의 제3채무자에 대한 별지목록 기재의 채권을 압류한다.
2. 제3채무자는 채무자에게 위 채권에 관한 지급을 하여서는 아니된다.
3. 채무자는 위 채권의 처분과 영수를 하여서는 아니된다.
4. 위 압류된 채권은 지급에 갈음하여 채권자에게 전부한다.

라는 재판을 구합니다.

신 청 이 유

1. 채권자는 채무자에 대하여 서울중앙지방법원 20○○가합1892호 보증채무금(서

울고등법원 20○○나1855호, 대법원 20○○다카2545호)사건의 집행력있는 판결정본에 의한 위 청구금액 표시의 채권 금50,000,000원을 가지고 있습니다.

2. 채무자는 채권자에게 위 금원을 변제하여야 할 의무가 있음에도 이를 지불치 아니하므로, 채권자는 채무자가 제3채무자로부터 수령할 별지목록기재 강제집행정지 보증공탁금 50,000,000원의 회수 청구채권을 압류하는 동시에 전부할 수 있는 취지의 명령을 구하기 위하여 이 신청에 이른 것입니다.

소명 및 첨부서류

1. 집행력있는 판결정본 1통
1. 확정증명원, 송달증명원 각1통
1. 판결정본 2통
1. 위임장 1통

20○○. 12. .

위 채권자 구 충 서 (인)

서울중앙지방법원 귀중

<별지목록>

목 록

채무자가 제3채무자에 대하여 가지는,

채무자가 제3채무자에게 20○○. 3. 3에 공탁한 서울중앙지방법원 20○○년금 제1440호 보증공탁금 50,000,000원정(같은법원 20○○카기2318호 강제집행정지사건의 보증공탁금)의 채무자의 회수 청구권. 끝.

인지·송달료 등

◆ 인지첩부	신청서에는 4,000원(압류명령 2,000원+전부명령 2,000원)의 인지를 붙여야 한다(재민 91-1).
◆ 송 달 료	송달료는 당사자 1인당 2회분을 납부한다.

[서식] 채권압류 및 전부명령신청서(해방공탁금회수청구권에 대한)

채권압류 및 전부명령신청

4,000원
정부수입인지

채 권 자 박 치 우(550320-1234567)
서울 종로구 적선동 12(우 : 10200)
전화(휴대폰 포함) : 555-1234, 010-4455-1234

채 무 자 김 상 대
서울 중구 서소문동 13(우 : 10201)

제3채무자 대 한 민 국
위 법률상대표자 법무부장관 ○ ○ ○
(소관 : 서울중앙지방법원 공탁관)

청구채권의 표시
금50,000,000원정 (서울중앙지방법원 20○○가합792호 집행력있는 판결정본에 기한 대여금청구채권)

압류 및 전부할 채권의 표시
별지목록기재와 같음

신 청 취 지

1. 채무자의 제3채무자에 대한 별지목록 기재의 채권을 압류한다.
2. 제3채무자는 채무자에게 위 채권에 관한 지급을 하여서는 아니된다.
3. 채무자는 위 채권의 처분과 영수를 하여서는 아니된다.
4. 위 압류된 채권은 지급에 갈음하여 채권자에게 전부한다.

라는 재판을 구합니다.

신 청 이 유

1. 채권자는 채무자에 대하여 서울중앙지방법원 20○○가합792호 대여금청구사건의 집행력 있는 판결정본에 의한 채권금 50,000,000원을 가지고 있습니다.

2. 채무자는 채권자에게 위 금원을 변제하여야 할 의무가 있음에도 이를 지불치 아니하므로, 채권자는 채무자가 제3채무자로부터 수령할 별지목록기재 해방공탁금 50,000,000원의 회수청구권을 압류하는 동시에 전부할 수 있는 취지의 명령을 구하기 위하여 이 신청에 이르렀습니다.

첨 부 서 류

1. 집행력있는 판결정본 1부
1. 확정증명원, 송달증명원 2통
1. 집행취소결정정본 1통
1. 위 임 장 1통

20○○. 2. .

채권자 박 치 우 (인)

서울중앙지방법원 귀중

<별지목록>

목 록

금50,000,000원정

채무자가 제3채무자에 대하여 가지는,

채무자가 제3채무자에게 20○○. 5. 4에 공탁한 서울중앙지방법원 20○○년금 제1212호 해방공탁금 50,000,000원(같은 법원 20○○카합2323호 부동산가압류 신청사건의 해방공탁금)의 공탁금회수청구권. 끝.

인지·송달료 등

◆ 인지첩부	신청서에는 4,000원(압류명령 2,000원+전부명령 2,000원)의 인지를 붙여야 한다(재민 91-1, 556면 참조). 인지는 법원구내 우체국에서 구입하여 붙인다.
◆ 송 달 료	송달료는 당사자 1인당 2회분을 납부한다.

[서식] 채권압류 및 전부명령신청서(경매배당금청구채권에 대한)

채권압류 및 전부명령신청

4,000원
정부수입인지

채 권 자　최　순　자(550320-1234567)
서울 강남구 논현동 123-4(우 : 10200)
전화(휴대폰 포함) : 555-1234, 010-4455-1234

채 무 자　김　수　선
서울 서초구 양재로 234-5(우 : 10201)

제3채무자　대한민국
위 법률상 대표자 법무부장관 ○ ○ ○
(소관 : 서울중앙지방법원 세입세출외 현금출납공무원)

청 구 금 액

금10,000,000원정 (공증인가 백영종합법률사무소 작성 20○○년 증서 제1234호 집행력있는 공정증서 정본에 의한 약속어음금채권)

압류 및 전부할 채권의 표시

별지목록기재와 같음

신 청 취 지

1. 채무자의 제3채무자에 대한 별지목록 기재의 채권을 압류한다.
2. 제3채무자는 채무자에게 위 채권에 관한 지급을 하여서는 아니된다.
3. 채무자는 위 채권의 처분과 영수를 하여서는 아니된다.
4. 위 압류된 채권은 지급에 갈음하여 채권자에게 전부한다.

라는 재판을 구합니다.

신 청 이 유

채권자는 채무자에 대하여 공증인가 백영종합법률사무소 작성의 20○○년 증서 제1234호 집행력 있는 공정증서 정본에 의한 위 청구채권을 가지고 있는바, 채무자는 이를 선의 변제치 아니하므로 채권자는 위 채권의 변제에 충당하기 위하여 채무자가 제3채무자에 대하여 가지는 별지 목록 기재의 채권을 압류하고 전부받고자 이건 신청을 합니다.

첨 부 서 류

1. 집행력있는 공정증서정본 1통
1. 등기부등본 1통

20○○. 11. 12.

위 채권자 최 순 자 (인)

서울중앙지방법원 귀중

<별지목록>

목 록

금10,000,000원정

채무자가 제3채무자에 대하여 가지는 서울중앙지방법원 20○○타경7897호 부동산임의경매사건에 대한 매각대금 중 배당절차에 의하여 채무자가 제3채무자로부터 수령할 배당금원 중 위 청구채권액에 이르기까지의 금원. 끝.

인지 · 송달료 등

◆ 인지첩부	신청서에는 4,000원(압류명령 2,000원+전부명령 2,000원)의 인지를 붙여야 한다(재민 91-1, 556면 참조). 인지는 법원구내 우체국에서 구입하여 붙인다.
◆ 송 달 료	송달료는 당사자 1인당 2회분을 납부한다.

[서식] 채권압류 및 전부명령신청서(임가공료청구채권에 대한)

채권압류 및 전부명령신청

4,000원
정부수입인지

채 권 자 김 만 권(550320-1234567)
서울 종로구 원서동 12-3(우 : 10200)
전화(휴대폰 포함) : 555-1234, 010-4455-1234

채 무 자 조 원 진
서울 종로구 효제동 123-45(우 : 10201)

제3채무자 주식회사 동 명
서울 종로구 종로1가 123-45(우 : 10202)
대표이사 박 경 식

청 구 금 액

금5,827,634원정

서울중앙지방법원 20○○가소1234호 물품대금 청구사건의 집행력있는 판결정본에 의한 금5,827,634원정

압류 및 전부할 채권의 표시

별지목록 기재와 같음

신 청 취 지

1. 채무자의 제3채무자에 대한 별지목록 기재의 채권을 압류한다.
2. 제3채무자는 채무자에게 위 채권에 관한 지급을 하여서는 아니된다.
3. 채무자는 위 채권의 처분과 영수를 하여서는 아니된다.
4. 위 압류된 채권은 지급에 갈음하여 채권자에게 전부한다.

라는 재판을 구합니다.

신 청 이 유

위 청구금액은 서울중앙지방법원 20○○가소1234호 물품대금 청구사건의 집행력있는 판결정본에 의하여 변제받을 금원 5,827, 634원인바, 채무자는 지금까지

동 금원을 변제하지 않고 있으므로 위 청구금액에 대하여 변제를 받고자 부득이 채무자가 제3채무자에게 대하여 가지는 별지목록 기재 채권을 압류하고 전부를 받기 위하여 이 신청에 이른 것입니다.

첨 부 서 류

1. 집행력있는 판결정본 1통
1. 동 송달증명원 1통
1. 법인등기부등본 1통

20○○. 5. .

채권자 김 만 권 (인)

서울중앙지방법원 귀중

<별지목록>

목 록

금5,827,634원정

채무자가 제3채무자로부터 지급받을 임가공료 청구채권액금중에서 위 청구채권. 끝.

인지·송달료 등

◆ 인지첩부	신청서에는 4,000원(압류명령 2,000원+전부명령 2,000원)의 인지를 붙여야 한다(재민 91-1, 556면 참조). 인지는 법원구내 우체국에서 구입하여 붙인다.
◆ 송 달 료	송달료는 당사자 1인당 2회분을 납부한다.

[서식] 채권압류 및 전부명령신청서(보통예금채권에 대한)

채권압류 및 전부명령신청

4,000원
정부수입인지

채 권 자 1. 박 찬 봉(550320-1234567)
서울 용산구 청파동 123-45(우 : 10200)
전화(휴대폰 포함) : 555-1234, 010-4455-1234

2. 라 도 문(530321-1234568)
충주 지현동 123-4(우 : 10201)

3. 이 문 희(540322-1234569)
충주 용산동 123-4(우 : 10202)

4. 이 평 주(550323-1234560)
전남 장성군 북이면 북이리 123(우 : 10203)

5. 김 영 범(560324-1234561)
서울 강서구 가양동 123-4(우 : 10204)

채권자 이을택은 20○○. 7. 15. 사망하였으므로 재산상속인
6. 양 은 숙(57035-1234561)
7. 이 선 영(580326-1234563)
8. 이 성 례(590327-1234564)
9. 이 성 식(600328-1234565)
10. 이 상 덕(610329-1234566)
채권자 6-10까지의 주소 서울 서초구 반포로123-4
현주아파트 101동 101호(우 : 10205)

채 무 자　　한 성 만
서울 종로구 명륜로 245-1(우 : 10206)

제3채무자　　주식회사 제삼은행
서울 도봉구 미아동 123(우 : 10207)
은행장　신　유　환
(소관 : 창동지점)

청 구 금 액

금44,640,000원정(서울중앙지방법원 91가합2525호(서울고등법원 94나2121호) 건물철거사건의 집행력 있는 판결정본에 의한 금10,539,049원(1980. 10. 2부터 1993. 4. 9까지 임대료)와 금46,505,124원(1993. 4. 10부터 20○○. 4. 15까지 지연손해금)

합계금 57,035,173원 중 44,640,000원

압류 및 전부할 채권의 표시

별지목록과 같음

신 청 취 지

1. 채무자의 제3채무자에 대한 별지목록 기재의 채권을 압류한다.
2. 제3채무자는 채무자에게 위 채권에 관한 지급을 하여서는 아니된다.
3. 채무자는 위 채권의 처분과 영수를 하여서는 아니된다.
4. 위 압류된 채권은 지급에 갈음하여 채권자에게 전부한다.

라는 재판을 구합니다.

신 청 이 유

채권자는 채무자에 대하여 서울중앙지방법원 91가합2525호(서울고등법원 94나2121호)건물철거사건의 집행력있는 판결정본에 의하여 위 청구금액표시의 채권을 가지고 있는바, 채무자는 이를 변제하지 아니하므로 부득이 채무자가 제3채무자에게 대하여 가지는 별지목록기재 채권을 압류하고 전부를 받기 위하여 이 신청에 이른 것입니다.

첨 부 서 류

1. 집행력있는 판결정본 1통
2. 동 송달증명원 1통
3. 법인등기부등본 1통

20○○. 7. .

채권자	1.	박 찬 봉	(인)
	2.	라 도 문	(인)
	3.	이 문 희	(인)
	4.	이 평 주	(인)
	5.	김 영 범	(인)
	6.	양 은 숙	(인)
	7.	이 선 영	(인)
	8.	이 성 례	(인)
	9.	이 성 식	(인)
	10.	이 상 덕	(인)

서울중앙지방법원 귀중

<별지목록>

목 록

금44,640,000원

채무자가 제3채무자(소관 : 창동 지점)에 대하여 가지는 보통예금채권(계좌번호 1000-0001-01234) 금44,640,000원. 끝.

인지·송달료 등

◆ 인지첩부	신청서에는 4,000원(압류명령 2,000원+전부명령 2,000원)의 인지를 붙여야 한다(재민 91-1, 556면 참조). 압류명령신청을 수개의 집행권원에 기하여 1개의 신청서로 신청하는 때에는 수개의 신청이므로 집행권원의 수에 상응하는 인지를 첨부하여야 하고, 다만 전부명령은 압류된 채권 전체가 하나로써 채권자에게 전부되는 것이므로 1개의 신청으로 취급한다(재민 87-9 참조).
◆ 송 달 료	송달료는 당사자 1인당 2회분을 납부한다.

[서식] 채권압류 및 전부명령신청서(당좌예금반환청구채권에 대한)

채권압류 및 전부명령신청

4,000원
정부수입인지

채 권 자　　제일기계공업주식회사
　　　　　　서울 구로구 구로로 423-14(우 : 10200)
　　　　　　대표이사　김　경　일
　　　　　　전화(휴대폰 포함) : 555-1234, 010-4455-1234

채 무 자　　주식회사 대명
　　　　　　서울 중랑구 상봉로 123-4(우 : 10201)
　　　　　　대표이사　이　대　명

제3채무자　　주식회사 국제은행
　　　　　　서울 을지로1가 341-1(우 : 10202)
　　　　　　대표이사　이　행　장
　　　　　　(소관 : 상봉로지점)

청 구 금 액

금50,000,000원정 (법무법인 백영합동법률사무소 작성 증서 제20○○년 제3479호 집행력있는 공정증서 정본에 기한 약속어음금채권)

압류 및 전부할 채권의 표시

별지목록기재와 같음

신 청 취 지

1. 채무자의 제3채무자에 대한 별지목록 기재의 채권을 압류한다.
2. 제3채무자는 채무자에게 위 채권에 관한 지급을 하여서는 아니된다.
3. 채무자는 위 채권의 처분과 영수를 하여서는 아니된다.
4. 위 압류된 채권은 지급에 갈음하여 채권자에게 전부한다.

라는 재판을 구합니다.

신 청 이 유

채권자는 채무자에 대하여 법무법인 백영합동법률사무소작성 증서 20○○년 제3479호 집행력있는 약속어음 공정증서정본에 기한 위 청구채권을 가지고 있으나 채무자는 위 금원을 선의 변제치 않고 있으므로 채무자가 제3채무자에 대하여 가지는 별지목록기재의 채권을 압류하고 전부받고자 이건 신청을 합니다.

첨 부 서 류

1. 집행력있는 공정증서 정본 1통
1. 주식회사 등기부초본 1통
1. 주식회사 등기부등본 2통

20○○. 12. .

위 채권자 제일기계공업주식회사
대표이사 김 경 일 (인)

서울북부지방법원 귀중

<별지목록>

목 록

금50,000,000원정

채무자가 제3채무자에 대하여 가지는 당좌예금(구좌번호 12-34-567890) 개설 보증금으로 예치한 금원의 반환청구채권, 또는 무거래부도로 제재 해당액으로 변환 예치한 금원의 반환청구채권중 위 청구채권

인지·송달료 등

◆ 인지첩부	신청서에는 4,000원(압류명령 2,000원+전부명령 2,000원)의 인지를 붙여야 한다(재민 91-1, 556면 참조). 압류명령신청을 수개의 집행권원에 기하여 1개의 신청서로 신청하는 때에는 수개의 신청이므로 집행권원의 수에 상응하는 인지를 첨부하여야 하고, 다만 전부명령은 압류된 채권 전체가 하나로써 채권자에게 전부되는 것이므로 1개의 신청으로 취급한다(재민 87-9 참조).
◆ 송 달 료	송달료는 당사자 1인당 2회분을 납부한다.

[서식] 채권압류 및 전부명령신청서(임대차보증금반환청구채권에 대한)

채권압류 및 전부명령신청

4,000원
정부수입인지

채 권 자 주식회사 강남산업
서울 강남구 삼성로 123-4(우 : 10200)
대표이사 이 동 남
전화(휴대폰 포함) : 555-1234, 010-4455-1234

채 무 자 이 문 석
서울 서초구 서초로 주공아파트 1동 101호(우 : 10200)

제3채무자 1. 유 민 철
서울 강남구 삼성로 강남아파트 1동 101호(우 : 10200)
2. 유 동 철
서울 노원구 상계로 123-4(우 : 10200)
3. 한 순 희
서울 도봉구 도봉로 234-5(우 : 10200)
4. 변 종 화
서울 서초구 서초로 9 서초아파트 1동 101호(우 : 10200)

청 구 금 액
금107,000,000원정
(공증인가 제일합동법률사무소 작성 증서 20○○년 제123호 집행력있는 공정증서정본에 의한 약속어음금)

압류 및 전부할 채권의 표시
별지목록기재와 같음

신 청 취 지

1. 채무자의 제3채무자에 대한 별지목록 기재의 채권을 압류한다.
2. 제3채무자는 채무자에게 위 채권에 관한 지급을 하여서는 아니된다.

3. 채무자는 위 채권의 처분과 영수를 하여서는 아니된다.
4. 위 압류된 채권은 지급에 갈음하여 채권자에게 전부한다.
라는 재판을 구합니다.

신 청 원 인

위 청구채권은 채권자가 채무자로부터 변제받을 공증인가 제일합동법률사무소 작성 20○○년 증서 제123호 집행력 있는 약속어음 공정증서정본에 의한 금원인바, 채무자는 변제기일이 지난 지금까지 수차에 걸친 지급독촉에도 응하지 아니하므로 부득이 위 금원에 대한 변제를 받고자 본 신청에 이르렀습니다.

첨 부 서 류

1. 집행력있는 약속어음 공정증서정본 1통
1. 법인등기부등본 1통
1. 납부서 1통

20○○. 8. .

채권자 주식회사 강남산업
대표이사 이 동 남 (인)

서울중앙지방법원 귀중

인지·송달료 등

◆ 인지첩부	신청서에는 4,000원(압류명령 2,000원+전부명령 2,000원)의 인지를 붙여야 한다(재민 91-1, 556면 참조). 압류명령신청을 수개의 집행권원에 기하여 1개의 신청서로 신청하는 때에는 수개의 신청이므로 집행권원의 수에 상응하는 인지를 첨부하여야 하고, 다만 전부명령은 압류된 채권 전체가 하나로써 채권자에게 전부되는 것이므로 1개의 신청으로 취급한다(재민 87-9 참조).
◆ 송 달 료	송달료는 당사자 1인당 2회분을 납부한다.

<별지목록>

목 록

1. 금 50,000,000원정

채무자와 제3채무자간 아래 건물에 대한 임대차계약 해지시 채무자가 제3채무자로부터 반환받을 임대차보증금중 위 청구채권

목적물 서울 노원구 상계지구 1-2
위 지상 한일 프라자 1층 101호 및 2층 101호
(제3채무자 유민철, 동 유동철)

2. 금30,000,000원정

채무자와 제3채무자간 아래 건물에 대한 임대차계약 해지시 채무자가 제3채무자로부터 반환받을 임대차보증금중 위 청구채권

목적물 서울 영등포구 문래동 123-4 1층 1호 및 2호
(제3채무자 한순희)

3. 금27,000,000원정

채무자와 제3채무자간 아래 건물에 대한 임대차계약해지시 채무자가 제3채무자로부터 반환받을 임대차보증금중 위 청구채권

목적물 서울 서초구 서초로 123-1 서초아파트 1동 504호
(제3채무자 변종화). 끝.

[서식] 채권압류 및 전부명령신청서(급료채권에 대한)

채권압류 및 전부명령신청

4,000원
정부수입인지

채 권 자　　김　상　국(550320-1234567)
서울 마포구 노고산로 12(우 : 10200)
전화(휴대폰 포함) : 555-1234, 010-4455-1234
채 무 자　　최　두　희
경기 수원 권선구 권선로 13(우 : 10201)
제3채무자　　주식회사 ○○
서울 중구 충무로 3가 12(우 : 10200)
대표이사　○　○　○

청구채권의 표시
금20,000,000원
공증인가 정우합동법률사무소 작성증서 20○○년 제16441호 집행력 있는 공정증서정본에 기한 약속어음금 청구채권

압류 및 전부할 채권의 표시
별지목록기재와 같음

신 청 취 지

1. 채무자의 제3채무자에 대한 별지목록 기재의 채권을 압류한다.
2. 제3채무자는 채무자에게 위 채권에 관한 지급을 하여서는 아니된다.
3. 채무자는 위 채권의 처분과 영수를 하여서는 아니된다.
4. 위 압류된 채권은 지급에 갈음하여 채권자에게 전부한다.

라는 재판을 구합니다.

신 청 이 유

채권자는 공증인가 정우합동법률사무소 작성 20○○년 증서 제16441호 집행력 있는 공정증서정본에 기하여 채무자에게 위 청구금액의 지급을 구하였으나 채무자

는 변제치 아니하므로 제3채무자가 가지고 있는 채무자가 수령할 봉급과 제수당의 청구채권을 압류하고 동시에 전부할 수 있는 취지의 명령을 하여 주시기 바랍니다.

소명 및 첨부서류

1. 집행력 있는 공정증서정본1통
1. 납부서 1통

20○○. 11. .

위 채권자 김 상 국 (인)

서울중앙지방법원 귀중

인지·송달료 등

◆ 인지첩부	신청서에는 4,000원(압류명령 2,000원+전부명령 2,000원)의 인지를 붙여야 한다(재민 91-1, 556면 참조). 압류명령신청을 수개의 집행권원에 기하여 1개의 신청서로 신청하는 때에는 수개의 신청이므로 집행권원의 수에 상응하는 인지를 첨부하여야 하고, 다만 전부명령은 압류된 채권 전체가 하나로써 채권자에게 전부되는 것이므로 1개의 신청으로 취급한다(재민 87-9 참조).
◆ 송 달 료	송달료는 당사자 1인당 2회분을 납부한다.

<별지목록>

목 록

금 27,755,460원정

채무자가 제3채무자로부터 매월 수령하는 급료(본봉·상여금 및 제수당) 중 제세공과금을 뺀 잔액의 1/2씩 위 청구금액에 이를 때까지의 금액[다만, 국민기초생활보장법에 의한 최저생계비를 감안하여 민사집행법 시행령이 정한 금액에 해당하는 경우에는 이를 제외한 나머지 금액, 표준적인 가구의 생계비를 감안하여 민사집행법 시행령이 정한 금액에 해당하는 경우에는 이를 제외한 나머지 금액] 및 위 청구금액에 달하지 아니한 사이에 퇴직한 때에는 퇴직금 중 제세공과금을 뺀 잔액의 1/2씩 위 청구금액에 이를 때까지의 금액[다만, 근로자퇴직급여 보장법 제7조 제1항에 따른 압류금지채권을 공무원, 군인, 사립학교교직원(사무직 포함)의 퇴직금에 해당하는 경우에는 이를 제외한 나머지 금액]

단, 압류금지채권금액 및 압류채권금액은 다음에 따른다.[8)]

- 다 음 -

1. 월급여가 185만 원 이하인 경우에는 전액(압류금액 : 0)
2. 월급여가 185만 원을 초과하고 370만 원 이하인 경우(압류금액 : 185만원)
3. 월급여가 370만 원을 초과하고 600만 원 이하인 경우(압류금액 : 월급여의 2분의 1)
4. 월급여가 600만 원을 초과하는 경우(압류금액 : 300만 원+[{(급여채권/2)−300만 원}/2]) 끝.

※ 서울대학교병원, 서울특별시지하철공사, 한국산업안전공단, 국민의료보험관리공단, 의료보험조합, 집행관 사무원은 공무원이 아니므로 퇴직금 2분의 1은 압류가 가능. 급료채권의 시기를 특정하지 않아도 무방하다.

※ 공무원, 군인, 사립학교교원 등의 경우에는 법률의 규정에 의하여 압류할 수 없는 퇴직금은 압류할 수 없으므로 위 목록 중 [다만, 근로자퇴직급여 보장법 제7조 제1항에 따른 압류금지채권을 공무원, 군인, 사립학교교직원(사무직 포함)의 퇴직금에 해당하는 경우에는 이를 제외한 나머지 금액] 부분은 기재하지 않는다.

※ 압류금지 급여금 및 퇴직금, 최저생계비 48면 참조.

8) 2019. 04. 01. 자로 시행된 민사집행법 시행령에 따름

[서식] 근저당권부 채권압류 및 전부명령신청서

근저당권부 채권압류 및 전부명령신청

4,000원
정부수입인지

채 권 자　　강　제　오(550320-1234567)
서울 종로구 명륜로 234-1(우 : 10200)
전화(휴대폰 포함) : 555-1234, 010-4455-1234

채 무 자　　지　동　설
서울 종로구 혜화로 342-4(우 : 10201)

제3채무자　　부　동　산
서울 서초구 양재로 123-4(우 : 10202)

청구채권의 표시

금125,354,900원정 (서울중앙지방법원 20○○차1234호 집행력있는 지급명령 정본에 기한 금100,000,000원 및 이에 대한 20○○. 4. 20부터 20○○. 4. 20까지 연2할의 비율에 의한 이자금 25,000,000원 및 독촉절차비용금 354,000원 합계금 125,354,000원정)

압류 및 전부할 채권과 근저당권의 표시

별지목록 기재와 같음

신 청 취 지

1. 채무자의 제3채무자에 대한 별지목록 기재 근저당권부 채권을 압류한다.
2. 제3채무자는 채무자에게 위 채권에 관한 지급을 하여서는 아니된다.
3. 채무자는 위 채권의 처분과 영수를 하여서는 아니된다.
4. 위 압류된 채권은 지급에 갈음하여 채권자에게 전부한다.

라는 재판을 구합니다.

신 청 이 유

채권자는 채무자에 대하여 서울중앙지방법원 20○○차1234호 대여금청구사건의 집행력 있는 지급명령정본에 기하여 위 청구금액표시의 채권이 있고, 채무자는 제3채무자에 대하여 별지목록 기재 채권을 가지고 있는바, 채무자는 채권자의 지급독촉에도 불구하고 채권의 변제에 응하지 아니하므로 채권자는 위 청구채권의 지급독촉에도 불구하고 채권의 변제에 응하지 아니하므로 채권자는 위 청구채권의 변제에 충당하기 위하여 별지목록기재 근저당권부 채권에 대한 압류 및 전부명령을 구하고자 이건 신청에 이른 것입니다.

첨 부 서 류

1. 집행력있는 지급명령정본 1통
1. 송달증명원 1통
1. 확정증명원 1통
1. 부동산등기부등본 2통
1. 부동산매매계약서 1통
1. 납부서 1통

20○○. 4. .

위 채권자 강 제 오 (인)

서울중앙지방법원 귀중

<별지목록>

목 록

금125,354,000원정

채무자가 제3채무자에 대하여 가지는 아래표시 부동산에 대한 을구 순위 1번 서울중앙지방법원 20○○. 7. 20. 접수 제1235호로 근저당권설정등기한 피담보채권

부동산의 표시

서울 서초구 양재로 123-4 전1,849㎡

서울 서초구 양재로 123-5 전3,784㎡

인지·송달료 등

◆ 인지첩부	신청서에는 4,000원(압류명령 2,000원+전부명령 2,000원)의 인지를 붙여야 한다(재민 91-1, 556면 참조).
◆ 송 달 료	송달료는 당사자 1인당 2회분을 납부한다.

2. 채권의 본집행으로의 이전

가. 개 설

보전처분이 집행되어 있는 상태에서 채권자가 본안소송에서 승소하여 집행권원을 얻어 강제집행을 할 수 있게 되면 본집행을 하게 되는바, 이를 본집행으로의 이전이라 한다. 원칙적으로 보전처분이 집행되어 있는 상태에서 본압류를 하는 것은 중복되는 절차라 하여 다음 단계를 행하면 족하다고 할 것이나, 실무에서 본압류를 하는 것은 본집행개시시를 명백히 하기 위하여 실행하는 절차라 하겠다.

가압류가 본압류로 이행되어 강제집행이 이루어진 경우에는 가압류집행은 본집행에 포섭됨으로써 당초부터 본집행이 있었던 것과 같은 효력이 있게 된다(대법원 2010. 10. 14. 선고 2010다48455 판결).

나. 동일성 문제

가압류한 지명채권에 대하여 가압류에서 본압류로 전이하는 내용의 주문이 누락된 채 압류 및 추심명령이 발령되었다 하더라도, 가압류 및 압류·추심의 당사자 사이에 서로 동일성이 인정되고, 가압류의 피보전채권과 압류·추심의 집행채권 사이 및 가압류 대상 채권과 압류·추심 대상 채권 사이에 서로 동일성이 인정되는 경우에는, 해당 가압류는 특별한 사정이 없는 한 당연히 본압류로 이전되는 효력이 생긴다(대법원 2010. 10. 14. 선고 2010다48455 판결).

다. 신청절차

(1) 개 설

신청은 서면으로 하여야 하며, 신청서에는 본압류신청에 필요한 집행력 있는 정본, 그 송달증명서, 가압류결정서 사본과 가압류 송달증명을 붙여야 한다(민집규칙 제159조 제2항). 본 압류신청을 하면서도 전부명령신청을 동시에 신청할 수 있다.

가압류에서 이전되는 채권압류의 경우에 집행법원은 가압류를 명한 법원이 있는 곳을 관할하는 지방법원으로 한다(민집법 제224조 제3항).

(2) 대 상

본집행으로의 이전은 유체동산에 대한 가압류, 채권의 가압류, 기타 재산권의 가압류에서 그 신청이 인정되며, 부동산과 이에 준하는 선박·자동차 등의 경우에는 경매개시결정에 의하여 본압류로 이전하고 처분금지가처분의 경우에는 당해 소유권이전등기로, 점유이전금지가처분의 경우에는 점유이전으로 된다.

(3) 효 과

보전처분의 집행은 본집행으로 이전되므로 인하여 장래에 대하여만 효력이 있다. 따라서 가압류가 본압류로 이전된 경우에는 가압류집행취소를 구할 수 없다(대법원 1976. 1. 27. 선고 75다2065 판결). 다만 보전처분의 지나간 효력은 그대로 유지된다. 그러므로 본집행이 효력이 없는 경우에는 보전처분의 효력은 그대로 살아나서 보전집행상태가 유지된다. 그러나 본집행이 집행불능으로 종료된 경우에는 가압류집행도 그 효력을 상실한다.

금전채권에 대한 가압류로부터 본압류로 전이하는 압류 및 추심명령이 있는 때에는 제3채무자는 채권이 가압류되기 전에 압류채무자에게 대항할 수 있는 사유로써 압류채권자에게 대항할 수 있으므로, 제3채무자의 압류채무자에 대한 자동채권이 수동채권인 피압류채권과 동시이행의 관계에 있는 경우에는, 그 가압류명령이 제3채무자에게 송달되어 가압류의 효력이 생긴 후에 자동채권이 발생하였다고 하더라도 제3채무자는 동시이행의 항변권을 주장할 수 있고, 따라서 그 상계로써 압류채권자에게 대항할 수 있다. 이 경우에 자동채권 발생의 기초가 되는 원인은 수동채권이 가압류되기 전에 이미 성립하여 존재하고 있었으므로, 그 자동채권은 민법 제498조 소정의 "지급을 금지하는 명령을 받은 제3채무자가 그 후에 취득한 채권"에 해당하지 아니한다(대법원 2001. 3. 27. 선고 2000다43819 판결).

[서식] 채권가압류에서 본압류로 이전하는 채권압류 및 전부명령신청서(보증공탁금반환청구권에 대한)

채권가압류에서 본압류로 이전하는 채권압류 및 전부명령신청

4,000원
정부수입인지

채 권 자 1. 이 호 연(550320-1234567)
서울 종로구 신영로 12-3(우 : 10200)
전화(휴대폰 포함) : 555-1234, 010-4455-1234
2. 정 명 호(560321-1234568)
서울 강남구 신사로 신사아파트 1동 101호(우 : 10201)
전화(휴대폰 포함) : 555-1234, 010-4455-1234
3. 김 종 길(570322-1234569)
서울 서초구 방배로 4 방배빌라 1동 101호(우 : 10202)
전화(휴대폰 포함) : 555-1234, 010-4455-1234
4. 변 종 수(580323-1234560)
서울 종로구 송현로 123-45(우 : 10203)
전화(휴대폰 포함) : 555-1234, 010-4455-1234

채 무 자 서울특별시 서초주택조합
서울 서초구 서초로업무지구 1-23(우 : 10204)
서초통신국 통신과
대표자 조합장 정 연 택

제3채무자 대 한 민 국
법률상대표자 법무부장관 ○ ○ ○
(소관 : 서울중앙지방법원 공탁관)

청 구 금 액

금102,000,000원정(서울중앙지방법원 20○○가합1818호 불입금반환사건의 집행력있는 판결정본에 의한 금원)

이전하는 압류 및 전부할 채권의 표시

별지목록 기재와 같음

신 청 취 지

1. 채권자들과 채무자간 귀원 20○○카합 3939호 채권가압류 결정에 의한 별지목록기재 채권에 대한 가압류는 이를 본압류로 이전한다.
2. 제3채무자는 채무자에게 위 채권에 관한 지급을 하여서는 아니된다.
3. 채무자는 위 채권의 처분과 영수를 하여서는 아니된다.
4. 위 압류된 채권은 지급에 갈음하여 채권자들에게 전부한다.

라는 재판을 구합니다.

신 청 이 유

채권자들은 채무자에 대하여 서울중앙지방법원 20○○가합1818호 불입금 반환 청구사건의 집행력있는 판결정본에 의한 위 청구금액표시의 채권이 있는바 채무자는 이를 임의 변제하지 않고 있으므로 채권자들이 이미 가압류한 별지목록 기재 채권을 본압류로 이전하여 전부를 받고자 본 신청에 이른 것입니다.

첨 부 서 류

1. 집행력있는 판결정본 1통
1. 동 송달증명원 1통
1. 채권가압류 결정정본 1통
1. 동 송달증명원 1통
1. 법인등기부등본 1통

20○○. 4. .

채 권 자 이 호 연 (인)
정 명 호 (인)
김 종 길 (인)
변 종 수 (인)

서울중앙지방법원 귀중

인지·송달료 등

◆ 인지첩부	신청서에는 4,000원(압류명령 2,000원+전부명령 2,000원)의 인지를 붙여야 한다(재민 91-1, 556면 참조).
◆ 송 달 료	송달료는 당사자 1인당 2회분을 납부한다.

<별지목록 1>

청구채권목록

금102,000,000원정

단, 채권자들이 채무자에 대하여 가지고 있는 불입금반환청구채권으로서 채권자 이호연 금35,000,000원, 채권자 정명호 금21,000,000원, 채권자 김종길 금30,000,000원, 채권자 변종수 금16,000,000원임. 끝.

<별지목록 2>

이전하는 압류 및 전부할 채권의 표시

금10,000,000원정

채무자가 제3채무자에 대하여 가지고 있는 서울중앙지방법원 98년금 제1313호 보증공탁금 10,000,000원에 대한 반환청구권

공 탁 자　　서울특별시 서초주택조합
서울 서초구 서초로 업무지구 1-23
대표자 조합장　정　연　택

피공탁자　　심　봉　섭
서울 서초구 방배로 123-54간의 서울중앙지방법원 90년금 제1313호 보증공탁금 10,000,000원임. 끝.

<별지목록 3>

이전하는 압류 및 전부할 채권의 표시

금10,000,000원정

채무자가 제3채무자에 대하여 가지고 있는 서울중앙지방법원 98년금 제1414호 보증공탁금 10,000,000원에 대한 반환청구권

즉,

공 탁 자　　서울특별시 서초주택조합
서울 서초구 서초로 업무지구 1-23
대표자 조합장　정　연　택

피공탁자　　심　봉　섭
서울 서초구 방배로 123-54간의 서울중앙지방법원 98년금 제1414호 보증공탁금 10,000,000원임. 끝.

<별지목록 4>

이전하는 압류 및 전부할 채권의 표시
금24,000,000원정 채무자가 제3채무자에 대하여 가지고 있는 서울중앙지방법원 98년금 제1415호 보증공탁금 24,000,000원에 대한 반환청구권 즉, 공 탁 자　서울특별시 서초주택조합 서울 서초구 서초로 업무지구 1-23 대표자 조합장　정　연　택 피공탁자　심　봉　섭 서울 서초구 방배로 123-54간의 서울중앙지방법원 98년금 제1415호 보증공탁금 24,000,000원임. 끝.

<별지목록 5>

이전하는 압류 및 전부할 채권의 표시
금100,000,000원정 채무자가 제3채무자에 대하여 가지고 있는 서울중앙지방법원 98년금 제4514호 보증공탁금 100,000,000원에 대한 반환청구권 즉, 공 탁 자　서울특별시 서초주택조합 서울 서초구 서초로 업무지구 1-23 대표자 조합장　정　연　택 피공탁자　심　봉　섭 서울 서초구 방배로 123-54간의 서울중앙지방법원 98년금 제4514호 보증공탁금 100,000,000원임. 끝.

[서식] 채권가압류에서 본압류로 이전하는 채권압류 및 전부명령신청서(가집행선고부판결정본에 기하여 해방공탁금회수청구권에 대한)

채권가압류에서 본압류로 이전하는 채권압류 및 전부명령신청

4,000원
정부수입인지

채 권 자 지 상 철(550320-1234567)
서울 종로구 혜화로 123-4(우 : 10200)
전화(휴대폰 포함) : 555-1234, 010-4455-1234

채 무 자 조 봉 규
서울 종로구 명륜로 234-5(우 : 10201)

제3채무자 대한민국
위 법률상 대표자 법무부장관 ○ ○ ○
(소관 서울중앙지방법원 공탁관)

청 구 금 액

금 30,000,000원정(서울중앙지방법원 20○○가단1234호 약속어음금청구사건의 집행력있는 판결정본에 기한 금액

이전하는 압류 및 전부할 채권의 표시

별지목록과 같음

신 청 취 지

1. 채권자와 채무자 사이의 서울중앙지방법원 20○○카합2895호 채권가압류결정에 의한 별지목록 기재 채권에 대한 가압류는 이를 본압류로 이전한다.
2. 제3채무자는 채무자에게 위 채권에 관한 지급을 하여서는 아니된다.
3. 채무자는 위 채권의 처분과 영수를 하여서는 아니된다.
4. 위 압류된 채권은 지급에 갈음하여 채권자에게 전부한다.

라는 재판을 구합니다.

신 청 이 유

1. 채권자는 채무자에 대하여 가지는 약속어음금청구 채권의 집행보전을 위하여,

채무자 소유인 별지부동산목록에 대하여 귀원 20○○카합2895호로서 부동산가압류집행을 한 후, 이에 대한 본안소송을 귀원 20○○가단1234호로 약속어음금 청구소송을 제기하여, 위 법원에서 20○○. 3. 15. 가집행선고부 채권자 승소판결을 선고함으로써 채권자는 동 판결에 집행문을 부여받아 위 가압류된(채무자는 가압류된 부동산의 가압류결정을 취소하기 위하여 가압류결정에 기재된 청구금액을 공탁해방하고 부동산 가압류 취소결정을 얻었음) 별지목록기재 채권에 대하여 본압류로 이전한 후 지급에 갈음하여 채권자에게 전부한다는 결정을 받고자 본 신청에 이른바 입니다.

첨 부 서 류

1. 부동산가압류 결정정본 1통
1. 송달증명원 1통
1. 집행력있는 판결정본 1통
1. 송달증명원 1통

20○○. 3. 20.

위 채권자 지 상 철 (인)

서울중앙지방법원 귀중

<별지목록>

목 록

금 30,000,000원정

채권자와 채무자 사이의 서울중앙지방법원 20○○카합2895호 부동산 가압류결정에 대한 부동산 가압류결정취소결정을 받기 위하여 채무자가 동 가압류결정정본에 기재된 청구금액 금30,000,000원을 제3채무자에게 20○○년금 제8885호로 공탁한 해방공탁금 30,000,000원의 회수청구권

인지·송달료 등

◆ 인지첩부	신청서에는 4,000원(압류명령 2,000원+전부명령 2,000원)의 인지를 붙여야 한다(재민 91-1, 556면 참조).
◆ 송 달 료	송달료는 당사자 1인당 2회분을 납부한다.

[서식] 가압류에서 본압류로 이전하는 채권압류 및 전부명령신청서(공사대금채권에 대한)

가압류에서 본압류로 이전하는 채권압류 및 전부명령신청

4,000원
정부수입인지

채 권 자　　최　동　팔(550320-1234567)
　　　　　　서울 서초구 반포로 123-4(우 : 10200)
　　　　　　전화(휴대폰 포함) : 555-1234, 010-4455-1234
채 무 자　　주식회사 강남개발
　　　　　　서울 강남구 삼성로 23-5(우 : 10201)
　　　　　　대표이사　이　강　남
제3채무자　　서울기업 주식회사
　　　　　　서울 종로구 종로2가 43-9(우 : 10202)
　　　　　　대표이사　김　동　호

청 구 금 액

1. 금8,514,000원 서울중앙지방법원 20○○가소12345호 물품대금의 판결정본에 의한 채권원금
2. 금177,277원 위 채권에 대한 20○○. 4. 11부터 20○○. 9. 9까지 연5푼이자(152일간)
3. 금215,765원 위 채권에 대한 20○○. 9. 10부터 20○○. 10. 16까지 연2할의 이자(37일간)
4. 금11,080원 집행비용(내역 4,000원 인지대, 5,280원 송달료, 1,800원 등본료)

합계금 8,918,122원

이전하는 채권압류 및 전부할 채권의 표시
　별지기재와 같음

신 청 취 지

1. 채권자와 채무자간의 귀원 20○○카단3456호 채권가압류결정에 의한 별지목록

기재 채권 중 금 10,000,000원에 대한 가압류는 이를 본압류로 이전한다.

2. 별지목록 기재 채권 중 위 집행력있는 판결정본에 기한 나머지 금404,122원은 이를 압류한다.
3. 제3채무자는 채무자에게 위 채권에 관한 지급을 하여서는 아니된다.
4. 채무자는 위 채권의 처분과 영수를 하여서는 아니된다.
5. 위 압류된 채권은 지급에 갈음하여 채권자에게 전부한다.

라는 재판을 구합니다.

신 청 이 유

채권자는 채무자에 대하여 금8,514,000원의 물품대금 채권이 있었고, 집행보전을 위하여 귀원 20○○카단 3456호로서 채권가압류신청을 하여 제3채무자에 대하여 가진 압류 채권표시 기재의 채권을 가압류하였습니다. 그 후 채권자는 채무자를 상대로 귀원 20○○가소12345호로 물품대금 청구소송을 제기 20○○. 9. 17. 승소판결을 받았습니다. 그리하여 채권자는 제3채무자에 대한 20○○카단3456호 채권가압류결정으로 집행보전을 위한 금8,514,000원을 위 본 압류로 이전하는 채권압류 및 전부명령을 받고자 이 본 신청에 이른 것입니다.

첨 부 서 류

1. 집행력있는 판결정본 1통
1. 채권가압류결정 1통
1. 송달증명 2통
1. 법인등기부등본 2통
1. 납부서 1통

20○○. 10. .

위 채권자 최 동 팔 (인)

서울중앙지방법원 귀중

인지·송달료 등

◆ 인지첩부	신청서에는 4,000원(압류명령 2,000원+전부명령 2,000원)의 인지를 붙여야 한다(재민 91-1, 556면 참조).
◆ 송 달 료	송달료는 당사자 1인당 2회분을 납부한다.

<별지 목록>

목 록
가압류에서 본압류로 이전할 채권의 표시 금8,514,000원 압류 및 전부할 채권의 표시 금404,122원 채무자와 제3채무자에 대한 아래 공사대금 채권 중 일부 공 사 명　공무원연금매장 신축공사 공사장소　서울 강남구 세곡로 위 합계금 8,918,122원. 끝.

[서식] 채권가압류에서 본압류로 이전하는 채권압류 및 전부명령신청서(재산분할청구채권에 대한)

채권가압류에서 본압류로 이전하는 채권압류 및 전부명령신청

4,000원
정부수입인지

채 권 자　강 금 숙(550320-1234567)
서울 종로구 혜화로 123-4(우 : 10200)
전화(휴대폰 포함) : 555-1234, 010-4455-1234

채 무 자　이 영 순
서울 종로구 혜화로 234-5(우 : 10201)

제3채무자　양 주 병
서울 종로구 명륜로 345-6(우 : 10202)

청 구 금 액

금20,000,000원정

공증인가 우주종합법무법인 작성증서 20○○년 제1234호 집행력 있는 공정증서 정본에 의한 약속어음채권

이전하는 압류 및 전부할 채권의 표시

별지목록기재와 같음

신 청 취 지

1. 채권자와 채무자간 귀원 20○○카단8888호 채권가압류결정에 의한 별지목록 기재의 채권에 대한 가압류는 이를 본압류로 이전한다.
2. 제3채무자는 채무자에게 위 채권에 관한 지급을 하여서는 아니된다.
3. 채무자는 위 채권의 처분과 영수를 하여서는 아니된다.
4. 위 압류된 채권은 지급에 갈음하여 채권자에게 전부한다.

라는 재판을 구합니다.

신 청 이 유

채권자는 채무자에 대하여 공증인가 우주종합법무법인 작성 20○○년 증서 제1234호 집행력있는 약속어음 공정증서 정본에 의한 위 청구채권을 가지고 있는바, 채무사는 이를 변제치 아니하고 기일만 지연하고 있으므로 채권자가 이미 귀원 20○○카단8888호로 가압류한 별지목록기재채권을 본압류로 이전하여 전부를 받고자 본 신청에 이른 것입니다.

첨 부 서 류

1. 집행력있는 약속어음 공정증서 정본 1통
1. 채권가압류 결정정본 1통
1. 동 송달증명원 1통

20○○. 8. .

채권자 강 금 숙 (인)

서울중앙지방법원 귀중

<별지목록>

목　　록
금20,000,000원정 채무자와 제3채무자간 서울가정법원 20○○느3479호 재산분할청구사건의 승소 판결로 인하여 채무자가 제3채무자로부터 수령할 금원중 위 청구금액에 이르기까지의 청구채권. 끝.

인지·송달료 등

◆ 신청방식	이 신청서는 재산분할청구채권에 대하여 채권가압류에서 본압류로 이전하는 채권압류명령신청과 함께 전부명령신청을 하는 경우이다. 신청은 서면으로 하여야 하며 신청서에는 본압류신청에 필요한 집행력있는 정본, 그 송달증명서, 가압류결정의 사본 등을 첨부하여야 한다(재민 85-2).
◆ 인지첩부	신청서에는 4,000원(압류명령 2,000원+전부명령 2,000원)의 인지를 붙여야 한다(재민 91-1, 556면 참조). 인지는 법원구내 우체국에서 구입하여 붙인다.
◆ 송 달 료	송달료는 당사자 1인당 2회분을 납부한다.
◆ 관할법원	가압류에서 이전되는 채권압류의 경우의 집행법원은 가압류를 명한 법원이 있는 곳을 관할하는 지방법원으로 한다(민집법 제224조 제3항).

3. 전부명령에 대한 불복방법과 집행정지

가. 개 설

전부명령의 신청에 관한 재판에 대하여는 즉시항고를 할 수 있다(민집법 제229조 6항). 전부명령은 확정되어야 그 효력이 있다(민집법 제229조 7항).

전부명령신청에 대한 재판에 대하여 구법에서는 불복을 허용치 아니하였던 것을 현행법에서는 즉시항고(민집법 제229조 제6항)를 허용하였고 전부명령은 확정되어야 효력이 있는 것으로 하였다(동조 제7항).

나. 사 유

즉시항고의 사유는 전부명령을 발령함에 있어 집행법원이 스스로 조사하여 준수할 사항의 흠결에 관한 것, 즉 채권압류 자체의 무효나 취소 또는 권면액의 흠결이나 압류의 경합과 같은 전부명령 고유의 무효나 취소사유 등이다. 집행채권이 변제 등에 의하여 소멸되었다거나(대법원 1994. 11. 10. 94마1681, 1682 결정, 대법원 1997. 4. 28. 97마360, 361 결정), 피전부채권이 존재하지 않는다(대법원 2004. 1. 5. 2003마1667 결정)는 등의 실체에 관한 사유는 전부명령에 대한 불복의 사유가 되지 않는다. 그러나 전부명령 자체가 무효인 경우에는 이러한 즉시항고를 제기하지 아니하여 전부명령이 형식적으로 확정되었다 하더라도 전부명령의 효력을 다툴 수 없는 것은 아니고, 채무자나 제3채무자는 여전히 그 전부명령의 무효를 주장할 수 있다.

다. 불복신청

전부명령을 각하하거나 기각하는 결정은 신청채권자에게 고지하여야 하고(민집규 제7조 2항), 이에 대하여 신청채권자가 즉시항고를 할 수 있다. 즉시항고의 기간은 1주일이고(민집법 제15조 2항), 그 기산점은 각 즉시항고권자에게 전부명령이 송달된 때이며 즉시항고를 할 자가 전부명령을 고지받을 자가 아닌 때에는 그 재판을 고지받아야 할 자 전원에게 고지된 날로부터 진행한다(민집규 제12조).

전부명령에 대하여 즉시항고를 제기할 수 있는 자는 전부명령에 의하여 자기의 정당한 이익을 침해당한 자, 보통은 채무자와 제3채무자(채권을 경합하여 압류한 자 등의 제3자에게도 즉시항고의 이익이 있을 수 있다)이다.

라. 집행정지

전부명령이 있은 후에 집행정지결정의 정본(민집법 제49조 제2호) 또는 변제증서 등(민집법 제49조 제4호)의 서류를 제출한 것을 이유로 즉시항고를 제기한 때에는 항고법원은 다른 이유로 전부명령을 취소하는 경우를 제외하고는 항고에 관한 재판을 정지한다(민집법 제229조 제8항).

[서식] 즉시항고장(채권전부명령에 대한)

즉시항고장

2,000원
정부수입인지

항 고 인　김 길 동(550320-1234567)
서울 강남구 수서로 347-3
전화(휴대폰 포함) : 555-1234, 010-4455-1234

서울중앙지방법원 20○○타기7788, 7786호 채권압류·전부명령신청사건에 관하여, 동원이 20○○. 12. 15. 한 채권압류·전부명령에 대하여 항고인은 전부 불복이므로 즉시항고를 제기합니다.

압류·전부명령의 표시

채 권 자　이 홍 길
서울 서초구 서초로 123-4
채 무 자　김 길 동
서울 강남구 수서로 347-3
제3채무자　안 차 돌
서울 성북구 성북로 278-5

주　문　채무자가 제3채무자에 대하여 가지는 별지목록기재의 채권을 압류한다.
채무자는 위 채권의 처분과 영수를 하여서는 아니된다.
위 압류된 채권은 지급에 갈음하여 채권자에게 전부한다.
(항고인은 20○○. 12. 20. 채권압류, 전부명령을 송달받음)

항 고 취 지

1. 원결정을 취소한다.
2. 채권자의 이건 채권압류·전부명령신청을 기각한다.

라는 재판을 구합니다.

항 고 이 유

1. 채권자는 채무자에 대하여 서울중앙지방법원 20○○가단3474호 약속어음청구사건의 집행력있는 판결정본에 의하여 금15,000,000원의 채권을 가지고 있는바,
2. 채권자는 위 집행정본에 의하여 채무자가 제3채무자에 대하여 가지는 별지목록기재의 채권을 20○○. 12. 15. 귀원 20○○타기7785·7786호로 압류하고 전부명령을 받았습니다.
3. 그러나 채권자는 채무자에 대하여 20○○. 11. 15. 위 집행채권의 변제기를 20○○. 12. 31로 유예하는 채권유예증서를 작성하여 준바 있으나 채권자가 이에 위반하여 이건 채권압류 및 전부명령을 받은 것으로 항고인은 이에 불복하고 즉시항고를 제기하는 바입니다.

첨 부 서 류

1. 채권압류·전부명령결정사본 1통
1. 채권유예증서 1통

20○○. 12. 21.

위 항고인 김 길 동 (인)

서울중앙지방법원 귀중

인지액 등

◆ 인지첩부	즉시항고장에는 2,000원의 인지를 붙인다(민소인지법 제11조제2항).
◆ 송 달 료	송달료는 당사자 1인당 5회분을 납부한다.
◆ 관할법원	즉시항고는 항고장을 원심법원에 제출함으로써 한다(민집법 제15조 제2항, 민소법 제445조).

3. 제3채무자에 대한 진술최고

가. 개 설

압류채권자는 압류명령의 송달을 받은 날로부터 1주일 내에 제3채무자에 대하여 민사집행법 제237조 제1항 각 호의 사항을 진술하게 할 것을 법원에 신청할 수 있다. 이는 채권을 압류하기 전에 하는 절차로서 제3채무자로 하여금 그에 대한 자료를 제출케 하며 채권의 만족을 얻을 수 있는지의 여부를 판단할 수 있도록 하는 제도이다. 따라서 신청이 있으면 집행법원은 부적법한 신청이 아닌 한 반드시 최고를 하여야 한다.

나. 신청절차

진술최고의 신청권자는 압류채권자에 한하며, 배당요구채권자는 포함되지 않는다. 가압류채권자도 다른 재산에 대한 보전의 필요를 판단하기 위하여 최고를 신청할 수 있다고 보는 것이 통설이다(민집법 제291조, 237조). 압류명령과 추심명령을 신청한 채권자가 최고의 신청을 할 수 있음은 물론이고 압류명령만을 신청한 채권자도 최고의 신청을 할 수 있다. 압류명령과 전부명령을 동시에 신청한 채권자도 전부명령에 대하여 즉시항고가 인정되고 있어 전부명령의 송달만으로 강제집행절차가 종료하는 것이 아니므로 진술최고를 신청할 수 있다.

신청은 서면으로 하여야 하고(민집법 제4조), 최고서의 송달료 및 제3채무자의 진술서 제출용 우편료를 예납하여야 한다.

다. 집행법원의 최고

(1) 개 설

압류채권자의 신청이 있으면 집행법원은 부적법한 신청이 아닌 한 반드시 최고를 하여야 하며, 최고의 필요가 없다고 하여 최고하지 않을 수 없다. 이 최고는 진술최고서를 제3채무자에게 송달하는 방법으로 한다(민집법 제237조 2항). 진술최고서에는 진술하여야 할 민사집행법 제237조 1항에 정해진 사항과 압류명령의 송달을 받은 날로부터 1주 이내에 서면으로 진술하여야 한다는 취지를 적고, 판사(사법보좌관)가 기명날인하여야 한다.

(2) 진술하게 할 사항

제3채무자에 대하여 진술하게 할 사항은 ①채권을 인정하는지의 여부 및 인정한다면 그 한도 ②채권에 대하여 지급할 의사가 있는지의 여부 및 의사가 있다면 그 한도 ③채권에 대하여 다른 사람으로부터 청구가 있는지의 여부 및 청구가 있다면 그 종류 ④다른 채권자에게 채권을 압류당한 사실이 있는지의 여부 및 그 사실이 있다면 그 청구의 종류이다(민사집행법 제237조 제1항).

라. 제3채무자의 진술

(가) 집행법원의 최고를 받은 제3채무자는 진술최고서를 받으면 그 정해진 1주 이내에 서면으로 그에 기재된 사항을 진술할 의무가 있다. 진술 전에 강제집행정지결정이 있더라도 진술의무가 소멸되는 것은 아니다.

진술은 제3채무자 본인 이외에 대리인을 통하여 하더라도 무방하다. 진술의 상대방은 집행법원이고 압류채권자가 아니다. 진술의 내용은 분명하여야 한다. 진술기간은 압류명령의 송달을 받은 때로부터 1주일이지만 이는 훈시규정으로서 다소 지연되었다 하더라도 유효한 진술이 된다. 진술에 소요된 비용은 채권자의 예납금으로부터 제3채무자에게 지급되어야 하며 이는 종국적으로 집행비용으로 되어 채무자의 부담으로 된다. 제3채무자가 진술을 한 뒤에도 그 진술내용에 잘못이 있거나 또는 사정변경이 있을 때에는 이를 정정하거나 보충할 수 있다.

(나) 진술할 사항은 다음과 같다.

① 채권을 인정하는지 여부 및 인정한다면 그 한도(1호)

제3채무자는 우선 피압류채권이 존재하는가와 그 금액을 진술하여야 한다. 여기의 인정은 청구의 인낙(민소법 제220조)과 같은 의미가 아니다. 채권이 원래는 존재하였으나 그 후 소멸하였을 때에는 소멸의 이유를 기재하는 것이 바람직하다.

② 채권에 대하여 지급할 의사가 있는지 여부 및 의사가 있다면 그 한도(2호)

채권이 존재하는 경우에는 이를 지급할 의사가 있는지 및 어느 범위에서 지급할 의사가 있는지를 진술하여야 한다. 여기서 지급의사는 압류채권자에 대한 것을 말하는 것이 아니고 원래의 채무자에 대한 지급의사를 의미한다. 따라서 채무자에 대하여 지급을 거절할 수 있는 항변사유가 있을 때에는 이를 진술하면 된나.

③ 채권에 대하여 다른 사람으로부터 청구가 있는지의 여부 및 청구가 있다면 그

종류(3호)

피압류채권에 대하여 압류채권자보다 우선하는 권리자(예를 들어, 채권질권자)나 또는 채권을 양수하였다고 주장하는 사람 등이 제3채무자에게 청구하는 경우가 이에 해당한다. 이러한 청구를 한 사람이 있으면 그 청구를 한 사람의 성명과 주소 및 청구의 내용을 진술하면 된다.

④ 다른 채권자에게 채권을 압류당한 사실이 있는지 여부 및 그 사실이 있다면 그 청구의 종류(4호)

다른 채권자에 의한 압류 외에 가압류, '채무자회생 및 파산에 관한 법률'상의 보전처분, 국세징수법에 의한 체납처분 등이 있는 때에도 이를 진술하여야 한다. 이때에는 압류나 가압류 등의 종류와 압류채권자의 이름, 주소 외에 압류 등을 발령한 법원 내지 행정관청, 압류 등의 날짜 및 사건번호 등을 진술하여야 한다.

(다) 제3채무자의 진술은 단순한 사실의 진술에 불과하고 채무의 승인으로는 볼 수 없어 손해배상책임을 지는 것은 별도로 하고, 그 자체만으로는 아무런 구속력이 없다. 따라서 압류채권자로서는 제3채무자의 진술에 구애되지 않고 행동할 수 있다. 예를 들어, 제3채무자가 압류된 채권이 존재하지 않는다고 진술하더라도 그에 대하여 전부명령을 신청하거나 추심소송을 제기할 수 있고, 집행법원으로서도 제3채무자의 진술을 이유로 전부명령 등을 거부할 수는 없다.

다른 한편으로 제3채무자 자신도 그 진술에 구애받지 않으므로 일단 채권이 존재한다고 진술한 뒤에도 이후의 추심소송에서 채권이 발생하지 않았다거나 무효라고 주장할 수 있고, 변제의 의사가 있다고 진술한 뒤에도 채무자에 대한 반대채권으로 상계하거나 소멸시효를 주장할 수 있다. 다만, 특별한 경우에는 제3채무자의 주장이 이전의 진술과는 모순되는 것으로서 신의칙상 허용되지 않을 수도 있다. 또한 압류된 채권의 소멸시효를 중단시키는 효과도 발생하지 않는다. 그러나 채권이 존재한다는 진술이 재판 외의 자백이 되어 채권의 존재에 대한 사실상의 추정으로 작용할 수는 있다.

마. 집행법원의 심문

제3채무자가 위 진술의무를 게을리한 때에는 압류채권자가 그 이행을 소로써 청구할 수는 없으나 집행법원은 직권으로 제3채무자를 심문할 수 있고(민집법 제237조 3항), 압류채권자도 법원의 직권발동을 촉구하는 의미에서 집행법원에 심문신청을 할 수 있다.

바. 제3채무자의 손해배상책임

제3채무자가 고의 또는 과실로 허위의 진술을 함으로 말미암아 압류채권자에게 손해가 발생한 때에는 그 손해를 배상할 의무가 있다.

사. 진술의 효과

압류채권자는 제3채무자의 진술이 있더라도 그 진술에 구속되지 아니한다. 그러므로 제3채무자가 피압류채권이 존재하지 아니한다고 진술하더라도 압류채권자는 전부명령이나 추심소송을 제기할 수 있다. 제3채무자 역시 자신의 진술에 구속되지 아니하고 추심소송에서 채권의 불발생이나 무효를 주장할 수 있다.

[서식] 제3채무자에 대한 진술최고신청서

제3채무자에 대한 진술최고신청

500원
정부수입인지

채 권 자　　정　상　일(550320-1234567)
서울 중구 신당동 289-15
송달주소 서울 종로구 낙원동 223-56(우 : 10200)
전화(휴대폰 포함) : 555-1234, 010-4455-1234

채 무 자　　박　금　호
서울 종로구 숭인동 888-5(우 : 10201)

제3채무자　　주식회사 국제은행
서울 강남구 신사로 494-1(우 : 10202)
은행장　박　호

위 당사자간 귀원 20○○타기1234·1235호 저당권있는 채권압류 및 전부명령사건에 관하여, 채권자는 제3채무자로 하여금 채권압류 및 전부명령이 제3채무자에게 송달될 때까지 다른 압류 또는 가압류의 집행이 있었는지 여부에 관하여 진술할 것을 최고하여 주시기를 민사집행규칙 제168조 제2항에 의하여 신청합니다.

20　.　　.　　.

채권자　정　상　일　(인)

서울중앙지방법원　귀중

인지·송달료 등

◆ 인지첩부	신청서에는 500원의 인지를 붙여야 한다(재민 91-1, 556면 참조).
◆ 송 달 료	송달료는 당사자 1인당 2회분을 납부한다.

제8장 그 밖의 재산권에 대한 강제집행

1. 총 설

가. 의 의

그 밖의 재산권이라 함은 부동산 및 유체동산과 금전채권, 유체물인도 또는 권리이전청구권을 제외한 모든 재산권을 말한다. 민사집행법은 제251조 한 개 조문으로 그 밖의 재산권에 관하여 규정하면서 그 밖의 재산권에 대한 강제집행은 (민집법 제223조 내지 250조)의 규정 및 제98조 내지 제101조의 규정을 준용하도록 하였다. 그러므로 금전채권에 관한 규정전체 및 일괄매각에 관한 규정이 그 밖의 재산권에 대한 강제집행에 적용된다.

나. 대 상

그 밖의 재산권에 해당되어 집행의 대상이 되려면 재산적가치가 있어야 하고 금전적으로 평가할 수 있는 것이어야 한다. 일반적으로 여기서의 집행의 대상이 되는 재산권에는 특허권・실용신안권・의장권・저작권 등의 무체재산권과 유체동산의 공유지분권, 골프회원권, 합명회사, 합자회사, 유한회사의 사원권, 임차권(임대인의 동의가 있을 경우 민법 제692조), 전화가입권, 신주인수권, 자동차・선박・건설기계의 공유지분(민집법 제185조 제1항) 등이 이에 해당한다(민집규칙 제129조, 제130조). 초상권 등 인격권과 저당권, 질권, 상표권, 광업권, 어업권 등은 위 대상이 되지 아니한다.

다. 압류명령의 신청

(1) 신청방식

그 밖의 재산권에 대한 압류명령신청은 서면으로 하여야 하며 집행력있는 정본 외에 그 밖의 재산권의 권리에 관한 등기부나 등록원부의 등본이나 초본을 첨부하여야 한다(민집규칙 제175조 제1항). 동의가 있어야 압류가 가능한 권리에 대하여는 그 동의서를 제출하여야 한다. 이밖에 금전채권의 압류신청절차가 준용된다.

(2) 제3채무자의 지정

여기서의 제3채무자는 통상의 제3채무자보다 넓은 개념으로는 물건 또는 권리의 용익권에 있어서는 그 귀속자, 설비의 이용권에 있어서는 그 경영자, 사원권에 있어서는 회사 기타 사단, 조합의 지분권에 있어서는 나머지 조합원, 공유지분에 있어서는 다른 공유자 등이 제3채무자가 된다. 무체재산권(특허권 등)압류신청 시에는 제3채무자가 없다.

(3) 효 력

압류명령은 채무자 또는 제3채무자에게 송달됨으로써 효력이 생긴다. 따라서 압류명령 후 법원은 권리이전시 등기, 등록을 요하는 재산권에 대한 집행일 경우에는 그 사유를 등기부 또는 등록원부에 촉탁기입한다.

(4) 현금화

그 밖의 재산권에 대한 현금화방법으로는 특별한 현금화방법(민집법 제241조)이 주로 이용된다. 특별한 현금화방법은 추심명령이나 전부명령 등의 현금화방법으로 현금화하기 곤란한 경우에 이를 이용하는 것이라고 할 수 있다. 채권자는 특별한 현금화방법 중 하나를 지정하여 신청할 수도 있고 법원에 적당한 방법으로 현금화해 줄 것을 신청할 수도 있다.

출판권이나 공업소유권 등 제3자가 용이하게 관리할 수 있고 수익을 얻을 것이 확실시되는 재산권에 대하여는 관리명령을 발할 수 있다.

2. 골프회원권에 대한 집행

가. 서 설

골프회원권은 그 종류가 주주제회원권[9], 예탁금제회원권[10], 사단법인제회원권[11]이 있다. 이들 회원권 중 사단법인제 회원권은 정관으로 지분의 양도가 허용되는 경우에 한하여 집행의 대상이 된다. 그 나머지의 경우는 골프클럽의 정관이나 규칙상 양도가 가능하다고 규정하여 실제로 거래되고 있다. 그러나 압류명령신청을 함에는 미리 골프장의 정관이나 규칙 등을 제출받아 그 회원권의 성질 및 양도절차에 대하여 구체적으로 알아보고 그 회원권의 집행에 적절한 방법을 선택하여야 한다.

나. 압류명령의 신청

골프회원권의 압류명령신청에는 그 밖의 재산권에 대한 집행방법에 의하여야 하나 그 예외인 것도 있는바, 회원이 퇴회할 때 행사할 수 있는 정지조건부 채권인 예치금반환청구권에 대하여 압류 및 전부명령을 받은 방법으로 집행할 수도 있다(대법원 1989. 11. 10. 선고 88다카19606 판결 공1990, 13).

압류명령신청서에는 골프회원증 번호를 기재하여야 한다. 예컨대「채무자가 제3채무자 경영의 ○○컨트리클럽에 대하여 가지는 개인정회원권(회원증번호)」의 방식으로 기재하고 예탁금제 회원권인 경우에도 예탁금반환청구권, 주주제 회원권인 경우에는 주식도 기재하는 것이 바람직하다(이밖에 채권집행에 관한 압류신청절차가 준용된다).

---

9) 주주회원제란 골프장 만드는데 투자 개념으로 회원권을 구입한 것을 말한다.

10) 예탁금제 골프회원권은 회원의 골프장 시설업자에 대한 회원가입계약상의 지위 내지 회원가입계약에 의한 채권적 법률관계를 총체적으로 가리키는 것이고, 이러한 예탁금제 골프회원권을 가진 자는 회칙이 정하는 바에 따라 골프장 시설을 우선적으로 이용할 수 있는 권리인 시설이용권과 회원자격을 보증하는 소정의 입회금을 예탁한 후 회원을 탈퇴할 때 그 원금을 반환받을 수 있는 권리인 예탁금반환청구권과 같은 개별적인 권리를 가진다.

11) 사단법인제는 영리를 목적하지 않고 수익을 다시 골프장으로 재투자 하는 목적으로 판내한 회원권을 말한나. 사난법인제는 예탁금 회원에 비해 경영 참여 등 회원의 권리 보호와 지위가 강하다. 회원들이 이사회 등을 꾸려가며 사장도 회원중에서 선출제로 뽑는다.

다. 현금화

골프회원권의 현금화는 매각명령, 양도명령에 의한다. 다만, 예탁금제회원권인 경우에는 민사집행법 제234조에 의하여 예탁금증서를 집행관으로 하여금 강제집행의 방법으로 채무자로부터 인도받을 수 있다.

주주제회원권인 경우 주권이 발행된 때에는 그 주권을 인도받아야 한다. 사단법인제회원권인 경우에는 사원의 지분에 대한 압류방식에 의하여야 하나, 정관으로 사단법인의 지분양도가 허용된 경우이어야 한다.

[서식] 골프회원권 압류명령신청서(예탁금제회원권)

골프회원권압류명령신청

2,000원
정부수입인지

채 권 자　주식회사 백영유통
서울서초구 서초로 123-4(우 : 10200)
대표이사　최　유　철
전화(휴대폰 포함) : 555-1234, 010-4455-1234

채 무 자　조　선　인
서울 종로구 종로5가 234-5
송달장소　서울 서초구 서초로 345(우 : 10200)

제3채무자　골프산업 주식회사
서울 강남구 삼성로 345-6(우 : 10200)
대표이사　이　영　수

청 구 금 액

금50,000,000원정(공증인가 로얄합동법률사무소 작성 20○○년 증서 제2387호 집행력있는 공정증서에 의한 약속어음금채권)

압류할 골프회원권의 표시

별지 목록 기재와 같음

신 청 취 지

1. 채무자의 제3채무자에 대한 별지 기재의 골프회원권을 압류한다.
2. 제3채무자는 위 골프회원권에 대하여 예탁금을 반환하거나 채무자의 청구에 의하여 명의변경 기타 일체의 변경절차를 하여서는 아니 된다.
3. 채무자는 위 골프회원권에 대하여 예탁금의 반환을 청구하거나 매매, 양도, 질권의 설정 기타의 처분행위를 하여서는 아니 된다.

라는 재판을 구합니다.

신 청 이 유

1. 채권자는 채무자에 대하여 공증인가 서울합동법률사무소 작성 20○○년 증서

제3784호 집행력있는 공정증서에 의한 위 청구채권을 가지고 있으나 채무자는 이를 임의변제하지 아니하고 있습니다.

2. 채무자는 제3채무자에 대하여 별지기재의 골프회원권을 가지고 있으므로,
3. 채권자는 위 청구금액의 변제에 충당하기 위하여 채무자가 제3채무자에 대하여 가지는 골프회원권을 압류하고자 이건 신청을 합니다.

첨 부 서 류

1. 집행력 있는 공정증서정본1통
1. 법인등기부등본 1통

20○○. 9. 20.

위 채권자 주식회사 백영유통

대표이사 최 유 철 (인)

서울중앙지방법원 귀중

<별지목록>

목 록

채무자가 제3채무자 경영의 골프컨트리클럽에 대하여 가지는 채무자명의의 개인정회원권(회원증번호 제123456호). 끝.

인지·송달료 등

◆ 인지첩부	신청서에는 2,000원의 인지를 붙여야 한다(재민 91-1, 556면 참조). 인지는 법원구내 우체국에서 구입하여 붙인다.
◆ 송 달 료	송달료는 당사자 1인당 2회분을 납부한다.

3. 특허권, 의장권, 실용신안권, 저작권 등

가. 서 설

특허권 등은 공업소유권으로서 독립재산권으로 분류되어 기타 재산권의 강제집행 방법에 의하여 압류한 후 현금화할 수 있다. 그러나 특허권 등은 공유일 경우 다른 공유자가 있을 경우에는 압류는 할 수 있으나 현금화할 시는 다른 공유자의 동의를 받아야 가능하다(특허법 제99조 제2항, 디자인보호법 제46조 제2항, 실용신안법 제28조). 또한 특허권 등에 대한 전용실시권 및 통상실시권은 사업과 함께 또는 특허권자의 동의가 있는 경우에 한하여 이전할 수 있다.

특허권 등에 대한 집행에서는 제3채무자가 없다. 다만 공유자가 있을 경우에는 그 공유자가 제3채무자가 되고 전용실시권이나 통상실시권의 집행에는 특허권자가 제3채무자가 된다.

특허권 등에 대한 압류결정 후에는 전용실시권이나 통상실시권을 타인에게 설정 또는 허락할 수는 없으나 그 발명행위에는 영향을 받지 아니한다.

나. 압류신청

압류명령을 신청함에 있어서는 채권압류에 관한 규정에 준용된다 함은 총설에서 보았다. 다만 여기서는 목적물의 특수성에 따라 특허권일 경우 발명 또는 고안에 관한 사항과 물품 및 상품의 명칭 등을, 저작권일 경우에는 저작물의 제목, 저작물을 구성하는 책의 수, 저작연월일 등을 기재하여야 할 것이다. 압류명령이 있은 후에는 압류등록의 촉탁을 하여야 하는바, 특허권 등의 압류등록은 법원이 직권으로 하나 저작권의 경우에는 압류채권자의 신청에 의하여 한다. 압류등록에는 등록면허세와 지방교육세를 납부하여야 한다.

다. 현금화

채권자는 채권의 변제를 받기 위하여는 집행법원에 특허권 등의 현금화신청을 하여야 한다. 이때 공유자가 있을 시는 그 공유자로부터 동의한다는 동의서를 제출하여야 한다.

[서식] 실용신안권압류명령신청서

실용신안권압류명령신청

2,000원 정부수입인지

채 권 자　백영기계공업주식회사
서울 강남구 삼성로 123-4(우 : 10200)
대표이사　임　백　영
전화(휴대폰 포함) : 555-1234, 010-4455-1234

채 무 자　곽　상　태
서울 종로구 숭인동 234-5
송달주소　서울 서초구 서초로 345-6(우 : 10201)

청구채권의 표시
금35,000,000원정
서울중앙지방법원 20○○가단1234호 집행력있는 판결정본에 의한 약속어음금채권

압류할 실용신안권의 표시
별지목록기재와 같음

신 청 취 지

1. 채무자가 가지는 별지목록기재의 실용신안권을 압류한다.
2. 채무자는 위 실용신안권에 관하여 매매·양도 기타 일체의 처분을 하여서는 아니된다.

라는 재판을 구합니다.

신 청 이 유

1. 채권자는 채무자에 대하여 귀원 20○○가단1234호 집행력있는 판결정본에 의한 위 청구채권을 가지고 있는바 채무자는 이를 임의변제하지 아니하고 있습니다.
2. 채무자는 별지목록기재의 실용신안권을 가지고 있으므로,
3. 채권자는 위 청구금액의 변제에 충당하기 위하여 채무자가 가지는 실용신안권에 대하여 압류명령을 구하고자 이건 신청을 합니다.

첨 부 서 류

1. 집행력있는 판결정본 1통
1. 송달증명원 1통
1. 실용신안권등록부등본 1통
1. 법인등기부등본 1통
1. 목록 1통

20○○. 7. .

위 채권자 백영기계공업주식회사
대표이사 임 백 영 (인)

서울중앙지방법원 귀중

<별지목록>

목 록

1. 등 록 번 호 제1234567호
1. 고안의 명칭 유압프레스기
1. 출원 연월일 20○○. 7. 10.
1. 출 원 번 호 20○○-123456
1. 공고 연월일 20○○. 2. 10.
1. 출원공고번호 20○○-1234556
1. 사정 연월일 20○○. 2. 11.
1. 청구범위의 항수 1
1. 류별 A30B 1234567
1. 등록 연월일 20○○. 5. 10.
1. 등록 권리자 곽 상 태

※ 인지・송달료 등 : 후술의 서식 말미 참조

[서식] 실용신안권현금화명령신청서(특별현금화)

실용신안권현금화명령신청

2,000원
정부수입인지

채 권 자 백영기계공업주식회사
서울 강남구 삼성로 123-4(우 : 10200)
전화(휴대폰 포함) : 555-1234, 010-4455-1234

채 무 자 곽 상 태
서울 종로구 숭인동 234-5(우 : 10201)

신 청 취 지

1. 위 당사자간 귀원 20○○타기 2346호 실용신안권압류결정에 의하여 압류된 별지목록기재 실용신안권을 매각할 것을 명한다.
2. 채권자가 위임하는 집행관은 실용신안권 경매에 관한 절차에 따라 매각하여야 한다.

라는 재판을 구합니다.

신 청 이 유

채권자는 채무자에 대한 귀원 20○○타기2346호 실용신안권압류명령사건에서 위 결정에 기하여 채무자 소유의 별지목록 기재의 실용신안권을 압류하였는바, 채무자는 채권금 35,000,000원을 변제하지 아니하고 있으므로, 채권자는 위 실용신안권을 현금화하여 청구금의 변제에 충당하고자 이 신청에 이르렀습니다.

첨 부 서 류

1. 압류명령결정정본 1통
1. 실용신안권 등록부등본 1통

20○○. 7. .

위 채권자 백영기계공업주식회사
대표이사 임 백 영 (인)

서울중앙지방법원 귀중

<별지목록>

목 록

1. 등 록 번 호 제1234567호
1. 고안의 명칭 유압프레스기
1. 출원 연월일 20○○. 7. 10.
1. 출 원 번 호 1993-123456
1. 공고 연월일 20○○. 2. 10.
1. 출원공고번호 20○○-1234556
1. 사정 연월일 20○○. 2. 11.
1. 청구범위의 항수 1
1. 류별 A30B 1234567
1. 등록 연월일 20○○. 5. 10.
1. 등록 권리자 곽 상 태 끝.

인지·송달료 등

◆ 신청방식	채권자는 채권의 변제를 받기 위하여는 집행법원에 특허권 등의 현금화신청을 하여야 한다. 이때 공유자가 있을 시는 그 공유자로부터 동의한다는 동의서를 제출하여야 한다.
◆ 인지첩부	신청서에는 2,000원의 인지를 붙여야 한다(재민 91-1, 556면 참조).
◆ 송 달 료	송달료는 당사자 1인당 2회분을 납부한다.
◆ 관할법원	압류명령의 집행법원과 동일한 지방법원

4. 예탁유가증권에 대한 집행

가. 의 의

예탁유가증권이라 함은 유가증권을 중앙예탁결제기관에 예탁한 증권(예탁증권)을 말한다. 중앙예탁결제기관은 예탁결제 업무를 전담하는 기관으로 한국예탁결제원이 있다.

증권예탁결제제도는 유가증권의 소유자가 그 유가증권을 증권회사에 예탁하고 증권회사는 다시 이것을 예탁결제원에 재예탁하는 동시에 유가증권의 소유자는 증권회사에, 증권회사는 예탁결제원에 각각 계좌를 개설하고, 증권 등의 양도나 담보권설정 등의 권리이전을 실물증권의 인도 대신 양도인 또는 담보권설정자의 계좌로부터 양수인 또는 담보권자의 계좌로 일정한 수액을 대체 기재함으로써 행하는 제도를 말한다. 이로써 투자자계좌부와 예탁자계좌부에 기재된 자는 각 계좌부에 기재된 증권 등의 종류·종목 및 수량에 따라 예탁증권 등에 대한 공유지분을 가지는 것으로 추정한다(자본시장과 금융투자업법 제315조 제1항). 따라서 집행의 대상은 예탁증권 등에 대한 권리가 아니라 그 공유지분이다. 예탁증권 등에 대한 강제집행절차는 채권과 그 밖의 재산권에 대한 집행절차에 따른다. 그러므로 여기에는 그 밖의 재산권에 대한 집행의 방법에 의하고 채권집행 등에 관한 규정이 준용된다(민집규칙 제182조).

나. 예탁대상증권

예탁결제원에 예탁할 수 있는 증권 등은 예탁결제원이 지정한다(자본시장과 금융투자업에 관한 법률 제308조). 예탁결제원에 예탁할 수 있는 증권으로는 상장증권, 집합투자증권, 상장채권과 매출일자만 다른 동종의 비상장채권, 기업어음증권, 예탁결제원 또는 한국은행을 등록기관으로 등록발행하는 채권, 양도성예금증서, 기업어음증권 이외의 어음, 예탁주권의 권리행사 등으로 인하여 발행되는 주권, 신주인수권증서 및 신주인수권증권 등이 있다.

다. 압류명령신청

(1) 기재사항 및 상대방

채무자가 되는 자는 위 제도에 있어서 자기소유분을 가지는 예탁자 또는 투자자이다. 예탁자가 채무자인 때에는 예탁결제원이 제3채무자가 되고 투자자가 채무자인 때에는 예탁자가 제3채무자가 된다(민집규칙 제178조). 따라서 압류명령신청서에는 채무자의 계좌부를 관리하는 예탁결제원 또는 예탁자를 제3채무자로 표시하는 외에 압류할 예탁유가증권의 공유지분을 특정하여 기재하여야 한다(민집규칙 제182조 제1항, 민집법 제225조 제1항). 즉, 채무자의 성명 및 주소, 당해 계좌를 관리하는 예탁결제원 또는 예탁자의 명칭 및 소재지, 그 지점명 및 소재지, 유가증권의 발행회사의 명칭, 유가증권의 종류·종목 등의 사항을 기재한다. 채권집행에 있어서와 마찬가지로 목적물의 존재에 관한 증명은 할 필요가 없다. 질권이 설정되어 있는 예탁유가증권의 경우에는 질권설정자를 채무자로 하여 압류할 수 있다.

(2) 일부압류

공유지분의 압류에 있어서 그 일부만을 압류할 수 있다(민집규칙 제182조 제1항, 민집법 제225조 제1항). 이때는 그 범위표시를 명백히 하여야 한다.

(3) 집행법원

집행법원은 채무자의 보통재판적의 소재지를 관할하는 지방법원이다. 위 보통재판적이 없는 때에는 예탁결제기관 또는 예탁자의 보통재판적 소재지를 관할하는 지방법원이 관할 집행법원이 된다(민집규칙 제182조, 민집법 제224조).

(4) 압류의 효력 및 즉시항고

압류의 효력은 압류명령이 제3채무자에게 송달됨으로써 발생한다.

압류명령의 신청에 관한 재판에 대하여는 즉시항고할 수 있다(민집규칙 제182조 제1항, 법 제227조 제4항). 이에는 예탁결제원 또는 예탁자도 포함된다.

(5) 진술최고의 신청

압류채권자는 예탁결제원 또는 예탁자로 하여금 압류명령을 송달받은 날로부터 1주 안에 서면으로 다음 사항을 진술하게 할 것을 법원에 신청할 수 있다(민집규 제178조).

① 압류명령에 표시된 명의의 계좌가 있는지 여부

② 위 계좌에 압류명령에 목적물로 표시된 예탁유가증권지분이 있는지 여부 및 있나면 그 수량

③ 위 예탁유가증권지분에 관하여 압류채권자에 우선하는 권리를 가지는 사람이 있는 때에는 그 사람의 표시 및 그 권리의 종류와 우선하는 범위

④ 위 예탁유가증권지분에 관하여 다른 채권자로부터 압류·가압류 또는 가처분의 집행이 되어 있는지 여부 및 있다면 그 명령에 관한 사건의 표시·채권자의 표시·송달일과 그 집행의 범위

⑤ 위 예탁유가증권지분에 관하여 신탁재산인 뜻의 기재가 있는 때에는 그 사실

예탁결제원 또는 예탁자는 고의나 과실로 허위의 진술을 하여 압류채권자에게 손해가 발생한 때에는 그 손해를 배상할 의무가 있다.

압류채권자도 현금화를 게을리 하여 생긴 손해에 대하여 그 피해자에게 배상할 의무가 있다(민집규칙 제182조 제1항, 민집법 제239조).

(6) 현금화

압류채권자는 예탁유가증권지분양도명령, 그 매각명령, 기타 적당한 방법에 의하여 현금화할 것을 법원에 신청할 수 있다(민집규칙 제179조 제1항). 예탁유가증권지분양도명령의 신청서에는 채무자의 계좌를 관리하는 예탁결제원 또는 예탁자에 개설된 압류채권자의 계좌번호를 기재하여야 한다(민집규칙 제180조 제1항). 예탁유가증권지분양도명령이 확정된 때에는 법원사무관등은 민사집행규칙 제180조 제1항의 예탁결제원 또는 예탁자에 대하여 양도명령의 대상인 예탁유가증권지분에 관하여 압류채권자의 계좌로 계좌대체의 청구를 하여야 한다(민집규칙 제180조 제2항). 따라서 위 계좌대체청구를 받은 예탁결제원 또는 예탁자는 그 취지에 따라 계좌대체를 하여야 한다(민집규칙 제180조 제3항). 다만, 민사집행규칙 제182조 제2항에서 준용하는 민사집행법 제229조 제5항의 규정에 따라 예탁유가증권지분양도명령의 효력이 발생하지 아니한 사실을 안 때에는 그러하지 아니하다(민집규칙 제180조 제3항 단서).

위 현금화명령신청을 기각하는 결정에 대하여는 즉시항고할 수 있다(민집규칙 제179조 제2항). 이에 대한 현금화절차도 일반적인 현금화절차와 같으며, 압류채권자가 현금화를 게을리 한 경우에도 민사집행법 제250조가 적용된다.

(7) 채권집행 등의 규정의 준용

예탁유가증권에 관한 강제집행은 채권집행 등의 규정이 준용된다. 이에 대하여는 민사집행규칙 제182조가 규정하고 있다.

[서식] 예탁주권지분압류 및 양도명령신청서

예탁주권지분압류 및 양도명령신청

4,000원
정부수입인지

채 권 자　　이　영　필(550320-1234567)
서울 동대문구 신설동 286(우 : 10200)
전화(휴대폰 포함) : 555-1234, 010-4455-1234

채 무 자　　조　광　일
서울 강남구 신사로 65-8(우 : 10201)

제3채무자(예탁자) 북일증권(주)
서울 강남구 서초로 256(우 : 10202)
대표이사　정　동　수
(강남지점 소관)

청 구 금 액

금35,000,000원정

서울중앙지방법원 20○○가합2785호 집행력있는 판결정본에 의한 금원 및 위 금원에 대하여 20○○. 7. 5부터 완제일까지 연2할의 비율에 의한 지연이자

1. 압류 및 양도할 예탁주권공유지분의 표시
별지목록과 같음

1. 제3채무자 북일증권(주)에 개설한 채권자의 계좌
계좌번호 5000-2000-3000

신 청 취 지

1. 채무자가 제3채무자(예탁자)의 고객으로서 가지는 별지목록표시의 예탁주권에 관한 공유지분을 압류한다.
2. 채무자는 위 예탁유가증권에 관한 공유지분에 대하여 계좌대체의 청구나 증권반환의 청구 기타 일체의 처분행위를 하여서는 아니 된다.
3. 제3채무자는 위 예탁유가증권에 관한 공유지분에 대하여 계좌대체를 하거나 채무자에게 이를 반환하여서는 아니 된다.

4. 위 압류된 예탁주권지분은 채권자에게 양도한다.
5. 위 양도된 예탁주권지분에 관하여 제3채무자는 채권자의 위 표시계좌로 대체이행한다.

라는 재판을 구합니다.

신 청 이 유

채권자는 채무자에 대하여 서울중앙지방법원 20○○가합2785호 물품대금청구사건의 집행력있는 판결정본에 의하여 위 청구금액표시의 채권이 있는바 채무자는 이를 임의변제하지 않고 있으므로 채무자가 제3채무자의 고객으로서 가지는 별지목록표시의 예탁주권에 관한 공유지분을 압류하고 동시에 채권자에게 양도한다는 취지의 명령을 구하기 위하여 본 신청에 이르렀습니다.

첨 부 서 류

1. 집행력있는 정본 1통
1. 채무자의 예탁계좌통장사본 1통
1. 납부서 1통

20○○. 5. .

위 채권자 이 영 필 (인)

서울중앙지방법원 귀중

<별지목록>

압류의 목적물

채무자가 예탁자 북일증권(주)의 고객으로서 가지는 아래 주식을 대상으로 하는 예탁주권에 관한 공유지분

아 래

1. 도봉기업(주) 보통주식 1,000주
2. 전항의 주식에 관하여, 압류후에 주식의 병합 또는 분할, 회사의 합병, 무상증사(주식배당)등이 이루어져 새로이 주식이 발행된 때에는 그 새로이 발행된 주식
3. 전항의 주식에 관하여 다시 전항에 든 사유에 의하여 새로이 주식이 발행된 때에는 그 새로이 발행된 주식

<주> 위 별지목록의 제3항은, 집행정지 등의 이유에 의하여 압류에서부터 현금화에 이르

기까지 장기간을 요하는 경우(가압류의 경우도 같다)에 있어서, 그 사이에 제2항에 든 사유에 의한 신주의 발행이 두 번 이상 반복되는 경우 즉 최초의 신주발행에 의하여 발행된 주식에 관하여 다시 제2차 신주발행에 의하여 발행된 주식에 대하여도 압류의 효력을 미치게 하기 위한 기재이다.

인지·송달료 등

◆ 인지첩부	신청서에는 4,000원의 인지를 붙여야 한다(재민 91-1, 556면 참조). 인지는 법원구내 우체국에서 구입하여 붙인다.
◆ 송 달 료	송달료는 당사자 1인당 2회분을 납부한다.
◆ 관할법원	집행법원은 채무자의 보통재판적의 소재지를 관할하는 지방법원이다. 위 보통재판적이 없는 때에는 예탁결제기관 또는 예탁자의 보통재판적 소재지를 관할하는 지방법원이 관할 집행법원이 된다(민집규칙 제182조, 민집법 제224조).

5. 출자증권에 대한 집행

가. 개 설

건설공제조합(건설산업기본법 제54조, 제59조), 전기공사공제조합(전기공사공제조합법 제11조)의 조합원의 출자는 유가증권인 출자증권에 표상된 조합원의 지분이다. 민사집행절차 또는 국세 등의 체납처분절차에 따라 행하는 지분의 압류는 민사집행법 제233조의 규정에 따른 지시채권의 압류의 방법으로 한다(건설산업기본법 제59조 제4항, 전기공사공제조합법 제11조 제4항). 따라서 법원의 압류명령으로 집행관이 그 증권을 점유함으로써 행하며, 집행관이 출자증권을 점유한 때에 효력이 생긴다.

국세징수법 제38조의 규정에 의하면 건설공제조합의 조합원의 출자지분은 유가증권인 출자증권에 표상되는 것이므로 국세징수법에 의한 압류는 동법 제38조에 의하여 세무공무원이 출자증권을 점유함으로써 효력이 생긴다(대법원 1987. 1. 20. 선고 86다카1456 판결).

압류명령의 신청을 함에 있어서 위 조합을 제3채무자로 하여야 한다.

나. 인지 등

신청서에는 2,000원의 인지를 붙여야 하고(재민 91-1), 송달료는 당사자 1인당 2회분을 납부한다.

다. 관할법원

집행법원은 원칙적으로 채무자의 보통재판적이 있는 곳의 지방법원이다(민집법 제224조 제1항). 위 지방법원이 없는 경우 집행법원은 제3채무자의 보통재판적이 있는 곳의 지방법원, 다만, 이 경우에 물건의 인도를 목적으로 하는 채권과 물적 담보권 있는 채권에 대한 집행법원은 그 물건이 있는 곳의 지방법원으로 한다(민집법 제224조 제2항).

[서식] 출자증권압류 및 인도명령신청서

출자증권압류 및 인도명령신청

2,000원
정부수입인지

채 권 자 이 영 철(550320-1234567)
서울 서초구 서초로 123-4(우 : 10200)
전화(휴대폰 포함) : 555-1234, 010-4455-1234

채 무 자 주식회사 백영건설
서울 강남구 삼성로 234-5(우 : 10201)
대표이사 한 국 민

제3채무자 전문○○공제조합
서울 서초구 서초로 321-5(우 : 10202)
대표자 이사장 ○ ○ ○

청 구 금 액

금100,000,000원정

공증인가 법무합동법률사무소의 작성 20○○년 증서 제1234호 집행력있는 공정증서정본에 의한 약속어음금채권

압류할 출자증권의 표시

별지목록 기재와 같음

신 청 취 지

1. 채무자가 제3채무자에 대하여 가지는 별지목록기재 출자증권에 기한 조합원지분을 압류한다.
2. 제3채무자는 채무자에게 위 지분에 관하여 이익금의 배당, 출자금의 반환, 잔여재산의 분배를 하여서는 아니 된다.
3. 채권자의 위임을 받은 집행관은 채무자로부터 위 출자증권을 수취하여 보관하여야 한다.

라는 재판을 구합니다.

신 청 이 유

1. 채권자는 채무자에 대하여 공증인가 법무합동법률사무소의 작성 20○○년 증서 제1234호 집행력있는 공정증서정본에 의한 위 청구채권을 가지고 있는바, 채무자는 이를 변제를 하지 아니하고 있습니다.
2. 채무자는 설비공사업 등을 목적으로 설립한 법인이고, 전문건설조합법에 의하여 설립된 제3채무자의 조합원으로서 별지목록기재 출자 1구좌당금 500,000원정의 50구좌 출자증권을 가지고 있으므로,
3. 채권자는 위 청구채권의 변제 충당하기 위하여 채무자가 제3채무자에 대하여 가지는 위 출자증권을 압류하고, 채무자의 위 출자증권을 제3채무자가 보관하고 있으므로 제3채무자는 채권자가 위임하는 집행관에게 위 출자증권의 인도명령을 구하고자 이건 신청에 이르렀습니다.

첨 부 서 류

1. 집행력있는 공정증서정본 1통
1. 법인등기부등본 1통
1. 조합등기부등본 1통
1. 출자좌수증명원 1통

20○○. 7. .

위 채권자 이 영 철 (인)

서울중앙지방법원 귀중

<별지목록>

목 록

채무자가 제3채무자에 대하여 가지는 아래 기재의 출자증권

1. 출자1구좌 금500,000원
2. 출자좌수 50구좌

제9장 이의의 소 등

1. 배당이의의 소

가. 의 의

배당이의의 소라 함은 배당기일에 출석하여 배당표에 대한 실체상의 이의를 신청한 채권자 또는 집행력 있는 집행권원의 정본을 가지지 아니한 채권자에 대하여 이의신청을 한 채무자가 배당기일에 이의가 완결되지 아니한 경우에 이의의 상대방을 피고로 하여 배당표의 시정을 구하기 위하여 제기하는 소를 말한다(민집법 제154조). 이 소를 제기한 자는 배당기일로부터 1주일의 기간내에 경매법원에 그 사실을 증명하여야 한다. 위 기간은 법정기간이나.

배당이의의 소의 제기가 있는 경우에 그 이의 있는 부분의 배당액은 공탁된다(민집법 제160조 제1항 제5호).

나. 요 건

(1) 개 설

배당이의의 소를 제기하기 위하여는 배당기일에 출석하여 배당에 관한 이의신청이 있었어야 한다.

이의신청자간에 이의 있는 부분에 대하여 합의를 한 경우(민집법 제152조 제2항)나 이의한 부분을 상대방이 인정한 경우, 이의할 부분까지 배당이 실시된 경우에는 이 소를 제기할 수 없다(대법원 1965. 5. 31. 선고 65다647 판결).

(2) 이의사유

이 소의 사유로 할 수 있는 것은 배당기일에 배당이의의 사유로서 진술하였던 것도 포함하여 채권의 부존재, 변제나 기타의 사유로 인한 소멸, 압류 또는 배당요구의 무효 등을 주장할 수 있고 변론에서의 공격방어방법으로는 피고에게 대항할 수 있는 모든 권리 즉, 취소권, 해지・해제권・상계권 등을 행사할 수 있다. 사유가 배당기일 후에 발생한 것이라도 상관없다. 이에 피고의 방어방법은 원고의 주장을 배척할 수 있는 모든 것이 사유가 된다.

다. 소의 제기절차

(1) 개 설

이 소는 반드시 서면에 의하여야 하고 통상의 소송절차에 따라 청구취지와 그 원인 등을 기재하고 입증책임을 진다. 이 소는 이의신청을 한 배당기일로부터 1주일내에 제기하여야 한다. 배당이의소송을 제기한 원고는 이의소송의 첫 변론기일에 출석하여야 한다. 이의소송의 첫 변론기일에 출석하지 아니한 때에는 소를 취하한 것으로 본다(민집법 제158조).

(2) 청구의 취지

배당이의소송에서의 청구 취지는 원고가 이의를 한 대로 배당이 실시되도록 하는 것이므로 채권자가 원고인 경우에는 배당기일에 이의를 한 범위 내에서 원고가 원래의 배당표에 기재된 것보다 배당을 더 받게 될 금액을 명시하여야 할 것이다(대법원 2000. 6. 9. 99다70983). 그런데 원고의 배당액이 많아짐으로써 그만큼 피고의 배당액은 감소하게 되고, 이는 표리의 관계에 있으므로 피고의 감소될 금액 역시 표시하는 것이 실무의 관행이다. 그러나 모든 채권자에 대한 배당액까지 표시할 필요는 없다. 또한 채무자가 원고인 경우에는 피고의 배당액에서 감소된 부분을 구체적으로 어떻게 처리해야 할 것인지까지 명확히 할 필요도 없다.

(3) 관 할

배당이의의 소는 배당을 실시한 집행법원이 속한 지방법원의 관할로 한다. 다만, 소송물이 단독판사의 관할에 속하지 아니할 경우에는 지방법원의 합의부가 이를 관할한다(민집법 제156조 제1항). 이 관할은 전속관할이다(민집법 제21조).

(4) 소가의 산정

배당이의의 소에서 원고가 소로 주장하는 이익(민소법 제26조 1항)은 원고의 이의가 인용될 경우에 배당표의 변경 또는 새로운 배당표의 작성에 의하여 원고가 받게 되는 이익이라 할 것이므로 배당이의의 소에서 소송목적의 값의 산정은 채권자가 원고일 경우에는 이의신청으로 상대방 채권자의 채권을 부인한 그 액수에 의할 것이 아니라, 배당증가액, 즉 당초의 배당표에 의한 원고의 배당액과 변경 또는 새로운 배당표의 작성에 의한 배당액의 차액을 표준으로 하여야 하며(인지규칙 제16조 제6호), 채무자가 원고일 경우에는 감소배당액, 즉 피고에 대한 당초의 배당표에 의한 배당액과 새로운 배당표에 의한 배당액의 차액을 표준으로 하여야 한다. 이자, 지연손해금, 비용의 청구에 대한 배당액 부분도 소송의 부대목적으로 되는 것은 아니므로 소송목적의 값에 합산하여야 할 것이다(민소법 제27).

(5) 당사자

원고가 될 수 있는 자는 배당기일에 출석한 자로서 실체상의 이의를 하여 인정받지 못한 자이다. 따라서 배당표에 의하여 배당을 받을 수 있는 채권자와 목적부동산의 권리자인 소유자 및 채무자이다. 피고가 될 수 있는 자는 상대방 채권자로서 이의를 정당한 것으로 승인하지 아니한 자이다.

배당이의의 소의 원고적격이 있는 자는 배당기일에 출석하여 배당표에 대한 실체상의 이의를 신청한 채권자 또는 채무자에 한한다(민사집행법 제154조). 배당기일에 출석하여 이의를 제기하지 않은 채권자가 제기한 배당이의의 소는 부적법하다(광주지방법원 2018. 8. 22. 선고 2017나51524, 2017나3501 판결).

(6) 채무자가 배당이의의 소를 제기하는 경우

배당기일에 있어서 배당표에 관한 실체상의 이의가 완결되지 아니하면 이의신청을 한 채무자는 이의의 상대방(채무자는 집행력있는 정본을 가지지 아니한 채권자에 대하여만 본소를 제기할 수 있고, 집행력 있는 정본을 가진 채권자에 대하여는 청구에 관한 이의의 소를 제기하여야 한다)을 피고로 하여 본소를 제기하고, 배당기일로부터 1주일 이내에 집행법원에 그 사실을 증명하여야 한다(민집법 제154조 제3항). 그 증명을 하지 아니하거나 위 기간을 넘어 제기된 소는 각하되어 일단 유보되었던 배당절차가 다시 속행되어 배당이 실시된다.

배당절차에서 작성된 배당표에 대하여 채무자가 이의하는 경우, 집행력 있는 집행권원의 정본을 가진 채권자의 채권 자체, 즉 채권의 존재 여부나 범위에 관하여 이의한 채무자는 그 집행권원의 집행력을 배제시켜야 하므로, 청구이의의 소를 제기해야 하고 배당이의의 소를 제기할 수 없다(민사집행법 제154조 제2항).

채무자가 채권자의 채권 자체가 아니라 채권의 순위, 즉 그 채권에 대하여 '다른 채권자'의 채권보다 우선하여 배당하는 것 등에 관하여 이의하는 경우, 채무자의 이러한 이의는 위 '다른 채권자'가 민사집행법의 규정에 따라 배당받을 채권자에 해당함을 전제로 하는 것인데, 민사집행법 제148조 각 호에 해당하지 아니하여 배당에 참가하지 못하는 채권자는 배당표에 대하여 이의할 수 없으므로, 채무자 역시 배당에 참가하지 못하는 위와 같은 채권자의 채권에 배당해야 한다는 이유로 배당이의의 소를 제기할 수는 없다(대법원 2015. 4. 23. 선고 2013다86403 판결).

채무자나 소유자가 배당이의의 소에서 승소하면 집행법원은 그 부분에 대하여 배당이의를 하지 아니한 채권자를 위하여서도 배당표를 바꾸어야 하므로(민사집행법 제161조 제2항 제2호), 채무자나 소유자가 제기한 배당이의의 소에서는 피고로 된 채권자에 대한 배당액 자체만 심리대상이고, 원고인 채무자나 소유자로서도 피고의 채권이 존재하지 아니함을 주장·증명하는 것으로 충분하다(대법원 2015. 04. 23. 선고 2014다53790 판결).

(7) 채권자가 배당이의의 소를 제기하는 경우

채권자는 자기의 이해에 관계되는 범위 안에서만 다른 채권자를 상대로 그의 채권 또는 그 채권의 순위에 대하여 이의할 수 있으므로(민사집행법 제151조 제3항), 채권자가 제기한 배당이의의 소에서 승소하기 위하여는 피고의 채권이 존재하지 아니함을 주장·증명하는 것만으로 충분하지 아니하고 원고 자신이 피고에게 배당된 금원을 배당받을 권리가 있다는 점까지 주장·증명하여야 한다.

채권자가 배당이의의 소를 제기하기 위하여는 그 이의가 인용되면 자기의 배당액에 증가를 가져오게 되는 처지에 있어야 한다. 채권자간 배당에 관하여 합의가 있는 경우에는 그 채권자는 이의권이 소멸되고 배당표는 확정된다.

적법하게 배당요구를 하지 못한 채권자는 배당기일에 출석하여 배당표에 대한 실체상의 이의를 신청할 권한이 없으므로 그러한 자가 배당기일에 출석하여 배당표에 대한 이의를 신청하였다고 하더라도 이는 부적법한 이의신청에 불과하고, 그 자에게는 배당이의의 소를 제기할 원고적격이 없다(대법원 2002. 9. 4. 2001다63155, 대법원 2003. 8. 22. 2003다27696 판결).

라. 배당이의의 소의 판결 및 효력

배당이의의 소에 대한 판결에서는 배당액에 대한 다툼이 있는 부분에 관하여 배당을 받을 채권자와 그 액수를 정하여야 한다. 이를 정하는 것이 적당하지 아니하다고 인정한 때에는 판결에서 배당표를 다시 만들고 다른 배당절차를 밟도록 명하여야 한다(민집법 제157조).

배당이의의 소에 대한 판결의 효력은 원·피고 사이에만 미치고 다른 채권자와 채무자에게는 미치지 아니한다(대법원 1998. 5. 22. 선고 98다3818 판결). 다만, 채무자가 제기한 소의 청구가 인용된 경우에는 다른 채권자를 위하여 배당표는 변경된다.

[서식] 배당이의의 소

소 장

원 고 이 숙 향

피 고 서울수산업협동조합

정부수입인지

배당이의의 소

인지첩부액

서울중앙지방법원 귀중

* 표지

소 장

원 고 이 숙 향(550320-1234567)

서울 종로구 평창동 12-3 상지빌라 103호(우 : 10200)

전화(휴대폰 포함) : 555-1234, 010-4455-1234

피 고 서울수산업협동조합

서울 강서구 화곡동 12-3(우 : 10201)

송달장소 서울 영등포구 영등포동 1가 2-30

조 합 장 이 상

배당이의의 소

청 구 취 지

1. 서울중앙지방법원 2008타경3541호 부동산 임의경매 사건에 관하여 동원이 2009. 7. 20. 작성한 배당표 중 피고에 대한 배당액금 15,775,600원을 삭제하고 원고에 대한 배당액금 15,775,600원으로 변경한다.
2. 소송비용은 피고의 부담으로 한다.

라는 판결을 구합니다.

청 구 원 인

1. 원고는 소외 최재찬 소유의 부동산인 서울 종로구 평창동 12-3 상지빌라 1층 다세대주택에 대하여 2007. 4. 19. 보증금 28,000,000원으로 하여 계약당일 계약금 2,000,000원을 지급하고 동년 5. 20. 잔금 26,000,000원을 지급하고 부동산 임대차 계약을 체결하였으며 잔금지급과 동시에 입주하고 동년 6. 3. 주민등록의 전입신고를 하였습니다. 따라서 동년 5. 21. 공증인가 동보합동법률사무소에서 확정일자 공증을 받음으로써 주택임대차보호법상 대항력은 물론 우선변제권도 취득하였습니다.

2. 그런데 이 사건 임대주택은 임대차계약체결후인 2007. 7. 9. 보존등기가 됨으로써 원고가 임대차 계약 체결시에는 103호로 특정하여 계약서는 물론 주민등록상에도 동번지 상지빌라 103호로 사용하였는데 보존등기를 하면서 이건 부동산이 1층 2호로 되었습니다.

3. 그러나 이건 건물의 1층에는 103호가 없으며 원고는 보존등기 전에 이건 건물에 대항력을 취득하고 확정일자 공증을 받고 현재까지 거주하고 있으므로 주민등록상 원고보다 후순위로 설정한 피고의 근저당권 설정은 당연히 배제되어야 할 것이고 이 사건의 경매대금은 원고에게 배당되어야 할 것이므로 청구취지와 같은 판결을 받기 위하여 이건 청구를 합니다.

첨 부 서 류

1. 등기부등본 1통
1. 임대차 계약서 1통

1. 주민등록등본 1통
1. 조합 등기부등본 1통

2009. 7. .

원 고 이 숙 향 (인)

서울중앙지방법원 귀중

<별지 목록>

목 록

1동 건물의 표시	서울특별시 종로구 평창동 12-3 3층 다세대 주택
전유부분의 건물의 표시	건물의 번호 1-2 구 조 철근콘크리트조 및 벽돌조 면 적 1층 2호 34.56 제곱미터

대지권의 목적인 토지의 표시
서울특별시 종로구 평창동 12-3
대 270.8 제곱미터

대지권의 종류	소 유 권
대지권의 비유	270.8분의 24.821

소 제기절차와 해설

◆ 인지첩부	배당이의의 소에 있어서는 소송목적의 값은 배당증가액을 기준으로 한다(같은 규칙 제16조 제6호). 소장에는 소송목적의 값에 따라 민사소송등인지법 제2조 제1항 각 호의 금액 상당의 인지를 붙여야 한다(재민 91-1, 556면 참조).
◆ 송 달 료	당사자 1인당 2회(단, 송달을 요하지 아니한 경우에는 제외)

[서식] 배당이의의 소

소 장

정부수입인지

원 고 조 진 대(550320-1234567)
서울 서초구 내곡동 137-180(우 : 10200)
전화(휴대폰 포함) : 555-1234, 010-4455-1234

피 고 김 일 두
서울 중구 을지로5가 10195(우 : 10201)

배당이의의 소

청 구 취 지

1. 서울중앙지방법원 20○○타기4584호 배당절차사건에 관하여, 동 법원이 20○○. 9. 7. 작성한 배당표를 취소하고 각 채권자의 채권액의 비례하여 이를 배당한다.
2. 소송비용은 피고의 부담으로 한다.

라는 재판을 구합니다.

청 구 원 인

1. 원고는 소외 김인구에 대한 서울중앙지방법원 20○○가단3475호 약속어음금청구사건의 집행력있는 판결정본에 의한 채권금15,000,000원이 있으므로 귀원 소속 집행관에게 위임하여 소외 김인구 소유의 별지기재 유체동산에 대하여 강제집행을 하였는데 그 매각대금에 대하여 채권자간에 있어서 협의가 성립되지 아니하였으므로 위 집행관은 위 매각대금을 공탁하고 이의 사유신고를 집행법원인 귀원 제출하여 현재 귀원에 20○○타기4584호로 배당사건으로 계속 중입니다.
2. 그런데 위 사건에 관한 채권자인 피고는 경매목적물에 대하여 담보권을 주장하고 따라서 매각대금 중의 배당금 전부에 대하여 우선배당을 요구하고 있는바, 피고의 채권은 압류채권에 우선하여 배당받을 수 없는 채권으로서 원고가 이에

대하여 이의를 하였음에도 불구하고 이의가 완결되지 아니하고 있습니다.

3. 그러므로 피고의 우선권 주장을 배척하고 각 채권자에게 채권액에 비례한 배당이 되도록 청구취지와 같은 판결을 구하기 위하여 본 소에 이른 것입니다.

입 증 방 법

변론시에 제출하겠음.

첨 부 서 류

1. 배당요구서사본 1통
1. 배당표등본 1통
1. 채권계산서 1통
1. 소장부본 1통
1. 납 부 서 1통

20○○. 9. 11.

위 원고 조 진 대 (인)

서울중앙지방법원 귀중

인지 등

◆ 인지첩부	배당이의의 소에 있어서는 소송목적의 값은 배당증가액을 기준으로 한다(같은 규칙 제16조 제6호). 소장에는 소송목적의 값에 따라 민사소송등인지법 제2조 제1항 각 호의 금액 상당의 인지를 붙여야 한다(재민 91-1, 556면 참조).
◆ 송 달 료	당사자 1인당 2회(단, 송달을 요하지 아니한 경우에는 제외)

2. 청구이의의 소

1. 서 설

가. 의 의

청구이의의 소라 함은 채무자가 제기하는 소로서 확정된 종국판결, 기타 유효한 집행권원에 표시된 청구권에 대한 실체적 권리관계와 부합하지 아니하는 집행권원의 집행력을 배제하여 부당한 집행을 저지함으로써 채무자를 구제하는 제도이다. 즉, 집행권원에 표시되어 있는 청구권에 관하여 생긴 이의를 내세워 그 집행권원이 가지는 집행력의 배제를 구하는 소송의 일종이다(민집법 제44조). 청구이의의 소는 집행권원의 내용이 금전채권을 위한 집행이건 비금전채권을 위한 집행이건 불문하고 다툴 수 있으며 또한 그 집행권원이 어떠한 종류의 것이건 묻지 아니한다. 그러나 이미 집행된 개개의 집행행위의 불허를 구하는 것이나, 가집행선고있는 종국판결과 같은 미확정인 집행권원에 대한 취소·변경을 구할 수 없다. 가집행선고있는 종국판결은 상소에 의하여 이의가 허용되기 때문이다.

청구이의의 소를 제기하더라도 강제집행의 개시·속행에는 아무런 영향을 주지 아니한다(민집법 제46조 제1항). 그러므로 이때에는 잠정처분을 별도로 신청하여 집행의 개시 또는 속행을 저지할 수 있다(동조 제2항).

나. 이의사유

(1) 이의사유로 할 수 있는 것

민사집행법 제44조 제2항에 의하면 "청구이의 사유는 변론이 종결된 뒤(변론 없이 한 판결의 경우에는 판결이 선고된 뒤)에 생긴 것이어야 한다."고 규정하고 있다. 민사집행법 제44조에서 청구이의의 소를 규정한 것은 부당한 강제집행이 행하여지지 않도록 하려는 데 있고, 이의의 원인을 사실심 변론종결 뒤의 사유로 한정한 것은 변론종결시를 기준으로 확정된 권리관계를 변론종결 이전의 사유를 들어 다투는 것이 확정판결의 기판력에 저촉되기 때문이다(수원지방법원 2013. 08. 22. 선고 2011나43041 판결 : 확정).

청구이의의 소로 주장할 수 있는 것은 집행력 있는 청구권의 전부나 일부의 존재를 다투어 승소판결에 의하여 집행권원의 집행력을 영구적 또는 일시적으로 배제하는 것과 이행의무의 태양으로서의 조건이나 기한을 다투어 연기적으로 이를 저지하는 것이 있다. 전자의 경우로는 채무의 변제(대법원 1976. 11. 9. 선고 76다623 판결), 화해, 면제, 갱개, 상계(대법원 1966. 6. 28. 선고 66다780 판결), 공탁, 집행청구권의 양도, 채무자의 파산등과 같이 채무의 소멸 내지 권리이전의 원인이 되는 사실이고 후자의 경우로는 이행조건의 변경, 기한의 유예, 연기의 합의 같은 사실이다. 이는 집행권원이 확정판결과 같이 기판력이 있는 경우이고 집행권원이 지급명령(민집법 제56조 제3호) 집행증서(동조 제4호)와 같이 기판력이 없는 경우에는 청구권의 불성립이나 무효도 이의이유로 할 수 있다.

이행판결이 그 확정에 의하여 집행력을 발생하고 그 후 확정의 청구가 변제, 상계 기타의 이유로 인하여 소멸하였다 하여도 청구이의의 소에 의하여 그 집행력이 배제되지 아니하는 한 그 판결에 의한 강제집행을 할 수 있다. 이는 강제경매개시결정에 대한 이의사유는 절차상의 위법을 이유로 하는 것에 한하고 실체상의 이유로는 이의할 수 없기 때문이다. 그러나 부동산을 목적으로 하는 담보권을 실행하기 위한 경매절차를 정지하려면 경매개시결정에 대한 이의신청을 하고 집행정지명령을 받거나 그 담보권의 효력을 다투는 소를 제기하고 집행정지명령을 받아 그 절차의 진행을 정지시킬 수 있을 뿐이고, 직접 경매의 불허를 구하는 소를 제기할 수는 없다(대법원 2002. 9. 24. 선고 2002다43684 판결).

판결이 확정되면 기판력에 의하여 대상이 된 청구권의 존재가 확정되고 그 내용에 따라 집행력이 발생한다. 확정판결에 의한 권리라 하더라도 신의에 좇아 성실히 행사되어야 하고 판결에 기한 집행이 권리남용이 되는 경우에는 허용되지 않으므로 집행채무자는 청구이의의 소에 의하여 집행의 배제를 구할 수 있다(대법원 2017. 9. 21. 선고 2017다232105 판결).

(2) 이의사유로 할 수 없는 것

이의사유로 할 수 없는 것은 집행권원의 부존재, 집행권원의 불명확, 집행권원 성립절차의 불비 등이다.

다. 이의이유의 제한

(1) 이의는 그 이유가 변론이 종결된 뒤(변론 없이 한 판결의 경우에는 판결이 선고된 뒤)에 생긴 것에 한하여 할 수 있다(민집법 제44조 제2항). 이와 같이 한정한 것은

변론종결시를 기준으로 확정된 권리관계를 변론종결 이전의 사유를 들어 다투는 것이 확정판결의 기판력에 저촉되기 때문이다. 기판력의 표준시는 사실심의 변론종결(변론 없이 한 판결의 경우에는 판결이 선고된 뒤)시이다. 따라서 당사자는 표준시까지는 공격방어·방법을 제출할 수 있다. 그러므로 표준시 이전에 존재한 사유를 주장하지 아니하고 패소한 뒤에 다시 그 사유를 주장하여 확정판결과 다른 판단을 구하는 것은 과실의 유무를 불문하고 기판력에 의하여 허용되지 아니한다(대법원 2005. 5. 27. 선고 2005다12728 판결).

(2) 항고로만 불복을 신청할 수 있는 재판(민집법 제56조 제1호), 청구의 인낙조서, 화해조서(민집법 제56조 제5호)에 있어서는 재판 또는 조서의 성립 후에 생긴 이의사유에 한한다.

(3) 지급명령, 집행증서 및 배상명령, 소송비용확정결정에 있어서는 제44조 제2항의 제한에 따르지 아니한다(민집법 제58조 제2항, 제59조 제3항, 소송촉진 등에 관한 특례법 제34조 제4항). 따라서 변론종결 전에 생긴 사유로도 이의이유로 할 수 있다(대법원 2004. 5. 14. 선고 2004다11346 판결).

(4) 집행권원에 기한 강제집행이 일단 전체적으로 종료되어 채권자가 만족을 얻은 후에는 더 이상 청구이의의 소로써 그 강제집행의 불허를 구할 이익이 없고(대법원 1997. 4. 25. 선고 96다52489 판결), 집행문 부여에 대한 이의의 소 또한 집행문이 부여된 후 강제집행이 종료될 때까지 제기할 수 있는 것으로서 강제집행이 종료된 이후에는 이를 제기할 이익이 없다(대법원 2014. 5. 29. 선고 2013다82043 판결).

2. 소의 제기절차

가. 소의 제기

본소도 일종의 소이므로 통상의 소의 제기절차와 같이 반드시 서면으로 하여야 한다. 본소는 집행권원의 집행력의 배제를 목적으로 하는 소이므로 이의 있는 청구에 관하여 집행권원이 성립하고, 유효하게 존속하는 이상 언제든지 제기할 수 있다(대법원 1965. 2. 23. 선고 64다886 판결). 그러므로 집행문 부여 전에도 본소를 제기할 수 있다. 그러나 집행이 완결된 뒤에는 집행권원의 집행력배제는 의미가 없으므로 본소를 제기할 수 없다(대법원 1989. 12. 12. 선고 87다카3125 판결). 다만, 강제집행이 종료되어 채권자가 만족을 얻게 된 경우에는 채무자는 부당이득반환청구나 불법행위로 인한 손해배상청구의 소로 변경 또는 제기할 수 있다.

나. 당사자

원고는 집행권원에 채무자로 표시된 자와 그 효력이 미치는 자(민집법 제25조)이다. 또한 채권자대위권(민법 제404조)에 의하여 이들의 채권자도 원고가 될 수 있으며 승계참가(민소법 제81조)도 할 수 있다. 승계참가는 소송의 목적이 된 권리를 승계한 경우뿐만 아니라 채무를 승계한 경우에도 가능하다. 다만 청구이의의 소의 계속 중에 권리 또는 채무의 승계가 이루어진 경우이어야 한다(대법원 1983. 9. 27. 선고 83다카1027 판결).

파산채권에 관하여 확정판결 또는 집행력 있는 집행권원이 있는 때에는 이에 대하여 이의 있는 다른 채권자 또는 파산관재인은 배당수령을 저지하기 위하여 채무자가 할 수 있는 소송절차에 의하여 본소를 제기할 수 있다(채무자회생 및 파산에 관한 법률 제466조, 동 제519조 제1호).

피고는 현재의 집행권원상의 채권자 및 그 승계인이나 그 집행권원에 기하여 집행을 하려고 하는 우려가 있는 자이다. 따라서 집행권원상에 표시된 자를 불문한다. 피고인 채권자가 파산할 경우는 파산재단에 대한 관리처분의 권한은 파산관재인에 옮겨지므로 파산관재인을 피고로 해서 소를 제기하여야 하며, 파산관재인이 수인 있는 때에는 그중 1인을 피고로 정하여 소를 제기할 수 있다(채무자회생 및 파산에 관한 법률 제359조, 제360조 제2항).

다. 관 할

(1) 집행권원이 확정판결인 경우에는 제1심판결법원의 전속관할에 속한다(민집법 제44조 제1항, 제21조). 회생채권자표에 대한 청구이의의 소는 회생계속법원의 관할에 전속한다(채무자 회생 및 파산에 관한 법률 제255조 제3항, 대법원 2019. 10. 17. 선고 2019다238305 판결).

(2) 항고로만 불복할 수 있는 재판의 경우(민집법 제56조 제1호) 에는 그 재판을 한 제1심법원의 전속관할에 속한다(민집법 제57조, 제56조 제1호, 제44조 제1항).

(3) 확정된 지급명령의 경우(민집법 제58조)에는 그 명령을 내린 지방법원의 관할에 속한다(민집법 제58조 제4항). 그 청구가 합의사건인 때에는 그 법원이 있는 곳을 관할하는 지방법원의 합의부에서 재판한다(민집법 제58조 제5항).

(4) 소송상 화해조서, 청구의 인낙조서 등 그밖에 확정판결과 같은 효력을 가지는 것(민집법 제56조 제5호)인 경우에는 확정판결에 준하여 제1심 수소법원의 전속관할

에 속한다(민집법 제57조, 제44조 제1항).

(5) 제소전화해조서, 조정조서의 경우에는 그 절차를 행한 법원의 관할에 속한다. 단독판사 또는 소송목적의 값에 따라 합의부가 재판하고, 항소심인 고등법원에서 화해가 성립한 경우라도 제1심법원이 관할법원이다.

(6) 집행증서의 경우(민집법 제59조)에는 채무자의 보통재판적이 있는 곳의 법원이 관할한다. 다만, 그러한 법원이 없는 때에는 민사소송법 제11조(재산이 있는 곳의 특별재판적)의 규정에 따라 채무자에 대하여 소를 제기할 수 있는 법원이 관할한다(민집법 제59조 제4항).

라. 판결의 효력

본소의 판결이 확정되면 채무자는 그 정본을 집행기관에 제출하여야 비로소 집행의 개시 또는 속행이 중지되고 이미 취해진 집행처분의 취소도 구할 수 있다(민집법 제49조 제1호, 제50조).

본소의 제기 중 잠정처분(민집법 제46조)의 명령이 발하여지지 않아 채권자가 전부 또는 일부의 만족을 받게 된 경우에는 채무자는 부당이득금반환청구의 소 또는 손해배상청구의 소로 변경할 수 있다.

[서식] 청구이의의 소(변제를 이유로, 화해조서 집행에 대한)

소 장

원 고 강 태 산

피 고 1. 심 주 철

2. 심 종 규

3. 이 희 주

정부수입인지

청구이의의 소

인지첩부액

서울중앙지방법원 귀중

★ 표지

소 장

원 고 강 태 산(550320-1234567)
서울 노원구 하계동 123 하계아파트 1동 101호(우 : 10200)
전화(휴대폰 포함) : 555-1234, 010-4455-1234

피 고 1. 심 주 철
의정부 가능동 12-3
송달주소 서울 노원구 중계로 3길 15 서림빌라 301호(우 : 10101)

2. 심 종 규
서울 강남구 개포로 112 개포아파트 1동 101호
송달주소 서울 노원구 중계로 3길 15 서림빌라 301호(우 : 101-201)

3. 이 희 주
서울 강남구 개포로 112 개포아파트 1동 101호
송달주소 서울 노원구 중계로 3길 15 서림빌라 301호(우 : 101-201)

청구이의의 소

청 구 취 지

1. 피고들의 원고에 대한 서울중앙지방법원 20○○자1432 집행력 있는 화해조서 정본에 기한 강제집행은 이를 불허한다.
2. 소송비용은 피고의 부담으로 한다.

라는 판결을 구합니다.

청 구 원 인

1. 피고들은 원고 소유의 별지목록 기재 부동산에 대하여, 서울중앙지방법원 20○○자1432 집행력 있는 화해조서 정본에 기하여, 금10,000, 000원의 채권이 있다고 하여 귀원 20○○타경3322로 강제경매신청을 하였습니다.

2. 원고는 피고들에게 위 화해조서 정본의 화해조항 2항과 같이 화해성립일인 20○○. 8. 6부터 부동산의 명도시인 20○○. 7. 6까지 매월말 1,000,000원을 지급하기로 되어있는바, 1년간의 금액 금10,000,000원을 20○○. 7. 4. 피고들 대리인인 최준환을 통하여 변제하였고 별첨과 같은 영수증을 교부받았습니다.

3. 피고들이 청구하고 있는 채권은 사실상 소멸된 채권이므로 소멸된 채권을 가지고 강제경매를 신청하는 것은 부당하므로 원고는 청구취지와 같은 판결을 구하고저 본소에 이르렀습니다.

입 증 방 법

1. 갑 제1호증 변제영수증
1. 갑 제2호증 부동산강제경매개시결정정본
1. 기타는 구두 변론시 입증하겠음

첨 부 서 류

1. 위 입증방법 각 1통
1. 화해조서 정본 1통
1. 소장부본 3통
1. 납부서 1통

20○○. 8. .

위 원고 강 태 산 (인)

서울북부지방법원 귀중

소 제기절차와 해설

◆ 인지첩부	청구이의의 소는 집행력배제의 대상인 집행권원에서 인정된 권리의 가액을 소가로 한다(민소등인지규칙 제16조 제3호). 소장에는 소송목적의 값에 따라 민사소송등인지법 제2조 제1항 각 호의 금액 상당의 인지를 붙여야 한다(재민 91-1, 556면 참조).
◆ 송 달 료	당사자 1인당 2회(단, 송달을 요하지 아니한 경우에는 제외)

3. 잠정처분

가. 서 설

(1) 의 의

잠정처분이라 함은 채무자를 구제하기 위하여 규정된 제도로서 이의를 주장한 사유가 법률상 정당한 이유가 있다고 인정될 때, 채무자의 신청에 의하여 이의신청의 종국판결이 있을 때까지 잠정적으로 강제집행을 정지케 하는 제도이다(민집법 제46조).

청구에 관한 이의의 소(민집법 제44조)와 집행문부여에 대한 이의의 소(민집법 제45조)는 소를 제기하더라도 강제집행의 개시·속행에는 아무런 영향을 미치지 아니한다(민집법 제46조 제1항). 따라서 이의를 제기한 자가 그 이의의 소의 판결이 있을 때까지 강제집행의 정지를 구하려면 법원에 잠정처분신청을 하고 그 정지서류를 집행기관에 제출하여야 비로소 집행이 정지된다.

(2) 적용범위

잠정처분신청은 청구이의의 소(민집법 제44조), 집행문부여에 대한 이의의 소(민집법 제45조), 제3자이의의 소(민집법 제48조)에 한하여 잠정처분의 신청을 할 수 있다.

(3) 담보의 제공

잠정처분은 수소법원이 발하는 명령으로써 위 이의의 소에 주장한 사유가 법률상이유가 있다고 인정되고 그 사실에 대한 소명이 있는 경우에 수소법원은 담보를 제공하게 하거나 담보를 제공하게 하지 아니하고 판결이 있을 때까지 강제집행의 정지를 명할 수 있고 또는 담보를 제공하게 하고 집행의 속행을 명하거나 실시한 집행처분의 취소를 명할 수 있다(민집법 제46조 제2항). 다만, 제3자 이의의 소(민집법 제48조)에서는 담보를 제공하게 하지 아니하고 집행처분의 정지·취소명령을 하며 정지·취소는 원고가 주장하는 피압류재산에 대한 집행에만 한정되고 집행권원에 기한 집행의 일반적 정지·취소는 허용되지 아니한다. 담보액은 잠정처분의 내용에 따라 담보의 목적을 고려하여 법원이 재량에 따라 정하나 일반적으로 채무액전액에 상당하는 담보의 제공을 명하고 있다.

지급보증위탁계약을 체결한 문서의 제출에 의한 담보제공은 허용되지 아니한다.

나. 신청절차

(1) 개 설

잠정처분의 신청은 위 소를 제기하면서 또는 제기한 후에 신청하여야 한다. 민사집행법 제44조, 제46조 제2항에 기한 강제집행정지의 잠정처분은 청구에 관한 이의의 소에 부수된 절차에 불과하므로 그 잠정처분은 청구에 관한 이의의 소가 제기되어 있을 것을 전제로 한다. 한편 부동산을 목적으로 하는 담보권을 실행하기 위한 경매절차를 정지하려면 담보권의 효력을 다투는 소를 제기하고 민사집행법 제46조에 준하는 강제집행정지 결정을 받아 그 절차의 진행을 정지시킬 수 있는데(민사집행법 제275조), 이러한 강제집행정지 신청도 근저당권말소청구의 소나 피담보채무부존재확인의 소와 같은 본안의 소가 제기되어 있을 것을 전제로 한다(대법원 2012. 8. 14. 자 2012그173 결정). 따라서 청구이의의 소제기증명원을 제출하여야 한다.

잠정처분신청 시에는 이의를 주장한 사유가 법률상 정당한 이유 있다고 인정되고 사실에 대한 소명이 있어야 한다(민집법 제46조 제2항).

(2) 관할・재판・명령

잠정처분의 재판은 이의의 소의 계속법원인 수소법원이 한다. 하급심일 수도 있고 상급심일 수도 있다. 그러나 급박한 경우에는 재판장(민집법 제46조 제2항, 제3항)이나 집행법원도 그 권한을 행사할 수 있다(민집법 제46조 제4항 전단). 집행법원이 권한을 행사할 때에는 동시에 수소법원의 재판서(집행정지결정).를 제출하게 하기 위하여 상당한 기간을 정하여야 하고(민집법 제46조 제4항 후단), 그 기간을 넘긴 때에는 채권자의 신청에 따라 강제집행을 계속하여 진행한다(민집법 제46조 제5항).

이의의 소를 제기하지 아니하고 한 잠정처분신청(민집법 제46조 제2항)은 부적법하여 각하된다.

(3) 집행정지

채무자는 이 재판의 정본을 집행기관에 제출하여 집행의 정지를 신청함으로써 비로소 집행이 정지된다(민집법 제49조 제2호). 담보를 제공한 때에는 그 제공증명서(민집법 제19조 제2항)를 함께 제출하여야 한다. 실무에서는 위 정지 및 취소정본을 제출할 때 정지 및 취소신청서를 별도 작성하여 제출하나 이를 생략하고 위 정본만을 제출하여도 상관없다. 따라서 판결이 있을 때까지 강제집행이 정지된다. 여기서의 "판결이 있을 때까지"라 함은 이의의 소에 대하여 본안판결이 있을 때까지를 말하나, 판례는 본안판결확정시까지라고 정하여도 위법이 아니라고 한다(대법원 1977. 12. 21. 자 77그6 결정).

(4) 불 복

잠정처분에 관한 재판에는 불복할 수 없고(대법원 2001. 2. 28. 자 2001그4 결정 등) 그 결정에 대한 항고는 특별항고에 해당한다(대법원 2004. 2. 3. 자 2003그86 결정).

[서식] 강제집행정지명령신청서(청구이의의 소를 제기하면서, 허위채권에 대한 무효주장)

강제집행정지명령신청

1,000원
정부수입인지

신 청 인 주식회사 서울물산
서울 서대문구 대현로 123
대표이사 우 장 근
위 대리인변호사 정 근 수
서울 서초구 서초로 123의 4 서초빌딩 101호(우 : 10200)
전화(휴대폰 포함) : 555-1234, 010-4455-1234

피신청인 최 현 숙
서울 강남구 압구정로 123의 4
구정아파트 101동 101호(우 : 10201)
어음증서상 주소 서울 서초구 방배로 12의 3

신 청 취 지

피신청인의 신청인에 대한 공증인가 금정합동법률사무소 20○○년 증서 제1012호 집행력있는 공정증서정본에 기한 강제집행은 위 당사자간의 귀원 20○○가합2347 청구이의사건의 본안판결 선고시까지 이를 정지한다.
라는 재판을 구합니다.

신 청 원 인

1. 피신청인은 신청인 회사에 대하여 공증인가 금정합동법률사무소 작성 20○○증서 10121 사건의 집행력있는 공정증서 정본에 의하여 신청인 회사 소유의 별지 목록기재 부동산에 대하여 부동산강제경매신청을 하여 귀원 20○○타경 12345 부동산강제경매사건으로 20○○. 7. 30. 부동산강제경매개시 결정이 되어 현재 위 사건이 진행 중에 있습니다.

2. 신청인 회사는 (주) 대진물산으로 상호를 쓰고 있을 당시 금액 1, 500,000,000원, 발행인 주식회사 대진물산(원고의 구상호) 대표이사 우장근, 발행지 및 지급지서울특별시, 발행일 20○○. 11. 16. 지급기일 20○○. 1. 7. 일람출급, 지급받을 자피신청인으로 된 약속어음 1매를 발행하여 그날 공증인가 금정법률사무소 증서 20○○년 제10121호로 공증한 것은 사실이 있습니다.

3. 그러나 이건 약속어음은 신청인 회사의 대표이사인 우장근과 피신청인 사이에 실제로 원인 채무가 없이 통정한 허위의 의사표시에 의한 허위채권에 기초하여 발생되었으므로 민법 제108조 제1항에 의하여 무효일 뿐만 아니라 그 원인채무가 없어 무효인 것입니다. 그 경위를 보면 아래와 같습니다.

가. 신청인 회사의 대표이사인 우장근은 20○○. 9. 13. 서울 서대문구 대현로 123-4 소재 대진종합상가 관리업체인 (주) 대진물산의 주식 및 자산, 회사운영권 등 일체를 당시의 대표이사이자 주주이었던 신청외 오형석, 성완용 등으로부터 금5,000,000,000원에 양수하였습니다.
20○○. 11. 26까지 사이에 위 양수대금의 일부로서 계약금 및 중도금으로 금3,000,000,000원을 지급하고 잔금 2,000, 000,000원은 양도양수계약시 신청외인들로부터 매수하여 주기로 한 일부시장부지 등 토지매입 등 계약조건을 위 오형석, 성완용 등의 불이행으로 위 우장근은 지급할 수가 없었던 것입니다.
위와 같은 와중에 신청외 오형석, 성완용 등은 위 우장근에게 신청인 법인체를 양도하였음에도 불구하고 20○○. 3. 2경 건축허가도 받지 아니하고 신청인의 소유 토지 및 신청외인들의 소유인 시장부지에 복합상가를 건립 분양한다고 속여 시장상인들 및 계약자 등으로부터 분양 계약금으로 금 1,600,000,000원을 편취한 사실로 구속되었던 것입니다.
그 후 20○○. 6. 13. 신청외 우장근은 신청외 오형석, 성완용 등과 사이에 이들로부터 위 신청인법인체 양수대금중잔금 2,000,000,000원을 포기받고 그 대신 신청외 우장근이 위 사기분양으로 인한 피해자들에 대한 분양대금 1,600,000,000원과 이에 대한 이자소송비용 등 피해액을 배상하여 주기로 하고 신청인의 모든 주식을 양도양수받고 그 대표이사로 취임하였던 것입니다.

나. 20○○. 6. 16. 위 우장근은 대현로 대진종합상가의 관리회사인 신청인회사를 인수하여 경영하여 오던 중 위 상가부지에 건축할 예정이던 복합상가의 분양청약자중 신청외 김기동 외 10명이 20○○. 12경 그 청약금반환채권에 기하여 신청인 회사의 소유인 상가부지에 대하여 서울서부지방법원 20○○타경 8234로 강제경매신청을 하였던 것입니다.

그러자 20○○. 1. 7. 신청인회사의 대표이사 우장근과 당시 신청인 회사의 운영을 도맡아 하던 신청외 오형근, 성완용은 통정하여 위 경매사건에서 위 강제경매신청인들인 신청외 김기동 등 10명에게 배당될 경락대금을 적게 할 목적으로 7,500,000,000원의 허위채권을 만들어 배당 요구신청을 하자는 합의를 하였고 이에 따라 신청인 회사대표이사 우장근은 신청외 오형근 앞으로 허위의 금액 1,000,000원, 우장근의 동생인 신청외 우영숙앞으로 5,000,000,000원으로 하여 발행하고 금1,500,000,000원은 신청외 오형근이 그 수취인을 상가지분권자중 1인으로서 신청외 오형근과 내연의 관계를 맺고 있었던 피신청인 앞으로 허위로 발행하자고 하는 신청외 오형근의 제의에 좇아 약속어음을 발행공증하여 그 배당요구를 하기로 하고, 이 건 약속어음 등 허위의 약속어음 3매를 발행하여 공증하기에 이르렀던 것입니다.

3. 결 론

가. 그렇다면 이건 강제경매사건의 집행권원이 된 이 사건 약속어음은 실제로는 채권채무가 없는데 신청외 김기동 등의 위 경매신청을 실효성 없게 만들어 이를 부당하게 저지하려고 하는 위 우장근과 신청외 오형근을 통하여 피신청인과 사이의 통정한 허위표시에 기하여 발행된 것으로서 무효일 뿐만 아니라 원인없이 발행된 어음으로서 무효라고 할 것인 바, 위 약속어음 공정증서의 집행력은 배제되어야 할 것입니다. 따라서 이에 기한 강제집행은 불허되어야 할 것입니다. 그러므로 신청인은 이건 약속어음 공정증서의 집행력 배제를 구하기 위하여 이건 청구에 이르렀던 것입니다.

나. 현재 신청인은 피신청인(채권자)을 상대로 하여 이건 약속어음공정증서에 대한 청구이의의 소를 귀원에 제기하여 소송계속 중에 있으나 만일 그간에 위 경매절차 진행으로 낙찰이 될 경우 신청인으로서는 구제하기 어려운 손해를 입게 될 우려가 있으므로 본 신청을 하기에 이르렀습니다.

이에 대한 소명자료로서 확정판결 등까지 있는 점 등을 참작하여 손해담보금액 없이 또는 과소담보금액으로 이의 정지를 명하여 주시기 바랍니다.

소 명 자 료

1. 소갑 제1호증 약속어음공정증서
1. 소갑 제2호증의 1 판결문
 〃 2 〃
 〃 3 확정증명원
 〃 4 준비서면
1. 소갑 제3호증의 1 피의자 신문조서(오형근)
 〃 2 배당요구신청서
 〃 3 피의자신문조서 (우장근)
1. 소갑 제4호증 매매계약서
1. 소갑 제5호증 회사등기부등본
1. 소갑 제6호증의 1 부동산강제경매신청
 2 등기부등본
 〃 3 강제경매개시결정

20○○. 8. 14.

위 신청대리인
변호사 정 근 수 (인)

서울중앙지방법원 귀중

인지·송달료 등

◆ 인지첩부	신청서에는 1,000원의 인지를 붙여야 한다(재민 91-1, 556면 참조).
◆ 송 달 료	송달료는 당사자 1인당 2회분을 납부한다.

[서식] 임의경매절차정지신청서

임의경매절차정지신청

1,000원
정부수입인지

신 청 인 이 승 재(550320-1234567)
경기 구리시 교문로 123의 4
위 신청인 소송대리인 변호사 노 신 형
서울 서초구 서초로 123의 4 한국빌딩 101호(우 : 10200)
전화(휴대폰 포함) : 555-1234, 010-4455-1234

피신청인 장 영 숙
서울 강남구 자곡동 12의 3 은정빌라 101호(우 : 10201)

신 청 취 지

피신청인의 신청인에 대한 의정부지방법원 20○○타경5234호 부동산임의경매사건에 있어서의 경매절차는 귀원 20○○가합27982호 근저당권 설정등기 말소청구의 소 사건의 판결선고시까지 이를 정지한다.

라는 재판을 구합니다.

신 청 원 인

1. 별지목록 기재 부동산의 소유자인 신청외 김지현은 위 부동산을 모친인 신청외 전선희에게 담보제공하여 동 전선희는 위 신청외 김지현이 담보제공한 본건 부동산과 동 전선희 소유인 경기도 포천군 화현면 화현리 123의 456 대 218㎡ 및 동 지상건물을 공동담보로 피신청인에 대하여 의정부지방법원 포천등기소 1991. 11. 17. 접수 제11234호로서 20○○. 11. 16. 근저당권 설정계약을 원인으로 한 채권 최고액 금 1억 2천만원, 채무자 전선희, 채권자 장영숙으로된 근저당권설정등기를 마친 후 채무자인 신청외 전선희는 피신청인으로부터 금 8,000만원을 차용하였습니다.

2. 그런데 위 채무자인 신청외 전선희는 위 채무금 8,000만원에 대한 이자만을

피신청인(채권자)에게 지급하여 오다가 20○○. 7. 14. 위 원금 8,000만원 중 금4,000만원을 변제함으로써 나머지 금4,000만원이 채무금으로 남게 되었습니다.

3. 피신청인은 위와 같이 원금 중 4,000만원을 변제받은 후 공동담보로 제공된 위 신청외 전선희 소유의 포천군 화현면 화현리 123의 456 대 218㎡ 및 동지상 건물에 대한 근저당권 설정등기는 피신청인이 스스로 말소등기를 함으로써 신청인 소유의 별지목록 기재 부동산에 대한 저당권 설정등기만 남게 되었습니다.

4. 그후 채무자인 신청외 전선희는 그간 미납된 이자 14,319,863원과 원금 중 남은 4,000만원 등 도합금 54,440,000원을 20○○. 6. 7. 변제공탁함으로써 본건 부동산을 담보로 한 전선희의 피신청인에 대한 8,000만원의 채무는 모두 변제되었습니다. 따라서 채무자인 신청외 전선희는 피신청인으로부터 8,000만원을 모두 변제하였으나, 본건 부동산을 양도받은 신청외 김지현이 다시 2,560만원을 변제공탁함으로써 본건 부동산으로 담보한 채권최고액 1억 2,000만원을 모두 변제하였습니다.

5. 그래서 신청외 김지현은 피신청인을 상대로 위 근저당권설정등기의 말소등기절차 이행청구의 소를 제기하여 귀원 제13부에 서울중앙지방법원 20○○가합27982호로 계류 중인데, 피신청인은 본건 부동산으로 담보권 채무가 모두 변제되었음에도 불구하고 임의경매신청을 하여 20○○. 10. 3자 매각기일이 지정되었습니다.
6. 그런데 신청인은 별지목록 부동산을 신청외 김지현으로부터 20○○. 6. 22자로 양도받은 특정승계인으로서 민사소송법 제81조에 따라서 승계참가를 하고 있으므로 위 경매절차의 정지를 위하여 이 신청을 합니다.

첨 부 서 류

1. 등기부등본 (소갑 제1호증의 1, 2)
2. 등기부등본 (소갑 제2호증의 1, 2)
3. 확인서 (소갑 제3호증)

4. 공탁서 (소갑 제4호증의 1)
5. 공탁서 변경신청서 (소갑 제4호증의 2)
6. 공탁변경 접수증명원 (소갑 제4호증의 3)
7. 공탁서 (소갑 제5호증)
8. 부동산임의경매개시결정 (소갑 제6호증의 1)
9. 결정 (소갑 제6호증의 2)
10. 매각기일통지서 (소갑 제6호증의 3)

20○○. 9. .

위 신청인 소송대리인 경기법무법인
담당 변호사 노 신 형 (인)

서울중앙지방법원 귀중

<별지목록> 생략

인지·송달료 등

◆ 신청방식	이 신청서는 근저당권 설정등기 말소청구를 하면서 임의경매절차의 정지를 구하는 예이다. 임의경매를 신청할 수 있는 권리에 대한 존부를 다투는 자는 민사집행법 제86조 제2항에 의한 매각절차의 일시정지를 명하는 가처분(잠정처분) 결정을 받는 방법 외에 청구이의의 소에 준하는 채무에 관한 이의의 소(통상 채무부존재확인이나 저당권부존재확인 또는 저당권 설정등기말소청구의 소 등)를 제기하고 동법 제46조 제2항에 의하여 정지를 명하는 가처분(잠정처분) 결정을 받아 그 매각절차를 정지시킬 수 있다. 그 후 승소확정판결을 받아 저당권을 말소한 다음 저당권이 말소된 등기부등본을 집행취소서류로 제출하면 된다(민집법 제266조 제1항 제1호, 제2항).
◆ 인지첩부	신청서에는 1,000원의 인지를 붙여야 한다(재민 91-1, 556면 참조).
◆ 송 달 료	송달료는 당사자 1인당 2회분을 납부한다.
◆ 관할법원	경매개시결정을 한 경매법원이 관할한다.

3. 제3자이의의 소

1. 서 설

가. 의 의

제3자 이의의 소라 함은 제3자가 강제집행의 목적물에 대하여 소유권을 주장하거나 목적물의 양도나 인도를 저지하는 권리를 가지고 있는 때에는 채권자를 상대로 그 강제집행에 대하여 이의를 주장하고 집행의 배제를 구하는 소를 말한다(민집법 제48조). 이 제도는 권리침해를 받은 제3자를 구제할 목적으로 한 소로서 제3자가 원고로 되기 때문에 제3자 이의의 소라고 한다. 여기서 제3자란 집행권원 또는 집행문에 채권자・채무자 또는 그 승계인으로 표시된 자 이외의 자를 말한다(대법원 1997. 10. 10. 선고 96다49049 판결).

본소를 제기하더라도 강제집행은 당연히 정지되는 것이 아니고 잠정처분신청(민집법 제46조)에 의하여 강제집행의 정지와 집행처분의 취소를 구할 수 있도록 하였다(민집법 제48조 제3항).

제3자이의의 소는 모든 재산권을 대상으로 하는 집행에 대하여 적용된다.

나. 이의사유

민사집행법 제48조의 강제집행에 대한 제3자이의의 소는 이미 개시된 집행의 목적물에 대하여 소유권 기타 목적물의 양도나 인도를 막을 수 있는 권리가 있다고 주장함으로써 그에 대한 집행의 배제를 구하는 것이므로 그 소의 원인이 되는 권리는 집행채권자에게 대항할 수 있는 것이어야 한다(대법원 2013. 03. 14. 선고 2012다107068 판결). 이 소의 목적은 강제집행으로 인하여 권리침해를 받은 제3자를 구제하는데 있으므로, 그 이의사유도 제3자가 강제집행의 목적물에 대하여 소유권을 주장하거나 목적물의 양도나 인도를 저지할 수 있는 권리를 가진다. 따라서 실무에서도 제3자가 집행목적물에 대하여 소유권을 가지고 있다는 것이 이의사유로 가장 많이 주장된다. 그러나 소유권이전등기청구권은 이에 해당하지 아니한다(대법원 1980. 1. 29. 선고 79다1223 판결).

본소는 이미 개시된 집행목적물에 대하여 소유권 기타 목적물의 양도나 인도를 저지하는 권리를 주장함으로서 그에 대한 집행의 배제를 구하는 것이기 때문에 압류채권자에 대한 우선적지위에 대항할 수 있는 것이어야 한다(민집법 제92조 제1항). 따라서 압류가 있은 후에 취득한 권리라도 압류채권자에게 대항할 수 있는 경우라면 본소를 제기할 수 있다((대법원 2014. 10. 27. 선고 2012다76744 판결).

2. 소의 제기절차

가. 개 설

본소도 일종의 소이고 소송절차는 통상의 소의 절차와 동일하므로 반드시 서면에 의하여야 한다. 청구의 원인에는 이의의 원인인 집행목적물의 양도 또는 인도를 저지하는 권리발생사실을 구체적으로 기재하여야 한다. 본소는 침해될 가능성이 있는 제3자의 모든 권리 및 재산에 대하여 제기할 수 있다. 따라서 청구권의 종류나 집행의 대상을 가리지 아니한다. 그러므로 금전채권집행이건, 비금전채권집행이건, 본집행이건, 가집행이건, 보전집행이건, 유체동산이건, 부동산이건, 집행기관이 집행관이건, 집행법원이건 묻지 아니한다. 본소에 있어서도 반소를 제기할 수 있다.

나. 소제기의 시기

(1) 개 설

본소는 강제집행 개시 후 종료 전에 한하여 제기할 수 있고 강제집행이 종료된 경우에는 소의 이익이 없다. 따라서 이때는 부당이득 반환청구나 불법행위에 의한 손해배상청구로 변경할 수 있다. 다만, 물건의 인도청구권에 대한 강제집행(민집법 제257조, 제258조)에 있어서는 강제집행의 개시전이라도 강제집행이 우려 있을 때에는 본소의 제기가 인정된다.

(2) 소가산정

제3자이의의 소는 집행권원에서 인정된 권리의 가액을 한도로 한 원고의 권리의 가액을 소가로 한다(민인규 제16조 제4호).

"원고의 권리의 가액"이라 함은 제3자가 이의를 할 경우에는 집행권원의 금액전부에 대하여 불인정하고 제3자가 주장하는 금액을 제시하므로 그 금액을 말한다. 따라서 "집행권원에서 인정된 권리의 가액을 한도로 한 원고의 권리의 가액을 소가로 한다." 라 함은 "원고의 권리의 가액이 5,000만원이고 집행권원에서 인정된 권리의 가액이 3,000만원일 경우에는 3,000만원이 소가가 되고, 집행권원에서 인정된 권리의 가액이

6천만원이라면 위 원고의 권리의 가액 5,000만원이 소가가 된다"는 의미이다.

다. 당 사 자

(1) 원고가 될 수 있는 자

제3자이의의 소의 원고적격은 강제집행의 목적물에 대하여 양도 또는 인도를 막을 권리가 있다고 주장하는 제3자에게 있고(민집법 제48조 제1항), 여기서 제3자는 집행권원 또는 집행문에 채권자, 채무자 또는 그 승계인으로 표시된 사람 이외의 사람을 말한다(대법원 2016. 8. 18. 선고 2014다225038 판결).

제3자의 채권자도 제3자를 대위(민법 제404조)하여 원고가 될 수 있다. 집행권원이나 집행문에 기재된 채권자·채무자 등은 원칙적으로 원고가 될 수 없으나 예외적인 경우가 있다. 이는 파산재단의 재산이 아니고 자기의 고유재산에 대하여 집행처분을 받은 파산관재인 또는 한정승인(민법 제1019조)을 받은 고유재산에 대하여 집행처분을 받은 상속인인 채무자 등이다.

한편, 공유권의 일부에 대한 집행권원으로 공유물전부에 대하여 집행할 수 있는바, 이 경우에는 다른 공유자가 제3자이의의 소를 제기할 수 있다.

(2) 피고가 될 수 있는 자

피고가 되는 자는 목적물에 대하여 집행을 하는 채권자나 그 승계인이고 채무자, 집행관, 집행기관은 피고가 될 수 없다. 그러나 채무자는 집행목적물의 귀속 또는 목적물에 대한 제3자의 권리의 존부를 다툴 수 있으므로 이 경우에는 제3자는 채권자와 채무자를 공동피고로 할 수 있다(민집법 제48조 제1항). 이때의 공동소송은 통상의 공동소송(민소법 제66조)이 된다.

집행채권이 양도된 경우에는 승계집행문의 부여에 따라 그 승계인이 피고가 된다(민집법 제31조). 그러나 그 부여를 받지 아니하는 동안은 집행채권의 양도가 있었더라도 전주가 피고가 된다.

라. 관 할

제3자 이의의 소는 집행법원이 관할한다(민집법 제48조 제2항). 다만, 소송물이 단독판사의 관할에 속하지 아니할 때에는 집행법원이 있는 곳을 관할하는 지방법원의 합의부가 이를 관할한다(민집법 제48조 제2항 단서).

대체집행의 경우에는 그 결정을 한 수소법원이 아니고 목적물 소재지를 관할하는 지방법원이 집행법원으로서 본소의 관할법원이 된다. 부동산에 대한 가압류의 집행법원은 가압류재판을 한 법원(민집법 제293조 제2항)이, 채권가압류의 집행법원은 가압류명령을 한 법원(민집법 제296조 제2항)이, 부동산처분금지가처분의 집행법원은 그 보전처분을 한 법원(민집법 제301조, 제305조 제3항)이 관할권이 있다. 다만, 부동산이나 채권에 대한 보전집행의 경우 2심법원이 본안의 관할법원으로서 보전처분을 한 경우에 본소의 관할법원은 민사집행법 제293조 제2항, 제296조 제2항의 규정에도 불구하고 1심법원의 관할에 속한다. 유체동산에 대한 보전처분의 집행법원은 법률에 특별히 지정되어 있지 아니하므로 집행절차를 실시할 곳이나 실시한 곳을 관할하는 지방법원이 된다(민집법 제3조).

[서식] 제3자이의의 소(유체동산강제집행에 대한)

소 장

원 고 최 팔 복

피 고 유 동 팔

제3자 이의의 소

인지첩부액

정부수입인지

서울북부지방법원 귀중

★ 표지

소 장

원 고 최 팔 복 (590210-1234567)
서울 노원구 상계로 상계아파트 1동 101호(우 : 10200)
전화(휴대폰 포함) : 555-1234, 010-4455-1234

피 고 유 동 팔
서울 광진구 군자동 123-4(우 : 10201)

제3자 이의의 소

청 구 취 지

1. 피고가 소외 송동철에 대한 서울북부지방법원 20○○가단1234 집행력 있는 판결정본에 기하여(또는 터 잡아) 20○○. 8. 16. 별지목록 기재(또는 별지목록에 적힌) 동산에 대하여 한 강제집행은 이를 불허한다.

2. 소송비용은 피고의 부담으로 한다.
라는 재판을 구합니다.

청 구 원 인

1. 피고는 서울북부지방법원 20○○가단1234 집행력 있는 판결정본에 기하여(또는 터 잡아) 동 법원 집행관에 의하여 서울 노원구 상계로 상계아파트 1동 101호에서 유체동산경매사건이 진행되었습니다.
2. 동 경매사건이 20○○. 7. 20. 10:10부터 동일자 10:35에 종료되고 이건 물건을 경락인 유동팔에게 낙찰되었으며 동일자 이건 유체동산을 신청외 송동철이 매수하여 공증인가 경일종합법무법인 20○○년 증서 제2345호로 원고에게 양도담보부 금전소비대차계약 공정증서를 받고 양도담보를 하였으므로 이는 원고 소유의 동산입니다.
3. 그런데 피고는 동일 유체동산에 대하여 20○○. 8. 16. 다시 같은 집행관 20○○본 제3456호에 의하여 동산압류신청을 하여 유체동산을 경매하려고 하고 있으므로 원고는 이건 물건에 대하여 정당한 소유자로서 피고로부터 집행을 당할 하등의 이유가 없으므로 청구취지와 같은 판결을 구하고자 이건 청구에 이르렀습니다.

첨 부 서 류

1. 공정증서 등본 1통
1. 동산압류조서등본 1통
1. 유체동산 경매조서 1통
1. 영수증 1통
1. 소장부본 1통

20○○. 8. .

원고 최 팔 복 (인)

서울북부지방법원 귀중

<별지목록>

목 록				
번 호	품 목	수 량	장 소	비 고
1	돌침대	1	집내	
2	소형금고	1	〃	
3	전자올겐	1	〃	
4	식탁(의자 4)	1조	〃	

[서식] 제3자이의의 소(부동산점유이전금지가처분집행에 대한)

소 장

원 고 오 장 섭

피 고 박 상 덕

정부수입인지

제3자 이의의 소

인지첩부액

서울중앙지방법원 귀중

★ 표지

소 장

원 고 오 장 섭(550320-1234567)
서울 종로구 동숭동 110-521
위 소송대리인 변호사 도 광 일
서울 서초구 서초로 137-70(우 : 10200)
전화(휴대폰 포함) : 555-1234, 010-4455-1234

피 고 박 상 덕
서울 강남구 도곡동 135-270(우 : 10201)

제3자 이의의 소

청 구 취 지

1. 피고가 소외 김덕목에 대한 서울중앙지방법원 20○○카합9891 부동산점유이전금지가처분사건의 집행력있는 가처분결정에 의하여 20○○. 5. 10. 별지목록 건물에 대하여 한 점유이전금지의 가처분집행은 이를 불허한다.
2. 소송비용은 피고의 부담으로 한다.

라는 재판을 구합니다.

청 구 원 인

1. 피고는 소외 김덕목에 대한 가처분집행으로서 서울중앙지방법원 소속 집행관 오달재에게 위임하여 20○○. 5. 10. 별지목록 기재의 건물에 대한 소외 김덕목의 점유를 해제하고, 이를 동 집행관의 보관으로 옮기고 동 현상을 변경하지 아니할 것을 조건으로 하여 위 소외인에게 그 사용을 하게 한다는 취지의 점유이전금지의 집행을 하였습니다.
2. 그런데 위 건물은 원고가 위 소외인으로부터 20○○. 2. 18. 대금150,000,000원에 매수하기로 하고, 당일 계약금으로 금20,000,000원을 지급하였으며, 잔금 130,000,000만원은 이를 3회로 나누어 지급하되 1회 및 2회의 합계금

80,000,000원을 지급하였을 때 소유권 이전등기를 하기로 하고 잔금 50,000,000 원은 동년 6. 20. 피고의 본건 건물의 인도시에 지급하기로 약정하였으며, 그 후 원고는동년 4. 18. 1회 및 2회의 합계금 80,000,000원을 지급하고 즉시 소유권 이전등기를 마친 바 있습니다.

3. 그러므로 원고는 동년 6. 20. 에 이르러 소외인에 대하여 위 건물의 인도를 구하였으나 동소외인은 위 가처분의 집행이 되어 있기 때문에 이를 인도하지 못하고 있는 것입니다.

4. 따라서 피고가 한 위 가처분집행은 원고의 소유권을 침해하는 것이므로 이의 배제를 구하기 위하여 본 소에 이른 것입니다.

입 증 방 법

변론시에 제출하겠음

첨 부 서 류

1. 소장부본 1통
2. 위임장 1통
3. 납부서 1통

20○○. 7. 13.

위 원고 소송대리인
변 호 사 도 광 일 (인)

서울중앙지방법원 귀중

[서식] 강제집행정지명령신청서(제3자이의의 소제기에 따른)

강제집행정지명령신청

1,000원
정부수입인지

신 청 인 유 재 연(550320-1234567)
서울 중구 필동 12-3
송달주소 서울 중구 필동 34-5(우 : 10200)
전화(휴대폰 포함) : 555-1234, 010-4455-1234

피신청인 백 종 득
서울 양천구 신정동 321-1(우 : 10201)

신 청 취 지

피신청인의 신청외 차기영에 대한 서울남부지방법원 20○○가소3322 집행력있는 판결정본에 의하여 별지목록기재 동산에 대하여 한 강제집행은 위 당사자간의 귀원 20○○가단2894 제3자이의의 소 본안판결 선고시까지 이를 정지한다.
라는 재판을 구합니다.

신 청 원 인

1. 신청인은 20○○. 7. 12. 신청외 차기영에게 금8,000,000원을 대여하여 주면서 위 금원을 담보할 목적으로 별지목록 기재 물건에 대하여 양도담보부금전소비대차 계약을 체결하였습니다. 변제기한은 20○○. 9. 30부터 동년10. 31까지 2회에 걸쳐 매월 말일에 일금 4,000,000원씩 각각 분할 변제하기로 하고, 이를 증하기 위하여 공증인가 대동합동법률사무소 20○○년 증서 제1122호로 공정증서를 작성하였습니다.

2. 신청외 차기영은 지금까지 위 금원 8,000,000원을 변제치 아니하였으며, 따라서 신청인은 위 채무의 이행을 담보할 목적으로 신청외인의 별지목록 기재물건의 소유권은 점유개정의 방법으로 신청인에게 양도된 것이므로, 신청인은 적법한 소유자가 되었습니다.

3. 그런데 피신청인은 신청외 차기영에게 채무가 있다는 이유로 20○○. 5. 28. 서울남부지방법원 20○○가소3322 집행력있는 판결정본에 의하여 동법원 소속 집행관으로 하여금 동산압류 집행을 하였습니다.
4. 신청인은 이건 물건에 대하여 정당한 소유자로서 피신청인으로부터 집행을 당할 하등의 이유가 없으므로, 신청취지와 같은 재판을 구하고저 본 신청에 이르렀습니다.

첨 부 서 류

1. 동산압류 집행조서 1통
1. 공정증서정본 1통
1. 소제기증명원 1통

20○○. 8. .

신청인 유 재 연 (인)

서울남부지방법원 귀중

<별지목록>

목 록

1. 에어컨(대우캐리어) 1대
1. 좌탁 4개
1. 테블(의자 포함) 3조
1. 비디오TV

인지 · 송달료 등

◆ 신청방식	이 신청은 제3자이의의 소를 제기하면서 또는 제기한 후에 신청하여야 한다. 위 소의 제기가 없는 상태에서 신청을 한 때에는 부적법하여 각하된다. 따라서 제3자이의의 소제기증명원을 제출하여야 한다. 신청시에는 이의를 주장한 사유가 법률상 정당한 이유 있다고 인정되고 사실에 대한 소명이 있어야 한다(민집법 제48조 제3항, 제46조). 설명은 450면 참조
◆ 인지첩부	신청서에는 1,000원의 인지를 붙여야 한다(재민 91-1, 556면 참조).
◆ 송 달 료	송달료는 당사자 1인당 2회분을 납부한다.

4. 집행문부여에 대한 이의의 소

1. 서 설

가. 개 설

집행문부여에 대한 이의의 소는 판결을 집행하는 데에 조건이 붙어 있어 그 조건이 성취되었음을 채권자가 증명하여야 하는 때에 이를 증명하는 서류를 제출하여 집행문을 내어 준 경우(민사집행법 제30조 제2항)와 판결에 표시된 채권자의 승계인을 위하여 내어 주거나 판결에 표시된 채무자의 승계인에 대한 집행을 위하여 집행문을 내어 준 경우(같은 법 제31조 제1항)에, 채무자가 집행문부여에 관하여 증명된 사실에 의한 판결의 집행력을 다투거나 인정된 승계에 의한 판결의 집행력을 다투는 때에 제기할 수 있다(같은 법 제45조). (대법원 2016. 8. 18. 선고 2014다225038 판결). 이는 집행문부여에 대한 이의(민집법 제34조, 제59조 제2항)와 함께 채무자를 위한 구제수단으로서 채권자의 집행문부여의 소(민집법 제33조)에 대응한다. 따라서 본소는 집행문부여에 대한 이의신청(민집법 제34조, 제59조 제2항)과 병존적 관계에 있다. 그러므로 채무자는 경우에 따라서는 2가지 방법 중 하나를 이용할 수도 있고 두 가지 모두 동시에 신청할 수도 있다.

집행문부여에 대한 이의의 소를 제기하더라도 강제집행의 개시·속행에는 아무런 영향을 주지 아니한다(민집법 제46조 제1항). 그러므로 이 경우에는 잠정처분을 별도로 신청하여 개시·속행된 집행을 저지할 수 있다(동조 제2항).

나. 이의사유

본소의 이의사유는 집행권원에 표시되고 또 채권자가 거증책임을 지는 청구권행사의 조건의 불성취와 승계의 부존재이다. 따라서 이 밖의 사유로 집행문부여의 부적법함을 주장하는 경우에는 집행문부여에 대한 이의신청(민집법 제34조)으로 다투어야 한다. 그러나 조건성취나 승계를 다투는 것은 집행문부여에 대한 이의의 사유로도 될 수 있으므로(민집법 제45조 단서) 이 경우에는 채무자는 본소와 이의신청 중 하나를 선택하여 이의를 제기할 수 있다. 이의신청이 각하되거나 기각되더라도 다시 동일 사유로 본소를 제기할 수 있다. 그러나 본소의 판결이 확정된 후에는 그 기준시 이전의 이의사유는 기판력이 차단된다. 따라서 원고(채무자) 패소의 경우에는 집행문부여에 대한 이의신청에서 그 사유를 주장할 수 없게 되고 원고 승소의 경우에는 집행문부여에 대한 이의신청을 하는 실익이 없게 된다. 한편, 본소에 있어 제44조 제3항의 준용이 있기 때문에 여러 개의 이의원인이 있는 때에는 동시에 주장하여야 한다. 다만, 이의원인은 제30조 제2항에 의하여 채권자가 증명하였다고 인정된 사실이 발생하지 아니한 경우와, 제31조 소정의 증명된 승계가 없다는 것 등 두 가지이다.

2. 소의 제기절차

가. 개 설

본소의 제기는 집행문이 부여된 후 집행이 완료되기까지 제기할 수 있다. 이는 집행의 저지를 목적으로 하는 것이기 때문에 집행문이 부여된 후면 집행의 개시전이라도 할 수 있다. 입증책임은 채권자인 피고에게 있다. 본소는 확정되어야 효력이 있으므로 본소가 제기되더라도 강제집행은 정지되지 아니한다. 그러므로 이와 아울러 수소법원에 잠정처분(민집법 제46조)의 신청을 하여 강제집행의 정지를 구하여야 한다.

집행문부여에 대한 이의의 소는 집행권원에서 인정된 권리의 가액의 1/10을 소가로 한다(민인규 제16조 제2호).

나. 당사자

본소는 집행문에 표시된 채무자가 원고로 되고 채권자가 피고로 된다. 따라서 채권자의 승계인에게 승계집행문이 부여되었을 경우에는 채무자만이 본소를 제기할 수 있다. 다만, 제3자는 원칙적으로 본소를 제기할 수 없으나 집행채권에 대하여 양도의 무효를 주장하는 양도인이나 스스로 승계인이라는 자는 채권자, 채무자를 공동피고로 하여 제기하는 경우에 한하여 이를 허용할 것이라고 한다.

다. 관 할

집행권원이 판결인 경우에는 제1심 판결법원이 관할하며(민집법 제45조, 제44조 제1항), 확정된 지급명령, 제소전화해조서, 각종 조정조서인 경우에는 소송목적의 값에 따라 그 명령이나 절차를 행한 지방법원의 단독판사 또는 합의부에서 재판한다(민집법 제58조 제4항, 제5항). 소송상화해조서, 인낙조서의 경우에는 제1심수소법원이 관할한다(민집법 제57조). 집행증서인 경우에는 채무자의 보통재판적 있는 곳의 지방법원이 관할한다. 다만 그러한 법원이 없는 때에는 민사소송법 제11조(재산이 있는 곳의 특별재판적)의 규정에 따라 채무자에 대하여 소를 제기할 수 있는 법원이 관할하며(민집법 제59조 제4항), 이들 관할은 모두 전속관할이다(민집법 제21조).

한편, 민사집행법은 시·군법원의 관할에 대한 특례의 규정을 신설하였는바, 시·군법원에서 성립된 화해·조정(민사조정법 제34조 제4항의 규정에 따라 재판상의 화해와 동일한 효력이 있는 결정을 포함한다. 이하 같다) 또는 확정된 지급명령에 관한 집행문부여의 소, 청구에 관한 이의의 소 또는 집행문부여에 대한 이의의 소로서 그 집행권원에서 인정된 권리가 소액사건심판법의 적용대상이 아닌 사건은 시·군법원이 있는 곳을 관할하는 지방법원 또는 지방법원지원이 관할하도록 하고 있다(민집법 제22조 제1호).

라. 짐정처분

본소의 절차는 청구이의의 소에 관한 규정을 준용하므로 잠정처분은 후술 청구에 관한 이의의 소란의 잠정처분(450면 참조)에서 사례와 함께 보기로 한다.

마. 심리 및 재판

이 소의 심리는 일반의 판결절차와 동일하다. 조건의 성취나 승계사실의 입증책임은 채권자인 피고에게 있다. 수소법원은 이의가 정당하면 그 집행력 있는 정본에 기한 집행을 허가하지 않는다는 취지의 선언을 한다. 이 판결에서는 직권으로 잠정처분(민집법 제46조)을 내리거나 이미 내린 명령을 취소·변경 또는 인가하여야 하며, 반드시 가집행선고를 하여야 한다(민집법 제47조 제1항, 제2항). 이 재판에 대하여는 불복할 수 없다(민집법 제47조 제3항). 이 판결이 확정되면 채무자는 그 판결정본을 집행기관에 제출하여 집행의 정지 또는 이미 한 집행처분의 취소를 구할 수 있다(민집법 제49조 제1호, 제50조).

[서식] 집행문부여에 대한 이의의 소(판결정본에 기한 강제집행불허)

소 장

원 고 서 중 도
피 고 오 정 섭

집행문부여에 대한 이의의 소

정부수입인지

인지첩부액

서울중앙지방법원 귀중

★ 표지

소 장

원 고 서 중 도(550320-1234567)
서울 중구 남산동 1가 1041(우 : 10200)
전화(휴대폰 포함) : 555-1234, 010-4455-1234

피 고 오 정 섭
서울 중구 황학동 10440(우 : 101-201)

집행문부여에 대한 이의의 소

청 구 취 지

1. 피고의 원고에 대한 서울중앙지방법원 20○○가합1991 소유권이전등기청구사건의 판결에 대하여 동법원 법원사무관 임장수가 20○○. 11. 6. 부여한 집행력 있는 판결정본에 기한 강제집행은 이를 불허한다.
2. 소송비용은 피고의 부담으로 한다.

라는 판결을 구합니다.

청 구 원 인

1. 피고는 서울중앙지방법원 20○○가합 1991 소유권이전등기청구사건의 판결에 표시된 채무자의 승계인인 원고에 대하여 승계집행문 부여의 신청을 하고 동법원 법원사무관 임장수는 이에 집행문을 부여하였습니다.
2. 그러나 집행문을 부여하기 위하여는 위 판결의 집행에 조건이 붙어 있으므로 그 조건의 이행이 있어야 하는데 피고는 금일에 이르러 원고의 변제영수증을 들어 그 조건의 성취사실을 입증 주장하고 있으나 피고는 위 입증사실과는 달리 그 조건의 이행을 한바가 없고(또는 피고의 청구권을 실행할 조건인 사실이 도래하지 아니하고, 또는 원고는 위 판결에 표시된 채무자의 상속인이 아니므로 채무를 승계할 까닭이 없고) 동법원 법원사무관이 집행문을 부여하였음은 법률에 위배한 것이므로 이에 집행문의 취소를 구하기 위하여 본소에 이르렀습니다.

입 증 방 법

변론시에 제출하겠음

첨 부 서 류

1. 판결문사본 1통
1. 소장부본 1통
1. 납부서 1통

20○○. 11. 18.

위 원고 서 중 도 (인)

서울중앙지방법원 귀중

인지 등

◆ 인지첩부	소가는 그 대상인 집행권원에서 인정된 권리의 가액의 10분의 1을 기준으로 한다(민사소송 등 인지규칙 제16조 제2호). 소장에는 소송물의 가액에 따라 민사소송등인지법 제2조 소정의 인지를 붙여야 한다(재민 91-1, 556면 참조).
◆ 송 달 료	당사자 1인당 2회(단, 송달을 요하지 아니한 경우에는 제외)

[서식] 집행문부여에 대한 이의의 소(집행력있는 공정증서에 대한)

소 장

원 고 이 영 철

피 고 1. 김 달 수

2. 이 수 철

정부수입인지

집행문부여에 대한 이의의 소

인지첩부액

서울중앙지방법원 귀중

★ 표지

소 장

원 고 이 영 철(550320-1234567)
서울 강남구 신사로 123-4(우 : 10200)
전화(휴대폰 포함) : 555-1234, 010-4455-1234

피 고 1. 김 달 수
서울 강북구 미아동 234-5(우 : 101-201)

2. 이 수 철
서울 종로구 혜화로 345-6(우 : 102-202)

집행문부여에 대한 이의의 소

청 구 취 지

1. 피고들의 원고에 대한 공증인가 공증합동법률사무소 작성증서 20○○년 제1234호 매매계약공정증서에 대하여 공증인 김철균이 20○○. 2. 17. 부여한 집행력 있는 정본에 기한 강제집행은 이를 불허한다.
2. 소송비용은 피고들의 부담으로 한다.

라는 판결을 구합니다.

청 구 원 인

1. 원고와 소외 박철준은 20○○. 2. 25. 서울 강남구 대치동 1234 대 324.1제곱미터를 매수함에 있어서 그 매수대금 중 각 50%를 공동출자한바, 원고는 20○○. 3. 1. 원고소유지분 2분의 1을 위 소외인에게 명의신탁하고 위 소외인의 소유지분과 함께 소외인 명의로 소유권이전등기를 마쳤습니다.

2. 그후 원고와 소외인은 20○○. 3. 20. 공증인가 공증합동법률사무소에서 20○○년 증서 제1234호로써 원고가 위 소외인의 소유지분을 매수하되 20○○. 12. 31까지 매매대금을 지불하지 못할 경우 위 소외인이 원고 소유지분을 매수하기로 하여, 만약 위 소외인이 원고소유지분을 매수 청구한 경우 원고가 이에 불응하거나 이행불능에 이르게 하였을 때에는 그 손해를 배상하기로 하는 조건부매매계약 공정증서를 작성하였습니다.

3. 그런데 피고등은 위 소외인으로부터 위 손해배상채권을 양수하였다는 이유로 20○○. 2. 17. 공증인가 공증합동법률사무소에 위 공정증서에 기한 승계집행문부여신청을 하고 공증인 김철균은 집행문을 부여하였습니다.

4. 그러나 집행문을 부여하기 위하여는 위 소외인이 매수청구권을 행사하거나 원고가 채무불이행의 책임이 있어야 하는데 이와 같은 조건이 성취된 사실이

없음에도 불구하고 이를 증명함이 없이 단지 채권을 양수받았다는 이유만으로 집행문을 부여하였음은 위법한 것입니다. 그러므로 원고는 위 집행문의 취소를 구하기 위하여 본소 청구에 이른 것입니다.

입 증 방 법

1. 소갑 제1호증 집행력있는 공정증서 사본

기타는 변론시 제출하겠음.

첨 부 서 류

1. 위 입증방법 1통
1. 등기부등본 1통
1. 소장부본 1통
1. 납부서 1통

20○○. 3. .

위 원고 이 영 철 (인)

서울중앙지방법원 귀중

※ 인지 등 : 전서식 말미 참조

5. 집행문부여의 소

1. 서 설

가. 의 의

집행문부여의 소는 채권자가 집행문을 부여받기 위하여 증명서로써 증명하여야 할 사항에 대하여 그 증명을 할 수 없는 경우에 증명방법의 제한을 받지 않고 그러한 사유에 터 잡은 집행력이 현존하고 있다는 점을 주장·증명하여 판결로써 집행문을 부여받기 위한 소를 말한다(민사집행법 제33조).

채권자는 민사집행법 제30조 제2항과 제31조에 따라 필요한 증명을 할 수 없는 때에는 판결에 의하여 집행문부여에 관한 소를 제기할 수 있다(민집법 제33조). 여기서 '제30조 제2항에 따라 필요한 증명을 할 수 없는 때'라 함은 판결(집행권원)의 집행에 조건을 붙인 경우에 그 조건의 성취를 채권자가 증명하여야 하는데, 이에 대하여 그 증명을 할 수 없는 때를 말하고, '제31조에 의하여 필요한 증명을 할 수 없는 때'라 함은 집행권원에 표시된 당사자이외의 자에게 승계가 있은 경우에 그 승계사실에 대하여 증명을 하여야 하는데 그 증명을 할 수 없는 때를 말한다.

나. 요 건

집행문부여 요건인 조건의 성취 여부는 집행문부여와 관련된 집행문부여의 소 또는 집행문부여에 대한 이의의 소에서 주장·심리되어야 할 사항이다.

집행문부여의 소는 집행문부여신청을 하지 아니하고도 바로 본소를 제기할 수 있으며 집행문부여신청이 거부된 경우에도 할 수 있다. 그러나 집행문의 수통 또는 재도부여가 거절된 경우에는 본소를 제기하는 것이 아니고 거절처분에 대한 이의신청을 할 것이다.

2. 소제기절차

가. 개 설

집행문부여의 소도 소의 일종이므로 서면으로 하여야 한다. 본소의 원고는 집행문을 받고자 하는 채권자이고 피고는 채무자로서 이에 대하여 집행문의 부여가 될 자이다.

집행문부여의 소는 집행권원에서 인정된 권리의 가액의 1/10을 소가로 한다(민인규 제16조 제2호).

나. 관 할

집행문부여의 소는 원칙적으로 제1심 수소법원이다(민집법 제33조, 제21조). 집행권원이 판결 그 밖의 재판, 소송상화해조서, 인낙조서인 때에는 제1심 수소법원이 관할하며(민집법 제33조, 제57조), 확정된 지급명령인 때에는 소송목적의 값(소송물가액)에 따라 그 명령을 내린 지방법원의 단독판사 또는 합의부에서 재판한다(민집법 제58조 제4항, 제5항). 집행권원이 제소전화해조서, 각종 조정조서인 때에는 그 절차를 행한 지방법원의 관할에 속하며 사물관할은 일반원칙에 의한다.

한편, 민사집행법은 시·군법원의 관할에 대한 특례의 규정을 신설하였는바, 시·군법원에서 성립된 화해·조정(민사조정법 제34조 제4항의 규정에 따라 재판상의 화해와 동일한 효력이 있는 결정을 포함한다) 또는 확정된 지급명령에 관한 집행문부여의 소로서 그 집행권원에서 인정된 권리가 소액사건심판법의 적용대상이 아닌 사건은 시·군법원이 있는 곳을 관할하는 지방법원 또는 지방법원지원이 관할하도록 하고 있다(민집법 제22조 제1호).

집행증서에 관하여는 채무자의 보통재판적 있는 곳의 지방법원이 관할한다. 다만 그러한 법원이 없는 때에는 민사소송법 제11조(재산이 있는 곳의 특별재판적)의 규정에 따라 채무자에 대하여 소를 제기할 수 있는 법원이 관할한다(민집법 제59조 제4항). 이들 관할은 전속관할이다(민집법 제21조).

다. 효 과

청구를 인용하는 판결이 확정되거나 가집행의 선고가 있으면 원고는 그 정본을 집행문부여기관에 제출하여 집행문의 부여를 구할 수 있다.

[서식] 집행문부여의 소(조건성취에 대한)

소 장

원 고 정 규 덕 (주민등록번호)
서울 종로구 중학로11길 15(우 :)
전화번호(휴대폰 포함), 팩스번호
전자우편(e-mail)주소

피 고 왕 상 문 (주민등록번호)
서울 중구 다동로10길 8(우 :)
전화번호(휴대폰 포함), 팩스번호
전자우편(e-mail)주소

집행문부여의 소

청 구 취 지

1. 원고와 피고 사이의 서울중앙지방법원 20○○가합991 소유권이전등기사건의 판결에 관하여 같은 법원 법원사무관은 피고에 대한 강제집행을 위하여 원고에게 집행문을 내어 주라(부여하라).
2. 소송비용은 피고의 부담으로 한다.

라는 판결을 구합니다.

청 구 원 인

원고는 서울중앙지방법원 20○○가합991 소유권이전등기등 청구사건의 확정판결에 의한 채권을 가지고 있는바, 원고는 피고에 대하여 동판결의 집행에 조건을 20○○. 7. 19. 이행하였으나 그 조건의 성취를 증명할 수 없는 까닭에 집행문의 부여를 구하지 못함으로 민사집행법 제33조에 의하여 본 소제기에 이르렀습니다.

증 명 방 법

1. 변론시에 입증하겠음.

첨 부 서 류

1. 판결문사본 1통
1. 소장부본 1통
1. 납 부 서 1통

20○○. 8. 12.

위 원고 정 규 덕 (인)

서울중앙지방법원 귀중

<주> 신청비용 등

1. 인지첩부 : 소가는 그 대상인 집행권원에서 인정된 권리의 가액의 10분의 1을 기준으로 한다(민사소송 등 인지 규칙 제16조 제2호).
2. 송 달 료 : 당사자 1인당 15회분(합의사건, 단독사건인 경우)
3. 제출서류 : 소장원본 1부 외에 피고 수만큼의 소장부본을 제출한다.
4. 신청법원 : 제1심 수소법원(민집법 제33조)

[서식] 집행문부여의 소(승계의 경우)

소 장

원 고 윤 근 석 (주민등록번호)
서울 중구 장충로35길 37(우:)
전화번호(휴대폰 포함), 팩스번호
전자우편(e-mail)주소

피 고 김 만 수 (주민등록번호)
서울 종로구 당주로28길 52(우:)
전화번호(휴대폰 포함), 팩스번호

집행문부여의 소

청 구 취 지

1. 소외 윤근태와 피고 사이의 서울중앙지방법원 20○○가합5875 대여금사건의 판결에 관하여 같은 법원 법원사무관은 피고에 대한 강제집행을 위하여 소외 윤근태의 승계인 원고에게 집행문을 부여하라.

2. 소송비용은 피고의 부담으로 한다.
라는 판결을 구합니다.

청 구 원 인

1. 소외 윤근태는 피고에 대하여 서울중앙지방법원 20○○가합5875 대여금청구사건의 확정판결에 의한 채권을, 원고는 소외 윤근태로부터 위 집행권원의 내용인 채권을 위 사건의 변론종결후인 20○○. 11. 9. 피고의 동의를 얻어 양도받고 위 소외인의 채권을 승계한바, 원고는 승계인(채권양수인)으로서 당연히 위 판결에 승계집행문을 부여받을 자격이 있습니다.
2. 그런데 피고는 위 채무를 이행하지 아니하고 더욱이 승계인의 승계사실을 부인하고 있으므로 강제집행을 하고자 하여도 원고는 그 승계사실을 문서로서 입증하기 곤란한 까닭에 승계집행문부여를 구하지 못함으로 민사집행법 제31조 제1항의 승계집행문을 구하기 위하여 동법 제33조에 의한 본소를 제기하기에 이른 바입니다.

입 증 방 법

변론 시에 입증하겠습니다.

첨 부 서 류

1. 판결문사본 1통
1. 소장부본 1통
1. 납부서 1통

20○○. 11. 30.

위 원고 윤 근 석 (인)

서울중앙지방법원 귀중

<주> 신청비용 등 : 전 서식 말미 참조

6. 집행에 관한 이의신청

1. 서 설

가. 의 의

집행에 관한 이의신청이라 함은 강제집행의 절차에 관한 집행법원의 재판으로서 즉시항고를 할 수 없는 것과, 집행관의 집행처분, 그밖에 집행관이 지킬 집행절차에 대하여 집행당사자 또는 이해관계가 있는 제3자가 집행법원에 그 시정을 구하는 불복신청방법을 말한다(민집법 제16조).

집행법원의 집행절차에 관한 재판에 대하여 불복할 수 있는 방법으로는 즉시항고(민집법 제15조)와 집행에 관한 이의신청(민집법 제16조)의 방법이 있는바, 전자는 법조문에 즉시항고를 할 수 있다고 규정한 경우에 한하여 할 수 있으며, 그와 같은 규정이 없는 것과, 집행관의 집행처분 그밖에 집행관이 지킬 집행절차에 대하여서는 법원에 집행에 관한 이의로 불복하여야 한다(민집법 제16조 제1항).

강제집행은 이의신청에 의하여 정지되지 아니한다. 법원은 이의신청에 대한 재판에 앞서 집행의 정지 또는 속행을 명하는 등 잠정처분을 할 수 있다(민집법 제16조 제2항). 이의신청이 받아들여져 집행처분을 허가하지 않는다든가 집행관에게 특정의 집행을 하여야 한다는 취지의 결정이 있으면 신청인은 그 재판의 정본을 집행관에게 제출하여야 비로소 집행처분 취소 등을 구할 수 있다. 단 집행기관이 수소법원이나 집행법원일 경우는 사실상 직권으로 집행을 정지, 취소하는 행동으로 나타난다(민집법 제49조, 제50조).

나. 이의사유

(1) 개 설

이의사유로는 집행 또는 집행행위의 절차상의 하자가 있는 경우에 할 수 있으며(대법원 1981. 5. 30. 80마490 결정) 실체상의 하자에 대하여는 청구이의의 소(민집법 제44조)나 제3자 이의의 소(민집법 제48조)로 다투어야 한다.

(2) 집행채권자의 이의사유

집행관이 정당한 이유 없이 집행위임을 거부하거나 또는 위임의 취지에 좇아 집행을 실시하지 아니하는 경우, 집행관의 수수료계산이 부당한 경우(민집법 제16조 제3항), 집행기록의 열람이나 그 등본의 부여를 거절한 경우(민집법 제9조), 채권자의 동의 없이 집행을 연기하는 것 등에 대하여 집행채권자는 이의를 신청할 수 있다.

부동산강제집행절차에서 집행법원이 집행취소문서가 제출되었다 하여 당해 집행절차를 취소한 결정은 즉시항고를 할 수 없는 강제집행의 절차에 관한 집행법원의 재판으로서, 그 취소결정에 이의가 있는 사람은 집행에 관한 이의의 방법으로 불복을 신청할 수 있으므로 그 취소결정에 대하여는 대법원에 특별항고를 할 수 없다(대법원 1994. 5. 9. 자 94그4 결정).

(3) 집행채무자의 이의사유

(가) 현황조사명령(민집법 제85조)의 발령이 위법한 경우에 이의사유가 된다. 예컨대 현황조사의 목적물이 틀렸다든가, 압류가 경합된 경우에 있어서 후행사건으로 절차를 속행하는 것이 아닌데도 다시 현황조사명령을 발한 경우 등이다.

(나) 집행력 있는 정본의 흠결이 있거나 사망한 채권자 앞으로 집행문의 부여가 있고 이에 기하여 집행이 있은 경우, 집행권원의 송달이 없이 집행을 개시한 경우, 관할에 위반하여 집행한 경우(대법원 1964. 4. 13. 63마193 결정), 기한의 미도래, 반대이행의 미제공 등 집행의 일반요건에 흠결이 있는 경우, 파산선고 등 집행장애사유가 있는 경우, 집행정지·취소사유가 있음에도 불구하고 이를 무시하고 절차를 진행하는 경우, 증인의 참여 없이 집행한 경우(민집법 제6조), 야간·공휴일의 집행에 있어 집행법원의 허가가 없는 경우의 집행(민집법 제8조) 등이 있을 수 있다.

(4) 제3자의 이의사유

제3자도 집행관의 부당한 집행으로 불이익을 받았을 때에는 집행에 관한 이의를 신청할 수 있다.

다. 대 상

(1) 집행법원의 집행절차에 관한 재판으로서 즉시항고를 할 수 없는 것(민집법 제16조 제1항 전단)

집행법원이 행하는 모든 재판 중에서 명문의 규정에 의하여 즉시항고를 할 수 있는 것을 제외한 집행법원의 재판이 집행에 관한 이의신청의 대상이 된다.

집행절차란 강제집행의 신청에 의하여 개시된 구체적 집행절차를 말한다. 그 준비를 위한 절차는 이에 포함되지 아니한다.

(2) 집행관의 집행처분, 집행관이 지킬 집행절차(민집법 제16조 제1항 후단)

집행관의 집행처분이라 함은 집행관이 집행기관으로서 하는 법률효과를 수반하는 처분을 말하고, 집행관이 지킬 집행절차라 함은 집행처분 외에 집행관이 지켜야 할 사항을 말한다. 예컨대 전자에 있어서는 현황조사라든가 경매의 실시 등에서의 흠결사항을 말하고 후자에 있어서는 사실행위의 위법 즉 집행기록열람을 거부하는 행위 등을 말한다.

(3) 집행관이 집행을 위임받기 거부하거나 집행행위를 지체하는 경우(동조 제3항)

집행관이 집행을 위임받기를 거부하거나 집행행위를 지체하는 경우에 집행에 관한 이의를 신청할 수 있다(민집법 제16조 3항 전단). 이는 집행행위를 고의로 하지 않는 경우뿐만 아니라 태만으로 지연하는 경우도 포함한다. 집행법원이 집행처분을 지체하는 경우에도 집행에 관한 이의신청을 할 수 있는가에 관하여는 긍정설과 부정설이 있다.

집행관이 계산한 수수료에 대하여 다툼이 있는 경우에도 집행에 관한 이의를 신청할 수 있다(민집법 제16조 3항 후단).

2. 이의의 신청절차

가. 신청의 방식

이의신청은 통상 서면에 의하나, 집행법원이 실시하는 매각결정기일 또는 배당기일 등에 출석하여 말(구술)로도 이의신청을 할 수 있다(민집규칙 제15조 제1항). 집행관이 실시하는 입찰기일, 경매기일 등에서는 이의신청을 할 수 없다. 이의신청을 하는 때에는 이의의 이유를 구체적으로 밝혀야 한다(민집규칙 제15조 제2항). 신청서에는 1,000원의 인지를 붙여야 하며(민사소송 등 인지법 제9조 제5항 제4호, 재민 91-1), 말(구술)에 의한 이의신청의 경우에는 조서에 인지를 붙인다(민사소송 등 인지법 제1조).

나. 이의신청권자(당사자적격)

이의신청의 당사자로는 집행채권자, 집행채무자 및 제3자가 할 수 있다. 이의절차는 당사자대립구조를 가지고 있지 아니하므로 상대방이 없다. 그러므로 집행관의 집행에 이의가 있더라도 집행관을 상대방으로 할 수는 없다. 다만, 실무에서 대립하는 이해관계인이 있을 때에는 이를 대립당사자로 하여 재판에 관여시키는 경우가 있다.

장차 경매절차에서 응찰할 예정이라는 사유만으로는 그 경매절차에 관하여 법률상 이해관계를 가진다고 할 수 없어 집행에 관한 이의를 신청할 적격이 없다(대법원 1999. 11. 17. 자 99마2551 결정).

다. 신청의 시기

이의신청은 특별히 제한이 없으므로(대법원 1996. 7. 16. 자 95마1505 결정) 강제집행이 개시된 후라면 언제든지 할 수 있다. 예외적인 경우는 미리 한 이의도 허용되나(대법원 1969. 11. 20. 64마579 결정) 강제집행이 종료한 후에는 이의를 할 수 없다(대법원 2008. 2. 5. 자 2007마1613 결정). 그러나 집행관의 수수료 계산에 대한 이의신청은 집행종료 후에도 가능하다(민집법 제16조 제3항).

라. 관 할

이 관할은 전속관할이다(민집법 제21조). 따라서 집행관의 집행행위에 대한 이의신청은 그 집행절차를 실시할 곳이나 실시한 곳을 관할하는 지방법원이 집행법원으로 된다(민집법 제3조).

3. 재 판

가. 개 설

이의의 재판은 변론 없이 할 수 있고, 결정으로 재판한다(민집법 제3조 제2항). 변론을 열지 아니할 경우에 법원은 당사자와 이해관계인, 그 밖의 참고인을 심문할 수 있다(민소법 제134조 제2항). 이의가 정당하다고 인정할 때에는 집행법원의 집행행위의 경우에 그 집행처분을 스스로 취소 또는 변경하거나, 집행관의 경우에는 특정의 집행을 하여야 할 것 또는 집행을 허가하지 않는다는 것을 선언한다. 이에 반하여 이의신청이 부적법하다고 인정할 때에는 그 신청을 각하하고, 이유 없을 때에는 신청기각의 결정을 한다. 이의신청이 받아들여져 집행처분을 허가하지 아니하는 결정이 선언되면 신청인은 그 재판의 정본을 집행기관에 제출하여 집행처분의 취소를 구할 수 있다(민집법 제49조 제1호, 제50조). 다만, 집행법원이 집행기관인 경우에는 별도로 제출할 필요는 없다.

이의절차에서는 화해, 청구의 포기·인낙은 허용되지 아니한다.

나. 이의재판에 대한 불복

이의신청에 관한 재판에 대하여는 즉시항고를 할 수 없다. 구 민사소송법에서는 같은 법 제504조 제4항의 규정에 따라 이의신청에 관한 재판에 대하여 집행당사자 또는 이해관계가 있는 제3자가 즉시항고를 할 수 있었으나, 현행 민사집행법은 구 민사소송법 제504조 제4항의 규정을 삭제함으로써 이의신청에 관한 재판에 대하여 즉시항고를 할 수 없도록 하였다. 그러나 민사집행법 제15조 제1항은 집행절차에 관한 집행법원의 재판에 대하여는 특별한 규정이 있어야만 즉시항고를 할 수 있다고 규정하고 있는데, 같은 법 제17조 제1항은 집행절차를 취소하는 결정, 집행절차를 취소한 집행관의 처분에 대한 이의신청을 기각·각하하는 결정 또는 집행관에게 집행절차의 취소를 명하는 결정에 대하여는 즉시항고를 할 수 있다고 규정하고 있으므로, 집행에 관한 이의신청에 대한 재판이 이에 해당하는 경우에는 즉시항고를 제기할 수 있지만, 그 밖의 경우에는 이의신청에 대한 재판에 대하여 즉시항고를 제기할 수 없고, 민사집행법 제23조 제1항에 의하여 준용되는 민사소송법 제449조의 특별항고로서만 불복할 수 있다.

한편, 구 민사소송법이 적용되는 사건에 관하여 그 집행에 관한 이의신청이 기각된 경우에는 같은 법 제504조 제4항에 의하여 즉시항고를 제기할 수 있다(대법원 2007. 11. 21. 자 2007그170 결정).

다. 이의신청의 효력

강제집행은 이의신청에 의하여 정지하지 아니한다. 집행법원은 이의신청에 대한 재판에 앞서 채무자에게 담보를 제공하게 하거나 제공하게 하지 아니하고 집행의 일시정지를 명하거나, 채권자에게 담보를 제공하게 하고 그 집행을 계속하도록 명하는 잠정처분을 할 수 있다(민집법 제16조 제2항). 후술한다.

신청인은 위 재판의 정본을 집행기관(집행관 등)에 제출하여 집행의 정지 또는 집행의 속행을 구할 수 있다.

[서식] 집행에 관한 이의신청서(집행행위의 취소 또는 불허를 구하는 경우)

집행에 관한 이의신청

신 청 인　정　민　우 (주민등록번호)
서울 서초구 방배로13길 60(우 :　　)
(연락처)

신 청 취 지

신청인과 상대방 사이의 서울중앙지방법원 20○○카단2991 유체동산가압류명령신청사건의 결정정본에 기한 상대방의 위임에 따라 위 법원소속 집행관이 별지 목록 기재의 동산에 대하여 실시한 가압류집행은 이를 취소한다(또는 허가하지 아니한다).

라는 재판을 구합니다.

신 청 이 유

1. 신청외(상대방) 민기준은 신청인에 대한 위 집행력 있는 가압류정본에 기하여 20○○. 11. 5. 귀원소속 집행관 주상택에게 위임하고, 신청인 소유의 별지목록 기재 동산에 대하여 가압류집행을 하였습니다.

2. 그러나 집행당일은 공휴일임에도 불구하고 집행법원의 허가 없이, 또한 이에 대하여 통지 없이 불법으로 압류집행을 하였던 것입니다.

3. 더욱이 당일 신청인은 부재임에도 불구하고 정당한 타인의 참여입회도 없이 집행을 완료하였는바, 위와 같이 위 집행관의 집행행위는 그 준수할 절차에 위배한 것이므로, 본 이의신청을 하는 바입니다.

첨 부 서 류

1. 가압류집행조서등본　1통
1. 동산목록　1통
1. 납부서　1통

20○○. 11. 7.

위 신청인 정 만 우 (인)

서울중앙지방법원 귀중

인지 · 송달료 등

◆ 인지첩부	신청서에는 1,000원의 인지를 붙인다(재민 91-1)
◆ 송 달 료	당사자 1인당 2회분
◆ 첨부서면	신청서 1통 및 첨부서류
◆ 관할법원	집행법원

◆ 그 밖의 집행에 관한 이의신청의 신청취지 기재례

- 「○○법원소속 집행관 ○○○이 신청인과 신청외 ○○○ 사이의 위 법원 20○○ 가합 ○○호 집행력있는 판결정본에 기하여 20○○. ○. ○. 실시한 별지목록기재의 동산 경매절차 중 그 매득금을 배당한 처분을 취소한다」
- 「○○법원 소속 집행관 ○○○은 공증인가 ○○합동법률사무소 작성의 20○○ 증 제○○호 집행력있는 공정증서정본에 기한 신청인의 위임에 따라 20○○. ○. ○. 압류한 별지목록기재 동산에 대하여 경매집행을 실시하라」

[서식] 집행에 관한 이의신청서(집행불허 및 취소)

집행에 관한 이의신청

신 청 인　　주식회사 팔도건설
서울 강남구 논현로13길 10(우:　　　)
대표이사　황　성　준
(연락처)

피신청인　　고　길　섭
서울 서초구 반포로13길 43(우:　　　)

신 청 취 지

피신청인이 서울중앙지방법원 20○○가단2991 대여금청구사건의 집행력있는 판결정본에 의하여, 20○○. 8. 7. 귀원 소속 집행관에 위임하고, 별지 목록 기재의 동산에 대하여 한 강제집행은 이를 불허한다.

라는 재판을 구합니다.

신 청 이 유

1. 피신청인은 서울중앙지방법원 20○○가단2991 대여금청구사건의 집행력 있는 판결정본에 의하여 20○○. 8. 7. 신청인의 사무소에 있어서 귀원소속 집행관 김일구에 의하여 신청인소유의 별지목록기재의 물건에 대하여 강제집행을 하였습니다.

2. 그러나 신청인과 위 집행권원에 기재된 (주)팔도건설과 전혀 다른 법인체로서 신청인은 피신청인으로부터 하등의 강제집행을 받을 이유가 없으므로, 이 취소를 구하기 위하여 민사집행법 제16조에 따라 본 이의신청을 하는 바입니다.

소 명 방 법

1. 갑 제1호증 압류집행조서등본
1. 갑 제2호증 주식회사등기부등본
1. 갑 제3호증 사업자등록증사본

1. 갑 제4호증 동산목록

첨 부 서 류

1. 위 소명방법 각 1통
1. 납부서 1통

20○○. 8. 10.

위 신청인 (주)팔도건설
대표이사 황 성 준 (인)

서울중앙지방법원 귀중

인지 · 송달료 등

◆ 인지첩부	신청서에는 1,000원의 인지를 붙인다(재민 91-1).
◆ 송 달 료	당사자 1인당 2회분

[서식] 집행관의 집행위임거절에 대한 이의신청서(건물철거등 사건)

집행관의 집행위임거절에 대한 이의신청

신 청 인　　김　정　수 (주민등록번호)
서울 서초구 양재로12길 45
(연락처)

신 청 취 지

서울중앙지방법원 소속 집행관은 신청인의 위임에 의하여 위 법원 20○○가단1212 건물철거등 사건의 집행력있는 판결정본 및 같은 법원 20○○타기5757 집행력있는 대체집행정본에 의한 각 강제집행을 실시하라.

라는 재판을 구합니다.

신 청 원 인

1. 신청인은 귀원으로부터 신청외 김민우, 이상준, 조현식, 송철현, 강대규, 민기수에 대하여는 퇴거를, 신청외 이희진에 대하여는 철거 및 인도를 명하는 신청취지기재 집행력있는 판결정본 및 대체집행결정정본을 받고, 이중 자진퇴거한 김민우를 제외한 나머지 사람들에 대하여 20○○. 7. 12. 귀원 소속 집행관에게 집행을 의뢰하였습니다.

2. 귀원소속 집행관은 집행에 착수하여 신청외 이상준, 송철현, 강대규, 민기수에 대하여는 퇴거집행을 하고, 조현식에 대하여는 부재하여 집행불능이 되었습니다. 그리고 가건물 소유자인 이희진에 대하여 철거 및 인도집행을 하려 하였으나, 위 조현식의 퇴거집행이 불능하였으므로, 차후 나머지 부분 퇴거집행후 일괄철거집행하기로 하고, 집행을 연기하였습니다.

3. 그 후 신청인은 20○○. 7. 18. 같은 집행관에게 조현식의 퇴거와 이희진에 대한 철거집행을 의뢰한 바, 위 집행관은 20○○. 7. 12. 퇴거집행을 완료한 신청외 이상준 외 3인이 점유하고 있다는 이유로 조현식 점유부분에 한하여만 퇴거 및 철거집행을 하고, 나머지 부분의 철거집행은 거절하고 있습니다.

4. 철거는 퇴거와 인도를 전제로 한 집행이므로, 퇴거와 인도를 분리한 집행은 있을 수도 없을 뿐 아니라 또한 퇴거에 대한 집행을 감행한 이상 퇴거한 사람이 다시 점유하고 있다 하더라도 철거집행을 거절할 하등의 이유가 없는 것입니다.

5. 이러한 근거에서 명도와 달리 퇴거단행가처분이 존재하지 않은 것이며, 만약 불법적인 재 점유로 인하여 철거집행이 불가능하다면 신청인은 처음부터 전에 한 절차 그대로 점유이전금지가처분 및 처분금지가처분을 하고, 본안소송과 대체집행신청을 새로이 하여야 한다는 모순을 범할 뿐만 아니라 신청인으로 하여금 막대한 손해를 입히는 결과를 초래하게 되므로 신청인은 신청취지와 같은 재판을 구하기 위하여, 이건 신청에 이르렀습니다.

첨 부 서 류

1. 집행력있는 판결정본 1통
1. 대체집행결정정본 1통
1. 동결정송달증명 1통
1. 철거집행불능조서 1통
1. 납부서 1통

20○○. 7. .

위 신청인 김 정 수 (인)

서울중앙지방법원 귀중

인지 · 송달료 등

◆ 인지첩부	신청서에는 1,000원의 인지를 붙인다(재민 91-1)
◆ 송 달 료	당사자 1인당 2회분

4. 잠정처분

가. 의 의

잠정처분이라 함은 강제집행에 관한 불복·구제절차에서 그 권리자를 위하여 집행법원의 직권으로 집행을 일시 정지하게 하거나 집행을 속행하도록 명하는 제도를 말한다.

강제집행은 이의신청에 의하여 당연히 정지되는 것이 아니므로 법원은 이의신청이 있는 경우에 그 재판에 앞서 채무자에게 담보를 제공하게 하거나 제공하게 하지 아니하고 집행을 일시 정지하도록 명하거나, 채권자에게 담보를 제공하게 하고 그 집행을 계속하도록 명하는 등 잠정처분을 할 수 있다(민집법 제16조 제2항). 그러나 이미 한 집행처분의 취소는 명할 수 없다(민집법 제46조 제2항, 민소법 제500조 제1항).

집행법원의 잠정처분의 명령이 있으면 이의신청의 재판이 있기까지 효력이 있다. 민사집행법 제16조 제2항의 잠정처분은 당사자에게 신청권이 없다는 점, 법원은 이미 실시한 집행처분을 취소하도록 명할 수 없다는 점 등에 있어서 같은 법 제46조 제2항의 잠정처분과는 차이가 있다.

나. 잠정처분을 할 수 있는 재판

집행법원이 직권으로 제16조 제2항의 잠정처분을 할 수 있는 경우로는 집행에 관한 이의신청이 있는 경우 외에도 집행문부여에 대한 이의신청이 있는 경우나 경매개시결정에 대한 이의신청이 있는 경우, 압류금지 물건을 정하는 재판의 경우에는 제16조 제2항의 처분에 준하는 결정을 할 수 있다(민집법 제34조 제2항, 제86조 제2항, 제196조 제2항).

다. 잠정처분신청

(1) 개 설

이는 법원의 직권사항이므로 이의신청을 한 사람은 잠정처분을 구할 권한은 없다. 그러나 실무에서는 법원의 직권발동을 촉구하는 의미에서 이를 신청하고 있다. 신청서에는 인지를 붙이지 않는다(재민 91-1).

잠정처분의 재판에 대하여는 불복신청이 허용되지 않는다(민소법 제500조 제3항 유추).

(2) 집행정지서류의 제출

집행법원이 집행의 일시정지를 명하는 잠정처분을 발하면 이의신청인은 그 재판의 정본을 집행기관에 제출하여 집행의 정지를 구할 수 있다(민집법 제49조 제2호). 즉, 집행법원의 집행정지결정이 있다고 하여서 그 결정 즉시로 당연히 집행정지의 효력이 있는 것이 아니므로 신청인이 그 결정의 정본을 첨부한 집행절차정지신청을 집행기관에 제출하여야 비로소 집행이 정지되는 것이다(대법원 2013. 3. 22. 자 2013마270 결정). 집행정지서류제출에 관하여는 499면 참조

[서식] 집행이의신청에 기한 집행정지신청서

집행이의신청에 기한 집행정지신청

신 청 인 정 갑 직(주민등록번호)
서울 강남구 대치로13길 28(우:)
(연락처)

피신청인 이 주 민
서울 강남구 압구정로13길 11(우:)

신 청 취 지

신청인과 피신청인 사이의 서울중앙지방법원 20○○가단9891 약속어음청구사건의 집행력있는 판결정본에 기한 20○○. 6. 3. 별지목록 기재의 동산에 대하여 한 강제집행은 귀원 20○○타기2457 집행에 관한 이의사건의 결정고지시까지 이를 정지한다.

라는 재판을 구합니다.

신 청 이 유

1. 피신청인은 신청인에 대한 서울중앙지방법원 20○○가단9891 약속어음금청구사건의 집행력있는 판결정본에 의하여 20○○. 6. 3. 집행관 허주만에게 위임하고 별지 목록 기재의 동산에 대하여 강제집행함에 있어서 집행당일이 공휴일임에도 불구하고 집행법원의 허가명령을 받지 아니하고 또한 신청인이 부재하였음에도 집행관은 정당한 타인의 참여 없이 집행을 완료하였던 것입니다.

2. 그러나 집행에 관한 이의의 신청을 하여도 집행행위는 당연히 정지되지 않아 집행관은 위 압류의 동산에 대하여 경매를 하기 위하여 그 기일을 20○○. 6. 20. 11:00로 지정하였으므로 만약 집행에 관한 이의의 재판 전에 경매가 된다면 신청인은 심한 손해를 보게 되므로 위 이의사건의 결정고지시까지 강제집행의 일시 정지를 구하기 위하여 본 신청에 이르렀습니다

소 명 방 법

1. 판결문 사본 1통
1. 집행에 관한 이의신청서 사본1통
1. 접수증명 1통
1. 압류집행조서등본 1통
1. 동산경매기일통지서 1통

20○○. 6. 7.

위 신청인 정 갑 직 (인)

서울중앙지방법원 귀중

인지 · 송달료 등

◆ 인지첩부	인지를 붙이지 아니한다(재민 91-1).
◆ 송 달 료	납부하지 않는다.
◆ 첨부서면	신청서 1통 및 첨부서류
◆ 관할법원	집행법원

<별지목록>

목 록

1. 에어컨(대우캐리어) 1대
1. 소형금고 1대
1. 테블(의자 포함) 3조
1. TV 1대

第10장 강제집행의 정지

1. 의 의

강제집행의 정지라 함은 법률상의 이유로 강제집행을 개시할 수 없거나 속행할 수 없는 경우를 말한다. 집행정지는 보통 채무자 또는 제삼자로부터 정지원인에 관한 서면을 집행기관에 제출한 경우에 행하여진다(민집법 제49조). 집행정지의 재판을 하였다고 그 재판에 의하여 당연히 집행이 정지하는 것이 아니라 그 재판의 정본을 집행법원에 제출하여야 비로소 정지되는 것이다. 예컨대 청구이의의 소를 제기하여 잠정처분과 동시에 집행정지의 재판이 있었을 때는(민집법 제46조) 채무자는 이를 집행기관에 제출하여야 정지된다.

집행정지명령은 신청에 의하여 발하는 것과 직권으로 발하는 것이 있다. 기타 법률의 규정이 있는 경우에도 정지된다(채무자회생 및 파산에 관한 법률 제44조, 제593조). 그러나 의사진술을 명하는 재판(민집법 제263조)은 강제집행절차가 존재하지 아니하므로 집행정지도 없다(대법원 1979. 5. 22. 자 77마427 결정).

집행정지서류는 집행취소(민집법 제50조)의 성질도 갖는 서류가 있다.

2. 집행정지원인

가. 개 설

집행정지의 원인은 법정서류의 제출과 법정사실의 발생으로 정지되고 다른 절차에 의한 정지는 허용되지 아니한다(대법원 1969. 3. 5. 자 68그7 결정).

나. 법정서류

법정서류는 민사집행법 제49조 각호에 해당하는 서류를 말하고, 위 서류를 채무자 또는 제3자가 집행기관에 제출하여야 비로소 집행이 정지된다.

(1) 집행할 판결 또는 그 가집행을 취소하는 취지나 강제집행을 허가하지 아니하거나 그 정지를 명하는 취지 또는 집행처분의 취소를 명한 취지를 기재한 집행력

있는 재판의 정본(민집법 제49조 제1호)

① 여기서의 '집행력있는 재판의 정본' 이라 함은 집행문이 부여된 집행력 있는 정본이 아니고 확정되었다든가 가집행선고가 있든가 하는 집행력 있는 정본을 말한다.

② 집행할 판결을 취소하는 재판이라 함은 가집행의 선고 있는 판결을 상소심에서 취소하는 판결이나 재심에 의하여 확정판결을 취소하는 판결을 말한다. 판결 이외의 집행권원을 취소하는 재판(예를 들어, 준재심에 의하여 화해조서를 취소하는 경우)도 이에 속한다(민집법 제57조).

③ 가집행을 취소하는 재판이라 함은 본안판결의 당부를 심판하기 전에 가집행의 선고만을 취소하는 판결(민소법 제215조 3항)을 말한다.

④ 강제집행을 허가하지 아니하는 재판이라 함은 집행문부여에 관한 이의신청을 인용한 결정(민집법 제34조 1항), 즉시항고 또는 집행에 관한 이의신청을 인용한 결정(민집법 제15조, 16조), 청구에 관한 이의의 소 · 집행문부여에 대한 이의의 소 · 제3자이의의 소를 인용한 종국판결(민집법 제44조, 45조, 48조)과 같이 집행 또는 집행행위의 위법을 확정하고 그 종국적 불허를 선언하는 취지의 재판을 말한다.

⑤ 강제집행의 정지를 명하는 재판이라 함은 위 ④의 재판 중에서 집행의 일시적 불허를 선언한 재판을 말하며, 변제기한의 일시적 유예를 이유로 한 청구에 관한 이의의 소를 인용한 판결, 기한도래 전의 집행개시를 이유로 한 집행에 관한 이의를 인용한 결정 등이 이에 속한다.

⑥ 집행처분의 취소를 명한 재판이란 청구에 관한 이의의 소, 집행문부여에 관한 이의의 소, 제3자이의의 소에 부수하여 행하여지는 잠정처분(민집법 제46조, 47조, 48조)이나 재심 또는 상소의 추후보완신청이나 상소제기에 부수하여 행해지는 집행정지에 관한 재판 중 이미 실시한 집행처분의 취소를 명하는 재판(민소법 제500조, 501조)을 가리킨다.

한편, 즉시항고(민집법 제15조 6항), 집행이의(민집법 제16조 2항), 집행문부여 등에 대한 이의신청(민집법 제34조 2항, 16조 2항)의 경우에는 잠정처분으로서 집행의 정지만을 명할 수 있을 뿐 이미 실시한 집행처분의 취소를 명하는 재판은 허용되지 아니한다.

채권압류 및 전부명령의 기초가 된 집행권원에 기한 강제집행을 불허하는 청구이의 재판의 판결정본은 강제집행의 취소·정지에 관한 민사집행법 제49조 제1호에서 정한 서류에 해당하므로, 그러한 서류가 제출되면 채권압류 및 전부명령은 집행처분의 취소에 관한 민사집행법 제50조 제1항에 따라 취소되어야 한다(대법원 2018. 5. 23. 자 2018마5170 결정).

(2) 강제집행의 일시정지를 명한 취지를 기재한 재판정본(민집법 제49조 제2호)

잠정처분 또는 집행정지에 관한 재판 중 집행의 일시적 정지를 명한 취지를 기재한 재판을 말한다. 이에 해당하는 것으로서는 항고에 대한 결정이 있을 때까지의 집행정지(민소법 제448조), 재심 또는 상소의 추후보완신청으로 말미암은 집행정지(민소법 제500조), 가집행의 선고가 붙은 판결에 대하여 상소를 한 경우 또는 정기금의 지급을 명한 확정판결에 대하여 변경의 소(민소법 제252조 1항)를 제기함으로 말미암은 집행정지(민소법 제501조, 500조), 즉시항고(민집법 제15조 6항), 집행이의(민집법 제16조 2항), 집행문부여 등에 대한 이의신청(민집법 제34조 2항, 16조 2항)의 경우에 잠정처분으로 하는 집행정지, 청구이의의 소와 집행문부여에 대한 이의의 소제기 시에 잠정처분으로 하는 집행정지(민집법 제46조 2항, 4항), 수소법원이 이의의 소의 판결에서 한 집행정지(민집법 제47조 1항), 제3자이의의 소제기로 말미암은 집행정지(민집법 제48조 3항), 압류금지물의 확장부분에 대한 집행정지(민집법 제196조 3항, 16조 2항) 등이 있다.

만약, 담보의 제공을 조건으로 정지를 명한 때에는 그 재판을 받은 사람은 담보를 제공한 증명서(민집법 제19조)를 동시에 제출하여야 한다(대법원 1963. 9. 12. 63다213 판결, 대법원 1968. 10. 1. 68마1036 결정).

여기서 재판의 정본이란 대개 즉시로 집행력을 가지는 결정이나 명령이며, 이는 항고로 불복할 수도 없고, 판결의 경우에는 집행의 일시정지에 가집행선고가 부하여져 있다(민집법 제47조 제2항).

(3) 집행을 면하기 위하여 담보를 제공한 증명서류(민집법 제49조 제3호)

이는 채무자가 가집행을 면제(민소법 제213조 제2항, 제3항)받기 위하여 담보를 제공하고 받은 담보제공증명서를 말한다(민집법 제19조 제2항). 실무에서는 본호의 집행정지는 아예 이용하지 아니한다. 이를 이용할 경우 상대방으로 하여금 재판에서 패소할 것이라는 암시를 주기 때문이다.

(4) 집행할 판결후에 채권자가 변제를 받았거나 의무이행의 유예를 승낙한 취지를 기재한 증서(민집법 제49조 제4호)

이와 같은 증서는 공증인이 인증한 증서임을 필요로 하지 아니하고 사서증서라도 진정하게 성립되었다는 것을 인정받을 수 있는 서류이면 족하다. 이에 해당하는 증서로는 변제증서, 대물변제증서 또는 이에 준하는 채권포기, 상계의 의사표시를 기재한 서면, 채무면제, 채권양도통지서이거나 의무이행의 유예를 승낙한 취지의 기재가 있는 것 등이 있다. 공문서로는 채권자에 대한 가압류명령이나 전부명령의 정본도 이에 해당된다. 다만, 변제공탁서는 인정되지 않는다. 그러나 위 제4호의 증서제출에는 집행절차가 무한히 지연되는 것을 방지하기 위하여 민사집행법 제51조에 그 제한의 규정을 두었는바, "변제를 받았다는 취지의 증서의 제출에 의한 강제집행의 정지기간은 2월로 하고, 의무이행의 유예를 승낙하였다는 취지를 기재한 증서의 제출에 의한 강제집행의 정지는 2회에 한하며 통산하여 6월을 초과할 수 없다"라고 규정하였다. 통산하여 6월이란 당해 경매절차에 있어서 통산하여 6월이란 뜻이다.

한편, 채무자가 변제 등의 사유가 존재함에도 불구하고 이를 입증할 증서가 없다거나 급박하게 제출할 수 없는 사정이 있는 경우에는 청구이의의 소를 제기하고 집행정지의 잠정처분(민집법 제46조)을 받아 그 재판의 정본(민집법 제49조 제2호)을 집행기관에 제출할 수밖에 없다.

(5) 집행할 판결 기타의 재판이 소의 취하 기타의 사유에 의하여 실효되었음을 증명하는 조서등본 기타 법원사무관등 작성의 증서(민집법 제49조 제5호)

상소심에서의 소의 취하가 있는 때에는 가집행선고 있는 판결은 실효된다. 따라서 이 경우의 소취하조서나 소취하증명서를 제출하면 집행이 정지된다. 화해조서, 포기조서 등도 이에 포함된다.

(6) 강제집행을 하지 않는다는 취지 또는 강제집행의 신청이나 위임을 취하한다는 취지의 화해조서의 정본 또는 공정증서의 정본(민집법 제49조 제6호)

이는 강제집행을 실시하지 않는다는 이른바 부집행의 약정이 화해조서나 공정증서에 기재된 경우를 말한다. 강제집행신청을 취하하기로 한 합의 역시 마찬가지이다. 조정조서도 화해조서에 준하여 인정하여야 할 것이다. 이들 사유를 증명할 서류는 그 조서의 정본이다.

다. 법정사실의 발생

법정사실의 발생이라 함은 집행기관이 집행요건의 흠결 또는 집행장애가 있음을 발견한 때를 말한다. 이 경우 집행기관은 직권으로 집행을 정지한다.

3. 집행정지의 방법과 시기

가. 개 설

강제집행은 정지명령에 의하여 당연히 정지되는 것이 아니라 집행을 실시하는 집행법원, 집행관 또는 수소법원에 민사집행법 제49조의 소정의 서류를 제출하여 정지를 구한 경우에만 비로소 정지가 되는 것이라 함은 전술하였다.

실무에서는 집행정지신청서와 같이 제출하고 있으나 이를 제출하지 아니하여도 무방하다. 집행정지서류의 제출은 집행법원에 제출하는 것이 원칙이나 항고로 소송기록이 상급법원에 있는 경우에는 상급법원에 제출한다. 이 신청서에는 인지를 붙일 필요가 없다(재판예규 제1440호).

집행정지를 이유로 담보를 제공한 경우에는 공탁서를 첨부 제출하여야 한다.

나. 집행정지서류 등의 제출시기

강제집행정지서류의 제출시한은 그 정지서류의 종류에 따라 민사집행규칙 제50조가 규정하고 있고 담보권실행의 경매에 대한 집행정지서류제출에 대하여는 동 규칙 제202조가 이를 준용하고 있다. 따라서 여기서는 담보권실행의 경매에 대한 집행정지 제출시와 함께 보기로 한다.

집행정지 서류는 강제경매 또는 담보권실행경매신청 전, 즉 집행신청 전에 미리 제출할 수는 없다.

(1) 민사집행법 제49조 제1호, 제2호, 제5호의 서류 및 제266조 제1항 제1호, 제2호, 제3호, 제5호의 서류

위 서류는 매수인이 매각대금을 내기 전까지 제출하여야 집행이 정지(민집규칙 제50조 제1항, 동 제202조) 또는 취소(민집법 제50조 제1항)된다.

(2) 민사집행법 제49조 제4호의 서류 및 제266조 제1항 제4호 후단의 서류

위 서류는 매수신고 전후에 제출할 수 있다. 매수의 신고가 있은 뒤에 제출하는 경우에는 최고가입찰자 또는 매수인과 차순위입찰신고인의 동의를 받아야 한다(민집법 제93조 제3항 후단, 제275조).

(3) 민사집행법 제49조 제3호, 제6호, 제266조 제1항 제4호 전단의 서류

위 서류는 매수신고 전후에 제출할 수 있다. 매수의 신고가 있은 뒤에 제출하는 경우에는 최고가매수인 또는 매수인과 차순위매수신고인의 동의를 받아야 한다(민집법 제93조 제3항 전단, 제275조).

(4) 매수인이 매각대금을 지급한 후의 제출

매수인이 매각대금을 지급한 후에는 민사집행법 제49조 각호의 서류를 제출하더라도 집행정지 또는 취소가 되지 않고 그 이후의 절차가 그대로 진행된다. 이 경우 배당절차가 실시되는 때에는 그 채권자에 대하여 다음의 구분에 따라 처리된다(민집규칙 제50조 제3항).

민사집행법 제49조 제1호·제3호·제5호 또는 제6호의 서류가 제출된 때에는 그 채권자를 배당에서 제외하고, 제49조 제2호, 제266조 제1항 제5호의 서류가 제출된 때에는 그 채권자에 대한 배당액을 공탁한다(민집법 제166조). 제49조 제4호의 서류가 제출된 때에는 그 채권자에 대한 배당액을 지급한다.

4. 집행정지의 효력 및 불복

가. 효 력

집행의 정지는 적법한 집행정지서류가 집행기관에 제출된 경우에 한하여 집행기관이 압류나 경매절차를 사실상 행하지 아니함으로써 정지되는 것이다. 집행정지는 집행의 속행을 중단시키는 효력만 있으므로, 이미 한 집행행위는 취소되는 경우(민집법 제50조)를 제외하고 그 효력이 그대로 지속된다.

집행의 정지는 집행개시전이나 개시된 집행을 정지시키나 모든 집행의 정지를 가져올 수는 없다. 예컨대 집행정지서류의 제출이 있더라도 압류물을 즉시 매각하지 아니하면 현저히 가액이 감소될 염려가 있거나 그 보관에 과다한 비용이 필요한 때(민집법 제198조 제3항), 또는 압류의 경합에 있어서의 제2의 채권자(민집법 제215조)나 채권압류에 있어서의 제2의 채권자(민집법 제235조), 또는 제2의 강제경매신청인(민집법

제87조 제2항)을 위하여서는 집행을 속행할 수 있다. 그러나 채권의 전부명령이 있은 후에 제49조 제2호 또는 제4호의 서류를 제출한 것을 이유로 즉시항고가 제기된 때에는 항고법원은 다른 이유로 전부명령을 취소하는 경우를 제외하고는 항고에 관한 재판을 정지하여야 한다(민집법 제229조 제8항). 그 후 잠정적인 집행정지가 종국적인 집행취소나 집행속행으로 결말이 나는 것을 기다려, 집행취소로 결말이 난 때에는 항고를 인용하여 전부명령을 취소하고, 집행속행으로 결말이 난 때에는 항고를 기각하여야 한다(대법원 1999. 8. 27. 자 99마117, 118 결정).

집행이 정지된 경우에도 집행정지의 취지에 반하지 않는 범위 내에서 집행처분을 할 수 있는바, 이에는 부동산의 멸실 등으로 말미암은 경매취소(민집법 제96조), 선박의 운항허가(민집법 제176조 제2항) 등이 있다.

나. 불 복

집행정지사유가 있음에도 이를 정지하지 아니하고 집행처분을 한 경우에는 이해관계인은 집행에 관한 이의신청(민집법 제16조) 또는 즉시항고(민집법 제15조)에 의하여 그 시정을 구할 수 있다.

[서식] 경매절차정지신청서

<table>
<tr><td>

경매절차정지신청

사　　건　　20○○타경2345 부동산강제경매
신 청 인　　서　완　수
피신청인　　채　종　기

위 사건에 관하여, 별지 목록 기재 부동산에 대한 강제경매는 귀원 20○○카기9371 강제집행정지신청사건에서 그 보증으로 금3,000,000원을 공탁할 것을 조건으로 하여 채권자의 집행력있는 집행권원에 기한 강제집행이 일시 정지되었으므로 귀원 20○○가단34567 청구이의사건의 판결선고시까지 그 절차를 정지하여 주시기 바랍니다.

첨 부 서 류
1. 강제집행정지결정정본　　1통
1. 공탁서사본　　1통

20○○.　11.　31.

위 신청인(채무자)　서　완　수　(인)

서울중앙지방법원 경매계 귀중

</td></tr>
</table>

인지 · 송달료 등

◆ 인지첩부 등	신청서 없이 집행정지서류만 제출하여도 무방하나, 실무에서는 집행정지서류의 제출시 신청서를 작성하여 함께 제출하고 있다. 인지를 붙이지 아니한다(재민 91-1).
◆ 송 달 료	납부하지 않는다.
◆ 첨부서면	신청서 1통 및 첨부서류
◆ 관할법원	집행법원

[서식] 금전 공탁서(강제집행정지의 보증, 위 신청의 첨부서)

[제1-2호 양식]

금전 공탁서(재판상의 보증)

<table>
<tr><td colspan="2">공 탁 번 호</td><td colspan="2">년 금 제 호</td><td colspan="2">년 월 일 신청</td><td>법령조항</td><td>민사집행법 제46조</td></tr>
<tr><td rowspan="4">공탁자</td><td>성 명
(상호, 명칭)</td><td colspan="2">서 완 수</td><td rowspan="4">피공탁자</td><td>성 명
(상호, 명칭)</td><td colspan="2">채 종 기</td></tr>
<tr><td>주민등록번호
(법인등록번호)</td><td colspan="2">610320-1234567</td><td>주민등록번호
(법인등록번호)</td><td colspan="2">620420-1234568</td></tr>
<tr><td>주 소
(본점,
주사무소)</td><td colspan="2">서울 중구 신당로12길 13, 1동 101호</td><td>주 소
(본점,
주사무소)</td><td colspan="2">인천 남구 주안로12길 3
증서상주소 서울 중구 무교로123길 4</td></tr>
<tr><td>전화번호</td><td colspan="2">02-555-1234</td><td>전화번호</td><td colspan="2"></td></tr>
<tr><td colspan="2" rowspan="2">공 탁 금 액</td><td colspan="2">한글 삼백만원</td><td colspan="2" rowspan="2">보 관 은 행</td><td colspan="2" rowspan="2">은행 지점</td></tr>
<tr><td colspan="2">숫자 금3,000,000원</td></tr>
<tr><td colspan="2" rowspan="2">법원의 명칭과
사 건</td><td colspan="6">서울중앙지방법원 20○○카기9371 강제집행정지 사건</td></tr>
<tr><td>당사자</td><td>원고
신청인
채권자</td><td colspan="2">서 완 수</td><td>피고
피신청인
채무자</td><td colspan="2">채 종 기</td></tr>
<tr><td>공탁
원인
사실</td><td colspan="7">1. 가압류보증 6. 강제집행 취소의 보증 11. 기타( )
2. 가처분보증 7. 강제집행 속행의 보증
3. 가압류 취소보증 8. 소송비용 담보
4. 가처분 취소보증 9. 가집행 담보
<u>5. 강제집행 정지의 보증</u> 10. 가집행을 면하기 위한 담보</td></tr>
<tr><td colspan="2">비고(첨부서류 등)</td><td colspan="6">공탁명령서 1통 □ 계좌납입신청</td></tr>
<tr><td colspan="8">위와 같이 신청합니다. 대리인 주소
전화번호
공탁자 성명 서 완 수 인(서명) 성명 인(서명)</td></tr>
<tr><td colspan="8">위 공탁을 수리합니다.
공탁금을 년 월 일까지 위 보관은행의 공탁관 계좌에 납입하시기 바랍니다.
위 납입기일까지 공탁금을 납입하지 않을 때는 이 공탁 수리결정의 효력이 상실됩니다.
년 월 일
법원 지원 공탁관 (인)</td></tr>
<tr><td colspan="8">(영수증) 위 공탁금이 납입되었음을 증명합니다.
년 월 일
공탁금 보관은행(공탁관) (인)</td></tr>
</table>

※ 1. 서명 또는 날인을 하되, 대리인이 공탁할 때에는 대리인의 성명, 주소(자격자대리인은 사무소)를 기재하고 대리인이 서명 또는 날인하여야 합니다. 전자공탁시스템을 이용하여 공탁하는 경우에는 날인 또는 서명은 공인인증서에 의한 전자서명 방식으로 합니다.

2. 공탁당사자가 국가 또는 지방자치단체인 경우에는 법인등록번호란에 '고유번호'를 기재하시기 바랍니다.

3. 공탁금 회수청구권은 소멸시효 완성으로 국고에 귀속될 수 있습니다.

4. 공탁서는 재발급 되지 않으므로 잘 보관하시기 바랍니다.

5. 정지된 집행의 속행

정지・취소(민집법 제49조, 제50조)된 집행은 그 사유가 소멸한 것을 증명하여 집행을 속행할 수 있다. 따라서 집행이 정지된 경우에는 집행정지를 명한 재판이 실효되었음을 증명한 때에 집행이 속행되나 집행이 취소(민집법 제50조)된 경우에는 다시 강제집행을 신청하여 처음부터 집행을 시작하여야 한다. 그러나 변제영수증서의 제출에 의한 집행정지의 경우에는 2월을 경과한 때에, 의무이행의 유예증서의 제출에 의한 집행정지의 경우에는 그 이행유예기간이 경과하거나 또는 통산하여 6월의 집행정지기간이 경과한 때에는 채권자의 신청의 유, 무에 불구하고 집행은 속행된다(민집법 제51조).

[서식] 강제집행속행명령신청서

부동산강제집행속행명령신청

사　　건　　20○○타경1234 부동산강제경매
채 권 자　　한　국　민
채 무 자　　조　선　인

위 사건에 관하여, 별지 목록 부동산에 대한 경매절차가 일시 정지되었던바, 별첨과 같이 20○○. 11. 11. 귀원 20○○가단3456 청구이의사건에서 원고(채무자) 패소판결이 선고되어 그 사유가 소멸하였으므로 정지된 경매절차를 속행하여 주시기 바랍니다.

첨 부 서 류

1. 판결정본　　1통

20○○.　11.　.

위 채권자　한　국　민　(인)

서울중앙지방법원 경매계　귀중

제11장 집행에 관한 담보

1. 서 설

가. 의 의

집행에 관한 담보라 함은 집행의 실시, 정지, 취소 등으로 인하여 상대방이 입게 될 손해에 대하여 그 배상의 이행을 확보하기 위하여 제공되는 것을 말한다(민집법 제19조). 집행에 관한 담보는 소송비용의 담보(민소법 제117조 내지 제127조)등과 함께 소송상의 담보에 속하므로, 특별히 정한 규정이 있는 경우를 제외하고는 소송비용의 담보에 관한 민사소송법 제122조·제123조·제125조 및 제126조의 규정이 준용된다(민집법 제19조 제3항).

담보를 제공할 의무는 법원의 담보제공을 명하는 재판에 의하여 구체화되므로 이러한 담보제공명령이 있어야만 공탁을 할 수 있다(대법원 2010. 8. 24. 2010마459 결정).

나. 집행법상의 담보사유

집행법상의 담보에는 ① 채권자가 제공하는 담보, ② 채무자가 제공하는 담보, ③ 제3자가 제공하는 담보 등이 있다. 담보의 제공은 법원의 담보제공명령에 의하여 발생한다. 법원이 하는 담보제공명령은 재판을 전제로 하는 경우, 즉 일정액의 담보를 제공하게 한 후에 집행정지결정 또는 가압류, 가처분명령을 발하는 경우와 효력발생을 요건으로 하는 경우, 즉 집행정지 또는 가압류·가처분명령을 발하면서 신청인이 일정한 담보를 제공하여야 그 재판의 효력이 발생할 것으로 하는 경우가 있다. 따라서 효력발생을 요건으로 하는 담보제공명령의 경우에는 그 기간을 정하지 아니한다.

담보액은 피담보채권인 손해배상청구권의 발생 가능성과 그 예상액을 판단하여 정한다. 실무에서는 집행정지의 경우 인용된 소송물가액 전액을 담보로 제공하도록 하고 있다. 다만, 일부에 대하여 가집행선고가 있는 경우에는 그에 해당하는 가액을 담보로 한다.

2. 담보제공의 방법

가. 개 설

담보제공방법에는 ① 금전 또는 유가증권을 공탁소에 공탁하는 방법과 ② 지급보증위탁계약을 체결한 문서(민소규칙 제22조, 이하 보증서라 한다)에 의하는 방법이 있는바, 강제집행절차에서는 전자의 방법에 한하여 담보제공이 허용되고 후자의 방법에 의한 담보제공은 보전소송절차에서만 허용하고 있다.

강제집행절차에서의 담보의 제공명령은 일정액의 금전 또는 유가증권을 공탁하도록 하고 있다. 그러나 유가증권을 공탁물로 하고자 할 때에는 그 유가증권을 법원에 신고하여 종류 또는 수량의 지정을 받은 후 공탁하여야 한다. 따라서 담보제공의무자는 법원의 허가결정에 의하여 공탁법의 절차에 따라 공탁관에게 금전 또는 집행법원이 인정한 유가증권을 공탁하고, 이를 수리한다는 취지의 기재가 있는 공탁서를 받아 이를 법원에 제출하게 되면 담보를 제공한 것으로 된다(민집법 제19조, 민소법 제122조 본문). 다만 당사자 사이에 특별한 약정이 있으면 그에 의한다(민집법 제19조, 민소법 제122조 단서).

담보의 제공은 담보제공의무자를 대신하여 제3자도 그 소유의 금전 또는 유가증권을 자기명의로 공탁할 수 있다.

나. 공탁절차

(1) 공탁기관

공탁서를 제출할 법원에 관하여는 민사집행법 제19조 제1항에 별도의 규정이 있으나, 공탁할 공탁소에 관하여는 특별한 제한규정이 없으므로 담보제공자가 임의로 정한 공탁소에 공탁하면 된다. 담보제공명령을 한 법원의 소재지를 관할하는 지방법원(지원) 공탁소에서 공탁을 수리함이 바람직하다(행정예규 제952호제2조). 공탁사무는 지방법원장 또는 지방법원 지원장이 지정하는 법원서기관 또는 법원사무관, 시·군법원의 경우에는 지방법원장 또는 지방법원 지원장이 지정하는 법원주사 또는 법원주사보가 행하므로(공탁법 제2조 1항) 그 지정을 받은 법원서기관 등이 공탁소가 된다.

(2) 공탁절차

(가) 개 설

공탁절차는 공탁법과 공탁규칙에 의한다. 즉, 공탁을 하려는 사람은 공탁서 2통을 작성하여 공탁관에게 제출하여야 한다(공탁법 제4조, 공탁규칙 제20조 1항). 공탁관이 공탁신청서류를 접수한 때는 상당한 사유가 없는 한 지체 없이 모든 사항을 조사하여 신속하게 처리하여야 하고, 공탁신청을 수리할 때에는 공탁서에 공탁을 수리한다는 뜻과 공탁번호, 공탁물 납입기일, 납입기일까지 공탁물을 납입하지 않을 경우에는 수리결정의 효력이 상실된다는 뜻을 기재한 다음 1통을 공탁자에게 내주어 공탁물을 공탁물보관자에게 납입하게 하여야 한다(공탁규칙 제25조, 26조 1항). 공탁자는 위 서류에 공탁물을 첨부하여 이를 지정된 공탁물보관자에게 납입하고 공탁물보관자로부터 공탁서에 공탁물을 납입 받았다는 뜻을 적어 돌려받는다(공탁규칙 제27조).

증권을 발행하지 아니하는 등록국채를 담보로 공탁하는 경우에는 담보의 뜻을 등록함으로써 담보 제공에 갈음할 수 있다(국채법 6조 2항). 담보제공자는 국채사무처리기관(한국은행의 본점, 지점 및 대리점)에 비치된 국채등록부에 담보의 등록을 하고 등록필통지서(국채법 시행규칙 23조)를 교부받아 이를 공탁서에 갈음하여 직접 법원에 제출한다.

(나) 제3자 공탁

① 제3자는 당사자를 대신하여 공탁할 수 있다. 민사소송법과 민사집행법에는 당사자에 한하여 담보제공을 할 수 있다는 규정이나 제3자가 이를 하는 것을 금하는 규정이 없으므로 담보제공의무자를 위하여 제3자가 그 소유의 금전 또는 유가증권을 자기 명의로 공탁할 수 있다. 이 경우 법원의 허가나 담보권자의 동의는 필요 없으나 제3자가 당사자를 대신하여 공탁한다는 것을 공탁서에 기재해야 할 것이다.

② 금전채권에 대하여 민사집행법에 따른 압류와 체납처분에 의한 압류가 있는 경우(선후 불문) 제3채무자는 압류채무자를 피공탁자로 한 변제공탁은 할 수 없으나, 민사집행법 제248조제1항에 따라 압류와 관련된 금전채권액 전액을 공탁할 수 있다(공탁선례 제201512-1호, 2015. 12. 31. 사법등기심의관-4774 직권선례).

(다) 공탁의 신고

유체동산에 대한 금전집행에서 배당협의가 성립되지 아니하여 집행관이 매각대금을 공탁한 경우(민집법 제222조 1항), 추심신고 전에 다른 압류·가압류 또는 배당요구가 있어 추심채권자가 추심한 금액을 공탁한 경우(민집법 제236조 2항) 또는 압류채권의 제3채무자가 채무액을 공탁한 경우(민집법 제248조 1항, 2항, 3항)에는 집행관,

추심채권자 또는 제3채무자는 그 사유를 법원에 신고하여야 한다(민집법 제222조 3항, 제236조 2항, 제248조 4항).

신고의 방법은 공탁의 사유(압류명령이나 배당요구 등의 사건번호, 당사자, 집행법원), 공탁금액 및 공탁을 한 공탁소 등 공탁의 사정을 기재한 서면(사유신고서)에 공탁서와 집행절차에 관한 서류(민집법 제222조 3항의 경우)를 첨부하여 집행법원에 제출하여야 한다.

다. 공탁증명서

당사자가 담보를 제공하거나 공탁을 한 때에는, 법원은 그의 신청에 따라 증명서를 내어 주어야 한다(민집법 제19조 2항).

담보제공(공탁)증명원은 담보제공을 조건으로 가집행선고가 있거나 집행정지결정을 받았을 때 위 증명서를 집행기관에 제출하여 집행개시 또는 집행정지시 필요하다.

3. 담보권의 실행(대위담보권의 취소)

가. 개 설

집행법상의 담보는 상대방에게 혹시라도 발생할 수 있는 손해를 배상하기 위하여 담보를 제공하는 것이므로 채권자는 피담보채권의 발생과 함께 담보물에 대하여 질권자와 동일한 권리를 가진다(민집법 제19조 제3항, 민소법 제123조).

예를 들어, 가집행선고부 판결에 대한 강제집행정지를 위하여 공탁한 담보(민사소송법 제501조)는 강제집행정지로 인하여 채권자에게 생길 손해를 담보하기 위한 것으로서 정지의 대상인 기본채권 자체를 담보하는 것은 아니므로, 채권자는 강제집행정지로 인한 손해배상청구권에 한하여서만 질권자와 동일한 권리가 있다(행정예규 제952호제2조). 그러므로 채권자는 담보제공된 금전 또는 유가증권의 출급을 받아 우선변제받을 수 있다(이하 채권자를 담보권리자라 하고 채무자를 담보제공자라 한다).

나. 실행방법

(1) 개 설

담보에 대한 권리의 실행방법으로는 손해배상청구권에 기한 공탁물의 회수청구권에 대한 압류·전부명령을 받은 후 담보취소결정을 얻어 공탁관에게 제출하여 공탁물을 회수하면 된다. 특정승계인도 위 대위담보권을 실행할 수 있다. 채권압류 및 전부명령은 확정되어야 하며 상대방에 송달되었음을 요한다.

민사집행법 제19조 제3항에 따라 집행법상 담보 취소에 준용되는 민사소송법 제125조, 민사소송규칙 제23조에 의하면, 담보취소 신청사건은 담보제공결정을 한 법원 또는 그 기록을 보관하고 있는 법원이 관할하도록 되어 있고, 여기서 '담보제공결정을 한 법원 또는 그 기록을 보관하고 있는 법원'은 수소법원을 가리키고, 이는 직분관할로서 성질상 전속관할에 속한다(대법원 2011. 6. 30. 자 2010마1001 결정).

(2) 담보권리자의 담보권 실행방법

(가) 직접 출급 청구

1) 공탁관은 재판상 담보공탁의 피공탁자(담보권리자)가 공탁원인 사실에 기재된 피담보채권이 발생하였음을 증명하는 서면을 제출하여 공탁금을 출급청구(청구서에 회수청구라고 기재한 때에도 출급청구한 것으로 본다)한 경우에는 공탁금을 피공탁자에게 교부한다. 그러나, 담보취소결정정본 및 확정증명이 이미 제출된 경우에는 그러하지 아니한다(행정예규 제952호제4조).

2) 피담보채권에 관한 확정판결(이행판결과 확인판결을 모두 포함), 이에 준하는 서면(화해조서, 조정조서, 공정증서 등) 또는 공탁자의 동의서(인감증명서 첨부)는 특별한 사정이 없는 한 피담보채권이 발생하였음을 증명하는 서면으로 본다(행정예규 제952호제4조).

3) 금전 및 이에 대한 완제일까지의 지연손해금의 지급을 명한 판결이나 건물명도 및 그 명도시까지의 차임 상당액의 지급을 명한 가집행선고부 판결에 대한 강제집행정지를 위하여 담보공탁을 한 경우, 그 가집행이 지연됨으로 인한 손해에는 반대의 사정이 없는 한 집행의 정지 효력이 있는 기간 내에 발생된 지연손해금이나 차임 상당의 손해가 포함되므로, 이에 관한 지급을 명한 확정판결 부분은 강제집행정지를 위한 담보공탁의 피담보채권이 발생하였음을 입증하는 서면이 된다(대법원 2000. 1. 14. 선고 98다24914 판결).

4) 공탁관은 피공탁자가 제출한 서면이 담보공탁의 피담보채권이 발생하였음을 증명하는 서면에 해당하는지 여부를 신중히 판단하여야 하며, 피공탁자가 출급청구한 금액 중 일부에 관하여 피담보채권이 발생된 것으로 인정되는 경우에는 그 범위 내에

서 출급청구를 수리하되, 피담보채권이 발생하였는지 여부가 명확하지 아니한 경우에는 출급청구를 수리하지 아니한다(행정예규 제952호제4조).

5) 재판상 담보공탁에 있어서 담보권리자(피공탁자)는 담보물에 대하여 질권자와 동일한 권리가 있으나 그 담보권의 실행방법의 하나로서 담보권리자가 공탁금회수청구권에 대해 압류·전부명령을 받은 후 담보취소결정을 받아 공탁금회수청구를 하는 경우에는 그 전부명령은 확정되어 효력이 있는 것이어야 한다(대법원 2007. 6. 14. 자 2007마214 결정).

(나) 질권실행을 위한 압류 등

공탁관은 담보공탁의 피공탁자가 피담보채권에 터잡아 민사집행법 제273조에서 정한 채권에 대한 강제집행절차에 따라 공탁자의 공탁금회수청구권을 압류하고 추심명령이나 확정된 전부명령을 얻어 공탁금 출급청구(청구서의 표시를 회수청구라고 기재한 때에도 같다)한 경우에도 공탁물을 피공탁자에게 교부한다. 이 경우에, 피공탁자는 공탁금출급청구서와 함께 질권(담보권) 실행을 위한 압류명령 정본, 추심명령 또는 전부명령 정본, 위 명령의 송달증명, 전부명령에 관한 확정증명을 제출하여야 한다(담보권실행의 신청을 할 때 담보권의 존재를 증명하는 서류를 제출하므로 따로 담보취소결정을 받을 필요는 없음)(행정예규 제952호제4조).

(3) 담보취소에 기초한 공탁금 회수청구

담보권리자가 공탁자에 대한 집행권원(피담보채권 자체를 집행권원으로 한 경우도 포함)에 기초하여 일반 강제집행절차에 따라 공탁자의 공탁금회수청구권을 압류하고 추심명령 또는 전부명령을 얻어 공탁금 회수청구를 하는 경우에는, 공탁금회수청구서와 함께 담보취소 결정정본 및 확정증명, 질권(담보권) 실행이 아닌 일반 강제집행절차에 의한 압류명령 정본, 추심명령 또는 전부명령 정본, 위 명령의 송달증명, 전부명령에 관한 확정증명을 제출하여야 한다(행정예규 제952호제5조).

(4) 압류의 경합 및 사유신고 등

가. 공탁관은 공탁자의 채권자 등이 공탁자의 공탁금회수청구권에 대하여 일반 강제집행절차에 따라 한 압류가 경합된 경우(공탁관의 사유신고에 관한 업무처리지침 1. 가. 참조. 이하 같다), 공탁원인의 소멸을 증명하는 서면(담보취소결정정본 및

확정증명)이 제출된 때에 먼저 송달된 압류명령의 집행법원에 사유신고를 한다(행정예규 제952호제6조).

나. 공탁자의 채권자가 공탁자의 공탁금회수청구권에 대하여 일반 강제집행 절차에 따라 (가)압류하였거나, 공탁자의 공탁금회수청구권이 제3자에게 양도된 경우에도, 피공탁자가 제4항의 절차에 따라 담보권을 실행하면 피공탁자에게 공탁금을 지급한다. 그러나, 담보취소결정정본 및 확정증명이 이미 제출된 경우에는 그러하지 아니하다(행정예규 제952호제6조).

다. 피공탁자가 담보권을 실행함으로써 가지게 되는 공탁금출급청구권에 대하여 피공탁자의 채권자가 (가)압류한 때에는{(가)압류 채권목록의 기재를 피공탁자가 담보권을 실행함으로써 갖는 공탁금회수청구권으로 한 경우도 같다}, 피공탁자가 제4항의 절차에 따라 공탁금 출급청구(청구서의 표시를 회수청구라고 한 때에도 같다)를 하더라도 피공탁자에게 공탁금을 지급하지 아니한다(행정예규 제952호제6조).

라. 공탁관은 위 다.항의 공탁금출급청구권에 대하여 압류가 경합된 경우에는 제4항에 의한 담보권 실행 요건을 갖춘 때(즉, 출급청구권 입증서면이 제출되거나 질권실행을 위한 압류 및 현금화명령이 효력을 발생한 경우)에 먼저 송달된 압류명령의 집행법원에 사유신고를 한다(행정예규 제952호제6조).

[서식] 대위담보취소신청서

대위담보취소신청

신 청 인 주식회사 한강건설
(공탁자) 서울 강남구 신사로234길 5(우:)
대표이사 남 한 강

대위신청인 최 문 철 (주민등록번호)
(전부채권자) 서울 서초구 양재로123길 4(우:)
(연락처)

피신청인 최 문 철
서울 서초구 양재로123길 4(우:)

신 청 취 지

위 당사자간 귀원 20○○카기3636 강제집행정지신청사건에 관하여 신청인이 20○○. 10. 24. 귀원 공탁관에게 20○○금 제3434호로 공탁한 금35,000,000원의 담보는 그 사유가 소멸하였으므로 이를 취소한다.

라는 재판을 구합니다.

신 청 이 유

위 당사자간 귀원 20○○카기3636 강제집행정지신청사건에 관하여 신청인은 항소인으로서 귀원 20○○가합1234 보증채무금청구사건의 가집행선고부판결에 대하여 강제집행정지를 위한 보증공탁으로 20○○. 10. 24. 귀원 공탁관에게 20○○금 제3434호로 금35,000,000원을 공탁하였던바, 한편 신청인의 서울고등법원 20○○나2121 항소사건은 20○○. 6. 27. 항소기각되고, 대위신청인은 위 가집행선고부판결의 집행권원에 의하여 신청인이 가지는 위 공탁금반환청구권을 귀원 20○○타채2234호로 채권압류 및 전부명령을 얻었으므로, 대위신청인은 전부채권자로서 신청인을 대위하여 담보취소신청에 이른 것입니다.

첨 부 서 류

1. 채권압류 및 전부명령결정정본 1통

1. 위 확정증명원 1통
1. 송달증명원 2통
1. 판결정본등본 2통
1. 확정증명원 1통

20○○. 8. .

위 대위신청인(전부채권자) 최 문 철 (인)

서울중앙지방법원 귀중

인지 · 송달료 등

◆ 인지첩부 등	이 사례는 가집행선고부판결에 기하여 강제집행정지 보증공탁금회수청구권에 대한 대위 담보취소신청서이다. 신청서에는 1,000원의 인지를 붙인다(재민 91-1).
◆ 송 달 료	당사자 1인당 3회분
◆ 첨부서면	신청서 1통
◆ 관할법원	집행법원

[서식] 대위담보취소신청서

대위담보취소신청

신 청 인(공탁자) 서 동 환 (주민등록번호)
서울 종로구 창신로123, 1동 101호
(연락처)
대위신청인 한 상 우 (주민등록번호)
판결문상주소 서울 종로구 인사로123
송달주소 대전 서구 도안로12길 3(우:)
(연락처)
피신청인 한 상 우
판결문상주소 서울 종로구 인사로123
송달주소 대전 서구 도안로12길 3(우:)

위 당사자간 귀원 20○○카기8072 강제집행정지신청사건에 관하여, 공탁자는 담보로서 귀원 공탁관에게 20○○. 10. 4에 20○○금 제4234호로 금 1,000,000원을 공탁하고 있던 중 공탁물반환청구권에 대하여 대위신청인은 서울중앙지방법원 20○○타채1234호 채권압류 및 전부명령을 얻었으므로 공탁자를 대위하여 담보취소를 신청합니다.

첨 부 서 류

1. 채권압류 및 전부명령결정사본 1통
1. 동 송달증명원 1통
1. 동 확정증명원 1통

20○○. 10. .

신 청 인 서 동 환
위 대위신청인 한 상 우 (인)

서울중앙지방법원 귀중

<주> 신청비용 등 : 앞의 대위담보취소신청서 참조

[서식] 송달증명원(위 대위담보취소신청의 첨부서)

송달증명원

사　　건　　20○○타채1234 채권압류 및 전부명령
채 권 자　　한　　상　　우
채 무 자　　서　　동　　환
제3채무자　　대 한 민 국
(소관 : 서울중앙지방법원 공탁관)

위 사건에 관하여, 20○○. 10. 6.자 결정한 결정정본이 제3채무자에게 송달된 사실을 증명하여 주시기 바랍니다.

20○○.　　10.　　.

위 채권자　한　　상　　우　　(인)

서울중앙지방법원　　귀중

[서식] 확정증명원(위 담보취소결정에 대한)

확 정 증 명 원

사　　건　20○○카담7244의 담보취소
신 청 인(공탁자)　　　　서　　동　　환
피신청인겸대위담보취소신청인　한　　상　　우

위 당사자간 귀원 20○○카담7244의 담보취소결정은 기히 확정되었음을 증명하여 주시기 바랍니다.

20○○.　　10.　　.

신 청 인　　　서 동 환
위 대위신청인　한　　상　　우　　(인)

서울중앙지방법원　귀중

4. 담보의 취소

가. 서 설

담보의 취소는 담보사유의 소멸로 발생한다. 담보취소의 요건으로서 담보의 사유가 소멸되었다고 함은 담보를 제공함으로써 잠정적으로 허용되었던 담보제공자의 행위가 이후의 절차에서 그에게 유리하게 확정되었기 때문에 담보제공의 필요성이 없게 되는 것을 말한다. 집행법상의 담보취소는 민사소송법 제125조를 준용한다(민집법 제19조 제3항).

나. 담보취소사유

(1) 개 설

담보의 취소는 ①담보제공자가 담보하여야 할 사유가 소멸되었음을 증명하거나 ②담보제공자가 담보취소에 대한 담보권리자의 동의를 받았음을 증명한 때, ③권리행사최고하고, 담보권리자가 그 행사를 하지 아니하는 때에 신청할 수 있다(민소법 제125조, 민집법 제19조 제3항).

(2) 담보사유의 소멸

(가) 가집행의 경우

가집행의 경우 담보취소사유는 담보의 사유가 소멸된 것을 증명하여 법원에 담보취소신청을 하여 법원의 결정을 얻어 취소할 수 있다(민소법 제214조, 제125조 제1항, 제2항, 민집법 제49조, 제50조).

① 가집행을 위해 제공된 담보는 원고가 승소의 확정판결을 받았을 경우에, ② 가집행을 면하기 위해 제공된 담보는 가집행선고부판결을 취소하는 판결이 확정된 경우에 담보취소사유가 된다. ③ 가집행 선고 있는 판결에 기한 강제집행의 정지를 위해 제공된 담보의 경우 그 후의 소송절차에서 담보제공자의 승소판결이 확정된 경우 또는 이와 같이 볼 수 있는 경우에는 담보의 사유가 소멸된다(대법원 2014. 8. 14. 자 2014카담37 결정). 그러므로 상고심에서 승소판결이 확정되어야 비로소 담보취소사유가 발생한다. 따라서 제1심판결의 가집행정지를 위한 담보는 항소심에서 취소된 경우에는 아직 확정 전이므로 그 효력만을 상실할 뿐이고 그 담보사유가 소멸되었다고 볼 수 없다(대법원 1964. 6. 2. 자 63마165 결정).

(나) 청구이의의 소, 제3자이의의 소, 집행문부여에 대한 이의의 소, 상소·재심 또는 상소추완 등에 있어서 담보소멸사유

1) 위 각 소를 제기하면서 제공한 담보는 담보를 제공한 당사자가 승소판결을 받아 종국적으로 확정되거나 이에 준하는 사유가 있는 경우에 담보의 사유가 소멸한다.

2) 가집행선고가 붙은 항소심판결이 상고심에서 파기되어 항소심에 환송된 경우에는 비록 본안판결이 확정되지 아니하였다 하여도 위의 가집행선고가 붙은 판결집행을 정지하기 위하여 제공된 담보는 그 담보원인이 소멸되었다고 할 것이다(대법원 1984. 4. 26. 자 84마171 결정).

(3) 담보권리자의 동의의 경우

담보취소신청은 담보권리자의 동의를 얻어 할 수도 있다(민소법 제125조 제2항). 담보권리자의 동의는 담보물에 대한 권리의 포기이다. 그러므로 담보권리자의 동의가 있는 이상 담보제공자는 그 취소를 신청할 수 있고, 법원은 본안사건종료전이라도 담보취소결정을 행한다. 이 결정에는 즉시항고 할 수 있다(민소법 제125조 제1항, 제4항).

법원이 담보취소결정을 함에 있어서는 담보권자의 동의서나 항고권포기서가 진정하게 성립된 것이어야 하므로 기록상 담보권자의 인영임을 확인할 수 없는 경우에는 담보권리자의 인감증명서 제출을 요구할 수도 있다(83. 4. 29. 민사 제141호 대한법무사회회장 대법원행정처장 회람). 실무상은 동의서와 함께 미리 담보취소결정에 대한 즉시항고포기서(보통 날짜기재를 하지 않고 제출하고 취소결정이 있은 후에 이를 보충할 수 있게 함)도 제출케 하고 있다.

담보권리자의 동의는 서면으로 증명하여야 한다. 일부동의도 가능하다. 본안에서 재판상화해가 성립되면 그 화해조서가 동의의 증명이 된다.

(4) 권리행사의 최고

소송의 완결후 담보권리자가 그 권리를 행사하지 아니할 경우 담보제공자는 법원에 담보권리자로 하여금 그 권리를 행사할 것을 신청할 수 있고 신청이 있는 때에는 법원은 담보권리자에 대하여 일정한 기간 내에 그 권리를 행사할 것을 최고하고 담보권리자가 그 행사를 하지 아니하는 때에는 담보취소에 대한 담보권리자의 동의가 있는 것으로 본다(민소법 제125조 제3항).

담보권리자의 권리행사는 담보의무자에 대하여 소송의 방법으로 하여야 하는 것이고(대법원 1992. 10. 20. 자 92마728 결정 등), 담보취소결정이 확정되기 전에 담보권리자가 권리행사를 하고 이것을 증명한 경우에는 담보권리자가 담보취소에 동의한 것으로 간주하여 발하여진 담보취소결정은 그대로 유지할 수 없는 것이다(대법원 2000. 7. 18. 자 2000마2407 결정).

다. 담보취소신청절차

(1) 취소신청

담보취소신청은 서면 또는 말로 할 수 있다. 이때는 담보권리자의 동의를 얻은 것을 증명하거나 담보의 사유가 소멸된 것을 증명하여야 한다(민소법 제125조 제1항, 제2항). 따라서 원고가 국내에 주소나 사무소를 가져 담보사유가 소멸한 경우에는 주민등록등본이나 그 증명서류를, 그 외의 경우에는 판결등본이나 판결확정증명서 등을 제출하여야 한다.

소송 완결 후에는 권리행사최고에 의한 담보취소신청을 할 수 있다(민소법 제125조 제3항). 한편 수인이 공동으로 담보제공을 한 경우에 1인만이 취소사유가 생겼을 때에는 분할하여 담보취소신청을 할 수 있다(주석 민사소송법 I 662면).

(2) 신청권자

담보취소의 신청을 할 수 있는 자는 담보를 제공한 자와 그 승계인 또는 공탁물회수청구권을 양도받은 양수인과 그 인도명령이나 전부명령을 얻은 자 등이다.

위 신청인은 신청권 있음을 증명하기 위하여 가족관계증명서, 등기부등본 또는 초본, 공탁물회수청구권의 양도증이나 양도통지서, 압류, 전부명령의 등본 및 송달증명서, 위임장 등을 제출하여야 한다.

(3) 관할법원

담보취소신청사건은 담보제공결정을 한 법원이 관할한다(민소규칙 제23조).

라. 신청서 사례

[서식] 담보취소신청서(동의에 의한)

담보취소신청

신 청 인　　박　인　호(주민등록번호)
서울 종로구 혜화로12길 34(우:　　)
(연락처)

피신청인　　서　동　준
서울 종로구 명륜로123길 5(우:　　)

위 당사자간 귀원 20○○카기1234 강제집행정지사건에 관하여, 신청인은 피신청인에 대하여 손해담보금으로 20○○. 4. 27. 서울중앙지방법원 공탁관에게 20○○금 제2345호로서 금10,000,000원을 공탁한바, 금번 피신청인으로부터 담보취소의 동의를 받았으므로 동의서 및 즉시항고권 포기서를 첨부하여 그 취소결정을 신청합니다.

첨 부 서 류

1. 동의서　1통
1. 인감증명서　1통
1. 즉시항고권 포기서　1통
1. 영수증　1통

20○○.　9.　.

위 신청인　박　인　호　(인)

서울중앙지방법원　귀중

인지·송달료 등

◆ 인지첩부	신청서에는 1,000원의 인지를 붙인다(재민 91-1)
◆ 송 달 료	당사자 1인당 3회분

[서식] 동의서(위 신청의 첨부서)

동 의 서

신 청 인　　박　인　호 (주민등록번호)
　　　　　　서울 종로구 혜화로12길 34
　　　　　　(연락처)

피신청인　　서　동　준 (주민등록번호)
　　　　　　서울 종로구 명륜로123길 5
　　　　　　(연락처)

위 당사자간 귀원 20○○카기1234 강제집행정지사건에 관하여, 신청인이 피신청인의 손해담보금으로서 금10,000,000원을 20○○금 제2345호로서 서울중앙지방법원 공탁관에게 공탁하였는바, 금번 신청인이 위 공탁금을 회수함에 있어 동의하고 그 회수를 위한 담보취소에 관하여 피신청인은 하등의 이의가 없으므로 이에 동의함.

20○○.　9.　10.

위 피신청인　서　동　준　(인)

서울중앙지방법원　귀중

인지 · 송달료 등

◆ 인지첩부	인지는 붙이지 아니한다.

[서식] 즉시항고권포기서(위 신청의 첨부서)

즉시항고권포기서

신 청 인 　　박　　인　　호 (주민등록번호)
　　　　　　서울 종로구 혜화로12길 34(우:　　)
피신청인 　　서　　동　　준 (주민등록번호)
　　　　　　서울 종로구 명륜로123길 5(우:　　)

위 당사자간 귀원 20○○카담4567 담보취소신청사건에 관하여, 귀원의 담보취소결정에 대하여 피신청인은 하등 이의가 없으므로 동 항고권은 이를 포기합니다.

20○○.　　9.　　.

피신청인　서　동　준　(인)

서울중앙지방법원　귀중

<주> 인지는 붙이지 아니한다.

[서식] 영 수 증(위 신청의 첨부서)

영 수 증

서울중앙지방법원
법원주사　한　광　석　귀하

20○○카담4567　담보취소사건
1. 결정정본　　1통
위 서류는 20○○. 9. 14. 14시에 틀림없이 영수하였습니다.

20○○.　　9.　　.

위 영수인(피신청인)　서　동　준　(인)

[서식] 담보취소결정확정증명원(위 신청에 대한)

담보취소결정확정증명원

사　건　　20○○카담4567 담보취소
신청인　　박　인　호
　　　　　서울 종로구 혜화로12길 34
피신청인　서　동　준
　　　　　서울 종로구 명륜로123길 5

위 사건에 관하여 동 담보취소결정이 확정되었음을 증명하여 주시기 바랍니다.

20○○　9.　.

위 신청인　박　인　호　(인)

서울중앙지방법원 귀중

<주> 신청비용 등 : 500원의 인지를 붙인다(재민 91-1).

[서식] 담보취소신청서(동의에 의한)

담보취소신청

신청인　이　영　철 (주민등록번호)
　　　　서울 중구 을지로13
　　　　위 소송대리인 변호사 변　호　인
　　　　서울 서초구 서초로23, 201호(우:　　)
　　　　(연락처)

피신청인 1.　박　정　치
　　　　 2.　양　순　희
　　　　 3.　박　일　남
　　　　 4.　박　이　남
　　　　 피신청인들 주소　서울 강북구 미아로12(우:　　)

피신청인 3, 4는 각 미성년자이므로
법정대리인 친권자 부 박정치, 모 양순희

신 청 취 지

위 당사자간 귀원 20○○카기1234 강제집행정지신청사건에 관하여, 신청인이 20○○. 3. 27. 귀원 공탁관에게 20○○금 제2345호로 공탁한 금50,000,000원의 담보는 그 사유가 소멸하였으므로 이를 취소한다.

라는 재판을 구합니다.

신 청 이 유

위 당사자간 귀원 20○○카기1234 강제집행정지신청사건에 관하여 신청인은 20○○. 3. 27. 귀원 공탁관에게 20○○금 제2345호 금50,000, 000원을 담보공탁하였는바, 금번 당사자간 원만한 합의가 이루어져 담보사유가 소멸되었으므로 담보취소코자 이 건 청구에 이르렀습니다.

소 명 방 법

1. 갑제1호증 동의서
1. 갑제2호증 공탁서
1. 갑제3호증 항고권포기서

첨 부 서 류

1. 위 소명서류 각 1통
1. 합의서(20○○가합2356, 손해배상) 1통
1. 위임장 1통
1. 납부서 1통

20○○. 11. .

위 신청인들 대리인
변호사 변 호 인 (인)

서울중앙지방법원 귀중

<주> 신청비용 등 : 후술의 서식 말미 참조

[서식] 담보취소신청서(승소판결에 의한)

담보취소신청

신 청 인　　하　정　옥(주민등록번호)
서울 강남구 자곡로1길 3(우:　　)
(연락처)

피신청인　　공　재　식
서울 강남구 자곡로1길 4(우:　　)

위 당사자간 귀원 20○○카기2828 강제집행정지사건에 관하여, 신청인이 그 보증으로 금10,000,000원을 귀원 공탁관에게 20○○ 금 제3636호로서 공탁하였던바, 본안에서 신청인의 승소판결이 확정되어서 담보의 사유가 소멸되었으므로 담보취소결정하여 주시기를 신청합니다.

첨 부 서 류

1. 판결정본　　1통
1. 확정증명원　　1통
1. 납부서　　1통

20○○. 9. .

위 신청인　하　정　옥　(인)

서울중앙지방법원　귀중

인지·송달료 등

◆ 인지첩부	신청서에는 1,000원의 인지를 붙인다(재민 91-1)
◆ 송 달 료	당사자 1인당 3회분

[서식] 담보취소신청서(청구이의의 소에서 채무자 승소판결)

담보취소신청

신 청 인 정 은 숙 (주민등록번호)
서울 은평구 갈현로12길 4
송달장소 서울 강남구 역삼로12(우:)
(연락처)

피신청인 김 명 수 (주민등록번호)
서울 종로구 부암로12길 45
송달장소 서울 노원구 중계로12길 4(우:)

위 당사자 간의 귀원 20○○카기5234 강제집행정지사건에 관하여, 신청인은 20○○. 6. 11. 피신청인의 손해담보로 서울중앙지방법원 공탁관에게 20○○년 금 제5284호로 금500,000원을 손해담보로 공탁하였는바, 본안에서 신청인의 승소판결이 20○○. 9. 8. 선고되고 확정되어 그 담보사유가 소멸되었으므로 담보취소결정을 구하기 위하여 이 신청을 합니다.

첨 부 서 류

1. 판결정본 1통
1. 판결확정증명원 1통
1. 공탁서 1통
1. 납부서 1통

20○○. 11. .

위 신청인 정 은 숙 (인)

서울중앙지방법원 귀중

<주> 신청비용 등 : 전 서식 말미 참조

[서식] 권리행사최고에 의한 담보취소신청

권리행사 최고에 의한 담보취소 신청

신 청 인 유 동 근 (주민등록번호)
서울 종로구 숭인로123길 45
송달주소 서울 서초구 서초로12길 3(우:)
(연락처)

피신청인 이 원 자 (주민등록번호)
서울 종로구 명륜로123길 45(우:)

위 당사자간 귀원 20○○카기4234 강제집행정지신청사건에 관하여 신청인은 20○○. 12. 21. 동 강제집행정지를 위한 보증공탁으로 귀원 공탁관에게 20○○년금 제4941호로 금1,500,000원을 공탁하였으나, 본안 사건인 귀원 20○○가단11234(항소심 20○나21234) 점포명도사건은 20○○. 11. 27. 신청인 패소판결이 선고되고 동 판결은 기히 확정되었음에도 불구하고 피신청인은 아직까지 그 권리를 행사하지 않고 있으므로 피신청인에 대하여 일정한 기간내에 권리를 행사할 것을 최고하여 주시고 동 기간내에 권리를 행사하지 않으면 담보취소를 하여 주시기 바랍니다.

첨 부 서 류

1. 판결사본 2통
1. 송달증명원 1통
1. 확정증명원 1통

20○○. 11. .

신청인 유 동 근 (인)

서울중앙지방법원 귀중

<주> 신청비용 등 : 전 서식 말미 참조

[서식] 최 고 서(위 권리행사최고에 의한 담보취소신청에 대한)

서울중앙지방법원
제 4 민사부
최 고 서

사 건 20○○카남7234 권리행사최고
신 청 인 유 동 근
서울 종로구 숭인로123
송달주소 서울 서초구 서초로12길 3

피신청인 이 원 자
서울 종로구 명륜로123길 45

피신청인은 위 당사자간의 이 법원 20○○카기4234 강제집행정지사건에 관하여 신청인이 그 담보로 공탁한 금1,500,000원에 대하여 이 최고서를 송달받은 날로부터 1주일 이내에 담보권리자로서의 권리를 행사하시기 바랍니다.

그 권리를 행사하였으면 그 뜻을 당원에 제출할 것.

20○○. 11. 15.

판사 ○ ○ ○

<주> 피신청인은 위 기간내에 그 권리에 관하여 소제기, 지급명령신청, 또는 화해신청 등 권리를 행사하고 그 증명서를 법원에 제출하여야 하며, 그렇지 않으면 위 담보취소에 동의한 것으로 간주 처리된다(민사소송법 제125조 제3항).

5. 담보취소결정에 대한 불복

담보취소결정에 대하여는 담보권리자가 즉시항고할 수 있고(민소법 제125조 제4항). 각하한 결정에 대하여는 보통항고를 할 수 있다.

민사소송법 제125조 제4항에 의하여 즉시항고의 대상으로 되는 재판은 같은 조 제1항, 제2항에 따른 담보취소결정에 한하는 것이고, 권리행사최고 및 담보취소의 신청을 기각하는 결정에 대하여는 즉시항고를 하여야 한다는 규정이 없으므로 민사소송법 제439조에 의하여 통상항고로 불복할 수 있다고 할 것이다(대법원 2011. 2. 21. 자 2010그220 결정, 대법원 2006. 10. 13. 자 2006마755 결정).

[서식] 즉시항고장(담보취소결정에 대한)

즉시항고장

항 고 인　　문　성　채 (주민등록번호)
서울 종로구 명륜로35길 69
(연락처)

서울중앙지방법원 20○○카담1234 담보취소신청사건에 관하여 동법원에서 20○○. 9. 15. 담보취소결정을 하였으나 항고인은 동결정에 대하여 불복이므로 항고를 제기합니다.

원결정의 표시

주 문 : 이 법원 20○○카기2456 강제집행정지신청사건에 관하여, 신청인이 20○○. 2. 20. 공탁관에게 20○○ 금 제3945호로 공탁한 금20,000,000원의 담보는 그 사유가 소멸하였으므로 이를 취소한다.

(원결정은 20○○. 9. 16. 송달받았음)

항 고 취 지

원결정을 취소한다.
이 사건 담보취소신청을 각하한다.
라는 재판을 구합니다.

항 고 이 유

항고인은 위 사건의 피신청인으로 서울중앙지방법원 20○○카기2456 강제집행정지사건에 관하여, 신청인 박찬우가 그 보증으로 20○○. 2. 20. 동법원 공탁관에게 20○○금 제3945호로 공탁한 금20,000,000원에 대하여 담보권을 갖고 있는바, 신청인은 위 공탁금에 대하여 담보취소신청을 하고 동 법원은 20○○. 9. 15. 담보취소결정을 하였으나 항고인은 위 담보취소에 대하여 전연 동의한 바 없고 담보사유가 소멸되지 않았음에도 불구하고 위와 같은 결정을 한 것이므로 이는 무효인 것입니다. 따라서 항고인은 그 취소를 구하기 위하여 본건 항고에 이르렀습니다.

20○○. 9. 18.

위 항고인 문 성 채 (인)

서울고등법원 귀중

인지 · 송달료 등

◆ 인지첩부	2,000원의 인지를 붙인다(민사소송 등 인지법 제11조 제2항).
◆ 송 달 료	당사자 1인당 5회분
◆ 첨부서면	신청서 1통
◆ 신청기간	결정정본을 수령한 날로부터 1주 이내(불변기간)

第12장 재산명시 · 재산조회절차

Ⅰ. 재산명시절차

1. 의 의

재산명시절차라 함은 일정한 집행권원에 의하여 금전채무를 부담하는 채무자가 그 채무를 이행하지 아니하는 경우에 법원이 그 채무자로 하여금 강제집행의 대상이 되는 재산과 그 재산의 일정한 기간 내의 처분상황을 명시한 재산목록을 제출하게 하고 그 목록의 진실함을 선서하게 함으로써 그 재산 상태를 공개하는 법적 절차이다(민집법 제61조). 재산명시절차는 다른 강제집행절차에 선행하거나 부수적인 절차가 아니라 그 자체가 독립적인 절차로서 행해진다. 채권자의 재산명시신청에 의하여 법원이 명시신청에 정당한 이유가 있는 때에 채무자에게 재산 상태를 명시한 재산목록을 제출하도록 명시명령을 발하고, 재산명시명령에 대하여 채무자의 이의신청이 없거나 이의신청이 기각된 때에 법원이 재산명시를 위한 기일을 정하여 채무자에게 출석하도록 요구하고, 명시기일에 채무자로 하여금 강제집행의 대상이 되는 재산과 일정기간 내의 그 재산처분상황을 명시한 재산목록을 제출하게 하여 그 목록의 진실함을 법관 앞에서 선서하게 하는 방법으로 진행된다. 이로써 채무자가 명시선서를 한 때에는 명시절차가 종료한다. 한편, 채무자가 정당한 사유 없이 명시기일에의 출석하지 아니하거나, 재산목록의 제출을 거부하거나 또는 선서를 거부하거나 이중 어느 하나에 해당하는 행위를 한 경우에 법원은 결정으로 20일 이내의 감치에 처할 수 있고, 채무자가 거짓의 재산목록을 낸 경우에는 3년 이하의 징역 또는 500만 원 이하의 벌금에 처할 수 있다(민집법 제68조).

2. 명시명령의 요건

(1) 채무자가 금전의 지급을 목적으로 하는 집행권원에 의하여 금전채무를 부담해야 한다.

금전의 지급을 목적으로 하는 집행권원에 기초하여 강제집행을 개시할 수 있는 채권자는 채무자의 재산명시를 요구하는 신청을 할 수 있다(민집법 제61조 제1항). 판례는 조정에 갈음한 결정(대법원 1998. 7. 14. 자 98마988 결정)과 소송비용액확정결정(대법원 1995. 4. 18. 자 94마2190 결정)도 재산관계의 명시를 요구하는 신청을 할 수 있는 채무명의로 인정한다. 그러나 민사소송법 제213조에 따른 가집행의 선고가 붙은 판결 또는 같은 조의 준용에 따른 가집행의 선고가 붙어 집행력을 가지는 집행권원(예컨대 가집행선고부 배상명령)의 경우는 아직 확정되지 아니하여 취소의 가능성이 있으므로 재산명시신청을 할 수 있는 집행권원에서 제외된다(민집법 제61조 제1항 단서).

(2) 채무자가 채무를 이행하지 않아야 한다.

채무전부의 불이행뿐만 아니라 일부의 불이행도 포함된다.

(3) 채권자가 강제집행을 개시할 수 있는 상태에 있어야 한다.

채권자가 집행문을 부여받고 또 강제집행개시의 요건이 갖추어져 있어야 한다.

(4) 채무자의 재산을 쉽게 찾을 수 있다고 인정할 만한 명백한 사유가 없어야 한다(민집법 제62조 제2항).

집행의 대상이 될 채무자의 재산 소재가 공지의 사실로 되어 있거나 채무자의 재산이 이미 공개되어 있는 때는 명시신청이 허용되지 않을 것이다. 채무자가 국가, 지방자치단체 그 밖의 공공단체 또는 공기업이나 대기업인 때에는 통상 그 재산을 쉽게 찾을 수 있다고 인정할 만한 명백한 사유가 있다고 할 것이다. 그 입증책임은 채무자에 있다. 따라서 채무자가 명시절차를 면하기 위하여서는 재산을 쉽게 찾을 수 있다고 인정할 만한 명백한 사유가 있음을 입증하여야 한다.

(5) 채무자가 소송능력이 있는 자이거나 소송무능력자인 경우에는 법정대리인이 있어야 한다.

특별대리인의 선임에 의한 재산명시절차는 허용되지 않는다.

3. 명시명령의 신청절차

가. 신청방식

재산명시신청은 서면으로 하여야 한다(민집법 제4조, 민집규칙 제25조). 신청서에는 ① 채권자·채무자와 그 대리인의 표시, ② 집행권원의 표시, ③ 채무자가 이행하지 아니하는 금전채무액, ④ 신청취지와 신청사유를 기재하여야 한다(민집규칙 제25조 제1항).

채무자가 소송무능력자인 경우는 법정대리인을 표시하여야 한다.

신청서에는 집행력 있는 정본과 강제집행을 개시하는데 필요한 문서(즉, 집행개시의 요건이 갖추어 졌음을 증명하는 문서를 말한다. 제39조, 제40조 제2항, 제41조 문서 등이다)를 붙여야 한다(민집법 제61조 제2항). 다만, 법원사무관등은 신청인으로부터 집행력 있는 정본의 사본을 제출받아 기록에 붙인 후 집행력 있는 정본을 채권자에게 바로 돌려주어야 하므로 신청인은 집행력 있는 정본의 사본을 한 부 더 제출한다(민집규칙 제25조 제2항, 재민 96-2). 신청서에는 1,000원의 인지를 붙여야 한다(재민 91-1).

나. 관 할

채무자의 보통재판적이 있는 곳의 법원이 관할한다(민집법 제61조 제1항).

[서식] 재산명시신청서

재산명시신청서

1,000원
정부수입인지

채 권 자 남 기 철(550320-1234567)
서울 종로구 승인동 123-45
송달주소 서울 강북구 수유동 123(우 : 10200)
전화(휴대폰 포함) : 555-1234, 010-4455-1234

채 무 자 정 병 호
서울 종로구 연지동 123-45
송달주소 서울 도봉구 도봉동 123-4(우 : 101-201)

집행권원의 표시 및 채무액

서울중앙지방법원 20○○가합1234 임대보증금반환청구사건의 집행력있는 판결정본에 기한 금8,000,000원 및 동 금원에 대한 20○○. 3. 20부터 완제일까지 연 12%의 이자금

신 청 취 지

채무자는 재산상태를 명시한 재산목록을 제출하라.
라는 재판을 구합니다.

신 청 이 유

1. 채권자와 채무자간 서울중앙지방법원 20○○가합1234 임대보증금반환청구사건에서 20○○. 4. 20에 금8,000,000원의 지급을 명한 판결이 선고확정되어, 채권자는 채무자에 대하여 위와 같은 집행권원 가지고 있는바, 채무자는 위 채무를 이행하지 아니하고 있으며, 달리 압류할 재산이 없고, 20○○. 8. 14에 서울북부지방법원 소속 집행관이 채무자소유의 유체동산을 압류집행하였으나 압류비용도 나오지 않을 것이라고 하여 취소한 사실이 있습니다.

2. 그런데 채무자는 미국 등지로 출국하여 재산은 타인명의로 해놓고 있으므로, 민사집행법 제61조에 의하여 채무자에게 재산명시명령을 발하여 주심을 바라옵고 이 신청에 이른 것입니다.

첨 부 서 류

1. 집행력있는 판결정본 1통
1. 확정증명원 1통
1. 송달증명원 각 1통
1. 압류조서등본 1통
1. 주민등록등본 1통
1. 확인서 1통
1. 송달료납부서 1통

20○○. 6. .

위 채권자 남 기 철 (인)

서울중앙지방법원 귀중

인지 · 송달료 등

◆ 신청방식	신청서에는 집행력 있는 정본과 강제집행을 개시하는데 필요한 문서를 붙여야 한다(민집법 제61조 제2항). 다만, 법원사무관 등은 신청인으로부터 집행력 있는 정본의 사본을 제출받아 기록에 붙인 후 집행력 있는 정본을 채권자에게 바로 돌려주어야 하므로 신청인은 집행력 있는 정본의 사본을 한 부 더 제출한다(민집규칙 제25조 제2항, 재민 96-2).
◆ 인지첩부	신청서에는 1,000원의 인지를 붙여야 한다(재민 91-1). 인지는 법원구내 우체국에서 구입하여 붙인다.
◆ 송 달 료	송달료는 당사자 1인당 5회분을 납부한다.
◆ 관할법원	채무자의 보통재판적이 있는 곳의 법원이 관할한다(민집법 제61조 제1항).

[서식] 재산명시명령에 대한 이의신청서

재산명시명령에 대한 이의신청

1,000원
정부수입인지

신 청 인(채무자) 정 병 호(550320-1234567)
서울 종로구 연지동 123-45(우 : 10200)
전화(휴대폰 포함) : 555-1234, 010-4455-1234

피신청인(채권자) 남 기 철
서울 종로구 숭인동 123-45(우 : 10201)

위 당사자간 귀원 20○○카명2234호 재산명시명령사건에 관하여, 20○○. 6. 11. 결정한 재산명시결정에 불복이므로, 민사집행법 제63조에 의하여 이의를 신청합니다.

신 청 취 지

귀원의 20○○. 6. 11. 자 20○○카기2234호 재산명시명령은 이를 취소한다.
라는 재판을 구합니다.

신 청 이 유

1. 신청인은 본건에 관하여, 재산명시명령정본을 20○○. 6. 18에 수령하였습니다.

2. 이의신청인인 채무자는 본건 피신청인인 채권자에게 금8,000,000원의 채무를 지고 있었음은 사실이나, 그 집행권원인 판결의 확정 직 후에 전액 변제하여, 위 명시명령송달수령일 현재는 집행채무가 전부 소멸되어 있어서 명시명령을 받을 이유가 없습니다.

3. 따라서 위 재산명시명령을 취소하여 주시기를 신청합니다.

첨 부 서 류

1. 무통장입금표 1통
1. 변제공탁서 1통
1. 송달료납부서 1통

20○○. 6. 21.

위 신청인(채무자) 정 병 호 (인)

서울중앙지방법원 귀중

인지 · 송달료 등

◆ 신청방식	재산명시명령을 송달받은 날부터 1주일내에 이의신청을 하여야 한다(민집법 제63조 제1항).
◆ 인지첩부	신청서에는 1,000원의 인지를 붙여야 한다(재민 91-1, 556면 참조). 인지는 법원구내 우체국에서 구입하여 붙인다.
◆ 송 달 료	송달료는 당사자 1인당 2회분을 납부한다.
◆ 관할법원	재산명시명령을 발한 법원

[서식] 채무불이행자명부등재신청서

채무불이행자명부등재신청

1,000원
정부수입인지

채 권 자 한 국 민(550320-1234567)
판결상 주소 서울 은평구 구산동 123-4
송달 주소 서울 강북구 번동 123-5(우 : 10200)
전화(휴대폰 포함) : 555-1234, 010-4455-1234

채 무 자 송 민 형
본적 서울 강남구 신사로 123
주소 서울 영등포구 여의도동 124-1(우 : 10201)
주민등록번호 500001-1000003

1. 집행권원의 표시
서울남부지방법원 20○○가단12784(20○○나28941) 손해배상금사건의 확정판결
2. 불이행 금전채무액
금10,000,000원 및 위 금원에 대한 20○○. 9. 12부터 완제일까지 연 12%의 이자금

신 청 취 지

채무자를 채무불이행자명부에 등재한다.
라는 재판을 구합니다.

신 청 이 유

1. 채권자는 채무자에 대하여 서울남부지방법원 20○○가단12784 공사계약금반환청구사건에서 원고 패소판결을 받았으나 채권자는 이에 불복하여 항소를 제기한바, 있으며 20○○나28941 항소심 판결에 의하여 20○○. 8. 11. 원심판결을 취소하고 금10,000,000원 및 이에 대한 20○○. 9. 12부터 완제일까지 연 12%의 이자를 지급하라

는 판결을 선고받았습니다.

2. 위 판결에 대하여 채무자는 대법원에 상고를 제기하였으며 20○○. 12. 23. 상고기각의 판결을 받아 동일자 확정되었으며 채무자는 현재까지 위 채무를 이행하지 아니하고 있습니다.

3. 아울러 채권자는 채무자가 그 책임재산을 교묘한 방법으로 은닉하고 있어 재산발견이 극히 어려워서 강제집행을 할 수가 없으므로 귀원 20○○카명1568호 재산명시신청을 한 바 있으나 정당한 사유 없이 기일에 출석하지 아니하여 소기의 목적달성을 하지 못하고 사건이 종결되었으므로 최후의 방법으로 이건 신청을 하오니 청구취지와 같은 결정을 하여 주시기 바랍니다.

소 명 자 료

1. 집행력있는 판결정본 1통
1. 동 송달증명원 1통
1. 동 확정증명원 1통
1. 재산명시사건종결통지서 1통
1. 가족관계등록부증명서(채무자) 1통

20○○. 2. .

채권자 한 국 민 (인)

서울남부지방법원 귀중

인지 · 송달료 등

◆ 신청방식	채무불이행자명부 등재신청은 서면으로 하여야 한다(민집법 제4조, 민집규칙 제31조). 채무자의 표시를 함에 있어서는 채무자의 주소지(채무자가 법인 또는 민사소송법 제52조의 사단이나 재단인 때에는 주된 사무소가 있는 곳)를 표시하여야 한다.
◆ 인지첩부	신청서에는 1,000원의 인지를 붙여야 한다(재민 91-1, 556면 참조).
◆ 송 달 료	송달료는 당사자 1인당 5회분을 납부한다.

[서식] 채무불이행자명부등재말소신청서

채무불이행자명부등재말소신청

1,000원
정부수입인지

채 권 자 한 기 훈(550320-1234567)
서울 종로구 구기동 579-4(우 : 10200)
전화(휴대폰 포함) : 555-1234, 010-4455-1234

채 무 자 오 민 석
등록기준지 서울 종로구 종로3가 110
주 소 서울 종로구 평창동 121-3(우 : 10201)
주민등록번호 410000-1000002

신 청 취 지

채무자를 채무불이행자명부에서 말소한다.
라는 재판을 구합니다.

신 청 이 유

1. 채권자는 서울중앙지방법원 20○○가합12345 손해배상청구사건의 판결에 의한 집행권원을 가지고, 채무자에 대하여 그 판결의 확정후, 채무자가 6개월 이내에 채무를 이행하지 아니하였음을 이유로, 귀원에 채무불이행자명부등재신청을 하여, 귀원은 채무자에 대하여 20○○. 11. 20자 20○○카기8574로 동결정이 선고됨에 따라 채무자를 채무불이행자명부에 등재하였는바,
2. 채무자는 이미 위 채무를 변제하였으므로 채무불이행자명부등재의 말소를 구하기 위하여 민사집행법 제73조 제1항에 의하여 이건 신청을 합니다.

첨 부 서 류

1. 변제증서사본(또는 변제공탁서 사본) 1통
1. 납부서 1통

20○○. 12. 29.

위 채무자 오 민 석 (인)

서울중앙지방법원 귀중

2. 재산조회

1. 서 설

가. 의 의

재산조회라 함은 재산명시절차에서 채무자의 명시의무 위반이 있거나 채무자가 제출한 재산목록상의 재산만으로는 집행 채권의 만족을 얻기에 부족한 경우에, 법원은 채권자의 신청에 의하여 개인의 재산 및 신용정보에 관한 전산망을 관리하는 공공기관, 금융기관, 단체 등에 대하여 채무자 명의의 재산에 관한 조회를 하고, 그 결과를 재산 목록에 준하여 관리하도록 하는 제도이다. 재산조회제도는 재산명시제도의 실효성을 확보하고자 하는 목적을 갖고 있다.

나. 요 건

재산명시절차에서 채무자에 대한 재산목록제출명령이 송달되지 아니한 경우 채권자가 그 보정명령을 받고도 민사소송법 제194조 제1항의 규정에 의한 사유로 이를 이행할 수 없었던 것으로 인정되는 경우(민집법 제74조 제1항제1호), 채무자가 제출한 재산 목록상의 재산만으로는 집행 채권의 만족을 얻기에 부족 한 경우(동조 제1항 제2호), 재산명시절차가 끝난 경우에, 명시기일 불출석, 재산목록 제출 거부, 선서 거부(민집법 제68조 제1항) 또는 거짓의 재산목록제출(동조 제9항) 등의 사유가 있는 경우를 요건으로 한다.

2. 재산조회의 신청

가. 개 설

재산조회신청을 할 수 있는 자는 재산명시를 신청한 채권자이고, 신청의 상대방은 채무자본인이다. 재산조회신청은 서면으로 하여야 하고(민집규칙 제35조 제1항). 재산명시절차를 실시한 법원에 제출하여야 한다(민집법 제74조 제1항).

(1) 신청서의 기재사항

㈎ 채권자・채무자와 그 대리인의 표시, 집행권원의 표시, 채무자가 이행하지 아니

하는 금전채무액, 신청취지와 신청사유

㈏ 조회할 공공기관・금융기관 또는 단체

조회할 기관・단체를 특정하여 기재하여야 한다(민집법 제74조 제2항).

㈐ 조회할 재산의 종류

재산조회는 별표 "기관・단체"란의 기관 또는 단체의 장에게 그 기관 또는 단체가 전산망으로 관리하는 채무자 명의의 재산(다만, 별표 "조회할 재산"란의 각 해당란에 적은 재산에 한정한다)에 관하여 실시한다(민집규 제36조 제1항).

[별표] 민사집행규칙 제36조 <개정 2018.12.31.>

순번	기관・단체	조회할 재산
1	법원행정처	토지・건물의 소유권
2	국토교통부	건물의 소유권
3	특허청	특허권・실용신안권・디자인권・상표권
4	(삭제)	(삭제)
5	은행법에 따른 은행, 한국산업은행법에 따른 한국산업은행 및 중소기업은행법에 따른 중소기업은행	금융실명거래 및 비밀보장에 관한 법률 제2조제2호에 따른 금융자산(다음부터 "금융자산"이라 한다) 중 계좌별로 시가 합계액이 50만원 이상인 것
6	자본시장과 금융투자업에 관한 법률에 따른 투자매매업자, 투자중개업자, 집합투자업자, 신탁업자, 증권금융회사, 종합금융회사 및 명의개서대행회사	금융자산 중 계좌별로 시가 합계액이 50만원 이상인 것
7	상호저축은행법에 따른 상호저축은행 및 상호저축은행중앙회	금융자산 중 계좌별로 시가 합계액이 50만원 이상인 것
8	농업협동조합법에 따른 지역조합 및 품목조합	금융자산 중 계좌별로 시가 합계액이 50만원 이상인 것
9	수산업협동조합법에 따른 조합 및 중앙회	금융자산 중 계좌별로 시가 합계액이 50만원 이상인 것
10	신용협동조합법에 따른 신용협동조합 및 신용협동조합중앙회	금융자산 중 계좌별로 시가 합계액이 50만원 이상인 것
11	산림조합법에 따른 지역조합, 전문조합 및 중앙회	금융자산 중 계좌별로 시가 합계액이 50만원 이상인 것
12	새마을금고법에 따른 금고 및 중앙	금융자산 중 계좌별로 시가 합계액이 50만원 이

	회	상인 것
13	(삭제)	(삭제)
14	(삭제)	(삭제)
15	보험업법에 따른 보험회사	해약환급금이 50만원 이상인 보험계약
16	과학기술정보통신부	금융자산 중 계좌별로 시가 합계액이 50만원 이상인 것
17	한국교통안전공단	자동차 · 건설기계의 소유권

※ 현재 교통안전공단에서 자동차, 건설기계의 관리업무를 전산관리하고 있어 재산조회 기관 및 조회할 재산에 관해 규정한 민사집행규칙의 별표상에 이러한 내용을 반영함

(2) 신청사유의 소명 및 채무자의 인적사항에 관한 자료의 제출

재산조회신청을 하는 때에는 신청의 사유를 소명하여야 하고, 채무자의 주소·주민등록번호 등, 그밖에 채무자의 인적 사항에 관한 자료를 내야 한다(민집규칙 제35조 제2항).

(3) 인지첩부

재산조회신청서에는 1,000원의 인지를 붙여야 한다(재민 91-1).

(4) 비용의 예납

채권자가 재산조회신청을 하는 때에는 조회에 드는 비용으로서 법원이 정하는 비용을 미리 내야 한다(민집법 제74조 제2항). 조회비용, 즉 재산조회의 신청인이 예납하여야 할 비용은 재산조회규칙 제7조의 별표가 규정하고 있으며, 이를 법원보관금 취급점에 현금으로 예납하여야 한다(재산조회규칙 제7조, 제8조).

재산조회절차는 넓은 의미에서 민사집행절차에 포함된다고 볼 수 있으므로 민사집행법 제18조의 규정이 적용된다고 할 것이다. 채권자가 조회에 드는 비용을 미리 내지 아니한 때에는 법원은 결정으로 신청을 각하하거나 집행절차를 취소할 수 있고(민집법 제18조 제2항), 조회에 드는 비용을 미리 내지 아니하였다는 이유로 신청을 각하하거나 집행절차를 취소하는 결정에 대하여는 즉시항고를 할 수 있다(민집법 제18조 제3항).

[별표] 재산조회할 기관·단체, 조회할 재산 및 조회비용<개정 2018. 12. 31.>

순번	기관·단체	조회할 재산	조회비용
1	법원행정처	토지·건물의 소유권	20,000원
2	국토교통부	건물의 소유권	없음
3	특허청	특허권·실용신안권·디자인권·상표권	20,000원
4	(삭제)	(삭제)	(삭제)
5	은행법에 따른 은행, 한국산업은행법에 따른 한국산업은행 및 중소기업은행법에 따른 중소기업은행	금융실명거래 및 비밀보장에 관한 법률 제2조제2호에 따른 금융자산(다음부터 "금융자산"이라 한다) 중 계좌별로 시가 합계액이 50만원 이상인 것	기관별 5,000원★
6	자본시장과 금융투자업에 관한 법률에 따른 투자매매업자, 투자중개업자, 집합투자업자, 신탁업자, 증권금융회사, 종합금융회사 및 명의개서대행회사	금융자산 중 계좌별로 시가 합계액이 50만원 이상인 것	기관별 5,000원★
7	상호저축은행법에 따른 상호저축은행 및 상호저축은행중앙회	금융자산 중 계좌별로 시가 합계액이 50만원 이상인 것	기관별 5,000원★
8	농업협동조합법에 따른 지역조합 및 품목조합	금융자산 중 계좌별로 시가 합계액이 50만원 이상인 것	기관별 5,000원★
9	수산업협동조합법에 따른 조합 및 중앙회	금융자산 중 계좌별로 시가 합계액이 50만원 이상인 것	기관별 5,000원★
10	신용협동조합법에 따른 신용협동조합 및 신용협동조합중앙회	금융자산 중 계좌별로 시가 합계액이 50만원 이상인 것	기관별 5,000원★
11	산림조합법에 따른 지역조합, 전문조합 및 중앙회	금융자산 중 계좌별로 시가 합계액이 50만원 이상인 것	기관별 5,000원★
12	새마을금고법에 따른 금고 및 중앙회	금융자산 중 계좌별로 시가 합계액이 50만원 이상인 것	기관별 5,000원★
13	(삭제)	(삭제)	(삭제)
14	(삭제)	(삭제)	(삭제)
15	보험업법에 따른 보험회사	해약환급금이 50만원 이상인 보험계약	기관별 5,000원★
16	과학기술정보통신부	금융자산 중 계좌별로 시가 합계	5,000원★

		액이 50만원 이상인 것	
17	한국교통안전공단	자동차 · 건설기계의 소유권	5,000원

★ 순번 5부터 12까지, 15 및 16 기재 "조회비용"란의 금액에는 금융실명거래 및 비밀보장에 관한 법률제4조의2제4항, 같은 법 시행령 제10조의2에 따른 '명의인에의 통보에 소용되는 비용'이 포함되어 있음

나. 조회할 기관과 조회대상 재산 등

채권자의 신청이 있는 때에는 별표 순번 1에 적은 기관의 장에게 재산명시명령이 송달되기 전(법 제74조제1항제1호의 규정에 따른 재산조회의 경우에는 재산조회신청을 하기 전) 2년 안에 채무자가 보유한 재산내역을 조회할 수 있다(민집규 제36조 제2항). 법원은 별표 순번 5부터 12까지, 15 기재 "기관 · 단체"란의 금융기관이 회원사, 가맹사 등으로 되어 있는 중앙회 · 연합회 · 협회 등(다음부터 "협회등"이라 한다)이 개인의 재산 및 신용에 관한 전산망을 관리하고 있는 경우에는 그 협회등의 장에게 채무자 명의의 재산에 관하여 조회할 수 있다(민집규 제36조 제3항).

다. 재 판

법원은 반드시 심문을 거쳐야 하는 것이 아니고 서면심리만으로 재판할 수 있다. 필요한 때에는 이해관계인, 그 밖의 참고인을 심문할 수 있다(민집규칙 제2조). 심리결과 신청이 정당하다고 인정하는 때에는 재산조회를 실시하며, 신청에 정당한 이유가 없는 때에는 결정으로 신청을 기각한다. 신청을 기각하는 결정에 대하여는 집행에 관한 이의신청(민집법 제16조)을 하면 될 것이다.

[서식] 부동산재산조회신청서

재산조회신청서

<table>
<tr><td>채 권 자</td><td>이름 : 주민등록번호 :
주소 :
전화번호 : 팩스번호: 이메일 주소 :
대리인 :</td></tr>
<tr><td>채 무 자</td><td>이름 : (한자 :) 주민등록번호 :
주소 : (사업자등록번호)</td></tr>
<tr><td>조회대상기관
조회대상재산</td><td>별지와 같음</td></tr>
<tr><td>재산명시사건</td><td>지방법원 20 카명 호</td></tr>
<tr><td>집행권원</td><td></td></tr>
<tr><td>불이행 채권액</td><td></td></tr>
<tr><td>신청취지</td><td>위 기관의 장에게 채무자 명의의 위 재산에 대하여 조회를 실시한다.</td></tr>
<tr><td>신청사유</td><td>채권자는 아래와 같은 사유가 있으므로 민사집행법 제74조 제1항의 규정에 의하여 채무자에 대한 재산조회를 신청합니다. (해당란 □에 ∨표시)
□ 명시기일 불출석 □ 재산목록 제출거부
□ 선서 거부 □ 거짓 재산목록 제출
□ 집행채권의 만족을 얻기에 부족함 □ 주소불명으로 인하여 명시절차를 거치지 못함</td></tr>
<tr><td>비용환급용
예금계좌</td><td></td></tr>
<tr><td>첨부서류</td><td></td></tr>
<tr><td>(인지 첨부란)</td><td>20 . . .

신청인 (날인 또는 서명)

지방법원 귀중</td></tr>
</table>

주 ① 신청서에는 1,000원의 수입인지를 붙여야 합니다.

② 신청인은 별지 조회비용의 합계액을 법원보관금 중 재산조회비용으로 예납하여야 합니다.

③ 신청인은 송달필요기관수에 2를 더한 횟수의 송달료를 예납하여야 합니다.

※ 「송달필요기관」 이란 별지 조회기관 중 음영으로 표시된 기관을 의미합니다.

④ "불이행 채권액"란에는 채무자가 재산조회신청 당시까지 갚지 아니한 금액을 기재합니다.

⑤ 채무자가 법인인 경우 사업자등록번호를 기재하면 더욱 정확한 재산조회가 가능합니다.

참조 : 민집규 35, 25, 재산조회규칙 7, 8

[별표]

<table>
<tr><th>순번</th><th>재산종류</th><th>기관분류</th><th>조회대상 재산 / 조회대상기관의 구분</th><th>개수</th><th>기관별/재산별 조회비용</th><th>예납액</th></tr>
<tr><td rowspan="2">1</td><td rowspan="2">토지. 건물의 소유권</td><td rowspan="2">법원행정처</td><td>□ 현재조회</td><td></td><td>20,000원</td><td></td></tr>
<tr><td>□ 현재조회와 소급조회
※소급조회는 재산명시명령이 송달되기 전 2년 안에 채무자가 보유한 재산을 조회합니다.</td><td></td><td>40,000원</td><td></td></tr>
<tr><td></td><td colspan="6">과거주소 1.
2.
3.
※ 부동산조회는 채무자의 주소가 반드시 필요하고, 현재주소 이외에 채무자의 과거주소를 기재하면 보다 정확한 조회를 할 수 있습니다.</td></tr>
<tr><td>2</td><td>건물의 소유권</td><td>국토교통부</td><td>□국토교통부
※ 미등기 건물 등을 포함하여 건축물대장상의 소유권을 조회합니다.</td><td></td><td>없 음</td><td></td></tr>
<tr><td>3</td><td>특허권, 실용신안권, 디자인권, 상표권</td><td>특허청</td><td>□특허청</td><td></td><td>20,000원</td><td></td></tr>
<tr><td>4</td><td>자동차·건설기계의 소유권</td><td>한국교통안전공단</td><td>□한국교통안전공단
※ 한국교통안전공단에 조회신청을 하면 전국 모든 시·도의 자동차·건설기계소유권에 대하여 조회됩니다.
※ 특별시, 광역시, 도 및 특별자치시·도와 (구)교통안전공단에 대하여 하던 자동차·건설기계의 소유권 조회를 한국교통안전공단으로 일원화합니다.</td><td></td><td>5,000원</td><td></td></tr>
<tr><td rowspan="2">5</td><td rowspan="2">금융자산 중 계좌별로 시가 합계액이 50만원 이상인 것</td><td rowspan="2">「은행법」에 따른 은행, 「한국산업은행법」에 따른 한국산업은행 및 「중소기업은행법」에 따른 중소기업은행</td><td>□경남은행 □광주은행 □국민은행 □기업은행 □농협은행 □뉴욕멜론은행 □대구은행 □도쿄미쓰비시UFJ은행 □메트로은행 □뱅크오브아메리카 □부산은행 □수협은행 □스탠다드차타드은행(구, SC제일은행) □신한은행 □야마구찌은행 □우리은행 □전북은행 □제이피모간 체이스은행 □제주은행 □크레디 아그리콜 코퍼레이트 앤 인베스트먼트뱅크 (구, 칼리온은행) □케이뱅크 □파키스탄국립은행 □하나은행(한국외환은행합병)
□한국산업은행 □한국씨티은행 □한국카카오은행</td><td></td><td>기관별
5,000원</td><td></td></tr>
<tr><td>□노바스코셔은행 □대화은행
□도이치은행 □디비에스은행
□멜라트은행 □미쓰이스미토모은행
□미즈호코퍼레이트은행
□비엔피파리바은행 □소시에테제네랄은행
□스테이트스트리트은행 □유바프은행
□중국건설은행 □중국공상은행
□중국은행 □크레디트스위스은행(구,크레디트스위스퍼스트보스톤은행)
□호주뉴질랜드은행 □홍콩상하이은행(HSBC)
□ING은행 □OCBC은행</td><td></td><td>기관별
5,000원</td><td></td></tr>
</table>

순번	재산종류	기관분류	조회대상 재산 / 조회대상기관의 구분	개수	기관별/재산별 조회비용	예납액
6	금융자산 중 계좌별로 시가 합계액이 50만원 이상인 것	「자본시장과 금융투자업에 관한 법률」에 따른 투자매매업자, 투자중개업자, 집합투자업지, 신탁업자, 증권금융회사, 종합금융회사, 및 명의개서대행회사	□상상인증권(구, 골든브릿지투자증권) □교보증권 □대신증권 □동부증권 □리딩투자증권 □메리츠종합금융증권(구, 메리츠종금, 메리츠증권, 아이엠투자증권) □미래에셋대우(구, 대우증권) □부국증권 □삼성증권 □신영증권 □신한금융투자(구. 굿모닝신한증권) □씨티그룹글로벌마켓증권 □엔에이치투자증권(우리투자증권, 엔에이치농협증권 합병) □우리종합금융(구. 금호종합금융) □유안타증권(구, 동양종합금융증권) □유진투자증권 □유화증권 □이베스트투자증권(구, 이트레이드증권) □코리아에셋투자증권(구, 코리아RB증권중개) □크레디트스위스증권(구, Credit Suisse First Boston) □키움증권 □한국포스증권(구, 펀드온라인코리아) □하나금융투자(구, 하나대투증권) □하이투자증권(구, CJ투자신탁증권) □한국예탁결제원(구, 증권예탁원) □한국투자증권(구, 동원증권) □한양증권 □한화투자증권(구, 푸르덴셜투자증권, 한화증권) □흥국증권(구, 흥국증권중개) □현대차증권(구, HMC투자증권) □IBK투자증권 □KB증권 □SK증권		기관별 5,000원	
			□다이와증권캐피탈마켓코리아 □도이치증권 □맥쿼리증권 □비엔피파리바증권(구, BNP파리바페레그린증권중개) □크레디 아그리콜 아시아증권(구, 알비에스 아시아증권) □한국증권금융(주) □홍콩상하이증권(HSBC) □CLSA □Goldman Sachs □J. P Morgan □KIDB채권중개 □Merrill Lynch □Morgan Stanley Dean Witter □Nomura □주식회사하나자산신탁		기관별 5,000원	
7	금융자산 중 계좌별로 시가 합계액이 50만원 이상인 것	상호저축은행법에 따른 상호저축은행 및 상호저축은행중앙회	□상호저축은행중앙회		20,000원	
			□ □ □ ※ 중앙회에 조회신청을 하면 전국 모든 상호저축은행에 대하여 조회됩니다. ※ 개별상호저축은행에 대한 조회를 원하는 경우에는 그 명칭을 별도로 기재하여야 합니다.		기관별 5,000원	
8	금융자산 중 계좌별로 시가 합계액이 50만원 이상인 것	농업협동조합법에 따른 지역조합 및 품목조합	□지역조합(지역농협, 지역축협)과 품목조합		20,000원	
			□ □ □ ※ 개별 단위지역조합에 대한 조회를 원하는 경우에는 그 명칭을 별도로 기재하여야 합니다.		기관별 5,000원	
9	금융자산 중 계좌별로 시가 합계액이 50만원 이상인 것	수산업협동조합법에 따른 조합	□전국단위지역조합		20,000원	
			□ □ □ ※ 개별 단위지역조합에 대한 조회를 원하는 경우에는 그 명칭을 별도로 기재하여야 합니다.		기관별 5,000원	

순번	재산종류	기관분류	조회대상 재산 / 조회대상기관의 구분	개수	기관별/재산별 조회비용	예납액
10	금융자산 중 계좌별로 시가 합계액이 50만원 이상인 것	신용협동조합법에 따른 신용협동조합 및 신용협동조합중앙회	□신용협동조합중앙회		20,000원	
			□ □ □ ※ 중앙회에 조회신청을 하면 전국 모든 신용협동조합에 대하여 조회됩니다. ※ 개별 신용협동조합에 대한 조회를 원하는 경우에는 그 명칭을 별도로 기재하여야 합니다.		기관별 5,000원	
11	금융자산 중 계좌별로 시가 합계액이 50만원 이상인 것	산림조합법에 따른 지역조합, 전문조합 및 중앙회	□산림조합중앙회		20,000원	
			□ □ □ ※ 중앙회에 조회신청을 하면 전국 모든 산림조합에 대하여 조회됩니다. ※ 개별 산림조합에 대한 조회를 원하는 경우에는 그 명칭을 별도로 기재하여야 합니다.		기관별 5,000원	
12	금융자산 중 계좌별로 시가 합계액이 50만원 이상인 것	새마을금고법에 따른 금고 및 중앙회	□새마을금고중앙회		20,000원	
			□ □ □ ※ 중앙회에 조회신청을 하면 전국 모든 새마을금고에 대하여 조회됩니다. ※ 개별 새마을금고에 대한 조회를 원하는 경우에는 그 명칭을 별도로 기재하여야 합니다.		기관별 5,000원	
13	해약환급금이 50만원 이상인 것	「보험업법」에 의한 보험회사	□교보생명보험주식회사 □그린손해(구,그린화재해상)보험(주)(MG손해보험으로 계약이전) □농협생명보험 □농협손해보험 □디비생명보험주식회사 (구. 동부생명보험주식회사) □디비손해보험주식회사 (구. 동부화재해상보험주식회사) □동양생명보험주식회사 □디지비(구, 우리아비바)생명보험주식회사 □라이나생명보험주식회사 □롯데손해보험(주)□메리츠화재해상보험(주) □메트라이프생명보험주식회사 □미래에셋생명보험주식회사 □삼성생명보험주식회사 □삼성화재해상보험(주) □서울보증보험(주) □신한생명보험주식회사 □악사손해보험(주)(구,교보악사손해보험(주)) □에이비엘생명보험 주식회사 (구. 알리안츠생명보험 주식회사) □에이스아메리칸화재해상보험(주)(구,ACE AMERICAN)□주식회사케이비손해보험(구, LIG손해보험) □처브라이프생명보험주식회사(구, 뉴욕생명보험주식회사)□퍼스트어메리칸 권원보험(주) □푸르덴셜생명보험주식회사 □하나생명보험주식회사 □한화(구. 대한)생명보험주식회사 □ 한화손해보험(주) □푸본현대생명보험 주식회사(구 현대라이프생명보험주식회사) □현대해상화재보험(주) □흥국생명보험주식회사 □흥국(구, 흥국쌍용)화재해상보험주식회사 □AIA생명보험주식회사 □AIG손해보험 □오렌지라이프생명보험 주식회사(구 ING생명보험주식회사) □KDB생명보험주식회사 (구 금호생명보험주식회사) □MG손해보험주식회사		기관별 5,000원	

			□더케이손해보험(구. 교원나라자동차보험) □동경해상일동화재보험 □미쓰이스미토모해상화재보험 □비엔피파리바카디프생명보험(구, 카디프생명보험) □비엔피파리바카디프(구,에르고다음다이렉트)손해보험□KB생명보험		기관별 5,000원	
14	금융자산 중 계좌별로 시가 합계액이 50만원 이상인 것	과학기술정보통신부	□과학기술정보통신부		5,000원	
			송달필요기관수		합계	

신청방식

※ 송달필요기관수』란에는 음영으로 기재된 란에 표시된 조회대상기관 수의 합계를 기재함

※ 크레디트스위스은행, KIDB채권중개 : 법인에 대해서만 조회 가능

※ 조회비용 즉 재산조회의 신청인이 예납하여야 할 비용은 위 별표의 기관별/재산별/조회비용에 나타나 있으며, 선택기관에 따라 이를 법원보관금 취급점에 현금으로 예납하여야 한다(재산조회규칙 제7조, 제8조).

부 록

○ 민사접수서류에 붙일 인지액 일람표

* (재민 91-1)[제1516호, 개정 2018.06.07 재판예규 제1692호]

서 류 의 종 류	조 문	인지액
관할법원지정신청서	민소 28	1,000원
관할합의서	민소 29	–
소송이송신청서	민소 34 ①	–
소송이송신청서	민소 34②,35, 36	1,000원
합의부재판신청서	민소 34 ③	–
법원직원의 제척 또는 기피신청서	민소 42, 43, 50	1,000원
당사자선정서, 변경서, 취소서	민소 53	–
법정대리권 등의 증명서(호적 또는 등기부 등초본)	민소 58	–
소송능력보정서	민소 59, 61	–
소송행위추인서	민소 60	–
특별대리인선임신청서	민소 62, 62의2, 64	1,000원
대리권의 소멸 또는 변경통지송달신청서	민소 63	–
필수적 공동소송인 추가신청서	민소 68	–
예비적·선택적 공동소송인 추가신청서	민소 70, 68	–
보조참가신청서	민소 71	–
보조참가에 대한 이의신청서	민소 73	–
공동소송적 보조참가신청서	민소 78	–
독립당사자 참가신청서	민소 79	민사소송등인지법(이하 민소인지법이라 한다) 제2조, 제6조 소정액
소송탈퇴서, 동의서	민소 80	–
권리승계인의 소송참가신청서	민소 81	– 피신청인이 신청인의 승계주장 사실을 다투는 경우에는 민소인지법 제2조, 제6조 소정액
의무승계인의 소송참가신청서	민소 81	–
승계인의 소송인수신청서	민소 82	–
원고측 공동소송참가신청서	민소 83	민소인지법 제2조, 제6조 소정액
피고측 공동소송참가신청서	민소 83	–
소송고지신청서	민소 85	–
소송대리인 허가신청서	민소 88	–
소송대리권의 증명서(위임장, 지정서)	민소 89	–
소송대리인 해임(사임)신고서	민소 89	–
제3자에 대한 소송비용액 상환신청서	민소 107	1,000원
소송비용액 확정신청서	민소 110,113, 114	1,000원

서 류 의 종 류	조 문	인지액
소송비용담보제공신청서	민소 117 ①, 민소규 22	1,000원
지급보증위탁계약체결문서의 제출에 의한 담보제공허가신청서	민소 122, 민소규 22	–
담보취소신청서	민소 125, 127	1,000원
담보권리자동의서	민소 125 ②	–
담보권리행사최고신청서	민소 125 ③	1,000원
담보취소결정확정증명원	민소 162	500원
담보물변경신청서	민소 126	1,000원
소송구조신청서	민소 128	1,000원
소송구조취소신청서	민소 131	1,000원
변호사(또는 집행관)의 보수 지급신청서	민소규 26 ①	–
변호사(또는 집행관)의 보수와 체당금의 비용액확정신청서	민소 132 ②,③	1,000원
구석명신청서	민소 136	–
재판장(또는 합의부원)의 처치에 대한 이의	민소 138	–
법원의 석명처분(당사자본인 또는 법정대리인출석명령, 당사자가 소지하는 문서 또는 물건제출명령) 신청서	민소 140 ①	–
변론의 제한, 분리, 병합 또는 재개를 구하는 신청서	민소 141, 142	–
진술보조허가신청서	민소143의2 ①	–
실기한 공격방어방법의 각하신청서	민소 149	–
소송절차에 관한 이의권에 기한 이의	민소 151	–
조서기재 생략에 대한 이의	민소 155	–
변론의 속기(또는 녹음)신청서	민소 159 ①	–
녹음테이프(또는 속기록) 요지의 조서기재 신청서	민소 159 ③	–
녹음테이프(또는 속기록) 폐 기에 대한 이의	민소 159 ④	–
소송기록의 열람·복사신청서	민소 162 ①	500원
재판서, 조서의 정본·등본·초본 교부 신청서	민소 162 ①	1,000원
확정된 소송기록에 대한 열람신청서	민소 162 ②	1,000원
비밀보호를 위한 재판기록 열람 등의 제한 신청서	민소 163 ①	1,000원
재판기록 열람 등 제한 결정 취소신청서	민소 163 ③	1,000원
판결서 열람 등의 제한 신청서(비밀보호)	민소 163조의2	1,000원
판결서 열람 등 제한 결정 취소신청서(비밀보호)	민소 163조의2 ④, 163 ③, 민사판결서 열람 및 복사에 관한 규칙 6 ③	1,000원
판결서 열람 등 제한 결정 취소신청서(변론공개금지사건)	민소 163조의2 ① 단서, 민사판결서 열	1,000원

서 류 의 종 류	조 문	인지액
	람 및 복사에 관한 규칙 5 ①	
(현행과 같음)	민소 165 ①	−
기간 신장 또는 단축신청, 부가기간의 신청서	민소 172	−
재송달신청서	민소 174	−
집행관송달신청서(특별송달신청)	민소 176 ①	−
송달영수인신고서	민소 184	−
송달장소변경신고서	민소 185	−
휴일(또는 야간) 송달신청서	민소 190	−
공시송달신청서	민소 194	−
판결(또는 화해, 인낙, 포기 등의 조서, 지급명령 기타 결정명령) 경정신청서	민소 211	−
추가재판신청서	민소 212	−
가집행선고신청서	민소 213 ①	−
	민소 406, 435	−
가집행선고면제신청서	민소 213 ②	−
가집행선고 실효로 인한 원상회복(또는 손해배상) 신청서	민소 215 ②, ③	민소인지법 제4조 ② 소정액
법원사무관 등의 처분에 대한 이의신청서	민소 223	1,000원
화해권고결정에 대한 이의신 청서	민소 226	−
화해권고결정에 대한 이의신 청의 취하서	민소 228	−
화해권고결정에 대한 이의신청의 취하에 대한 부동의서	민소 228	−
화해권고결정 취소 신청서	민소규 59 ①	−
소송절차수계신청서	민소 233부터 241(238제외)	−
당사자의 장애로 인한 중지신청 및 그 취소신청서	민소 246	−
소장	민소 248	민인지법 제2조 소정액
정기금판결에 대한 변경의 소장	민소 252	민인지법 제2조 소정액
인지·주소보정서	민소 254 ①	−
피고경정신청서	민소 260	−
청구취지(또는 청구원인) 변경신청서	민소 262	민인지법 제5조 소정액
청구취지(또는 청구원인)변경불허신청서	민소 263	−
중간확인의 소	민소264	민인지법 제5조(원고가 제기한 경우) 또는 제4조②(피고가 제기한 경우) 소정액
소(상소)취하서	민소 266 ①,393①, 425	−
소 취하에 대한 이의(또는 부동의서)	민소 266 ⑥	−

서 류 의 종 류	조 문	인지액
기일지정신청서	민소 268 ②	–
소취하 효력을 다투는 기일지정 신청서	민소규 67	–
반소장	민소269	민소인지법 제4조 소정액
준비서면, 답변서	민소 272, 256	–
사실조사촉탁신청서	민소 294	–
개인정보정정신청서	민소규 76조의2 ④	–
증인신문신청서	민소 308	–
촉탁신문신청서	민소 313	–
증인불출석신청서	민소규 83	–
증인구인신청서	민소 312	–
증언거부신청서	민소 314, 315	–
증인대질신청서	민소 329	–
감정신청서	민소 333	–
감정인기피신청서	민소336	–
감정증인신문신청서	민소 340	–
문서제출명령신청서	민소 343	–
서증의 신청서	민소 343, 360	–
문서송부촉탁신청서	민소 352	–
법원외서증조사신청서	민소규 112	–
검증신청서	민소 364	–
당사자본인(또는 법정대리인) 신문신청서	민소 367, 372	–
증거보전신청서	민소 375	1,000원
제소전화해신청서	민소 385	민소인지법 제7조①④ 소정액
화해불성립으로 인한 소제기신청서	민소 388	민인지법 제7조③ 소정액 (피신청인이 소제기신청을 하는 경우에는 첩부하지 않음)
항소장	민소 397	민인지법 제3조 소정액
항소취지확장신청서	민소 390, 397, 408	민인지법 제2조, 제3조 소정액
불항소합의서	민소 390 단서	–
상소취하서	민소 393 ① 425, 443	–
상소권포기서	민소 394, 425, 443	–
부대상소장	민소 403, 425, 443	민소인지법 제3조 소정액
상고장(비약상고장 포함)	민소 422	민소인지법

서 류 의 종 류	조 문	인지액
		제3조 소정액
상고이유서	민소 427	–
상고이유에 대한 답변서	민소 428 ②	–
추완항소(상고)장	민소173, 397, 422	민소인지법 제3조 소정액
항고장(보통항고장, 즉시항고장, 재항고장, 준항고장), 추완항고장	민소 439, 441 ②, 442, 443, 444	민소인지법 제11조 소정액
수명법관이나 수탁판사의 재판에 대한 이의신청	민소 441 ①	–
특별항고장	민소 449	민소인지법 제11조 소정액
재심소장(준재심소장)	민소 451	민소인지법 제8조 소정액
지급명령신청서	민소 462	민소인지법 제7조②④소정액
소제기신청서	민소 466 ①	민소인지법 제2조 소정액에서 지급명령신청서에 붙힌 인지액을 뺀 금액
지급명령에 대한 이의신청서	민소 469 ②	–
공시최고신청서	민소 477	1,000원
관리 또는 청구의 신고서	민소 482, 485	–
재권판결에 대한 불복의 소장	민소 490 ②	민소인지법 제2조 소정액
판결확정증명신청서	민소 499	500원
강제집행정지 등의 신청서	민소 500, 501	1,000원
야간(휴일)집행허가신청서	민집 8	1,000원
즉시항고장	민집 15	민소인지법 제11조 소정액
집행에 관한 이의신청서	민집 16 ①	1,000원
집행에 관한 이의신청에 기한 잠정처분 신청서	민집 16 ②	–
집행관의 집행위임거부 등에 대한 이의신청서	민집 16 ③	1,000원
집행판결을 구하는 소장	민집 26	민소인지법 제2조 소정액
집행(승계집행)문 부여신청	민집 28, 31, 58, 292	500원
집행문부여의 소장	민집 33, 59 ④	민소인지법 제2조 소정액
집행문부여에 대한 이의신청서	민집 34	1,000원
집행문부여에 대한 이의신청에 기한 잠정처분신청서	민집 34 ②	–
집행문 수통(또는 재도)부여신청서	민집 35	500원
판결등 집행권원 정본의 송달증명원	민집 39	500원

서 류 의 종 류	조 문	인지액
경정결정 정본의 송달증명원	민집 39	–
청구에 관한 이의의 소장	민집 44	민소인지법 제2조 소정액
집행문부여에 대한 이의의 소장	민집 45	민소인지법 제2조 소정액
잠정처분신청서	민집 46 ②,48 ③	1,000원
제3자이의 소장	민집 48	민소인지법 제2조 소정액
경매절차정지신청서	민집 49	–
채무자 유산의 강제집행을 위한 특별대리인선임신청서	민집 52	1,000원
집행비용액확정결정신청서	민집 53, 민집규 24 ①	1,000원
군인, 군무원에 대한 집행의 촉탁신청서	민집 54	1,000원
외국에서 할 강제집행에 대한 촉탁신청서	민집 55	1,000원
공증인의 집행문부여에 대한 이의신청서	민집 59 ②	1,000원
재산명시신청서	민집 61	1,000원
명시명령에 대한 이의신청서	민집 63	1,000원
재산목록 정정허가 신청서	민집 66	–
재산목록의 열람·복사신청서	민집 67	500원
감치재판개시결정	민집 68 민집규 30 ②	–
명시명령 이행 신청서	민집 68 ⑤	–
채무불이행자명부등재신청서	민집 70	1,000원
채무불이행자명부 열람·복사신청서	민집 72 ④	500원
명부등재말소신청서	민집 73	1,000원
재산조회신청서	민집 74	1,000원
재산조회결과의 열람·복 사·출력신청서	민집 75	500원
부동산경매신청서	민집 80, 264	5,000원
매각기일연기(변경)신청서		–
미등기 부동산에 대한 집행 관조사신청서	민집 81③	–
부동산에 대한 침해행위방지조치신청서	민집 83 ③	–
채권계산서	민집 253, 84	–
경매개시결정에 대한 이의신청서	민집 86, 265	1,000원
경매개시결정에 대한 이의신청에 기한 잠정처분신청서	민집 86 ②	–
후행 경매개시결정에 의한 절차속행신청서	민집 87 ③	–
채권자의 배당요구신청서	민집 247, 88	–
경매신청취하서	민집 93	–
부동산의 멸실 등에 의한 경매취소신청서	민집 96	–

서 류 의 종 류	조 문	인지액
부동산재평가신청서	민집 97	–
부동산일괄매각신청서	민집 98	–
채권자의 매수신청서	민집 102 ②	–
합의에 의한 매각조건변경신청서	민집 110	–
최고가(차순위)매수신고인의 송달영수인 신고서	민집 118	–
매각허가결정에 관한 이의신청서	민집 120	–
매각부동산지정서	민집 124 ②	–
부동산훼손등에 의한 매각불허가신청서	민집 127 ①	1,000원
부동산훼손등에 의한 매각허가결정의 취소신청서	민집 127 ①	1,000원
매각허가여부에 대한 항고장, 재항고장	민집 129	2,000원
매각부동산인도명령신청서	민집 136 ①	1,000원
매각부동산관리명령신청서	민집 136 ②	1,000원
공유자의 우선매수신고서	민집 140	–
매수대금과 배당액의 상계신청서	민집 143 ②	–
매수인의 채무인수신청서	민집 143 ①	–
매수인의 채무인수 또는 차액지급신고에 대한 이의신청서	민집 143 ③	–
배당표에 대한 이의신청서	민집 151 ②	–
배당이의의 소장	민집 154	민소인지법 제2조소정액
집행력있는 정본의 환부신청서	민집 159 ③,172	–
배당액계좌입금신청서	민집 160 ②민집규 82 ②	–
부동산강제관리신청서	민집 163	5,000원
관리인해임신청서	민집 167 ③	–
강제관리에 대한 제3자 이의의 소장	민집 168	민소인지법 제2조소정액
배당협의불성립사유신고서	민집 169 ③	–
수익처리신고서	민집규 91 ⑥	–
관리인의 계산에 대한 이의신청서	민집 170 ②	–
선박에 대한 강제집행신청서	민집 172	5,000원
선박국적증서인도명령신청서	민집 175	1,000원
선박국적증서등 수취불능신고서	민집규 97	–
선박국적증서등의 재수취명령신청서	민집규 101	–
압류선박의 항행허가신청서	민집 176 ②	–
선박등기부초본 또는 등본의 송부청구신청서	민집 177 ②	–
선박 감수·보존처분	민집 178	1,000원
보증의 제공에 의한 선박강제경매절차의 취소신청서	민집 181	1,000원
자동차인도명령신청서	민집규 113 ①	1,000원
자동차운행허가신청서	민집규 117, 210 ③	–
선박지분에 대한 강제집행신청서	민집 185	2,000원

서 류 의 종 류	조 문	인지액
제3자 점유물인도명령신청서	민집 193 ①	1,000원
압류금지물의 범위변경신청서	민집 196	1,000원
유체동산 특별현금화명령신청서	민집 214	1,000원
집행관에 대한 매각실시명령신청서	민집 216	1,000원
공유부인의 소장	민집 221 ③	민소인지법 제2조소정액
매각대금의 공탁사유신고서	민집 222 ③	-
가압류를 본압류로 전이하는 신청서	민집 225	2,000원
채권압류명령신청서	민집 225	2,000원
저당권있는 채권압류명령의 등기부기입신청서	민집 228 ①	-
전부명령신청서	민집 229	2,000원
채권압류 및 전부(추심)명령신청서	민집 229	4,000원
추심명령신청서	민집 229	2,000원
저당권있는 채권전부명령의 등기부기입신청서	민집 230	-
압류액의 제한(또는 초과액처분) 허가신청서	민집 232	-
압류채권자의 추심신고서	민집 236 ①	-
추심금액공탁사유신고서	민집 236 ②	-
제3채무자에 대한 진술최고신청서	민집 237	-
제3채무자 진술서	민집 237	-
추심권포기신고서	민집 240	-
채권 기타 재산권 특별현금화명령 신청서	민집 241	2,000원
유체동산 인도나 권리이전청구권에 대한 압류명령신청서	민집 242, 243	2,000원
유체물인도청구권에 대한 추심명령신청서	민집 243 ②	2,000원
부동산 인도나 권리이전청구권에 대한 압류명령신청서	민집 244 ①, ②	2,000원
부동산청구권에 대한 추심명령 신청서	민집 244 ④	2,000원
압류금지채권의 범위변경신청서	민집246②, ③, 291	1,000원
제3채무자의 채무액공탁사유신고서	민집 248 ④	-
채권가압류를 원인으로 한 제3채무자의 권리공탁신고서	민집규 172조①, ②	-
추심의 소장	민집 249 ①	민소인지법 제2조소정액
제3채무자의 배당요구채권자 참가명령신청서	민집 249 ③	-
배당요구채권자의 압류채권추심허가신청서	민집 250	1,000원
그 밖의 재산권의 압류명령신청서	민집 251	2,000원
제3자가 점유하는 물건에 대한 인도청구권의 이부명령신청서	민집 259	2,000원
대체집행신청서	민집 260 ①	2,000원

서 류 의 종 류	조 문	인지액
대체집행비용선지급결정신청서	민집 260 ②	1,000원
간접강제신청서	민집 261	2,000원
가압류신청서	민집 276	10,000원
가압류결정에 대한 이의신청서	민집 283	10,000원
가압류이의신청사건의 이송 신청서	민집 284	1,000원
가압류신청취하서	민집 285	–
가압류이의·취소에 관한 결정에 대한 항고장, 재항고장	민집 286 ⑦	신청서에 붙인 인지액의 2배
제소명령신청서	민집 287 ①	1,000원
제소기간도과에 의한 가압류취소신청서	민집 287 ③	10,000원
사정변경등에 의한 가압류취소 신청서	민집 288 ①	10,000원
가압류취소재판의 효력정지 신청서	민집 289	1,000원
강제관리의 방법에 의한 가압류 집행신청서	민집 294	5,000원
채권자의 가압류(가처분) 집행취소(해제) 신청서		–
채권자의 가압류(가처분)신청취하를 이유로 하는 채무자의 집행취소신청서		–
가압류취소재판의 취소재판에 의한 가압류집행신청서	민집 298 ②	–
해방공탁에 의한 가압류집행의 취소신청서	민집 299	1,000원
가처분신청서	민집 300	10,000원
임시의 지위를 정하기 위한 가처분신청서	민집 300	본안의 소에 따른 인지액의 2분의 1(인지액의 상한액은 50만원)
가처분신청취하서		–
가처분결정에 대한 이의신청서	민집 01, 283	10,000원
임시의 지위를 정하기 위한 가처분결정에 대한 이의신청서	민집 301, 283	본안의 소에 따른 인지액의 2분의 1(인지액의 상한액은 50만원)
가처분이의·취소에 관한 결정에 대한 항고장, 재항고장	민집 286 ⑦ 민집 307 ②	신청서에 붙인 인지액의 2배
사정변경등에 의한 가처분취소 신청서	민집 301, 288	10,000원
사정변경등에 의한 임시의 지위를 정하기 위한 가처분취소신청서	민집 301, 288	본안의 소에 따른 인지액의 2분의 1(인지액의 상한액은 50만원)
특별사정에 의한 가처분취소신청서	민집 307	10,000원
특별사정에 의한 임시의 지위를 정하기 위한 가처분취소신청서	민집 307	본안의 소에 따른 인지액의 2분의 1(인지액의 상한액은 50만원)
가처분원상회복 신청서	민집 308	–

서 류 의 종 류	조 문	인지액
가처분집행정지 신청서	민집 309	1,000원
변론기일지정신청서	소액사건심판규칙 3조의3	–
이행권고결정에 대한 이의신 청서	소액사건심판법 5조의4	–
민사조정신청서	민사조정법 2	민사조정규칙 제3조① 소정액
조정사건이송신청서	민사조정법 4①	–
조정사건이송신청서	민사조정법 4②	1,000원
조정회부신청서	민사조정법 7②	–
조정위원선정합의서	민사조정법 10조의2	–
피신청인경정신청서	민사조정법17①	–
대표당사자선정신고서	민사조정법18①	–
조정에 갈음하는 결정에 대한 이의신청서	민사조정법34①	–
과태료결정에 대한 이의신청서	비송사건절차법 250②, 질서위반행위규제법 45①	–
재산조회	채무자 회생 및 파산에 관한 법률(이하, 채무자 회생)29①	1,000원
회생절차개시의 신청서	채무자 회생34①	30,000원
보전처분(회생절차)	채무자 회생43①	2,000원
중지 또는 금지명령신청서(회생절차)	채무자 회생44①	2,000원
포괄적 금지명령신청서(회생절차)	채무자 회생45①	2,000원
포괄적 금지명령의 적용 배제신청서(회생절차)	채무자 회생47①	2,000원
중지된 절차 또는 처분의 속행 또는 취소신청서(회생절차)	채무자 회생44④, 45⑤, 58⑤	2,000원
부인의 청구서(회생절차)	채무자 회생105①	1,000원
부인의 청구인용결정에 대한 이의의 소(회생절차)	채무자 회생107①	민소인지법 제2조 소정액
이사등의 재산에 대한 보전처분신청서(회생절차)	채무자 회생114①, ③	2,000원
손해배상청구권등의 조사확정재판신청서(회생절차)	채무자 회생115①	1,000원
손해배상청구권 등의 조사확정재판에 대한 이의의 소(회생절차)	채무자 회생116①	민소인지법 제2조 소정액
회생채권, 회생담보권 조사확정재판 신청서	채무자 회생170①	1,000원
회생채권, 회생담보권 조사확정재판에 대한 이의의 소	채무자 회생171①	민소인지법 제2조 소정액
파산신청서	채무자 회생	30,000원[단, 채무자

서 류 의 종 류	조 문	인지액
	294①	(법인 포함)가 신청하는 경우에는 1,000원]
보전처분 신청서(파산절차)	채무자 회생323①	2,000원
이사등의 재산에 대한 보전처분신청서(파산절차)	채무자 회생351①, ③	2,000원
손해배상청구권등의 조사확정재판신청서(파산절차)	채무자 회생352①	1,000원
손해배상청구권 등의 조사확정재판에 대한 이의의 소(파산절차)	채무자 회생353①	민소인지법 제2조 소정액
면제재산 결정 신청서(파산절차)	채무자 회생383②	–
부인의 청구서	채무자 회생396①	1,000원
부인의 청구인용결정에 대한 이의의 소(파산절차)	채무자 회생396④, 107①	민소인지법 제2조 소정액
파산채권 조사확정재판 신청서	채무자 회생462①	1,000원
파산채권 조사확정재판에 대한 이의의 소	채무자 회생463①	민소인지법 제2조 소정액
배당표에 대한 이의신청서	채무자 회생514①	–
면책신청서(파산절차)	채무자 회생556	1,000원
면책의 취소신청서	채무자 회생569①	1,000원
복권신청서	채무자 회생575①	1,000원
면제재산 결정 신청서(개인회생절차)	채무자 회생580③, 383②	–
부인의 청구서(개인회생절차)	채무자 회생584①, 396①	1,000원
부인의 청구인용결정에 대한 이의의 소(개인회생절차)	채무자 회생584①, 396④, 107①	민소인지법 제2조 소정액
개인회생절차 개시신청서	채무자 회생588	30,000원
보전처분신청서(개인회생절차)	채무자 회생592①	2,000원
중지 또는 금지명령신청서(개인회생절차)	채무자 회생593①	2,000원
중지 또는 금지명령의 취소 또는 변경신청서(개인회생절차)	채무자 회생593④	2,000원
포괄적 금지명령신청서(개인회생절차)	채무자 회생 593⑤, 45①	2,000원
포괄적 금지명령의 적용 배제신청서(개인회생절차)	채무자 회생593⑤, 47①	2,000원
중지된 절차 또는 처분의 속행 또는 취소신청서(개인회생절차)	채무자 회생 593⑤, 45⑤, 600③	2,000원
개인회생채권 조사확정재판 신청서	채무자 회생 604①	1,000원
개인회생채권 조사확정재판에 대한 이의의 소	채무자 회생 605①	민소인지법 제2조 소정액
면책신청서(개인회생절차)	채무자 회생 624①	–

서 류 의 종 류	조 문	인지액
면책 취소 신청서(개인회생절차)	채무자 회생 626①	1,000원
사건 이송 신청서(국제도산)	채무자 회생 630	1,000원
외국도산절차의 승인신청서	채무자 회생 631①	1,000원
승인전 명령신청서	채무자 회생 635①, 636①	2,000원
외국도산절차에 대한 지원신청서	채무자 회생 636①	2,000원
외국도산절차의 지원 결정의 변경 또는 취소신청서	채무자 회생 636⑥	2,000원
중지된 절차의 취소신청서(국제도산)	채무자 회생 636⑦	2,000원
소송허가신청서	증권관련집단소송법 7①	1,000원
대표당사자 선임신청서	증권관련집단소송법 10③	–
심리할 법원지정신청서	증권관련집단소송법 14②, 동규칙 9①	1,000원
제외신고서	증권관련집단소송법 18①, 27③	–
대표당사자 허가신청서	증권관련집단소송법 21①, 동규칙 16	–
대표당사자 소송수행금지신청서	증권관련집단소송법 22①	1,000원
소송대리인 선임허가신청서	증권관련집단소송법 26②, 동규칙 18	–
총원범위 변경신청서	증권관련집단소송법 27①, 동규칙 19	1,000원
소취하·청구포기·화해 허가신청서	증권관련집단소송법 35①, 동규칙 22①	–
상소취하·상소권포기 허가신청서	증권관련집단소송법 38①, 35①	–
분배관리인 선임·변경신청서	증권관련집단소송법 41①, ③	–
분배계획안 인가전 비용지급허가신청서	증권관련집단소송법 44②, 동규칙 35②	–
변호사보수 감액신청서	증권관련집단소송법 44③	1,000원
분배계획 변경신청서	증권관련집단소송법 48①	1,000원
권리확인신청서	증권관련집단소송법 50①	1,000원

서 류 의 종 류	조 문	인지액
소송허가신청서	소비자기본법 73조 ①	1,000원
공동소송참가허가신청서	소비자단체소송규칙 13조 ①	1,000원

○ 소장에 붙여야 할 인지액의 산출 공식

제1심 소장에는 소가산정기준에 의하여 산출한 목적물가액을 다음의 공식에 의하여 산정한 금액이 인지액이 된다.

소송목적의 값(청구금액)	인 지 액	관련법규
1,000만원 미만	소송목적의 값×10,000분의 50	인지법 제2조 제1항 인지규칙 제12조 제3호
1,000만원 이상~1억원 미만	소송목적의 값×10,000분의 45+5,000원	
1억원 이상~10억원 미만	소송목적의 값×10,000분의 40+55,000원	
10억원 이상	소송목적의 값×10,000분의 35+555,000원	
* 재산권상의 소로서 그 소송목적의 값을 산출할 수 없는 것과 비재산권을 목적으로 하는 소송의 소가는 5천만원으로 한다. 다만, 민사소송 등 인지규칙 제15조 제1항 내지 제3항, 제15조의2, 제17조의2, 제18조에 정한 소송의 소가는 1억원으로 한다.		인지규칙 제18조의2

※ 산출된 인지액이 1천원 미만이면 그 인지액은 1천원으로 하고, 1천원 이상이면 100원 미만은 계산하지 아니한다(인지법 제2조 제2항).

○ 송달료납부기준

* (재일 87-4) 개정 2019.01.31 재판예규 제1712호

가. 송달료 금액 및 납부절차

(1) 송달료수납은행(이하 "수납은행"이라 한다)에 대법원예규에서 정한 기준에 따라 현금을 납부하고, 송달료납부서 1통을 소장 등 서면에 첨부하여 관할법원에 제출하여야 한다(송달료규칙 제3조 제2항).

(2) 납부인이 송달료를 현금으로 납부하는 경우 이를 수납은행 또는 송달료납부대

행기관의 인터넷 홈페이지 등에서 송달료납부대행기관을 통하여 신용카드・직불카드 등(이하 "신용카드등"이라 한다)으로도 납부할 수 있다. 신용카드등으로 납부하는 경우에는 송달료 신용카드등 납부서, 송달료 신용카드등 납부 영수증 각 1통을 출력물로 제공받을 수 있다(송달료규칙 제3조의2 제1항).

(3) 2020. 12. 8. 현재 1회분 송달료가 통상우편물(25g초과 50g까지) 기준으로 5,100 원임

나. 적용대상사건 및 당사자 1인당 송달료납부기준

적용대상사건 \ 송달료 및 수송달자		당사자 1인당 납부기준	수송달자
1. 민사	민사제1심합의사건(가합)	15회	원고, 피고등
	민사제1심단독사건(가단)	15회	〃
	민사소액사건(가소)	10회	〃
	민사항소사건(나)	12회	항소인, 피항소인 등
	민사상고사건(다)	8회	상고인, 피상고인
	민사항고사건(라)	5회	항고인, 상대방
	민사재항고사건(마)	5회	재항고인, 상대방
	민사특별항고사건(그)	3회	특별항고인, 상대방
	민사준항고사건(바)	3회	항고인, 상대방
	화해사건(자)	4회	신청인, 상대방
	독촉사건(차)	6회	채권자, 채무자
	전자독촉사건(차전)	6회	채권자, 채무자
	가압류, 가처분사건(카합, 카단)	3회	신청인, 상대방
	임시의 지위를 정하는 가처분사건(카합, 카단)	8회	신청인, 상대방
	가압류, 가처분결정에 대한 이의, 취소(집행취소는 제외) 사건(카합, 카단)	8회	〃
	공시최고사건(카공)	3회	신청인(신문광고 의뢰포함)
	담보취소사건(카담)	2회	신청인, 상대방
	담보제공, 담보물변경, 담보권리행사최고사건(카담)	2회(단, 담보권리행사최고사건은 3회)	〃
	재산명시등사건(카명)	5회	신청인, 상대방

	채무불이행자명부등재, 명부등재말소사건(카불)	5회	채권자, 채무자
	임차권등기명령등사건(카임)	3회	신청인, 피신청인
	강제집행정지사건(카정)	2회	신청인, 피신청인
	판결(결정)경정사건(카경)	2회	신청인, 피신청인
	제소명령사건(카소)	2회	신청인, 피신청인
	재산조회(카조)	2회(단, 우편에 의하여 재산조회를 실시하는 조회대상 기관의 수를 가산한다)	신청인
	소송구조사건(카구)	신청인수×2회	신청인 등
	기타 민사신청사건(카기) (위헌법률심판제청사건은 제외)	2회(단, 의사표시의 공시송달, 법관·직원기피신청, 법원사무관등의 처분에 대한 이의사건은 신청인수×1회)	신청인, 상대방
	소송비용액확정신청사건(카확)	3회	신청인, 피신청인
	부동산등 경매사건(타경)	(신청서상의 이해관계인+3)×10회	채권자, 채무자, 이해관계인 등
	채권등 집행사건(타채), 기타 집행사건(타기)	2회(단, 송달을 요하지 아니한 경우에는 제외)	채권자, 채무자, 제3채무자
	부동산인도명령사건(타인)	3회	신청인, 피신청인
	민사조정사건(머)	5회	신청인, 피신청인
	비송사건(비합, 비단)(과태료사건은 제외)	2회	신청인, 사건본인 등
	과태료결정에 대한 이의신청사건(과)	3회	신청인, 검사
	회생합의사건(회합)	40회 + (채권자수x3회)	신청인 등
	회생단독사건(회단)	40회 + (채권자수x3회)	신청인 등
	간이회생합의사건(간회합)	40회 + (채권자수x3회)	신청인 등
	간이회생단독사건(간회단)	40회 + (채권자수x3회)	신청인 등
	회생채권·회생담보권 조사확정사건(회확)	5회	신청인, 상대방 등
	회생 손해배상청구권 조사확정사건(회기)	5회	신청인, 상대방 등
	회생 부인의 청구사건(회기)	5회	신청인, 상대방 등
	파산합의사건(하합)	40회 + (채권자수x3회)	신청인, 채무자 등
	파산단독사건(하단)	10회 + (채권자수x4회)	신청인, 채무자 등
	파산채권 조사확정사건(하확)	5회	신청인, 상대방 등

	파산 손해배상청구권 조사확정사건(하기)	5회	신청인, 상대방 등
	파산 부인의 청구사건(하기)	5회	신청인, 상대방 등
	면책사건(하면)	10회 + (채권자수×3회)	신청인 등
	파산 면책취소사건(하기)	5회	신청인, 채무자 등
	복권사건(하기)	10회 + (채권자수×3회)	신청인, 채무자 등
	개인회생사건(개회)	10회 + (채권자수×8회)	신청인, 채권자 등
	개인회생채권 조사확정사건(개확)	5회	신청인, 상대방 등
	개인회생 부인의 청구사건(개기)	5회	신청인, 상대방 등
	개인회생 면책취소사건(개기)	5회	신청인, 채무자 등
	국제도산사건(국승, 국지)	4회	신청인 등
	선박,유류등책임제한사건(책)	10회	신청인 등
	민사공조사건(러)	2회	당사자, 증인 등
2 행정	행정제1심사건(구단, 구합)	10회	원고, 피고 등
	행정항소사건(누)	10회	항소인, 피항소인 등
	행정상고사건(두)	8회	상고인, 피상고인
	행정항고사건(루)	3회	항고인, 상대방
	행정재항고사건(무)	5회	재항고인, 상대방
	행정특별항고사건(부)	3회	특별항고인, 상대방
	행정준항고사건(사)	3회	항고인, 상대방
	행정신청사건(아) (위헌법률심판제청사건은 제외)	2회	신청인, 상대방
3. 선거	선거소송사건(수)	10회	원고, 피고 등
	선거상고사건(우)	8회	상고인, 피상고인
	선거항고(재항고, 준항고, 특별항고)사건(수흐)	3회(단, 재항고사건은 5회)	항고인, 상대방
	선거신청사건(주)	2회	신청인, 상대방
4. 특수	특수소송사건(추)	8회	원고, 피고 등
	특수신청사건(쿠)	2회	신청인, 상대방
5. 특허	특허제1심사건(허)	10회	원고, 피고 등
	특허상고사건(후)	8회	상고인, 피상고인
	특허재항고사건(흐)	5회	재항고인, 상대방
	특허특별(준)항고사건(히)	3회	특별항고인, 상대방
	특허신청사건(카허) (위헌법률심판제청사건은 제외)	5회	신청인, 상대방
6. 가사	가사제1심소송사건(드합, 드단)	15회	원고, 피고 등
	가사항소사건(르)	12회	항소인, 피항소인 등

<table>
<tr><td rowspan="9"></td><td>가사상고사건(므)</td><td>8회</td><td>상고인, 피상고인</td></tr>
<tr><td>가사항고사건(브)</td><td>5회</td><td>항고인, 상대방</td></tr>
<tr><td>가사재항고사건(스)</td><td>5회</td><td>특별항고인, 상대방</td></tr>
<tr><td>가사특별항고사건(으)</td><td>3회</td><td>특별항고인, 상대방</td></tr>
<tr><td>가사신청사건(즈합, 즈단, 즈기)
(위헌법률심판제청사건은 제외)</td><td>3회 [단, 가압류·가처분에 대한 이의, 취소(집행취소는 제외)사건은 8회]</td><td>신청인, 상대방</td></tr>
<tr><td>가사조정사건(너)</td><td>5회</td><td>신청인, 피신청인</td></tr>
<tr><td rowspan="2">가사비송사건(느합, 느단)</td><td>라류 6회(단, 실종선고, 자의 종전의 성과 본의 계속사용허가, 자의 성과 본의 변경허가, 친양자 입양허가, 미성년자 입양허가 및 피성년후견인의 입양허가 청구사건, 친권자 지정 청구사건, 미성년후견에 관한 사건, 성년후견·한정후견·특정후견·임의후견에 관한 사건은 각 10회)</td><td rowspan="2">청구인 등</td></tr>
<tr><td>마류 12회</td></tr>
<tr><td>가사공조사건(츠)</td><td>2회</td><td>당사자, 증인 등</td></tr>
<tr><td rowspan="3">7. 가족관계등록</td><td>개명사건(호명)</td><td>6회</td><td>신청인</td></tr>
<tr><td>가족관계등록(제적)비송사건(호기)</td><td>6회</td><td>신청인</td></tr>
<tr><td>협의이혼의사확인 신청사건(호협)</td><td>2회(단, 부부 중 일방이 재외국민이거나 수감자인 경우에 한함)</td><td>신청인, 재외공관 또는 교도소(구치소)의 장</td></tr>
<tr><td colspan="2">8. 각종사건에 대한 재심, 준재심사건(재심 대상사건의 부호문자 앞에 “재”를 삽입)</td><td>재심대상사건의 송달료납부기준에 의함</td><td>원고, 피고 등</td></tr>
<tr><td colspan="2">9. 각종 사건에 대한 기일지정신청사건(민소법제268조제3항, 민소규칙 제67조)</td><td>기일지정신청대상사건의 송달료납부기준에 의함</td><td>원고, 피고 등</td></tr>
<tr><td rowspan="3">10. 인신보호사건</td><td>인신보호 제1심사건(납부당사자가 피수용자인 사건은 국고처리)</td><td>5회</td><td>구제청구자, 수용자</td></tr>
<tr><td>인신보호 항고사건(납부당사자가 피수용자인 사건은 국고처리)</td><td>3회</td><td>항고인, 상대방</td></tr>
<tr><td>인신보호 재항고사건(납부당사자가 피수용자인 사건은 국고처리)</td><td>3회</td><td>재항고인, 상대방</td></tr>
</table>

편저자 차 경 진

약력

- 경희대학교 법과대학 졸업
- 경희대학교 법학대학원 석사학위 수료
- 제18회 법무사 시험 합격
- 前 법무법인 성지, 법무법인 서린, 법무법인 에이펙스
- 前 서울법학원 민법, 민사소송법 강의
- 現 차경진 법무사사무소 대표
- 現 중앙법률사무교육원 보전처분공탁실무 교수
- 現 서울송파구청 사회적허브센터 프로보노 자문

저서

- 보전소송공탁실무 (중앙법률사무교육원)

(사례 . 절차) 민사집행실무

2021년 1월 27일 인쇄
2021년 2월 1일 발행

저 자 : 차 경 진
발행인 : 양 갑 수
발행처 : 법률 & 출판
등록번호 : 25100-2005-000110
서울 서초구 서초동 1712-2 동용빌딩 104호
전화 : 02)521-8199(代) FAX : 02)598-0332

저자와의 협의에 의하여 인지 생략

ISBN 978-89-97476-68-8 93360

정가 38,000원